中國青銅金銀器定級圖典

主編單位 中國文物學會專家委員會
本卷主編 杜迺松

商務印書館

中國青銅金銀器定級圖典

主編單位：中國文物學會專家委員會

顧　　問：(按姓氏筆畫為序)

史樹青　呂濟民　杜迺松　周南泉

耿寶昌　彭卿雲　謝辰生　羅哲文

總 主 編：馬自樹

執行主編：劉　煒　段國強

策　　劃：大禾文化編輯室

本卷主編：杜迺松

責任編輯：楊克惠

出　　版：商務印書館(香港)有限公司

香港筲箕灣耀興道3號東滙廣場8樓

http://www.commercialpress.com.hk

發　　行：香港聯合書刊物流有限公司

香港新界大埔汀麗路36號中華商務印刷大廈3字樓

印　　刷：中華商務彩色印刷有限公司

香港新界大埔汀麗路36號中華商務印刷大廈14字樓

版　　次：2007年1月第1版第1次印刷

ISBN 978 962 07 5522 4

Printed in Hong Kong

出版説明

文物鑑定是文物收藏的基礎，文物收藏者需要科學、權威的依據，以了解文物的價值，才能確保文物收藏的真實可靠。《中國文物定級圖典》由中國文物學會專家委員會主持編寫，各卷主編都是文物鑑定領域卓有成就的專家學者，由他們編寫各級文物定級標準概述，例舉每一級別中典型的文物藏品，闡述其定級原因，説明該文物的價值，保證了內容的權威可靠。本套書以國家文物局頒佈的《博物館藏品管理辦法》和文化部頒佈的《博物館藏品管理辦法》、《博物館一級藏品鑑選標準》、《文物藏品定級標準》等權威條例為標準，按文物的歷史、藝術、科學價值定為國寶、一、二、三級。

中國是世界四大文明古國，擁有大量歷史文物，隨着不斷進行的考古發掘，館藏文物的數量還在增長。世界各地民間文物收藏家手中，亦有數量可觀的中國文物。這些文物不僅是科學、歷史研究的重要依據，也是鑑賞、珍藏的藝術品。

《中國文物定級圖典》按照文物類別分為《中國陶器定級圖典》、《中國瓷器定級圖典》、《中國玉器定級圖典》、《中國青銅金銀器定級圖典》、《中國書畫定級圖典》五卷，編寫時以文物名稱作辭目，同一級別內，文物按朝代或年代前後順序排列。辭目釋文每條約150～200字，包括文物的品名、年代、尺寸、重量、出土時間與地點、收藏單位、形制、紋飾特徵，以及文物的歷史、藝術、科學價值等和定級依據等內容。

本書所選青銅器和金銀器涵蓋了全國各地博物館等文物保管部門的藏品，包括了自夏代開始直至清代的各個歷史階段的代表性青銅器466件和金銀器274件，具有時間長、內容豐、品類齊的特點。本書收錄包括司母戊鼎、司母辛鼎、四羊方尊等青銅重器，以及珍貴的“金甌永固”杯、金編鐘、朱碧山造銀槎杯等。

本書附錄文化部於1987和2001年兩次公佈的《文物藏品定級標準》，以便讀者進一步了解國家對文物藏品所立下的定級標準。

目錄

青銅器目錄

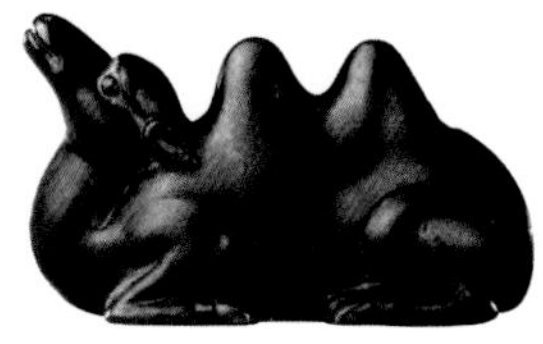

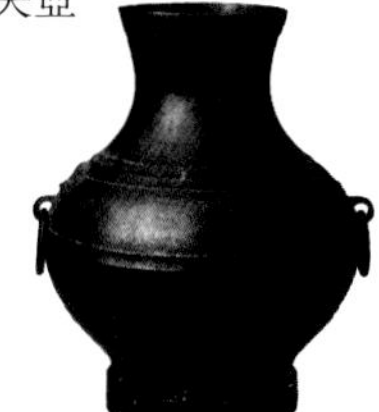

商務印書館 讀者回饋咭

請詳細填寫下列各項資料，傳真至2565 1113，以便寄上本館門市優惠券，憑券前往商務印書館本港各大門市購書，可獲折扣優惠。

所購本館出版之書籍：______________________

購書地點：______________ 姓名：______________

通訊地址：______________________

____

電話：______________ 傳真：______________

電郵：______________________

你是否想透過電郵或傳真收到商務新書資訊？ 1□是 2□否

性別：1□男 2□女

出生年份：________年

學歷：1□小學或以下 2□中學 3□預科 4□大專 5□研究院

每月家庭總收入：1□HK$6,000以下 2□HK$6,000-9,999 3□HK$10,000-14,999

4□ HK$15,000-24,999 5□HK$25,000-34,999 6□HK$35,000或以上

子女人數（只適用於有子女人士） 1□1-2個 2□3-4個 3□5個或以上

子女年齡（可多於一個選擇） 1□12歲以下 2□12-17歲 3□18歲或以上

職業：1□僱主 2□經理級 3□專業人士 4□白領 5□藍領 6□教師

7□學生 8□主婦 9□其他

最常前往的書店：______________________

每月往書店次數：1□1次或以下 2□2-4次 3□5-7次 4□8次或以上

每月購書量： 1□1本或以下 2□2-4本 3□5-7本 4□8本或以上

每月購書消費： 1□HK$50以下 2□HK$50-199 3□HK$200-499

4□HK$500-999 5□HK$1,000或以上

您從哪 得知本書： 1□書店 2□報章或雜誌廣告 3□電台 4□電視 5□書評/書介

6□ 親友介紹 7□商務文化網站 8□其他 (請註明：__________)

您對本書內容的意見：______________________

____

您有否進行過網上買書？ 1□有 2□否

您有否瀏覽過商務出版網 (網址：http://www.publish.commercialpress.com.hk)？

1□有 2□否

您希望本公司能加強出版的書籍：

1□辭書 2□外語書籍 3□文學/語言 4□歷史文化 5□自然科學 6□社會科學

7□醫學衛生 8□財經書籍 9□管理書籍 10□兒童書籍 11□流行書

12□其他（請註明：______________）

根據個人資料「私隱」條例，讀者有權查閱及更改其個人資料。讀者如須查閱或更改其個人資料，請來函本館，信封上請註明「讀者回饋咭-更改個人資料」

請貼
郵票

香港筲箕灣
耀興道3號
東滙廣場8樓
商務印書館(香港)有限公司
顧客服務部收

金銀器目錄

青銅器

國寶級青銅器定級概述

全國各地博物館和文物收藏單位的青銅器藏品級別確定的標準，主要以1987年文化部頒發的《文物藏品定級標準》的通知為依據，並作為青銅器定級的原則。2001年4月文化部又重新頒佈《文物藏品定級標準》，標準是："文物藏品分為珍貴文物和一般文物。珍貴文物分為一、二、三級。具有特別重要歷史、藝術、科學價值的代表性文物為一級文物；具有重要歷史、藝術、科學價值的為二級文物；具有比較重要歷史、藝術、科學價值的為三級文物。具有一定歷史、藝術、科學價值的為一般文物。"這一標準是近年來文物定級工作上的科學總結，更適應定級工作的開展。確定青銅器級別，主要應考察某件(或某組)青銅器在歷史、藝術和科學等方面的價值，這就要求鑑定時必須聯繫青銅器的形制特徵、造型風格、花紋和裝飾特點、鑄造技術和工藝水平、銘文內容和書體情況、銅器保存情況乃至光澤色彩程度、同一器種的多寡，等等。

與其它古代文物一樣，按照定級標準，在同屬一級品的銅器中，水平會有很大程度的不同，可以有上限、下限之別。從全國青銅鑑定的情況看，那些屬於一級品上限的青銅器比例很小。在全國鑑定青銅器一級品工作中，對那些歸屬一級藏品內的舉世無雙、有震撼力的青銅器珍品，當時定為"國寶級"青銅器。

這裏需說明的是，每件青銅器在確定級別之前，一定要作好真偽和時代鑑定，這是青銅器定級的重要基礎。青銅器鑑定是一項綜合的、學術層次較高的工作，這就需要鑑定者努力實踐和學習，要有較為扎實的青銅器基本知識，廣博的歷史與文物知識和較為豐富的考察青銅器的實踐經驗。

常常在一件青銅器上，同時含有多方面的優勢，有的青銅器作品以一項或兩項鮮明獨特的特點而獨佔鰲頭。但確定青銅器級別時，一定要注意對器物的綜合考察。下面我們擬從幾個角度列舉"國寶級"青銅器的主要特徵。

1. 具有高度的歷史、藝術和科學的無可替代的重要價值

商代後期的司母戊大方鼎，是罕見的青銅大型器物，風格古樸典雅。在鑄造上多範法和分鑄法的運用，反映了當時生產力的高度發展水平。在殷墟婦好墓中司母辛鼎被發現後，大方鼎的時代可上推到武丁至祖庚、祖甲時期，這對我國青銅冶鑄發展史有着重要意義。司母辛方鼎，器形宏偉，鑄造精緻，是商王祖庚、祖甲為其母辛所作的祭器。書體雄勁有力，氣勢不凡。這兩件大鼎也是殷墟前期青銅器斷代的標準器。

北京故宮博物院收藏的西周師趛鬲，鑄造精良，是目前所見最大的銅鬲，可謂"鬲王"。所飾張口回首的大夔紋，與器物本身相和諧，表現了極強的藝術效果。陝西扶風齊封出土的西周厲王祭祀祖先的㝬簋，重60千克，是目前所見最大的青銅簋。高聳的獸耳和腰與方座上的直棱紋，增強了雄麗感，銘文書體整齊優美，是西周晚期金文的代表作之一。

陝西寶雞出土的西周何尊，器身鑄大扉棱，方形圓口，首開銅尊造型新風格，銘文記錄營建成周洛邑事，可與古籍相參證。陝西扶風出土的西周㿽壺，通高60多釐米，造型高大雄美，器表光潤，銘文對研究西周禮俗有重要價值。屢見著錄的大盂鼎和大克鼎，一直受到海內外學術界的重視。兩鼎均為大型鼎，並有長篇巨制的銘文。如：大盂鼎銘內容可抵《尚書》

一篇，是周康王昭誥周王朝立國的經驗和殷商喪國的教訓，書體暢達。二者均是西周金文典範。兩鼎也是西周青銅器斷代的標準器。

2. 具有獨特超凡的甚至是唯一的藝術價值

河南偃師二里頭是夏代的宮城遺址，出土的夏代乳釘紋平底爵，造型優美，器壁勻薄，古樸典雅，有着高雅的審美感。該器又是我國青銅器早期發展史上的重要資料。婦好墓的偶方彝，是青銅器中新穎之器種，實物在文獻中從未見過。山西石樓出土的商代龍紋兕觥，體作長扁形，與常見的橢圓或方形的觥迥然有別，是目前僅見的器形，器蓋上的龍紋古樸生動，代表了北方民族裝飾上的特有魅力。新幹出土的立鳥雙尾銅虎，推測可能與墓主家族崇拜有某種關聯，這種有雙尾的虎，前所未見。戰國中山王墓出土的虎噬鹿器座，全身錯以金銀，絢麗多彩，匠師將虎的威猛表現得淋漓盡致，可稱青銅圓雕藝術中的經典之作。湖南湘潭出土的商代銅尊，形象為野豬，頗具野性，尊體大而重，飾有回首夔紋，豬尊的發現為鳥獸尊增添了新的品種。陝西興平豆馬村出土的戰國錯金雲紋犀尊，形象生動逼真，全身以細膩的錯金雲紋為飾，此犀尊是目前所見各種鳥獸尊中的上乘作品。河南博物院和故宮博物院分別收藏的一對春秋時期的蓮鶴方壺，以其凝重活潑的藝術效果，令世人讚歎。河北戰國中山王墓錯金銀四龍四鳳方案，全身滿飾金銀錯花紋，在圓形底座上有立體圓雕四龍四鳳相纏繞。設計巧妙，具有極高的藝術價值。秦始皇陵出土的銅車馬，製作工藝複雜，馭官駕馭，駟馬雄立，莊嚴肅穆，典雅大方，對研究秦代輿服制度有着重要的價值。西漢長信宮燈，以其優美動人、工藝高超而令人驚歎。

3. 具有極高的甚至是唯一的歷史價值

某些青銅器雖然具有多方面的價值，但最突出的莫過於銘文的歷史價值。商後期的𠨘其三卣，有較長的銘文，內容保存了商代奴隸主貴族祭典和社會生活的重要史料，是難得的珍品。該器為商紂王時所鑄，為當時青銅卣器的典型。小臣缶方鼎，雖形體不大，但花紋佈局勻稱，銘文更重要，內容為賜禾稼事。這在商代金文中是特例，對研究當時的政治、經濟有重要意義。西周中期後，“溥天之下，莫非王土”的國有土地制度變化很大，在傳世或出土的銅器銘文內也有反映。如1975年陝西岐山董家村出土恭王時代的衛盉銘是研究奴隸社會土地國有制向封建社會土地私有制歷史變革的寶貴史料，有着重要的歷史價值。虢季子白盤銘文反映了西周王朝與玁狁戰爭的情況，是研究西周政治、軍事和民族關係的重要資料。虢季子白盤銘文書體優美，有着很濃的小篆意味，開大篆向小篆演變的先河。西周史牆盤銘文，追頌周初各王的功業，內容是不多見的，其中記載的“弘魯昭王，廣能楚荊，惟狩南行”，可印證和補充歷史文獻，解決了學者們長期爭論的一些問題。𠑇匜銘文可研究西周的刑法和獄訟盟誓制度。戰國中山王𰯼鼎和方壺銘文，對研究文獻記載很少的中山國史和中山國於公元前316年參加伐燕等史實，具有極其珍貴之証史作用。

4. 具有高超的科技價值

分鑄法的發明，為鑄造結構複雜的青銅器創造了條件。北京故宮博物院收藏的三羊尊和中國國家博物館收藏的四羊方尊，造型、花紋繁縟富麗。四羊方尊器上的羊頭與羊角和三羊尊的羊頭，都是先採用了分鑄法，然後再與全器渾鑄在一起。戰國中山王墓出土的十五連盞燈，全燈形如茂盛的大樹，由長短不同的八節接插而成，嚴密穩重大方，反映了高超的製作技巧。燈枝上有猴、鳥等動物，情景惟妙惟肖。中國青銅器鑄造傳統方法是陶範法，東周時代又發明了失蠟鑄造法，淅川楚墓出土的蟠虺紋銅禁、湖北隨縣曾侯乙墓所出的銅尊盤、錯金銀網罩銅壺等青銅器，器物的某些部分或部件都採用了蠟模法，因而使花紋或裝飾細膩精美，玲瓏剔透。青銅兵器中吳越武器最著名，《周禮·考工記》云："吳越之金銀，此材之美者也。"湖北江陵望山出土的越王勾踐劍，至今光彩照人，世所罕見。據北京科技大學研究，劍身所呈黑色的菱形花紋，含有少量的硫。北京故宮博物院收藏的宴樂漁獵攻戰紋壺，在壺腹上雕刻有多種社會生活的圖像，是研究東周時代生產、生活的重要資料。湖北隨縣曾侯乙墓出土的總重量達2500千克的全套編鐘，更是集冶金、音樂等多方面科學技術之大成。經測音，表明我國戰國時已具備完整的十二樂音體系。由於利用了金汞劑的科技方法，青銅鎏金工藝也非常發達。陝西興平漢武帝茂陵陪葬坑出土的鎏金銀竹節銅熏爐、故宮博物院收藏的建武二十一年（公元45年）乘輿斛、江蘇徐州出土的東漢鎏金卧獸銅盒硯等器物，均是青銅工藝中的傑出作品。

1 乳釘紋平底爵　夏

高 22.5 流至尾長 31.5 釐米
1975 年河南偃師二里頭遺址出土
現藏偃師市博物館

◆飲酒器。細而長的錐形足、流口和尾部，形成流暢而舒展優美的線條。器壁較薄，器表略顯粗糙，腰部有兩條弦紋，其間飾五個較大的乳釘紋 。◆因出土於夏代都城所在地二里頭遺址，引起學術界廣泛關注。夏代的確定是考古學的重要課題，根據文獻記載，夏代初期就已開始鑄造青銅器。《左傳・宣公三年》曰："昔夏之有德也，遠方圖物，貢金九牧，鑄鼎象物，百物而為之備。"偃師二里頭遺址發現有大型貴族墓葬、宮殿和宗廟遺址，出土各類青銅器約數十件，比之銅石並用時代的青銅器種類大大豐富。◆此器屬銅錫合金，係多用合範法鑄造，造型和紋飾具有早期青銅爵細腰、長流、尖尾的典型特徵和古拙簡潔的風格，反映出夏王朝青銅鑄造工藝已經擺脱了原始形態。也説明具有禮制意義的青銅爵，在夏代的社會生活中佔有重要地位，表現出神權政治的色彩。

◆定級要素：屬具有科學的考古地層關係的夏代酒器，是中國迄今發現最早的青銅容器之一，對於研究青銅時代文明的起源和發展具有特殊的重要意義。

2 獸面乳釘紋方鼎　商早期

通高 100 口長 62.5 口寬 60.8 釐米 重 82.4 千克
1974 年河南鄭州張寨南街窖藏出土
現藏中國國家博物館

◆煮食或盛食器。直口，深腹，平底，圓柱狀空足。口沿加厚，唇邊呈台階形，口沿兩立耳略向外撇，腹呈方斗狀。器壁上部及四隅各飾獸面紋一組，共八組；下部及兩側均飾乳釘紋帶。足上部飾獸面紋。◆此鼎出土於鄭州商城，這裏應是商代前期的一處都城。因此它的造型和紋飾具有較強的代表性，對周圍地區的青銅器有很大的影響。此器為青銅重器，採用多範分鑄法鑄成，造型準確美觀，反映了商代前期的青銅鑄造水平。

◆定級要素：上世紀七十年代至九十年代末，在鄭州商城先後發現了三座青銅器窖藏，這三座窖藏的發現是鄭州商城近幾十年中最重要的考古發現，此器出土於張寨南街窖藏。其中青銅器放置井然有序，十分從容，且有一些反映祭祀活動的遺跡存在，因此推測這是王室祭祀重器。與其同時出土的還有另外一隻形制、紋飾相同的青銅鼎，而此件是窖藏出土的青銅器中最大的一件。

3 司母戊方鼎 商晚期

通高 133 口長 110 寬 78 釐米 重 832.84 千克
1939 年河南安陽武官村出土
現藏中國國家博物館

◆炊煮或盛食器。器腹鑄雲雷紋地的獸面紋，足飾獸面紋，兩耳外側浮雕虎吞噬人首。器腹內壁鑄銘文"司母戊"三字，筆勢雄健，運筆提按起止，極具韻律，屬商代金文中卓偉瑰奇者。◆此鼎為商代晚期王室重器，是商王為母后製作的祭祀禮器。◆據學者研究，該器為商王祖庚或祖甲時所鑄，屬殷墟前期。因形體厚重巨大，器形端莊偉岸，顯示出王權的威嚴和震懾力。在鑄造工藝上顯示出了商朝高超的技術，耳、身、足分別鑄成後，再合鑄成一個整體。用多合範法鑄成，重 832.84 千克，所用金屬料總重達1200千克左右。推測如用殷墟小屯苗圃北地鑄銅遺址出土的直徑約 80 釐米的大型熔銅爐，則需六座熔爐同時鑄造，再有二、三百人通力合作，才能完成。因此成功鑄造如此重器，需要有嚴密的管理體系和高度的協調能力。

◆定級要素：此方鼎是中國已發現的最大的青銅器，在世界青銅文化中也是僅見的。它是研究商代冶銅技術的重要依據，銘文對商代的稱謂制度也具有重要價值。

4 人面紋方鼎 商晚期

通高 38.5 口長 29.8 寬 23.7 釐米
1959 年湖南寧鄉出土
現藏湖南省博物館

◆炊煮或盛食器。器腹四面各高浮雕一人面，面形方圓，高顴骨，隆鼻，寬嘴，雙目圓視，雙眉下彎，雙耳捲曲，形象極奇異，使人望而生畏，有冷豔怪誕之感。器制雄偉。◆商周青銅器常以獸面紋和各類動物紋為主題，以寫實的人面為飾者，在青銅器中是罕見的。腹內壁鑄銘文“大禾”二字，字體宏偉有力。

◆定級要素：此器應是祭天祈求收穫的祭器，對於研究商代人文思想以及長江流域特有的祭祀風俗和審美意識都具有重要意義。

5 小臣缶方鼎 商晚期

通高 29.6 口長 22.5 釐米
現藏故宮博物院

◆炊煮或盛食器。此鼎雄偉厚重，花紋佈局勻稱。口沿下飾夔紋，以雲雷紋為網底，腹飾大獸面紋和夔紋。◆器內壁鑄銘文二十二字，內容記載商王賜給下屬小臣缶禹地生產的禾稼，但以五年為限度。缶因受賞賜，遂鑄此太子乙家的宗廟祭器。

◆定級要素：商代晚期青銅器少有長篇銘文。而此器是這一時期銘文最多者之一。銘文記載的賜禾稼事，在商代晚期的金文中少見。“小臣缶”之名見於殷墟卜辭，是少數可直接與卜辭對應的青銅器之一，對於研究商代後期的歷史及賞賜制度提供了重要資料，具有很高的歷史價值。

6 司母辛方鼎 商晚期

通高 80.5 釐米 重 117.5 千克
（另一件通高 80.1 釐米 重 128 千克）
1976 年河南安陽殷墟婦好墓出土
現藏中國社會科學院考古研究所

◆炊煮或盛食器。器身每面外口沿下飾獸面紋，左、右側與腹下部飾乳釘紋。腹內壁鑄銘文“司母辛”三字。◆此方鼎是商代晚期武丁時期的王室青銅祭器。尤其是器上的銘文書法氣勢不凡，雄偉有力。

◆定級要素：形體較大，在商器中大小僅次於司母戊方鼎，是研究商代晚期歷史和青銅冶鑄業發展水平的重要資料。

7 婦好三聯甗 商晚期

通高 68 長 103.7 寬 27 釐米 總重量 138 千克
1976 年河南安陽殷墟婦好墓出土
現藏中國國家博物館

◆炊蒸器。由六足長方形承甑器和三甑組成。承甑器面上有三個侈領圈口，作為放置甑之用。三甑有牛首雙耳，頸飾龍紋。承甑器圈口周飾三角紋和勾連雷紋。器面繞圈口有蟠龍紋，四角飾牛首紋，四壁飾龍紋和網紋，下飾大三角紋。承甑器中央圈口內壁、各甑內壁和兩耳下外壁均有銘文“婦好”兩字。

◆定級要素：此甗造型獨特，構思巧妙，紋飾簡潔大方。此造型為青銅器中僅見，是研究古代青銅器類型學的重要資料。

8 獸面紋雙耳簋 商早期

高 17.4 口徑 24.5 底徑 16.4 釐米 重 2.7 千克
1974 年湖北黃陂盤龍城出土
現藏湖北省博物館

◆盛食器。寬折沿，鼓腹，圈足，是商代典型的簋器造型，早期簋一般無耳，而此器腹部兩側對鑄獸首半環耳。腹飾粗獷獸面紋，圈足有等距十字三孔。◆商周時期，簋作為重要禮器之一，在祭祀和宴饗時以偶數組合與鼎配合。

◆定級要素：是商代前期青銅禮器中首次發現的盛食器，考古實物與史書記載相吻合。

9 婦好偶方彝 商晚期

通高 60 口長 88.2 口寬 17.5 釐米
1976 年河南安陽殷墟婦好墓出土
現藏中國國家博物館

◆容酒器。蓋似屋頂形，兩側置鈕。器形為兩件方彝的合體，故稱"偶方彝"。蓋和器身飾獸面紋、鷙鳥紋、龍紋，且塑有浮雕獸首和棱脊。器內有鑄銘"婦好"兩字。◆此器出土於河南省安陽殷墟商代大墓，墓主婦好是殷王武丁之妻，這是目前所知惟一能夠確定墓主身分並保存完好的殷代王室墓。婦好生前曾率軍統兵，並主持祭祀，地位顯赫，因此隨葬品極為豐富。

◆定級要素：婦好墓同時出土的青銅禮器和樂器多達二百餘件，為研究商代的文化和社會生活提供了重要的歷史資料。此彝造型凝重雄偉，紋飾精美富麗，鑄造工藝高超，形制為迄今所見唯一一件，堪稱商代青銅器中的珍品。

10 三羊首尊 商晚期

高 52 口徑 41.3 腹徑 61 釐米 重 51.2 千克
現藏故宮博物院

◆容酒器。肩設高浮雕三羊首，多節狀捲角呈三棱形。肩部為變形獸紋，腹部飾以巨大雙目的捲角獸面紋，兩側配置獸目。獸面紋上下有目雷紋邊飾。圈足與腹部紋飾相同。通體以縝密的雷紋和並列的羽紋組成襯地。◆尊為大型容酒器，流行於商代中後期，西周之後逐漸消失。該器為二次鑄造而成，即先鑄器身，再在器肩上留以孔道，接上羊首範，然後再合鑄一起。◆定級要素：此器的造型與紋飾具有商代晚期尊的典型特徵，而在商代後期以雷紋為紋飾構成的圖像中，以此器最為偉奇，且富有神秘色彩。

11 四羊方尊 商晚期

通高 58.3 口長 52.4 釐米
1938 年湖南寧鄉月山鋪出土
現藏中國國家博物館

◆容酒器。獨特之處在於腹部四角鑄捲角羊，羊首凸出器表。肩部浮雕極為生動的四龍。羊首係採用分鑄法後，再與器體鑄接在一起。◆尊在商代早期已出現，商代晚期出現圓尊、觚形尊、方尊、鳥獸尊四大類，方形尊中最具藝術性的為此器。

◆定級要素：此尊精麗的紋飾，端莊典雅的造型，採用分鑄、平雕、高浮雕等方法，使全器渾然一體，是青銅器造型設計與藝術裝飾完美結合的典範，體現了商代晚期青銅器鑄造的高超水平，堪稱舉世無雙的青銅藝術奇珍。

12 婦好鴞尊 商晚期

通高 45.9 釐米
1976 年河南安陽殷墟婦好墓出土
現藏中國國家博物館

◆容酒器。尊作鴞形，腹圓豐滿，圓目寬喙，頂有雙角，頸後有半圓形蓋，蓋上有立鳥和小龍鈕。鴞粗大有力的雙足與腹後部的寬尾形成三個支點，背後有獸首提把。頸側面飾鳥獸紋，旋轉龍紋裝飾雙翼，前胸飾獸面紋，器口內側有銘文"婦好"兩字。◆鴞即貓頭鷹。古人視鴞為勇武的戰神，以鴞作器形，應具有抗擊兵災的神力，此器隨葬於多次出征的商王武丁配偶婦好墓中，更具有現實意義。鴞的形象僅見於商代後期的青銅器，西周青銅器尚未發現鴞紋，由此證實殷商和周人對於鴞的認識理念頗具差異。

◆定級要素：此尊不僅造型典雅，風格獨特，且紋飾精美華麗，是商代晚期平面與立體雕刻完美結合的經典作品。

13 豕尊 商晚期

通高 40 長 72 釐米
1981 年湖南湘潭船形山出土
現藏湖南省博物館

◆容酒器。整器呈野豬形，作站立狀，四肢着地有力，犬齒外露，眼球為空窩，可能原有鑲嵌物；頸脊上鬃毛豎起，頗具野性；豬背上有一蓋，蓋上塑立鳥形提手。蓋飾鱗紋，前後肢與臀部飾倒懸回首夔紋，並以雲雷紋襯托。

◆豬前後肢的肘部各有一圓形通孔，在鳥獸尊中是罕見的，推測其用途可能是因為豬尊體大而重，在將尊抬起或移動時，插棍或穿繩索用的。

◆定級要素：古籍裏常提到的鳥獸尊的種類有鳥尊、虎尊、象尊等，實物中常見到的還有牛尊、馬尊、羊尊等，此是罕見的豬尊，尤為珍貴。

14 龍虎尊 商晚期

通高 50.5 口徑 44.7 釐米
1957 年安徽阜南出土
現藏中國國家博物館

◆容酒器。此器肩部飾長龍紋，龍首伸出肩外，龍尾後另有一小龍紋。龍首下各有一條扉棱，將器腹分成三部分，每一部分由上而下鑄一虎口啣人，虎身左右各向外展，成一虎雙身，虎口下有一作半蹲狀裸人，頭部正置於虎口之下，人體兩側飾夔龍紋，頸飾弦紋，圈足飾獸面紋。

◆定級要素：此尊造型渾厚莊重，紋飾精細華麗，需要十分高超的鑄造工藝才能完成。集線雕、浮雕等技法於一身，是商晚期青銅器鑄造的代表之作，對研究商晚期青銅器紋飾提供了寶貴的實物資料，是具有極高歷史、神話、藝術價值的實物資料。

15 亞方尊　商晚期

高45.5 寬38釐米 重21.5千克
現藏故宮博物院

◆容酒器。肩四隅塑四立體有角象首，肩中部為四雙角分叉龍首。頸飾蕉葉紋，肩及圈足飾鳥紋。腹部與圈足有曲折角型大獸面紋，圈足曲折角雕成龍形。器四隅及每壁中心線皆設有棱脊，上端侈出器口。內壁有銘文九字，記亞氏者姛為大子作器。

◆定級要素：此器紋飾莊嚴肅穆，刻劃精緻，在商代青銅器中極為突出。

16 龍紋兕觥　商晚期

通高19 長44釐米
1959年山西石樓桃花莊出土
現藏山西省博物館

◆盛酒器或飲酒器。此器形如獸角，前端龍首昂起翹鼻，張口露齒，面貌猙獰。背有鈕蓋，口沿附兩貫耳。蓋面飾逶迤的龍身與龍首相接，使此器渾然一體。腹飾爬行鼉紋和夔龍紋，襯圓渦紋和雲紋，圈足飾雷紋。造型似一橫置的牛角，仍保留牛角觥的原始痕跡，紋飾突出龍的主題，千變萬化，更顯精美富麗，鑄造工藝精湛高超，為商代青銅器中所僅見。

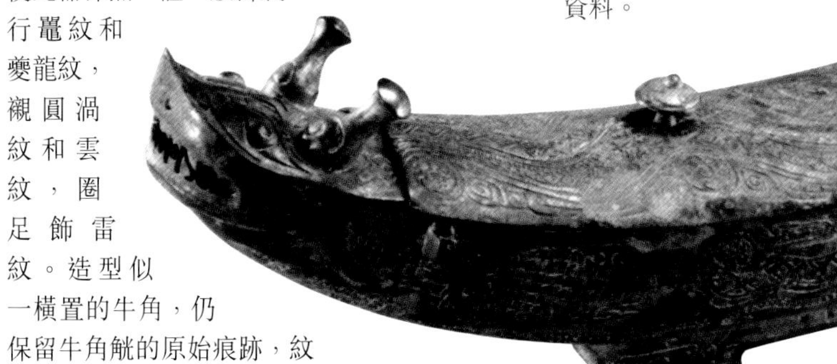

◆《詩・周南・卷耳》：“我姑酌彼兕觥。維以不永傷。”鄭玄註：“罰爵也。”《說文》：“兕牛角，可以飲也。”由此可知最初觥是指用犀牛角製成的飲器。

◆定級要素：此種器物流行時間短，出土量少，甚為珍貴，也是研究商代北方青銅工藝的重要資料。

17 𠨘其三卣（二祀、四祀、六祀） 商晚期

二祀高 38.4 口徑 16 四祀高 32 口徑 19.7
六祀高 22 口徑 11 × 8.9 釐米
傳河南安陽出土
現藏故宮博物院

◆容酒器。三件卣形制基本相同，橢圓腹，惟四祀卣頸較長，提梁兩端不作半環耳，而為獸耳。飾獸面紋和夔紋。都有較長的銘文，二祀三十九字，四祀四十二字，六祀二十七字。均屬商代長篇銘文，其中四祀銘文四十二字，在商銘中實屬少見，且銘文字體雄健遒勁，行文疏密有致，體勢凝重，堪稱商代金文的經典之作。◆此三件卣為商紂王二年、四年、六年，以貴族𠨘其（𠨘，一作必）的名義鑄造的青銅器。習稱二祀𠨘其卣、四祀𠨘其卣、六祀𠨘其卣。銘文主要記載𠨘其受命隨同商王行祭祀祖先和上帝的典禮，並進行田獵。因得寵受到商王賞賜的祭肉、玉器和貝幣等。

◆定級要素：𠨘其三卣保存了商代貴族祭典和社會生活的重要史料，這在商銘中是不多見的。三卣也是商末青銅器斷代的重要標準器。

二祀

四祀

六祀

二祀銘文

二祀器銘

18 立象獸面紋鐃 商晚期

通高 103.5 鼓間 48 銑間 69.5 釐米 重 221.5 千克
1983 年湖南寧鄉黃材月山鋪出土
現藏長沙市文物工作隊

◆樂器。此器鉦部主紋為弧形粗線條組成的變形大獸面紋，獸目成螺旋形塊狀。鉦部四周飾雙層雷紋，鼓部以雷紋為地，中間飾浮雕舉鼻象紋，兩象相向而立。象身飾單線雷紋。◆此種樂器流行於商代後期，周初沿用。《說文》："鐃，小鉦也。軍法，卒長執鐃。"《周禮・地官・鼓人》："以金鐃止鼓。"即鐃作退兵時用以指揮停鼓的信號，也用於祭祀和軍樂。

◆定級要素：此器形體碩大，保存完好，是迄今發現的最大青銅鐃。

19 獸面紋雙面銅鼓 商晚期

高 75.5 面徑 39.5 釐米
1977 年湖北崇陽白霓出土
現藏湖北省博物館

◆打擊樂器。此器兩邊為鼓面，下有方形鼓座，上一枕狀物，中心一孔，可將鼓吊起打擊，也可平放打。鼓身、鼓座均飾疏散狀的獸面紋，鼓面邊緣鑄小乳釘。◆銅質鼓產生於商代，盛行於漢代，沿用至清代。常用於指揮軍隊進退和宴會、祭祀的樂舞。

◆定級要素：此鼓是目前國內僅存的商代青銅鼓，是研究商代音樂的重要資料。

20 巫師立像 商晚期

通高 260 釐米
1986 年四川廣漢三星堆祭祀坑出土
現藏四川省文物考古研究所

◆祭祀人像。人體修長，大眼隆鼻，方頤大耳，頭上高冠，雙手作持物狀，形象端莊肅穆。衣飾細密花紋，兩側下垂呈燕尾式，赤腳站方台座上。莊重威嚴，形象生動。◆有學者認為此人像應是"羣巫之長"，或蜀王。◆人像出土地三星堆祭祀坑是中國八十年代的重要考古發現，與此銅立人同出的還有一棵高達 396 釐米的銅神樹，兩器應是具有宗教意義的神物。

◆定級要素：此立人像是目前中國所見先秦時代銅質造像之最大者，在世界青銅圓雕人像史上也佔有重要地位。它對研究古蜀人的服飾、宗教、冶鑄等均具重要意義。

21 縱目大耳銅面具 商晚期

通高 60 寬 134 釐米
1986 年四川廣漢三星堆祭祀坑出土
現藏四川省文物考古研究所

◆人面造型奇特怪異，形體巨大。長筒雙眼，豐鼻寬嘴，大耳外侈。上額正中的方孔是插纓羽處。◆根據人面的形象特徵，依《華陽國志》所說："蜀王蠶叢，其目縱，始稱王。"應為蜀王蠶叢的神像；另有專家推測是古籍中所謂的人、神，鬼的綜合體。

◆定級要素：是迄今從未見過的青銅面具，對研究古蜀歷史和宗教崇拜都具有無可替代的重大意義。

22 雙面人面形神器 商晚期

通高 60 釐米
1989 年江西新幹大洋洲商墓出土
現藏江西省博物館

◆祭祀禮器。整器為雙面人面形，巨目外凸，鼻孔外張，口闊露齒，兩耳細長。更為奇特的是頭頂立一對彎形角，上飾卷雲紋。人面上下各有一圓形管，為插口。此器以誇張手法，將人面刻劃得威嚴而有神秘感。

◆定級要素：此種造型的青銅器，在商代中僅此一件。

23 立鳥雙尾卧虎　商晚期

通長 53.5 高 25.5 釐米
1989 年江西新幹大洋洲商墓出土
現藏江西省博物館

◆虎中空，下顎已殘失。張口咧呲，左右各露一獠牙，凸目粗眉，豎耳，粗頸，垂腹，背脊凸出，後垂雙尾，尾端上捲。背伏一鳥，豎頸短尾，尖喙圓睛。通體主要飾陰線構成的規格不一的雷紋。◆商代中前期的獸面紋主體，多用大量的雷紋構成，而到商代晚期和西周早期，雷紋則低於主紋，起陪襯作用，如此器大型的雷紋裝飾較為少見。

◆定級要素：整個虎形軀體龐大，怒目猙獰，塑造生動，鑄工精細，是商代藝術珍品。

24 獸面紋五耳大鼎　西周早期

通高 122 口徑 83 釐米
1980 年陝西淳化史家原出土
現藏淳化縣文化館

◆炊煮或盛食器。腹上部飾夔紋合成的獸面紋，獸面紋之下各浮雕出一牛首。鼎耳飾夔紋，足浮雕獸面。◆西周早期青銅器重食體制的建立，使這種口沿厚重，下腹碩大的鼎，成為禮器 羣中的支柱，也是最有特徵的禮器，以適應廟堂祭祀的堂皇氣派。

◆定級要素：此鼎形體巨大，造型渾厚，是目前所見西周銅器中最大最重者，堪稱“西周銅器之王”，可見當時青銅器鑄造水平之高。全器有五耳，也為鼎器中罕見，浮雕紋飾與造型相輔相成，更增加了青銅禮器的威嚴奇偉之感。

25 大盂鼎 西周早期

通高 100.8 口徑 78.3 釐米
現藏中國國家博物館

◆炊煮或盛食器。頸部及足飾獸面紋，造型莊嚴厚重，紋飾端莊典雅。器內壁有銘文十九行，二百九十一字。◆銘文內容記載周康王向盂闡明西周開國的經驗，追述文王、武王、成王滅商立國的過程和殷商之所以亡國，在於沉湎於酒的教訓，告誡盂要以其祖先南公為榜樣，輔助康王治理好國家，並賞賜盂車、馬、酒、衣及一千七百多名奴隸。盂為祭祀其祖南公而作鼎。

◆定級要素：此鼎是西周前期著名青銅器之一。銘文書體風格瑰麗凝重，雄偉有力，在西周前期的金文書法藝術上位居首位，對於研究西周社會歷史、賞賜制度具有很高的歷史價值。

26 師旂鼎 西周早期

高 15.8 口徑 16.2 釐米
現藏故宮博物院

◆炊煮或盛食器。此鼎鑄造精工，頸部飾一周長身分尾垂嘴的鳥紋。器內壁鑄銘文八行七十九字。◆銘文書體流暢，內容記載師旂管轄的士兵不隨從周王征伐方國的反戰史實，所以白懋父罰了師旂三百鋝的貨幣，並警告說，如不從征，還要繼續罰。並且要求說："要宣佈不從征者的名字，如不宣佈，則有私於師旂。"師旂因受罰，把這件事的概況銘鑄在銅器上。

◆定級要素：此鼎銘文是研究西周早期奴隸士兵反戰的絕好資料，所記受罰內容在金文中較為少見，具有很高的歷史價值。

27 旟鼎　西周早期

通高 77　口徑 56.7 釐米
1972 年陝西眉縣楊家村出土
現藏陝西歷史博物館

◆炊煮或盛食器。此鼎造型雄渾質樸，頸與足飾獸面紋，耳飾夔紋。口沿內銘文四行二十七字。◆銘文書體蒼勁有力，大意是，王姜賞賜給旟三百畝田和田內尚未收割的禾稼，師櫨也厚饋旟。旟作鼎以紀念此事，並稱頌王的恩德。◆有學者認為，銘文中的王姜即周成王的后妃。

◆定級要素：此器可以作為西周初期青銅器斷代的標準器。銘文內容可與史籍相互印證，是研究西周時期的國有土地佔有形態的重要資料。

28 䧹方鼎　西周中期

通高27.5　口長26　口寬17　腹深15.5釐米　重6.5千克
1975 年陝西扶風莊白家村出土
現藏扶風縣博物館

◆炊煮或盛食器。蓋有長方孔套接兩耳，蓋中環鈕，四隅有棱脊，倒置成俎案。頸飾夔紋，夔無腹無足，垂冠回首。蓋器同銘，各鑄六十五字。◆銘文大意為：某年九月乙丑日，䧹率軍駐堂日，周王后妃王俎姜遣派內史友員賞賜䧹紅色領襟的玄衣一件，䧹為感謝王俎姜的賜惠，特鑄此鼎，以享文祖乙公和文妣日戊。

◆定級要素：此器上完整的銘文為我們研究西周的賞賜和職官制度提供了重要研究資料。

29 㦵方鼎 西周中期

通高22.5 口長21.2 口寬16 腹深13.5釐米 重3.9千克
1975 年陝西扶風莊白家村出土
現藏扶風縣博物館

◆炊煮或盛食器。頸飾垂冠回首無腹足夔紋，細雷紋襯地。內壁有銘文一百十五字。◆銘文大意為：王追念㦵之父甲公的功績，命㦵率領虎臣抵禦淮夷。㦵緬懷父考甲公父母日庚崇尚美善之德，影響及㦵，心懷寬度，終身受益，能夠永遠臣事於天子。

◆定級要素：此器造型具有西周前期向中期過渡的特徵，是研究青銅器發展進程的重要實物資料。

30 大克鼎 西周晚期

高 93.1 口徑 75.6 釐米 重 201 千克
清光緒十六年（1890 年）陝西扶風法門寺出土
現藏上海博物館

◆炊煮或盛食器。圓體，二耳。器身飾環帶紋。器內壁鑄銘文二十八行二百九十字。◆銘文內容分為二段，第一段記敘克頌揚他的祖父師華父的功績，能夠輔助國王（厲王）管理好國家，讚美他的美好品德。克因其祖先的功績，擔任了傳達周天子命令的宮廷重臣。第二段記敘周王重申對克官職的任命，並賞賜禮服、土地、奴隸和一批樂官。所賜土地包括今陝西西部直至甘肅東部的涇水流域，是相當廣闊的地區。◆這段銘文歷史被視為研究西周世官世祿現象的珍貴資料。銘文更與眾不同，不僅字體端莊，筆力遒勁舒展，而且佈局規整嚴謹。是在劃有整齊的方格中書寫的，一字一格，行款疏密有致，被稱為西周金文書法藝術的皇皇巨篇。

◆定級要素：此鼎造型雄偉凝重，紋飾精美華麗，銘文書體絕佳，堪稱西周青銅藝術的典範。

31 禹鼎 西周晚期

通高 54.6 口徑 46.7 釐米
傳 1942 年陝西扶風任家村出土
現藏中國國家博物館

◆炊煮或盛食器。頸部飾竊曲紋一周，有短棱脊，腹飾大環帶紋，造型典雅勻稱，紋飾華麗。器內壁鑄銘文二百零五字。◆銘文記述禹受命征伐鄂侯馭方的史實，大意為：禹的先祖穆公曾輔佐周王。武公沒有忘記禹的聖祖幽大叔和父蘸叔，命其管理采邑井。鄂侯馭方在南方和東方造反，武公派遣禹率兵征討鄂侯馭方，取得全勝。

◆定級要素：此鼎是西周晚期銅器斷代的標準器。銘文內容對研究西周晚期的民族史和戰爭史具有極高的價值。

32 頌鼎 西周後期

高 31.4 口徑 32.9 釐米 重 9.82 千克
現藏上海博物館

◆炊煮或盛食器。此器鑄造精緻，口沿下有弦紋兩道。器型規整，紋飾細膩，反映出了當時高超的鑄造工藝。腹內壁有銘文十五行共一百五十一字。◆銘文記載周王冊命頌掌管成周貯

(廛) 廿家，監督新造，積貯貨物，以備宮御之用。賞賜玄衣、黹純、赤市、朱黃、鸞旂、攸勒等物品。頌接受命冊，退出中廷，然後再回返，向王獻納瑾璋。◆銘文字體舒展而端莊，被稱為大篆體的輝煌之作，也是西周晚期周王室通行的標準書體。

◆定級要素：銘文恢弘，比較完整地反映了西周王室策命官員的制度，具有很高的歷史價值。

33 伯矩鬲 西周早期

高 33 口徑 22.9 釐米
1975 年北京房山琉璃河黃土坡村出土
現藏首都博物館

◆炊煮或盛食器。此鬲三袋足，腹作雙眉翹起的獸面紋，蓋鑄高浮雕獸面，雙角彎翹起，以圓雕獸首為蓋鈕。裝飾以平雕、高浮雕和圓雕飾相結合，使器形增強了渾厚雄麗之感，在同類器中是難得一見的精品。銘文有十九字，記燕侯賞賜伯矩貝事。◆陶鬲在新石器時代就已經出現。商代前期出現銅質袋形足鬲，器表紋飾精美，不宜火燒，當為盛食器。

◆定級要素：出土在西周燕國貴族墓地，銘文是研究西周初年燕國歷史與地理的重要資料。

34 師趛鬲　西周早期

高 50.8 口徑 47 釐米
現藏故宮博物院

◆炊煮或盛食器。頸部飾上、下顧首三角形夔紋，袋足中線飾高大扉棱，腹部刻劃大型夔紋。銘文五行，共三十字。◆銘文記載了師趛為死去的父母作器之事，並希望子孫後代能將此祭器永世傳接。◆定級要素：此鬲製作精細，形制宏大。造型雄奇瑰麗，回首張口大夔紋，有很高的藝術水準。且銘文書體勁健有力，端正細緻。

35 天亡簋　西周早期

高 24.2 口徑 21 釐米
傳清道光年間陝西岐山出土
現藏中國國家博物館

◆盛食器。腹部兩側有四獸首耳，並有下垂小珥。器腹與方座均飾夔龍紋，圈足飾變體龍紋。器內底有銘文七十七字。◆銘文記述周武王舉行祭祀大禮，在辟雍天室中祭天和文王，武王因受到文王的護佑，終於滅商。銘文內容是研究西周早期歷史、祭祀制度的珍貴資料。

◆定級要素：此簋造型端莊穩重，花紋精美富麗，銘文書體規整，反映西周早期青銅鑄造業的高超水平，是西周青銅器斷代的標準器。

36 㦸簋

西周早期

通高 20 口徑 22 釐米
1975 年陝西扶風莊白家村出土
現藏扶風縣博物館

◆盛食器。鳥身飾鱗羽紋，腹與蓋均飾兩兩相對的捲尾的大鳳鳥紋。器前、後頸部各鑄一獸首。鳳鳥形雙耳，鳥高冠立起，以鳥足為珥，裝飾富麗，造型優美。器與蓋各鑄銘文一百三十四字，內容相同。◆銘文記述了器主在周某王六月乙酉，率領有司和師氏征伐淮戎的侵擾，在棫林一戰中，殺死和虜獲了敵人計一百零二人，並繳獲盾、矛、戈、弓、箭箙、冑等一百三十五件兵器，還奪回被戎俘走的一百一十四人。

◆定級要素：銘文屬西周青銅器長篇銘文之列，其內容對研究周王朝與周邊民族的關係、戰爭史和兵器等方面均具有重要價值。

37 㝬簋

西周晚期

通高 59 口徑 43 釐米 重 60 千克
1978 年陝西扶風法門鎮齊村出土
現藏扶風縣博物館

◆盛食器。形體厚重，雙獸耳高聳出器口，圈足下有方座。腹與座均飾細密的直棱紋，頸與足飾竊曲紋。器內底有銘文一百二十四字。◆由銘文可知是西周厲王胡㝬十二年為祭祀祖先而鑄，稱頌祖先，並祈求先祖對周王室的佑護。

◆定級要素：此器渾厚雄麗，是目前所見最大青銅簋。銘文對研究西周王室的祭祀制度和禮制都有很高的歷史價值。此簋也是西周厲王時期的斷代標準器。

38 不嬰簋 西周晚期

通高 26 口徑 23.2 釐米 重 8.5 千克
1980 年山東滕縣出土
現藏滕州市博物館

◆盛食器。扁圓體。蓋頂有圈形把手，圜底，下附三伏獸形足。腹部兩側附龍首雙耳。蓋與腹飾竊曲紋和瓦紋，圜底飾重環紋。器內底有銘文十二行一百五十一字。◆銘文記述周宣王時北方玁狁進犯，王命虢季子白率不嬰禦敵於高陵和洛水等地，不嬰與之大戰獲勝。王賞不嬰一弓、束矢、五奴和十田。不嬰因此作器記事。◆同銘器見於上海博物館藏不嬰簋蓋，銘文相似，口徑相同。

◆定級要素：此簋與虢季子白盤同為宣王時器。對於研究當時戰爭情況和賞賜制度有着重要的歷史意義。

39 頌簋 西周晚期

通高 30.1 口徑 24.2 釐米 重 13.2 千克
現藏山東省博物館

◆盛食器。腹部兩側塑一對獸首耳。口沿上下各飾竊曲紋一周，蓋與腹均飾瓦紋，圜底飾重環紋。形制莊重。蓋器同銘，各鑄十五行一百五十二字。◆銘文大意為：周王冊命頌掌管成周貯（廛）廿家，監督新造，積貯貨物，以為宮御之用。周王賞賜頌玄衣、黹純、赤市、朱黃、鑾旂、攸勒等物品。頌接受命冊，退出中廷，然後再回返，向周王獻納瑾璋。銘文與頌鼎同。◆山東省博物館原藏器，青島市張秀琳又捐贈蓋，終使器蓋合一。

◆定級要素：銘文比較完整地反映了西周王室策命官員的制度。

40 永盂

西周早期

通高 47 口徑 58 釐米
1969 年陝西藍田泄湖鎮出土
現藏西安市文物管理委員會

◆盛食器。此器腹耳之間塑昂起的象鼻。頸與足飾夔紋。器腹內銘文十二行，共一百二十三字。◆銘文記載了周恭王分給師永田事，傳達周王之命的是大臣益公，與益公共同參與此事的還有邢伯、榮伯、尹氏等大臣。永因受田，稱揚天子，並為文考乙公作此件祭器。銘文中提到不少西周中期王室大臣的名字，可與其他銅器上的人名相互聯繫，對青銅器斷代有重要價值。

◆定級要素：此器銘文為研究西周中期國有土地制度下的土地賞賜情況提供了重要資料，為周恭王時期的重要標準器之一。

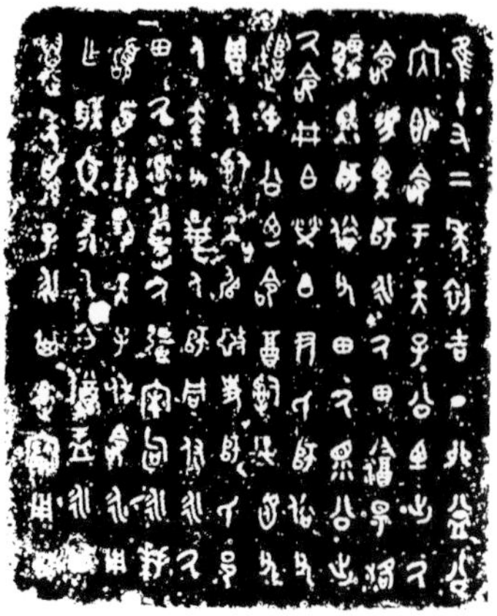

41 何尊　西周早期

高 38.8 口徑 28.6 釐米
1965 年陝西寶雞出土
現藏寶雞市博物館

◆容酒器。頸飾夔形蕉葉紋，腹飾獸面紋。器內底有銘文一百二十二字。◆銘文記載周成王五年對宗族小子何進行訓誥，其中談到武王滅商和武王、成王相繼營建成周洛邑事，並對武王舉行"豐福"的祭典。

◆定級要素：此器製作精美，造型雄偉，銘文是西周初期一篇極為重要的歷史文獻，可與《尚書・召告》相印證。

42 三年痶壺　西周晚期

甲壺通高65.4 口徑19.7 乙壺通高66.2 口徑20釐米
1976 年陝西扶風莊白家村出土
現藏周原博物館

◆容酒器。甲、乙兩壺形制、花紋、銘文相同。頸部對稱鑄獸形環耳。蓋頂為鳥紋，蓋沿與圈足飾竊曲紋，頸與腹飾三周大環帶紋。蓋榫外側具銘文六十字。◆銘文整齊，字字認真，內容是周某王三年九月，周王先後在鄭地和句陵饗禮，賞賜痶羔俎和彘俎，痶因受寵，而為祖父與父親作了祭器。

◆定級要素：此對壺形體高大，製作精美，且保存完好，是西周大型銅器中的珍品。銘文內容對研究西周貴族禮俗和名物制度有很高價值。大臣虢叔等人名的出現，可與傳世品相互參照。為西周厲王時銅器斷代提供了新的依據。

43 旂觥 西周早期

通高 28.7 長 38 釐米
1976 年陝西扶風莊白家村出土
現藏周原博物館

◆容酒或飲酒器。蓋前為一兕首，獠牙巨鼻；後端作饕餮面，巨目咧嘴，眉作捲曲夔龍。蓋脊為透雕棱牙，前端二獸首相逐。腹飾饕餮紋，置透雕扉棱。全器紋飾均以雷紋襯地，粗大紋飾下再飾細紋，顯得莊重肅穆，典雅華貴。蓋、器同銘，各四十字，記載周王對旂的一次賞賜。◆此器造型已完全擺脫了犀牛觥的原始形態，有流有鋬，適合容酒和飲酒的功能。◆《詩·豳風·七月》：“朋酒斯饗，曰殺羔羊，躋彼公堂，稱彼兕觥，萬壽無疆！”可見西周時期兕觥已成為王室貴族禮儀中不可缺少的禮器，它具有人間與上帝、先祖、鬼神相溝通的神力。

◆定級要素：其造型和紋飾完美體現了西周禮器中特有的神秘怪誕色彩。因出土於窖藏中，並有確切年代，更是不可多得的精美藝術品。

44 象首耳捲體夔紋罍 西周早期

高 70 腹徑 31 釐米
1980 年四川彭縣竹瓦街出土
現藏四川省博物館

◆容酒器。蓋與器均鑄高大凸棱，蓋棱上端呈鳥狀。器肩上鑄有象首雙耳，象目凸鼓，鼻上捲。器自肩至足滿飾凸起紋飾，肩部卷龍紋、夔紋，腹部捲體夔紋，圈足飾牛紋。此器形體高大，整體裝飾複雜，將平雕、高浮雕、圓雕等多種手法集於一身，更顯鮮明生動。

◆定級要素：此器的風格特徵既有中原特點，又有巴蜀地域特徵。是罕見的罍中之大器。

45 史牆盤　西周中期

通高 16.2 口徑 47.3 釐米
1976 年陝西扶風莊白家村出土
現藏周原博物館

◆盥洗器。腹飾鳥紋，圈足飾捲曲雲紋。盤內底鑄銘文二百八十四字。◆銘文內容極其豐富，分前後兩段。前段言簡意賅地追頌了周初文、武、成、康、昭、穆各王和讚美時王恭王的功業，這在銅器銘文中是不多見的，其中記載的昭王伐楚荊，可印證和補充歷史文獻；銘文後段記載微氏家族的發展史，是研究西周貴族的珍貴資料。

◆定級要素：此盤也是恭王時代青銅器斷代重要的標準器之一。

46 虢季子白盤　西周中期

通高 39.5 口長 137.2 釐米
傳清道光年間陝西寶雞虢川司出土
現藏中國國家博物館

◆盥洗器。器四壁各有龍首啣環耳一對，口沿下飾竊曲紋，器腹飾環帶紋。盤內銘文一百一十一字。◆全篇銘文為韻文，銘文書體整齊俊秀，記載虢季子白受周王之命在征伐玁狁的戰爭中獲勝，斬首戰俘五百，抓俘虜五十。向周宣王行獻俘之禮，周王非常讚賞虢季子白，在周廟宣榭設宴為其慶功，並賜以乘馬，令其輔佐王室，賜用弓矢和斧鉞，使子白有征伐蠻方之權。

◆定級要素：此盤造型端莊厚重，氣勢雄偉，是西周時期著名青銅器之一。銘文內容是研究西周民族關係和戰爭史的重要文獻，具有極高的歷史價值。

47 儼匜 西周中期

通高 20.5 腹寬 17.5 釐米
1975 年陝西岐山董家村出土
現藏岐山縣博物館

◆盥洗器。器形古樸，又輔以虎首蓋，這在銅匜中少見。器內底和蓋內共鑄銘文一百五十七字，器銘與蓋銘連續讀，是一篇訴訟的判決詞。◆銘文字體柔美典雅，在西周銅器銘文中有其特色，獨樹一幟。大意是：牧牛（人名）和他的上司叫儼的，為爭五個奴隸發生訴訟，負責宣判的法官伯揚父在判詞中說牧牛犯上，判處牧牛鞭打五百，並罰三百鋝的銅，還讓牧牛發誓，最後又作了警告。◆器形為匜，而銘文則自名盉，說明匜乃由盉發展演變而來。

◆定級要素：銘文內容對研究西周刑法和獄訟盟誓制度具有很高的史料價值。

48 衛盉 西周中期

通高 29 口徑 20.2 釐米 重 7.1 千克
1975 年陝西岐山董家村出土
現藏岐山縣文化館

◆盥洗器。蓋上有半環形鈕，有繫環同器相連。腹前有管流，三袋足。頸和蓋沿均飾垂冠回首分尾夔紋，流飾三角雷紋。蓋內有銘文一百三十二字。◆銘文記載三年三月由於恭王要在豐京舉行建旂典禮，矩伯向裘衛取價值八十朋朝覲用的玉璋，給予裘衛土地千畝；又向裘衛取了玉飾和禮服，給予裘衛田三百畝。裘衛將此事報告給伯邑父、榮伯、定伯等執政大臣，伯邑父、榮伯等命令三有司會同矩伯和裘衛授田。

◆此器自銘為盤，當失鑄一盉字，盤盉是西周中期成組的盥器。銘文中的伯邑父、定伯等也見於五祀衛鼎銘文，是恭王時期的執政大臣。故此盉當為恭王三年鑄器。

◆定級要素：這篇契約性質的銘文，為研究西周中期土地制度和社會經濟提供了極其重要的資料。

49 夔紋禁 西周前期

高 23 長 126 寬 46.6 釐米
1925 年陝西寶雞載家灣出土
現藏天津市歷史博物館

◆承尊器。禁作長方形，面上有三橢圓形孔，孔沿隆起，可放置酒器。四側有成排的長方形孔。面、側均飾夔紋邊框。

◆《禮記 · 禮器》中曾寫到："天子諸侯之尊廢禁。" 傳世和考古發現的禁甚少，器形多為長方體。

◆定級要素：出土之禁，鑄造得極為精緻，代表了當時青銅工藝的水平，由此證實禁亦為重要的禮器。

50 刖人守囿銅挽車 西周晚期

長 13.5 寬 10 釐米
1989 年山西聞喜上郭村出土
現藏山西省考古研究所

◆車模型。長方扁形車廂，無車轅。車廂前有兩扇車門，一門上鑄一裸體刖俑人，一手扶門閂，一手拄杖。車有六輪，其中車廂兩側前端各一卧虎狀足，每一卧虎前後足各踩一小輪；車廂兩側各裝有八輻條的車輪。車廂蓋鈕為一蹲猴，蓋四角各有一可轉動的鳥。車廂的四隅和兩側面中線處各鑄一圓雕的回首獸，以及平雕的鳥紋。◆此車形制獨特，車輪和鳥都可以轉動，巧妙地運用了機械原理。各種圓雕人物和動物也極為生動。

◆定級要素：此車的出土，提供了當時交通工具製作水平的實物資料，尤其是其精細的塑造，讓我們了解了根據文字資料難以確定的細節。

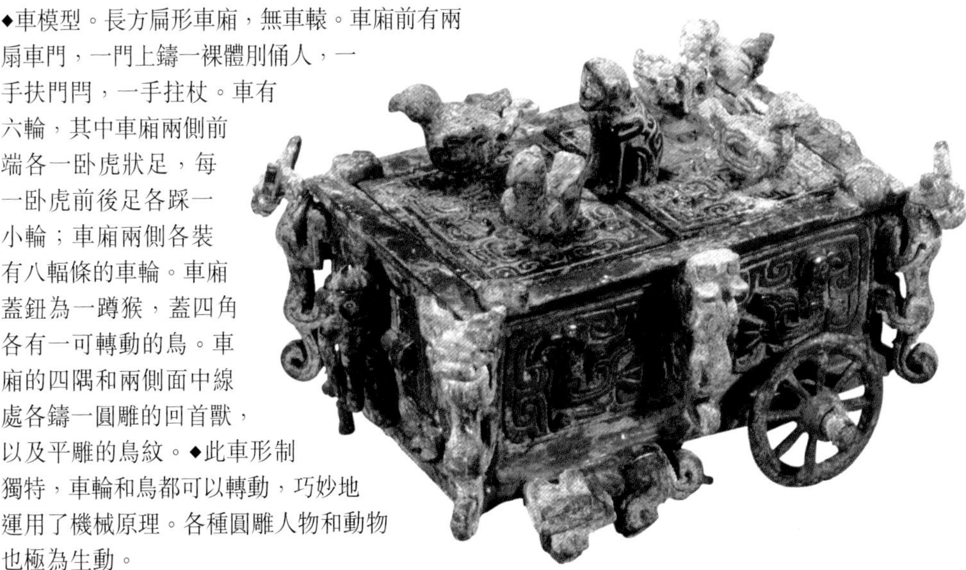

51 王子午鼎 春秋晚期

通高 69 口徑 66 釐米
1978 年河南淅川下寺出土
現藏河南博物院

◆炊煮或盛食器。此鼎形體高大，造型雄偉凝重，紋飾精美華麗，器身滿飾半浮雕夔龍紋、竊曲紋和雲紋，還有作攀附狀浮雕夔龍。器內壁有銘文八十四字。◆銘文書體整齊優美，內容記載了王子午在楚康王某年元月丁亥日，選用精銅鑄鼎，以祭祀祖先文王，並頌揚自己的功德。

◆定級要素：此鼎為迄今所見楚式鼎中之冠，是研究春秋楚國的歷史和銅器鑄造工藝的重要資料，具有極高的歷史、藝術價值。

52 秦公簋 春秋中後期

高 19.8 口徑 18.5 足徑 19.5 釐米
傳 1921 年甘肅天水出土
現藏中國國家博物館

◆盛食器。有蓋，圈形把手。腹部有獸首雙耳。器及蓋均飾細小虺螭紋，刻劃精細。蓋器同銘，蓋五十四字，器五十一字，字體與石鼓文相近。◆銘文記載秦國建都，繼續十二世。秦景公承繼其祖先功德，撫育萬民，又有文武大臣輔佐，永固國土。

◆定級要素：此器帶有很強的秦地風格，是典型的秦國青銅器。銘文對研究秦國歷史有重要價值。

53 鳥尊 春秋晚期

高 25.3 長 33 釐米
1988 年山西太原金勝村出土
現藏山西省考古研究所

◆容酒器。鳥伸頸昂首，兩足挺立，尾部有虎形支腳。雙目圓睜，嘴可開合，有冠。背上有虎狀弓形提梁，橢圓形口，有蓋，蓋鈕環與虎形提梁上鏈相連。鳥身飾羽紋和鱗狀羽紋。

◆定級要素：此尊造型優美，富有生命力。羽翼細密華麗，刻鏤精工，表現出嫻熟技藝，與今收藏在美國華盛頓佛利爾美術館的馬作弄鳥尊同是有着特有的藝術魅力和高度的美學價值的作品。

54 欒書缶 春秋中期

通高 40.5 口徑 16.5 釐米
現藏中國國家博物館

◆盛酒器。器表漆黑光亮。頸和肩部有錯金銘文四十字，內容記載晉大夫欒書伐鄭、敗楚的功績，對研究春秋時期各諸侯國之間的戰爭具有極高的史料價值。器蓋內另有銘文八字。

◆定級要素：銘文錯金，字跡工整，為目前所見最早的一件錯金銘文青銅器，是春秋中期青銅藝術珍品。

55 蓮鶴方壺 春秋中期

通高 122 寬 54 釐米
1923 年河南新鄭出土一對
現藏故宮博物院

◆容酒器。形體巨大，是壺中之王。壺體飾糾結的夔龍紋，腹部飾一對昂首、垂尾的鳥。器頸飾浮雕細鏤孔二龍耳，四角各鑄一似龍形的怪獸。環繞蓋沿鑄鏤孔蓮花瓣兩層，蓋沿飾竊曲紋，蓋中心一隻亭亭玉立的仙鶴，展其雙翼，引頸欲鳴，姿態婀娜，圈足下有兩隻作吐舌狀的伏虎支撐壺體，整體有一種“凌於雲氣，入於深泉”的雄偉氣魄。

◆另一件同出的蓮鶴方壺，現藏河南博物院。此一對壺是國之瑰寶。

◆定級要素：此壺器身的龍、獸和蓋上立鶴，係採用分鑄法，因而得到凝重而活潑的藝術效果，體現了春秋時代的革新、創造精神。

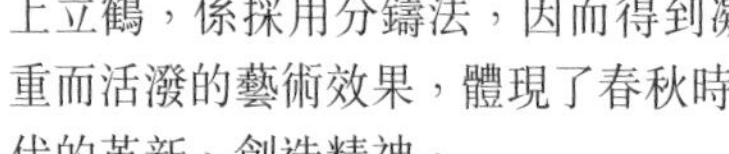

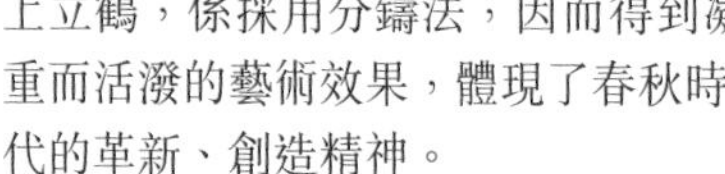

56 吳王夫差鑑 春秋晚期

通高 40 口徑 70.6 釐米
清同治時期山西代州蒙王村出土
現藏中國國家博物館

◆盛水器。此器形體很大，凝重渾厚。器內有銘文十三字："攻吳王夫差擇厥吉金，自作御監。"◆從銘文得知，器主為一代名王吳國國君夫差，因此此器就更具有歷史價值。1955 年安徽省壽縣蔡侯墓內，也出土了另一件吳王夫差鑑。

◆定級要素：夫差鑑在山西發現，這也是研究吳國與晉國關係史的重要資料。

57 雙獸三輪盤 春秋晚期

通高 15.6 口徑 26 底徑 14.5 釐米
1957 年江蘇武進淹城出土
現藏中國國家博物館

◆盥洗器。由盤、三輪和雙獸組成。圈足下另裝三輪，皆能轉動，其中一輪上有折身雙獸與圈足相連，獸首作飲水狀。

◆定級要素：目前所見三輪盤僅此一件。此盤形制構思巧妙，編織紋飾工整，鑄造工藝高超，具有濃厚的吳越地域風格，是春秋時期青銅器藝術珍品。

58 秦公鎛 春秋前期

最大者通高 69.6 舞間 28.4 釐米 重 56.25 千克
1978 年陝西寶雞太公廟村出土
現藏寶雞市博物館

◆樂器。共三枚，為一編。鉦至舞部有透雕蟠螭紋棱脊，沿伸向上成透雕蟠虺紋鈕，再上是環形懸。鉦部飾蟬紋和顧首蟠虺紋。鼓部有銘文二十六行一百三十五字。◆銘文記先祖秦襄公受命受國之事，後繼文、靜、憲三公世系，內容與秦公編鐘相同。器為鎛，而自銘“和鐘”，說明此鎛與鐘配套使用。

◆定級要素：此器為研究當時的禮樂制度提供了重要的歷史資料。

59 ⿰素命鎛 春秋中期

高 67 舞縱 30.5 舞橫 37.5 鼓間 34.6 銑間 44 釐米
重 65.2 千克
傳清同治九年（1870 年）山西榮河后土祠出土
現藏中國國家博物館

◆樂器。器形特大，有鈕、深腔、平口。鈕為食獸蟠曲的飛龍構成，舞、篆、鼓等部均飾變形龍紋。紋飾縝密規矩。鉦部及銑兩側有銘文十八行一百七十四字，是齊⿰素命 為子仲姜所作之器。◆銘文記載鮑叔有功於齊國，齊侯曾賜予二百九十九邑，與䣄之民人都鄙。銘最後云：“適仲之子作子仲姜寶鎛”。

◆定級要素：在傳世青銅器中，自銘為鎛者僅此一器。

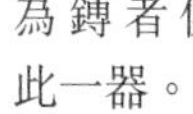

60 蟠虺紋銅禁 春秋晚期

長 107 寬 47 釐米
1979 年河南淅川下寺出土
現藏河南省文物研究所

◆置酒器。禁四面用多層銅梗鑄成玲瓏剔透、呈網狀而互相糾結的蟠虺紋。禁下邊各有五隻圓雕虎當座足，虎昂首挺胸，以後翹的尾部承托禁體。禁兩側長邊各攀附四虎，兩側窄邊各攀附二虎。虎作吐吞狀，攀附在禁面，禁面的虎與器足的虎上下對應，錯落有致，造型富於想像力，裝飾繁縟而精美，是極其罕見的珍品。

◆定級要素：據研究，禁的鏤孔裝飾部分係用失蠟法所鑄，是中國迄今發現的最早用失蠟法鑄造的實例，此禁的出土將這一高超技藝的起始時間提前到春秋時代。

61 越王勾踐劍 春秋晚期

通長55.7 身寬4.6釐米
1965年湖北江陵望山出土
現藏湖北省博物館

◆兵器。此劍為春秋末年越國國君勾踐專用青銅劍。劍身滿飾菱形紋，以藍色琉璃鑲嵌花紋，有"越王鳩（勾）淺（踐）自作用劍"八字鳥篆銘文。此劍保存完好，歷經兩千三百多年，刃部仍極鋒利。◆據質子射線熒光分析儀對勾踐劍的成分和表面裝飾進行分析，證明勾踐劍主要用錫青銅鑄成，含有少量的鉛和微量的鎳，灰黑色菱形花紋及黑色的劍柄、劍格都含有硫。

◆定級要素：此劍是青銅武器中的珍品，對研究越國史、青銅鑄造工藝和文字學均有重要價值。

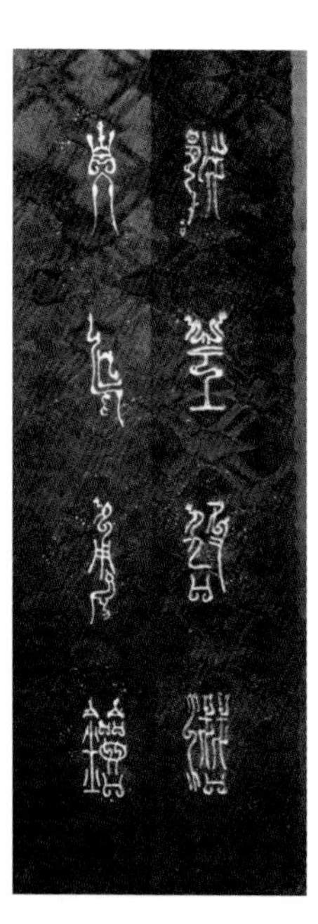

62 青銅神獸 春秋晚期

通高48釐米
1990年河南淅川徐家嶺9號墓出土
現藏河南省文物研究所

◆陳設器，共一對。神獸作龍首虎身，龍吐長舌，雙眸突出，兩頜各出一支柿蒂狀的花枝。龍首上方佈列六條龍。虎身半臥狀，四足寬厚敦實，尾上捲，身上飾變形龍鳳紋。背上方孔置一曲架，上有奔獸，獸雙後足蹬在虎身頸上。獸的主體和上面龍獸均鑲嵌綠松石。

◆定級要素：神獸形體怪異，鑄造亦極其精美，是罕見的春秋時期青銅藝術品。

63 龜魚蟠螭紋長方盤 春秋晚期（一說戰國早期）

通高 22.5 長 73.2 寬 45.2 釐米
現藏故宮博物院

◆盥洗器。整個盤以四隻蹲踞的卧虎為足，虎作昂首張口狀。盤底與虎足間以浮雕的蟠螭相連接，螭口咬虎脊，爪抓虎背，怒目圓睜。盤內外滿飾華麗的花紋和多種浮雕的動物。盤內底以多組蟠螭糾結，構成水波流動狀態，水中浮雕魚、龜、蛙，構成一幅水生動物寫實圖。盤外有對稱的兩啣環鋪首，鋪首間浮雕熊和鳥嘴有翼怪獸，分別作吞食螭和蜥蜴的狀態，極為生動；盤腹側面浮雕的獨角怪獸，正哺乳一羊，兩獸神態親昵友善。獨角怪獸，即傳說中稱作獬豸的神獸。

◆定級要素：此器形體宏巨，鑄造精工，紋飾工麗。在裝飾手法上將平雕與浮雕緊密地結合在一起，既表現了龜、魚、蛙、虎、羊等寫實動物，又創造了神話世界中的各種神獸，構思精巧，是一件不可多得的瑰寶。

64 中山王兿鼎 戰國中期

通高 51.5 直徑 65.8 釐米
1977 年河北平山戰國中山王兿墓西庫出土
現藏河北省文物研究所

◆炊煮或盛食器。此器為九件列鼎中的首鼎，是王兿十四年所作。鼎足為鐵質。腹外刻銘文四百六十九字，是目前所見戰國時代最長的一篇銅器銘文。◆銘文秀麗，豎筆引長下垂，開魏晉懸針篆書藝術的先河。銘文內容記載公元前 316 年燕王噲讓君位給相國子之，以致國破身亡事，中山王 兿 要其嗣王接受這一教訓。銘文還記載了相邦司馬賙在燕國內亂時伐燕的史事，以及開闢疆土、獲地數百里、列城數十座等功績，以及中山國國王的部分世系，這些均不見史籍記載。

◆定級要素：中山國，是戰國七雄以外由少數民族白狄建立的諸侯國，有關其歷史古文獻記載甚少，因而此鼎及幾件同時出土的長銘銅器的發現具有重要的學術價值。

65 錯金銀雲紋犀尊 戰國晚期

高 34.1 長 58.1 釐米
1963 年陝西興平豆馬村出土
現藏中國國家博物館

◆容酒器。尊作成站立的犀牛狀，體肥碩圓渾，四足敦實有力，富有生命力。背有一蓋，可倒入酒，口部一管狀流，可注酒。犀體飾細膩的錯金雲紋，有的金絲細如毫毛，淋漓盡致地表現出了犀牛的整體特徵。

◆定級要素：工藝高超，風格優美典雅，是難得的實用與藝術相結合的巧奪天工之作。據考證是戰國時代秦國的作品，更屬珍貴。

66 中山王譽圓壺 戰國中期

高 44.5 口徑 14.6 釐米 重 13.65 千克
1977 年河北平山中山王譽墓出土
現藏河北省博物館

◆容酒器。蓋頂有三個雲形鈕，肩部兩側各有一鋪首啣環。腹有凸弦紋。腹壁和圈足有銘文共二百零四字。◆銘文先刻於圈足上，記壺鑄於中山王譽十三年，監造的工官及壺的重量。譽嗣子䖵刻銘於中腹，內容歌頌先王慈愛賢明的盛德，讚揚相邦司馬賙伐燕取得的戰果，記載中山王譽的嗣王名䖵，相邦賙在所佔燕地狩獵情況。

◆定級要素：銘文對研究中山國史至為重要。

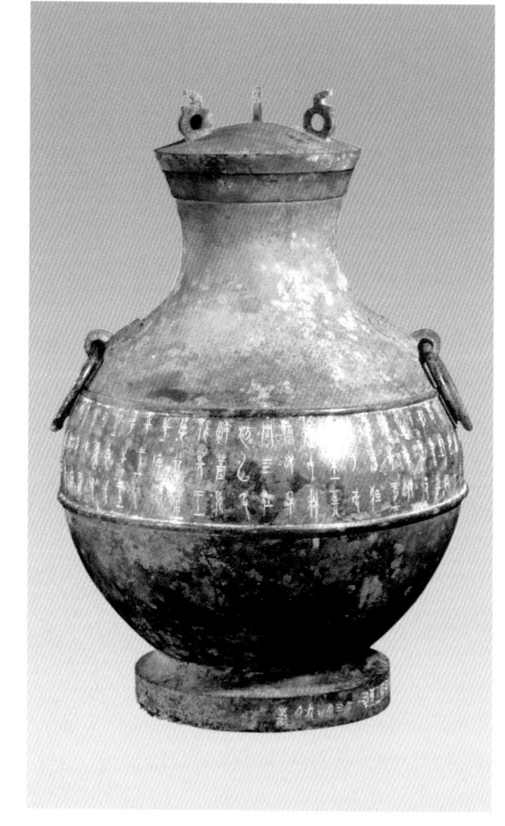

67 中山王方壺 戰國中期

通高 63 口徑 15 釐米
1977 年河北平山中山王墓出土
現藏河北省博物館

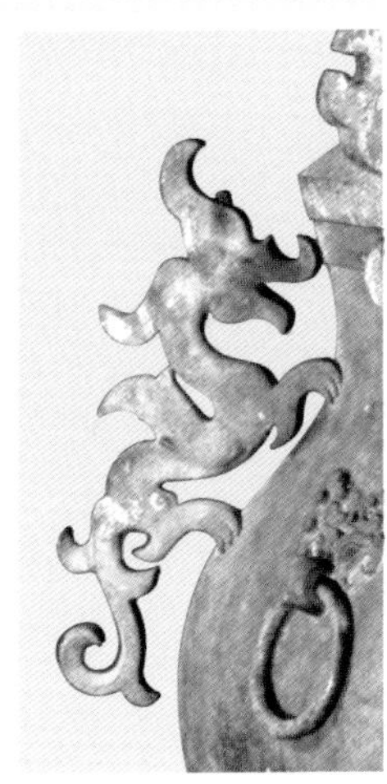

◆容酒器。肩部四隅飾浮雕龍紋，腹兩面各鑄一獸首啣環耳。器外壁刻有長篇銘文，共四百五十字。◆銘文記述此器為中山王十四年選用燕國精銅製作，祭祀時用它節量齊酒，告誡嗣王以燕國子之反臣為主為教訓，頌揚相邦司馬 的賢明與功績，闡述治國之道。

◆定級要素：此器形體較大，造型端莊厚重，銘文書體整齊優美，具有很高的藝術性，是戰國著名青銅器之一。

68 宴樂漁獵水陸攻戰紋壺 戰國早期

通高 40.7 口徑 10.9 釐米
現藏故宮博物院

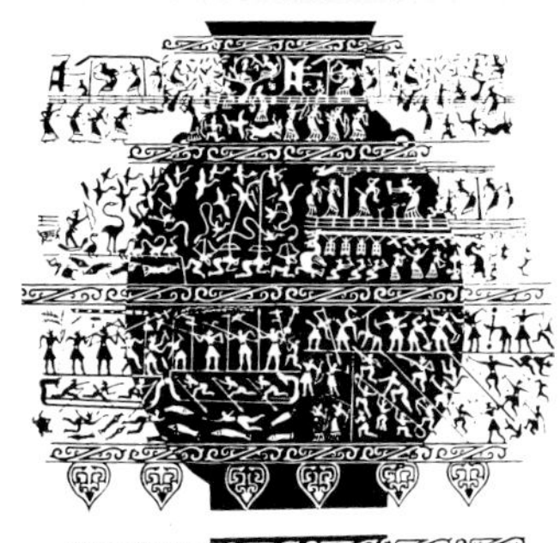

◆容酒器。肩上一對獸面啣環耳，器身佈滿線刻圖像，以斜角雲紋為界帶，將畫面分成三層，每層又有兩種圖景。從上至下，第一層為競射圖和採桑圖；第二層表現的是宴樂武舞和弋射習射圖像；第三層為陸上和水上的攻戰圖像，其中陸戰圖表現了架雲梯登城的場面，刻劃入微。

◆定級要素：此器線刻人物技法純熟，畫像內容反映了戰國時代社會生活的許多側面，具有極高的歷史、藝術價值。

69 銅絲網套錯金銀鑲嵌銅壺 戰國中期

通高 23.6 口徑 12.8 釐米
1982 年江蘇盱眙南窰莊出土
現藏南京博物院

◆容酒器。該壺由器身和肩與腹上的網套組成。銅絲網套由九十六條捲曲龍和五百七十六枚梅花釘交錯套扣而成。網罩中間有錯金雲紋銅箍，箍上有相間獸首啣環和倒垂的浮雕獸各四個，環與獸上有錯金銀紋飾。此器口沿刻記有壺的容量的銘文。圈足外刻“陳璋伐匽（燕）之獲”字樣，反映了公元前 315 年齊國與燕國的戰爭史實，可佐證文獻的記載。

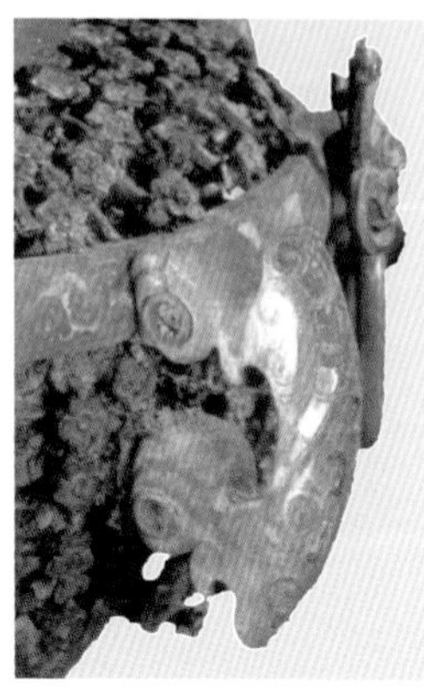

◆定級要素：此器網套玲瓏剔透，精巧華美，係用先進的失蠟法所鑄。

70 曾侯乙大尊缶 戰國早期

通高 126 口徑 48.2 釐米 重 327.5 千克
1978 年湖北隨縣擂鼓墩曾侯乙墓出土
現藏湖北省博物館

◆儲酒器。同出一對。有蓋，蓋沿一側有一環鈕，與器肩一蛇形鈕用鏈相接。腹中部有兩道凸棱，棱間飾對稱四環耳。肩部及腹下部飾三角紋一周，腹部有三道蟠蛇紋帶。器肩部有銘文七字，記曾侯乙作器。

◆定級要素：此器形體高大，造型古樸雄渾，紋飾刻劃精細華麗，鑄造工藝高超，反映了當時青銅工藝的發展高度，是戰國時期著名的銅尊缶。

71 曾侯乙銅尊盤 戰國早期

尊高 33.1 口徑 62 釐米
盤高 24 口徑 47.3 釐米
1978 年湖北隨縣擂鼓墩曾侯乙墓出土
現藏湖北省博物館

◆冰酒器。出土時尊放在盤內。尊口沿鑄雙層虺紋、螭紋的鏤孔附飾，頸部鑄四隻圓雕獸，腹部與圈足上各鑄兩兩相對的四條龍。盤以鏤孔虺螭為飾，耳間各鑄攀附盤壁的龍，平底下以四龍為足。◆從大墓出土的楚惠王五十六年鑄鐘銘文證實，該墓的時代為公元前433 年或稍後，為戰國早期。

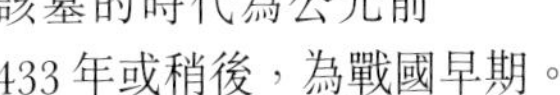

◆定級要素：尊盤精美細膩的鏤孔附飾，玲瓏剔透，精巧華麗，係用先進的失蠟法所鑄。其鑄造上的高度技巧，有着鬼斧神工之妙。對研究中國青銅藝術發展史和古代冶金史都具有十分重要的意義，即使在今天，對精密儀器鑄造也有着很好的借鑑作用。

72 錯金銀四龍四鳳方案 戰國中期

高 37.4 寬 47 釐米
1977 年河北平山中山王嚳墓東庫出土
現藏河北省博物館

◆生活用具。此案製作精巧，全身滿飾金銀錯花紋。在圓形底座下，以四隻挺胸昂首的卧鹿為足，座上有四龍四鳳相盤繞，每一龍頭上頂一斗栱形飾件，上承方案。案面可能為漆木製品，已朽，現僅留銅邊框。

◆定級要素：此案設計新穎，尤其圓雕的四龍四鳳相互糾結，有序有則，精巧細膩，有極高的藝術價值。斗栱形飾件對追尋其起源具有重要意義。

73 𨞖篙編鐘 戰國早期

最大者通高 30.5 銑間 17.2 最小者通高 12.9
銑間 6.3 釐米
1957 年河南信陽長台關出土
現藏中國國家博物館

◆樂器。共十三枚，為一編。扁平鈕，各附一獸首轄。通體飾細密蟠螭紋。最大者銑部有銘文十二字，記𨞖篙(荊曆)屈欒十一月，晉人救戎於楚境。◆一說最大鐘的紋飾與其餘各鐘相似，但並非一組，係配湊而成。編鐘架是根據出土實物複製的。◆實測音頻證明楚國青銅鐘的鑄造已相當進步。

◆定級要素：此組編鐘鑄造精細，音質清越，具有重要的歷史價值。

74 曾侯乙編鐘 戰國早期

架長 748　最大者通高 153.4 釐米 重 203.6 千克
最小者通高 20.4 釐米 重 2.4 千克
1978 年湖北隨縣擂鼓墩曾侯乙墓出土
現藏湖北省博物館

◆打擊樂器。此套編鐘共計六十五件，總重量達到兩千五百千克。編鐘分三層八組懸掛在鐘架上。鐘筍、鐘鈎、鐘體共有銘文三千七百五十五字，內容有編號、銘記、標音及樂律。◆編鐘出土時，在近旁還有六個丁字形彩繪木槌和兩根彩繪木棒，是用來敲鐘和撞鐘的。此套編鐘音樂性能良好，音域寬廣，音調準確，音色優美，能演奏出古今中外的樂曲。

◆定級要素：這套編鐘是至今已發現的最雄偉、最龐大的樂器，被譽為古代世界的“第八大奇跡”。經過對編鐘測音，證實戰國時代已具有完整的十二樂音體系，打破了過去認為十二律是古希臘傳入的說法。

75 錯金雲紋編鐘

戰國中晚期

最大者通高 27.5 釐米 重 3.05 千克 銑間 19.5 釐米
最小者通高 14.6 釐米 重 480 克 銑間 6.5 釐米
1972 年四川涪陵小田溪出土
現藏四川省博物館

◆樂器。此套編鐘共計十四件，屬鈕鐘形式，大小依次遞減。每件鐘兩面各十八個圓乳狀枚。篆帶飾浪花紋，舞部飾雲雷紋，鈕飾三角雲紋，鉦部、鼓部飾蟠雲虺紋。十四件編鐘中有八件在鉦部等部位的花紋以錯金手法表現。

◆此套編鐘是中國目前發現的編鐘中枚數較多的一套。鑄造精緻，鐘上有錯金的絕少見到。據有關方面測定，每件鐘都有兩個音階。

◆定級要素：此套編鐘對研究巴人文化和中國音樂史極有價值。

76 十五連盞燈 戰國中期

高 84.5 寬 47 釐米
1977 年河北平山中山王譻墓出土
現藏河北省博物館

◆中山王譻的照明用具。全燈形如茂盛的大樹，樹枝上置十五個燈盤。鏤孔透雕的圓形燈座，由三隻口啣環的雙身虎承托。座上站立兩個上身赤裸，下圍短裙，手捧食物向上作拋食狀的家奴。樹上羣猴戲耍，蟠龍攀附，場面清新而活躍，宛如一幅美麗自然的圖畫。

◆定級要素：此燈設計精巧，構思別致。在鑄造上採用了分鑄套接的方法，反映出相當高的鑄造工藝水平。

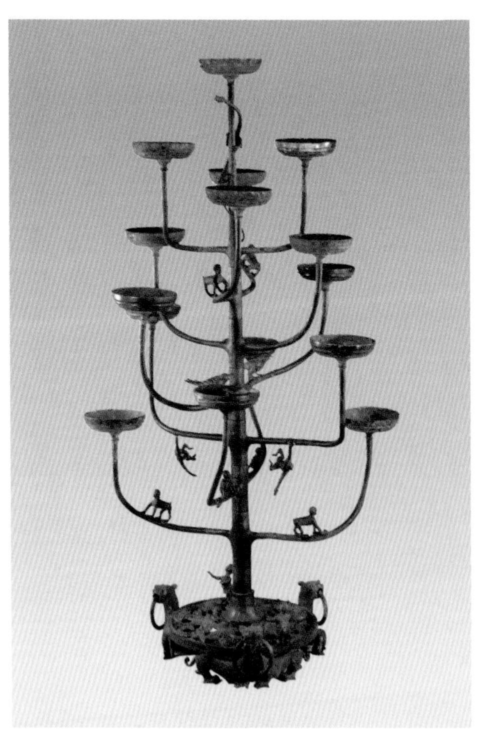

77 銀首人俑銅燈 戰國中期

通高 66.4 釐米
1977 年河北平山中山王譻墓出土
現藏河北省博物館

◆中山王譻的照明用具。作穿袍男子執燈形，男子立於獸面紋方座上，人面係銀質，雙目嵌黑寶石，粗眉高鼻，作微笑狀，左右手各握一蛇，右手的蛇托住一高柱燈盤，左手的蛇與上下燈相連。人俑衣飾卷雲紋，鑄槽填以黑、紅漆。錯銀龍紋的柱上鑄一作攀援狀猴。

◆定級要素：此燈造型構思巧妙，意趣盎然，紋飾光彩富麗，是戰國時期頗巨匠心的傑出作品，反映了戰國銅器鑄造高超的藝術水平。

78 曾侯乙冰鑑 戰國前期

高 63.2 口徑 63 釐米
1978 年湖北隨縣擂鼓墩曾侯乙墓出土
現藏湖北省博物館

◆冰酒器。全器由方鑑、方尊缶組成，造型奇特，精美絕倫，為罕見的精品。方鑑有鏤孔蓋，直口，深腹，方圈足，下接四獸形足。口沿四角及每邊正中加一塊曲尺形和方形附飾。腹部有八個龍形耳。方尊缶置於方鑑內正中部位，有蓋，直口，深腹，圈足。蓋上有四環鈕，腹部有四環耳，圈足的兩邊共有三個榫眼。方尊置於鑑內時三個榫眼剛好套入鑑底相應部位的三個彎鈎內，其中一個彎鈎裝有倒鈎，方尊缶安好後，倒鈎自動掉下卡住圈足，使尊缶固定在鑑底不能移動，設計頗具匠心。整套器物紋飾繁密，有勾連紋、蟠螭紋、變形蟠螭紋等。蟠螭紋表現手法多變，或浮雕，或透雕，或平雕，或高浮雕。器上有銘文“曾侯乙作持用終”七字。

◆定級要素：方鑑與方尊缶之間有空隙，可置冰塊，用以把尊缶內裝的酒變涼和防止變質，是古代的“冰箱”。極罕見。

79 商鞅量 戰國中期

全長 18.7 釐米
現藏上海博物館

◆量器。即商鞅方升，戰國時代秦國銅製量器。秦孝公十八年（公元前344年）商鞅變法時造。
◆銘文三十四字，有“爰六積十尊（寸）五分尊（寸）壹為升”句，表明這一量器是“升”。實測容量二百毫升。器底加刻秦始皇二十六年（公元前221年）統一度量衡的詔書，說明秦統一六國後以商鞅所造量器為國家的標準量具。
◆定級要素：此器是研究秦國量制極為重要的資料。

80 鄂君啟節 戰國中期

五件 長29.6～11 寬7.3～7.1釐米
1957年、1960年安徽壽縣出土
現分藏於安徽省博物館和中國國家博物館

◆通行憑證。五枚中計舟節二、車節三。舟節、車節原為每組五枚，每組合攏成有竹節的竹筒形。◆節上有錯金銘文，從銘文可知，此組節為戰國時代楚懷王六年（公元前323年）發給親族鄂君啟的節，為通行憑證。兩組分別規定水陸通行路線、車船數目等。水路用的一組和陸路用的一組，所規定的通行路線都自今湖北鄂城出發，水路經今湖北、湖南、江西等地；陸路經今湖北、湖南、安徽、河南等地。

◆定級要素：鄂君啟節為研究戰國時代商業、交通、古代地理和符節制度提供了重要資料。

81 錯金鹿角立鶴 戰國早期

通高143.5 座長45 座寬41.4釐米
1978年湖北隨縣擂鼓墩曾侯乙墓出土
現藏湖北省博物館

◆陳設器。鶴昂首揚喙，上翹鹿角，兩翅揚起，作欲飛狀。鶴的首、頸和角均飾錯金雲紋，腹背飾羽紋，方座上飾蟠螭紋。◆鶴首有銘文“曾侯乙作持用終”七字，證實是曾國君主曾侯乙的生前愛物。

◆定級要素：全器造型優美奇特，構思精妙，具有濃厚的楚文化風格，當屬戰國傑出的青銅藝術作品。

82 鑲嵌鳥紋雙翼獸　戰國中期

通高 24 通長 40 釐米
1977 年河北平山中山王譽墓出土
現藏河北省博物館

◆陳設器。獸體勁健有力，雙眸圓睜，張口露齒，四肢利爪有力。全身飾雲紋，口、眼、鼻、耳、羽等均用銀勾勒。兩肋生翼，翼飾長羽紋，背部有鳥紋。

◆定級要素：此獸造型雄健，鑄造工藝高超，是戰國時期罕見的藝術珍品。體現了戰國時期青銅器的革新、創造精神。

83 虎噬鹿器座　戰國中期

通高 21.9 長 51 釐米
1977 年河北平山中山王譽墓出土
現藏河北省博物館

◆器座。虎體碩健有力，作半俯踞狀態，雙眸圓睜，雙耳直立，咬住作掙扎狀的幼鹿。虎背的前部和後部各有一方銎，銎裏還保存有木榫。虎、鹿周身錯以金銀，黃白相間。

◆定級要素：此虎形器座造型生動寫實，構思巧妙，鑄造工藝高超，將老虎的兇猛與幼鹿的柔弱，表現得淋漓盡致，是戰國寫實造型藝術中的傑作。

84 秦陵1號銅車馬 秦

通長225 高152釐米
1980年陝西臨潼秦始皇陵西側陪葬坑出土
現藏秦始皇兵馬俑博物館

◆高級軍事指揮車模型。形體約為真車馬的二分之一。車體作雙輪單轅式，轅前有衡。車輿呈長方形，前面與左、右兩側為欄板，後欄中部所留空間為車門，輿之正中插一柄圓拱形的銅傘。欄板和傘均彩繪有幾何形圖案，轄和衡的蓋冒等部件多為銀質。車內站立一馭官俑，穿長襦，戴鶡帽，腰佩劍，雙手執轡，全神貫注，一絲不苟。車前繫駕的為一乘馬（四匹），飾金銀製絡頭，軛駕在兩服馬的頸上，兩驂馬頸上套有項圈等物。

◆定級要素：過去發現的商周時代的車，大多為木質，不易保存至今。復原後的秦陵1號銅車馬輕巧靈便，對研究秦代輿服制度、單轅車結構繫駕法、秦代冶鑄工藝水平等方面有重要價值。

85 秦陵 2 號銅車馬　秦

通長 317 高 104 釐米
1980 年陝西臨潼秦始皇陵西側陪葬坑出土
現藏秦始皇兵馬俑博物館

◆皇帝安車模型，是秦朝最高等級的乘車。車輿分前、後兩室，後室四周立欄板，在欄板的外折沿上，立有板轓，左、右和前轓上均有鏤成菱花形可以開合的窗板，車室後面為車門。蓋內側以及前室的前、左、右欄板上都飾有彩繪紋飾。車為單轅二輪，兩軸端均套有銀質的 軎和銀質車轄。車駕四馬由禦官駕馭。衡與軛上都有銀質套飾。右驂馬的額頂正中飾一高約二十釐米的銅杆，杆頂上飾纓絡。這種稱為纛的部件，是為馭手指使方位的。禦官俑戴冠，面容豐滿，穿右衽交襟袍，雙臂執轡。銅車馬和禦俑均施以彩繪的捲曲雲紋和各種幾何紋。車馬上的許多部件為金、銀質，增添了車馬的豪華氣氛。

◆定級要素：安車的鑄造技術精湛，用含錫量較高的青銅製作，由此證實秦朝掌握了先進的青銅鑄造技術。駟馬雄立，馭官安坐，莊嚴威武，對研究先秦時代的單轅車結構繫駕法也有重要價值。

86 錯金博山爐 西漢

高 26 釐米
1968 年河北滿城陵山中山靖王劉勝墓出土
現藏河北省博物館

◆焚香熏爐。此器通體錯金絲。爐蓋鏤雕成山巒起伏狀，人和虎、豹、猴等動物置身其間，圈足以鏤空龍形為飾，龍頭承托爐盤。◆熏爐流行於漢晉，有竹節形熏爐、短柄龍座熏爐、博山爐等。博山爐多呈半球形，上有鏤空的山巒形蓋，上飾羽人、走獸等，象徵海上仙山博山，故得此名。

◆定級要素：此爐出自西漢中山靖王劉勝墓，鑄造精工，錯金裝飾，璀璨奪目，屬罕見的瑰寶。

87 鎏金銀竹節熏爐 西漢

通高 58 釐米
1981 年陝西興平茂陵 1 號無名塚從葬坑出土
現藏茂陵博物館

◆焚香熏爐。熏爐蓋雕鏤山巒狀，爐身上部浮雕四條鎏金龍，下部雕蟠龍紋，底座透雕兩條蟠龍，竹節形長柄自龍口伸出，龍首承托爐身。通體鎏金銀。爐蓋口沿和底座圈足均有刻銘，記西漢皇家未央宮用爐。◆從同墓出的“陽信家”刻銘銅器和史籍分析，漢武帝於建元五年（公元前136年）十月，將未央宮熏爐賞賜給長姐陽信長公主。

◆定級要素：熏爐造型別致高雅，鑄造技藝精湛，富麗堂皇。其造型有別於一般所見的博山爐，而自名為“熏爐”，從而為這類器物的定名提供了新的依據。銘文對研究漢代冶鑄業的官府管理機構尤為重要。

88 長信宮燈 西漢

通高 48 釐米
1968 年河北滿城陵山中山靖王劉勝妻竇綰墓出土
現藏河北省博物館

◆照明用具。燈形作一宮女執燈，通體鎏金。燈盤、燈座以及執燈宮女的右臂等部件都可拆卸。燈盤、燈罩可以轉動開合，以便調節燈光照度和角度。宮女右臂可導入燈煙，使室內空氣潔淨。◆燈上分散刻有銘文計六十九字，其中有“長信”名，證實此燈原為長信宮所有，後轉贈中山靖王劉勝妻竇綰。銘文內容對研究西漢初期宮廷史頗具價值。

◆定級要素：此燈構思精巧，工藝高超，是漢代工藝品之精華，令人讚歎。

89 龍紋多鈕長方鏡 西漢

長 115.1 寬 57.7 厚 1.2 釐米 重 56.5 千克
1979 年山東淄博窩托村出土
現藏淄博市博物館

◆照容用具。長方形。鏡背四角及中間置五枚拱形三弦鈕。柿蒂紋座，其間飾龍紋，四邊飾內連弧紋。龍首較長，長角，張口吐舌，身細長而捲曲，四足有力，尾分雙叉。◆從文獻記載，如《戰國策・齊策》中提到的鄒忌“朝服衣冠窺鏡”事，可知此長方鏡應為穿衣鏡。

◆定級要素：鏡體巨大，形制獨特。

90 五銖錢紋鼓 西漢

高 57.2 面徑 90 釐米 重 75.4 千克
1954 年廣西岑溪出土
現藏廣西壯族自治區博物館

◆南方少數民族樂器。鼓胴微大於鼓面，腰收束，外侈足。鼓面中心有十二芒太陽紋，太陽紋外暈圈和鼓身均以五銖錢紋為主要紋飾，同時附以雲雷紋和水波紋。此種五銖錢紋是西漢宣帝和元帝時（公元前 73 －前 33 年）流通的五銖錢式樣。鼓面邊緣有立蛙六隻。

◆定級要素：此鼓對研究民族關係和古代少數民族的音樂及社會風俗有着重要的歷史價值。

91 鎏金銅馬 西漢

高 62 長 76 釐米
1981 年陝西興平茂陵從葬坑出土
現藏茂陵博物館

◆馬模型。馬圓雕，通體鎏金，光澤無比，作昂首站立狀，尾根翹起，後尾下垂。體圓滾，肌肉鮮明。◆從同坑出土的馬具、車飾分析，此為駕車轅馬。

◆定級要素：此馬製作考究，富貴華麗，身體比例適中，氣勢非凡，充分表現了大漢帝國的皇家氣派。

92 四牛騎士筒形貯貝器 西漢

高 50 直徑 26 釐米
1956 年雲南晉寧石寨山出土
現藏雲南省博物館

◆貯幣用器，是滇人特有的盛放貝幣的器物。作束腰筒形，三短足。腰部以一對作蹬爬狀的立體虎為耳，蓋沿鑄四頭角牛。蓋中心立一馬，馬背坐一鎏金挎劍的騎士，威武華貴。

◆定級要素：此器造型風格與中原迥異，簡樸中寓優美，以圓雕動物的生動活潑，襯托和突顯騎士的威武華貴，構思奇特，是古代滇民族青銅工藝的傑作。

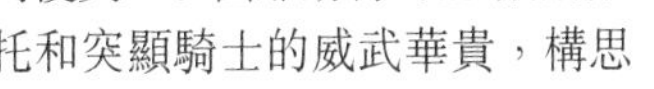

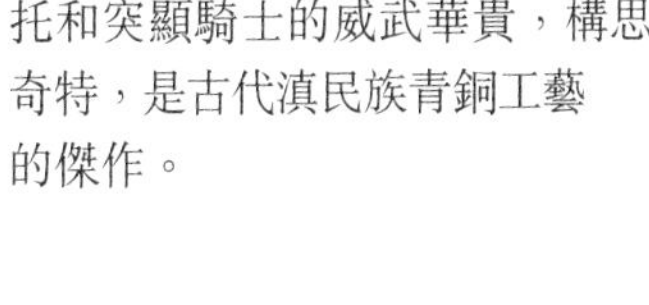

93 牛虎銅俎 西漢

高 43 長 76 釐米
1972 年雲南江川李家山出土
現藏雲南省博物館

◆切肉食案。形體為一立牛，雙角向前，肌肉豐腴，以內凹的牛背作俎面，牛腹下立一小牛。牛後部一圓雕虎咬住牛尾。一般青銅俎為長方形平案，此器以圓雕的二牛一虎組成，表現了高度的想像力和獨特風格。此俎分鑄焊接等技術也表現了非凡超卓的水平。

◆定級要素：該器是研究滇民族藝術成就的重要範例。

94 鎏金卧獸銅硯盒 東漢

高 9.3 長 24.9 釐米
1969 年江蘇徐州東漢墓出土
現藏南京博物院

◆硯盒作獸狀，四足半卧態，張口露齒。以獸背為盒蓋，一側鑄半圓鈕，可開啟。通身鎏金，鑲嵌有綠松石、紅寶石等，並飾簡潔優美的卷雲紋。盒內嵌石硯，並附柱形研石。

◆定級要素：此硯盒造型獨特，工藝精絕，絢麗異常，是罕見的工藝品兼實用品。

95 錯銀銅牛燈 東漢

通高 46 長 31.5 釐米
1980 年江蘇邗江甘泉 2 號東漢墓出土
現藏南京博物院

◆照明用具。燈為一立牛形，腹中空。燈盞為一圓盤，燈罩可開合，罩壁有菱形和三角形的孔。罩蓋有一彎狀管連接牛頭。燈燃時，可將煙垢送到牛腹內。通體飾錯銀精細流雲狀的龍鳳紋。

◆定級要素：此燈設計精巧奇異，工藝精緻，是漢代銅燈中的精品。據考證出土於東漢廣陵王劉荊墓，更增加了該器的歷史價值。

96 建武廿一年乘輿斛 漢

通高41 斛徑35.3 盤徑57.5釐米
現藏故宮博物院

◆量器。器有斛和盤兩部分組成。斛下承以三熊形足，上嵌綠松石。蓋外設有三立鳥形鈕。此器通體鎏金。◆盤口沿刻銘文六十二字，記此器為東漢建武二十一年(45年)製造，還記有名稱、尺寸及鑄工和督造官員名。◆此器為酒樽形式，可能已不作量器使用。

◆定級要素：鑄造考究，裝飾精美，銘文對研究漢代官營青銅鑄造業的建制，以及工官名稱等有着重要價值。

97 馬踏飛燕 東漢

高34.5 長45釐米
1969年甘肅武威雷台出土
現藏甘肅省博物館

◆明器。馬造型雄健，作奔馳狀，昂首嘶鳴，尾上揚，三足騰起，一足踏在一隻回首的飛燕上，作風馳電掣般地飛躍。此馬製作採用重心平衡的力學原理，使馬的着力點集中在一足上，既活潑又平穩。

◆定級要素：以馬的奔騰與飛燕同速，寓意馬的精良，是一件具有浪漫主義風格的難得的藝術傑作。

98 董欽造阿彌陀佛 隋

通高 41 座長 24.5 釐米
陝西西安南郊東八里村出土
現藏西安市文物管理委員會

◆此像由高足床上一佛、兩菩薩、兩力士、一香熏及兩蹲獅組成。阿彌陀佛結跏趺坐於束腰蓮花高座上，兩脅侍菩薩端立在蓮花座上，上身裸露，著項飾臂釧，瓔珞重重，雙足跣露。均有蓮瓣形頂光。兩側各一裸身金剛力士，肌肉隆起，嗔目怒視。蓮座下方置一華麗的香熏，由一裸身力士托撐。在床左側、背後和足上鐫刻董欽於隋開皇四年（584 年）造像的發願詞。◆阿彌陀佛是佛教淨土宗的主要信奉物件，稱其為“西方極樂世界”的教主，能夠接引唸佛人往生西方淨土，又稱接引佛。阿彌陀佛有無量壽佛、無量光佛等十三個名號，信徒所謂“唸佛”，多指唸其名號。

◆定級要素：此像構思精妙，通體鎏金，異常華麗，實屬少見。且有準確紀年，是鑑定此類器物不可多得的標準器。

99 打馬毬銅鏡 唐

直徑 19.3 釐米
現藏故宮博物院

◆照容用器。 八瓣菱花形。鏡背中心畫面由四個騎馬的馬毬手構成主題畫面，馬毬手兩兩一對，手持曲棍，駿馬飛馳，小毬在空中飛舞，渲染了馬毬爭奪中的激烈場面。圖案空隙處陪襯山巒和樹木，象徵了馬毬場的自然環境。

◆定級要素：此鏡銅質極佳，鑄造精工，畫面生動地再現了唐代王公貴族階層流行的馬毬運動的真實場面，是不可多得的唐鏡中的瑰寶。

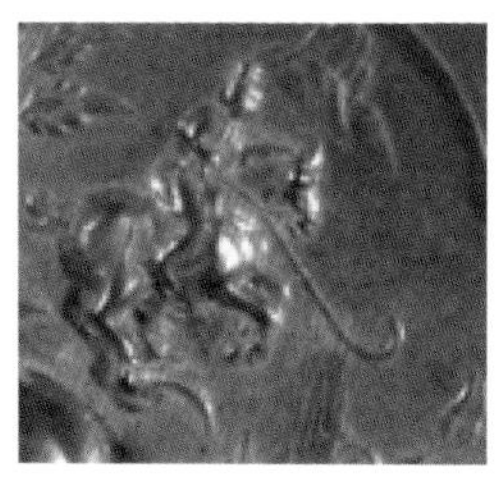

100 鎏金地藏菩薩造像 北宋

通高 45.5 釐米
1956 年浙江金華萬佛塔塔基出土
現藏浙江省博物館

◆地藏菩薩半跏趺坐於方座上，右手作火天印，左手置膝托珠，右腿盤屈，左腿下垂踏於蓮花之上。面龐圓豐，雙目低垂，高鼻，口微閉，作沉思狀。內著交領衣，飾項圈，腰束帶，外套袈裟，肩搭香囊。衣紋簡潔流暢，造型自然端莊。身後飾透雕火焰紋光環。底座上鐫刻有“府內女弟子吳二娘為三孫十二娘子造地藏一身，永充供養”題記，為嘉祐年間（1056-1063年）造像。◆地藏菩薩，是佛教四大菩薩之一。相傳地藏菩薩原為新羅國王族金喬覺，唐代出家到到九華山，居數十年圓寂，其化身說法的道場在安徽九華山。

◆定級要素：此像生動表現了“安忍不動，猶如大地，靜慮深密，猶如地藏”（《地藏十輪經》）的神態，是青銅佛像類的經典之作。

一級青銅器定級概述

按照國家頒佈的文物定級標準，非“國寶級”的青銅器一級品也屬於有特別重要價值的代表性文物。從青銅器造型、裝飾、銘文、鑄造等方面看，或是經過綜合考察的，或某幾個方面均優秀的，或有一、兩項特別突出的，可列入一級品。下面我們將從幾個角度列舉有代表性的青銅器一級品的特點與風格。

1. 具有造型、紋飾、銘文、鑄造等特別重要的綜合價值

北京故宮博物院收藏的西周追簋，形體較大，器身與座上的花紋以及雙龍耳奇詭富麗。銘文書體整齊精到，內容對研究西周貴族祭祀和稱謂都有着重要價值。洛陽出土的西周叔皀方彝，端莊富麗，是同類器中之精品，因銘中“王姒”的出現，該器可確定為西周初期青銅器斷代的標準器。故宮博物院藏品伯盂，器體厚重，夔首鳥身紋獨特典雅。該器也為西周中期青銅器斷代提供了重要資料。

洛陽北窰出土的西周太保銅戈，作較少見的短胡二穿式，又有“太保”銘，對研究北窰龐家溝墓地的性質有着重要價值。湖北江陵出土的吳王夫差矛，製作技藝高超，保存精美，矛上的黑色紋飾，反映了高科技水平。該器自名為“鈼”， 為銅矛的定名和古文字學研究增添了新資料。安徽省安慶市出土的越王丌北古劍，製作精緻，鳥篆銘高雅富麗。銘文中的“丌北古”名的出現，為研究越國王世系很有價值，並可與古籍互補。

2. 造型凝重、優美、獨特

春秋蓮瓣龍耳方座簋，造型雄偉奇麗，反映了齊國青銅的風格。商代獸面紋大甗，渾厚凝重，形體高大，器表光潤，是甗中的上乘作品。湖南出土的商代龍首獸面紋銅尊，器體高大端莊，屬大型盛酒器，裝飾格調高。北京故宮博物院藏獸面紋兕觥，質地精良，花紋精細，小巧玲瓏，使人聯想到“觥籌交錯”的情景。

陝西延安地區文管會收藏的商代羊首匕，山西呂梁地區文物室收藏的鈴首匕，表現了北方地區銅匕的風格特點，獨特靈巧，具有濃郁的地方特色。

湖南省博物館收藏的青銅象尊，形象栩栩如生，花紋優美，雖佚蓋，但仍不失為青銅圓雕藝術中的傑作。獸面紋大鉞和青銅大刀，製作精工，是較少見的大型武器。

3. 裝飾優美獨特、精緻細膩，較為少見

商代癸再簋，花紋細膩而豐滿，層次分明，是少見的藝術珍品。西周水鼎，腹上所飾豎直線紋，簡潔韻致，給人一種樸素淡雅之美。北京故宮博物院收藏的九象尊(友尊)，腹上的九隻象紋，逼真生動，具有高度的寫實性。該尊的形制，亦為尊的造型所少見。

河南淅川出土的卷雲紋銅鼎，器與蓋上共飾七周卷雲紋，典雅優美，這一裝飾特點是少見的。北京故宮博物院收藏的戰國螭梁盉，鑄造工藝高超，鏤空螭梁不多見。人面、鳥嘴、有翼的怪獸作足，富有福州色彩，可與《山海經》中的有關記載相參照。廣西貴縣羅伯灣出土的西漢漆繪銅盤，盤的內、外繪出的黑漆彩畫，在銅器中是難得的，該盤又出土在邊遠地區，更顯珍貴。

4. 銘文具有重要價值

西周的叔卣和兔尊，前者對研究西周祭典名稱和名物制度有重要意義，後者對策命制度等研究也很有價值。

許多銅器不但本身有着鮮明的特點，而且銘文內容常常反映了屬某一國別。如：康侯爵屬西周衛國，楚王酓章鎛屬楚國，魯伯愈盨屬魯國。這些器物保存完好，對研究諸侯國史和銅器製造業水平等都有重要價值。

有些銅器銘文，對確定器物名稱有重要價值。如：出土在陝西扶風的西周伯公父勺，銘有“伯公父作金爵”，這與古人通稱飲酒器為爵，常稱舀酒器勺為“行爵”有關。再如：春秋時代的孟縢姬浴缶，銘文中自名為“浴缶”，以別於盛酒的尊缶，這為我們分辨同形制、不同功能的銅缶，提供了重要依據。

青銅器武器，如故宮博物院收藏的趙國十七年相邦平侯鈹，秦始皇陵出土的秦國十七年銅鈹，均製作精良，是研究鈹這種兵器的形制特點以及使用國別的重要資料。

5. 高度的鑄造技術與金屬細工

太原晉國趙卿墓出土的套環四獸耳鑑，鑄造精美，採用了分鑄法、焊接和印模等多種工藝方法，高超的製作技術，產生了卓越的藝術效果。北京故宮博物院收藏的四蛇飾方甗，四袋足上的平雕與高浮雕相結合創造出的四蛇裝飾，給人以情趣。本器係採用了分鑄法鑄造，甑鬲分體，使用時再套合在一起。甑上的雷紋，勻稱規整，係採用了春秋以來創造發明的印模拍印法。

青銅器的鑲嵌、錯金銀、鎏金等工藝，從東周到秦漢時代相當發達。這些工藝技術的應用，使青銅器更加絢麗多彩。同時，鎏金還具有對銅器的保護作用。1923年山西渾源李峪村出土的嵌紅銅狩獵紋豆，以嵌紅銅裝飾的狩獵和動物紋，形象生動，色彩鮮明，具有重要的工藝價值。山西長治出土的一件春秋銅蓋豆，通體飾錯金雲紋，金彩熠熠，異常絢美，有着獨特的韵味。又如故宮博物院收藏的一件戰國錯金銀銅帶鈎，錯金精美細膩，工藝高超。漢代的鎏金器很發達，不但大器鎏金，小件青銅製品也使用這一技術。如漢代鎏金銀鳥獸規矩紋銅鏡，紋飾清晰，鏡背鎏金，為銅鏡中所罕見，堪稱銅鏡珍品。

總之在確定青銅器一級品時，除對器物進行了多角度地鑑選外，亦同時要注意器物的某些突出特點，依據標準，來正確確定品級。

下面再談幾個與青銅器定級相關的問題。

1、在確定青銅器一級品時，首先要注重器物的真偽和時代，這是定級的重要基礎，如果真偽與朝代都搞不清，就無法正確給青銅器定級。

2、注意青銅器本身的器種名稱，基本上要遵循“名從主人”的定名原則。通過近年對青銅器的發現和研究，不少器種都得到了正名，恢復了器物的原稱。如：以往稱為“舟”的，可正名為“鉶”；以往稱“方形豆”的，可正名為“盉”；以往稱扁莖上有穿孔無格的“劍”，可正名為“鈹”等等。

3、除青銅器器物名稱要準確外，還要注意在器名前冠以器物的主要特點，要科學化和規範化。起名時主要注意形制特點、紋飾種類、工藝特徵、銘文內容，等等。如“四蛇飾方甗”、“獸面紋大甗”、“蓮瓣方座簋”、“夔鳳紋簠”、“錯金銀銅帶鈎”等。有銘文的主要依器物所有者定名稱，如“戍嗣子鼎”、“追簋”。有的除有器物所有者外，還可加上器物某方面的特別突出點，如“婦好鳥足鼎”。

4、確定青銅器一級品時，也要注意邊疆地區和少數民族地區的一些特殊性，鑑定時在不降低定級標準的大原則下要靈活掌握。

1 素面爵 夏

高 20.7 釐米
1984 年河南偃師二里頭遺址出土
現藏中國社會科學院考古研究所

◆飲酒器。爵身輕巧，壁較薄，流與尾較長，流彎折處設一對短柱，下為三外侈高尖足。腹部半圓形鋬，鋬兩端各有一長鏤孔。◆此器出土於二里頭，在與其中同出的銅爵中屬於形體較大者，比國寶級品的乳釘平底爵略小，但均用多合範法鑄造，工藝尚顯粗糙，器型仍保留有自陶爵演變而來的明顯痕跡。

◆定級要素：中國目前所見最早的青銅容器之一。

2 鑲嵌綠松石獸面紋銅牌飾 夏

長 16.5 釐米
1984 年河南偃師二里頭出土
現藏中國社會科學院考古研究所

◆裝飾品。長圓形。正面鑲嵌綠松石片，呈獸面紋。銅牌兩側有四個半圓形穿孔，以供穿繫。◆此銅牌出土時放置在墓主胸前，應是一種裝飾品。◆類似器物過去曾有發現，但這是首次經科學考古發掘出土，並由地層學證實了製作的時代。

◆定級要素：此器是研究青銅鑲嵌技術的起源和製作工藝的重要實物資料。

3 獸面紋鼎 商早期

通高 55 口徑 39.8 釐米
1974 年湖北黃陂盤龍城出土
現藏湖北省博物館

◆炊煮或盛食器。寬折沿，圓深腹，三錐足，口沿雙立耳。頸飾單線兩夔紋組成的獸面紋三組。◆此鼎形制較大，形體端正，花紋簡明，鑄造工藝較為成熟，是長江中游地區所出商代前期的典型鼎器，與河南鄭州商城出土的鼎形制無大差異。尤其獸面紋，更屬中原流行紋飾，證明中原與長江流域的文化相互影響與滲透。

◆定級要素：此器屬長江流域早期青銅工藝的代表作，因商代早期大型青銅容器在長江流域出土較少，為研究長江流域的青銅鑄造歷史，提供了極為珍貴的資料。

4 立耳卧虎扁足鼎 商晚期

通高 64 足高 33.7 口徑 39.3 釐米
1989 年江西新幹大洋洲商墓出土
現藏江西省博物館

◆炊煮或盛食器。鼎雙立耳外侈，耳上各伏一卧虎，凸目吊睛，雙耳聳立，闊口利齒，尾部捲揚，身飾雲雷紋，尾飾鱗紋。耳及口沿飾幾何紋，腹上部、下部飾連珠紋帶，腹中間飾三組獸面紋。三組之間各以乳釘、雷紋間隔。下乘三夔體虎形扁足。◆新幹大洋洲商墓出土青銅禮器和兵器等計四百八十多件，其中多件禮器的耳部以立鹿、卧虎作裝飾，應屬地域性特徵，且造型、紋飾的風格與商王朝相近，由此反映了這一帶存在着勢力強大的與中原聯繫廣泛的地方政權的可能性。

◆定級要素：此器是目前已發現最大的扁足鼎，造型雄勁規制，紋飾繁縟華麗，證實了商代晚期贛江及鄱陽湖一帶已經具有高度發達的青銅鑄造工藝，可與中原商王朝媲美。尤其與商王武丁配偶婦好墓出土地四件扁足鼎相比，藝術性和工藝水平更勝一籌。

5 亞弜鼎　商晚期

通高 72.2 口徑 54.5 釐米
1976 年河南安陽殷墟婦好墓出土
現藏中國國家博物館

◆炊煮或盛食器。圜底，三圓柱形空足。頸飾一周獸面紋，足上部飾獸面紋，足下端略收。口沿上有銘文“亞弜”兩字。◆婦好為殷王武丁的配偶，曾經帶兵和主持祭祀，地位顯赫。墓中共出土青銅器四百六十多件。

◆定級要素：此鼎是婦好墓中最大的圓鼎，形制雄健宏大，造型規制端莊，紋飾簡潔，頗具王者氣勢，具有重要的歷史價值。

6 禺方鼎　商晚期

通高 23 口長 14.2 口寬 16 釐米 重 3.35 千克
1963 年山東長清出土
現藏山東省博物館

◆炊煮或盛食器。器壁四隅及頸部四面正中均有棱脊。頸部為夔紋，腹飾凸起的獸面紋，橫眉巨目，神情威嚴，其餘空地以雲雷紋為底。腹內壁刻有銘文“舉且辛禺亞□”六字。

◆定級要素：同時出土的銅器皆為此銘文，當屬地位顯赫家族的禮器，為研究齊魯地區的商代社會形態文化提供了重要的資料。

7 婦好甗 商晚期

通高 98.5 口徑 46 釐米
1976 年河南安陽殷墟婦好墓出土
現藏中國社會科學院考古研究所

◆蒸食器。甑與鬲的合體。口沿外侈，腹壁微斂，圜底接鬲，三分襠柱形足。為典型的甗之器形。上腹部飾獸面紋，腹部以下素面無紋，口沿內側刻有銘文"婦好"兩字。此器造型圓潤流暢，紋飾勁健有力。

◆定級要素：因出土於商王武丁配偶婦好墓中，進一步證實甗器已從實用食器列入青銅禮器的行列，並成為重器之一。

8 獸面紋大甗 商晚期

通高 80.9 口徑 44.9 釐米
現藏故宮博物院

◆炊蒸器。鬲與甑合體，口沿上立兩直耳，腹內有透空箅作為隔。甑頸部飾獸面紋，腹部為變形三角垂葉形夔紋，鬲的三空足飾獸面紋。

◆定級要素：此器形體高大，造型渾厚凝重，花紋端莊秀雅，鑄造精細，是青銅甗中的精品。從其華麗的紋飾可以推測，此器已經完全擺脱了實用性，而成為禮儀性的重器。

9 乳釘三耳簋 商晚期

高 19.1 口徑 30.5 釐米
現藏故宮博物院

◆盛食器。此簋圈足較高。器外壁均勻地分飾三獸耳，耳下有小珥。頸飾目雷紋，腹飾斜方格乳釘紋，足飾獸面紋。◆此簋形體較大，造型古樸厚重，紋飾精美華麗，繁縟而顯高貴。尤其高浮雕的獸面裝飾，更表現了商代晚期青銅鑄造工藝的高超水平。

◆定級要素：三耳簋打破了雙耳簋的對稱特點，極少見到，此器堪稱少見之珍品。

10 癸再簋 商晚期

高 13 口徑 18.5 釐米
現藏故宮博物院

◆盛食器。圓腹與圈足飾獸面紋，頸部飾卷雲和目雷紋。器內底鑄"癸再"兩字。此器滿飾花紋，不但有主題花紋和襯托花紋，而且在主題紋上還飾有花紋，形成了三層花紋。花紋細膩精工。

◆定級要素：全器典雅亮麗，是簋器中的珍品。

11 獸面紋豆 商晚期

通高 13.4 盤徑 15 盤深 2 足徑 9.7 釐米
1989 年江西新幹大洋洲商墓出土
現藏江西省博物館

◆盛食器。此器平口沿部飾一周雲雷紋，盤底中心飾一圓渦紋，盤內壁環飾一周斜角目雷紋。腹部飾三組由雲雷紋組成的內捲角獸面紋。圈足上部有三個均勻排列的勾戟狀扉棱，呈三組內捲角獸面紋；下部則為兩道凸弦紋，置十字鏤孔三個；最下面飾三組雲雷紋，以三個扉棱隔開。

◆定級要素：商代青銅豆發現極少，且造型、紋飾均較簡陋。此豆造型典雅高貴，紋飾精美細膩，為商代同類器中難得一見的精品。

12 友尊　商晚期

高 13.2　口徑 20.7 釐米
現藏故宮博物院

◆容酒器。器通體紋飾，腹部以雷紋為地，主題紋飾為九頭象，又稱九象尊。頸上部飾有三角雷紋，中為雲雷紋，在雲雷紋上、下各飾一周圈帶紋，圈足飾瓦紋，並有三個十字形孔。器底外部有"友"字銘，應為族徽或自名。◆此尊形制與一般常見的圓筒形或方形尊不同，它應是圓筒形尊的一種變體，這種造型較為少見。尊上的象紋，長鼻上捲，牙與耳刻劃明顯，製作精美，形象生動，在青銅器紋飾中少見。

◆定級要素：瓦紋過去認為是西周中期以後新出現的一種紋飾，此尊上瓦紋的出現，對研究銅器上瓦紋的起始時間有着重要的價值。

13 獸面紋尊　商晚期

高 30.8　口徑 33.2 釐米
現藏上海博物館

◆容酒器。大口外侈，高圈足。肩部鑄高浮雕捲角羊三獸首。頸部紋飾為蕉葉紋和龍紋。器身塑四扉棱，並以扉棱作腹與足上獸面紋之鼻，結合自然，構思巧妙。腹部及圈足飾曲折角獸面紋。通體以縝密的雷紋組成襯地，更顯紋飾繁縟而細密。器內有一"[illegible]"字，應為族氏銘。

◆定級要素：此尊形制較大，造型莊重典雅，鑄造精工，且保存完好，是尊中珍品。

14 龍首獸面紋尊 商晚期

通高 73.2 口徑 61 釐米
1967 年湖南華容出土
現藏湖南省博物館

◆容酒器。口大外侈，高圈足有大十字孔。器頸與圈足上部刻劃細弦紋。器身與圈足上飾獸面紋，以雷紋為襯地。肩上鑄三隻捲尾扁平鳳鳥，腹與肩部飾三個浮雕大耳龍首。

◆定級要素：此尊造型雄偉，紋飾生動華麗，動物形象生動逼真，氣勢雄健。如此高大的圓形尊，在商代晚期青銅器中難得一見。

15 婦好方尊 商晚期

高 43 口長 35.5 口寬 33 釐米 重 25.15 千克
1976 年河南安陽殷墟婦好墓出土
現藏中國國家博物館

◆容酒器。口外侈，高圈足。頸、腹、圈足的四隅及四面中央均有棱脊，肩四面中部各有一高浮雕獸首，肩四角各鑄一立體怪鳥，豎耳長尾，作蹬伏狀。口下飾垂葉紋，肩飾夔紋，腹及圈足皆飾獸面紋。腹內底刻有銘文“婦好”，表明了墓主的身分。◆商代方尊較為少見。方形尊是商代後期出現的禮器。

◆定級要素：此尊出土於高級規格的大墓中，應屬王室貴族專用的重器。

16 象尊　商晚期

高 22.8 長 26.5 釐米 重 2.57 千克
1975 年湖南醴陵獅形山出土
現藏湖南省博物館

◆容酒器。此器通體作象形，象鼻中空，鼻、腿粗壯。象鼻前端飾鳥紋，並有一兔伏於後。前額有一對蟠蛇，耳下有鳥紋。主體飾夔龍紋，腹下另飾一曲折角獸首。後部飾有獸面紋和夔紋。前腿飾虎紋，後腿飾獸面紋。臀至尾有扉棱。全器共有寫實或變形動物十一種，一件器上集中裝飾多種物象，是商代青銅裝飾藝術的重要特點。

◆定級要素：設計者將象形與容酒器和諧地融為一體，是實用性與藝術性的完美結合，堪稱商代青銅藝術的優秀之作。

17 獸面紋卣 商早期

高31 口徑7.8釐米 重1.7千克
1974年湖北黃陂盤龍城出土
現藏湖北省博物館

◆容酒器。直口，長頸，圓鼓腹，圈足略外侈。提梁呈繩索狀，扣接在肩部和蓋頂的菱形環上，蓋面飾夔紋。肩飾變形獸紋，腹部為捲角獸面紋，上下皆鑲連珠紋。圈足有對稱兩方孔。

◆定級要素：器形與中原壺略有差異。提梁和菱形環部件是採用分鑄法製成的，標誌着青銅鑄造工藝的一大進步。

18 司粤母方壺 商晚期

通高64.4 口長23.4 底長22.8釐米
1976年河南安陽殷墟婦好墓出土
現藏中國國家博物館

◆容酒器。蓋為四阿平頂式，上有方柱鈕。四角、四面自蓋至足共飾八棱脊。蓋及腹的獸面紋中鼻均對準四隅，肩部鳳鳥之首也處於四隅正中，鳥體向兩邊伸展。肩沿下飾龍紋。圈足飾獸面紋。肩、腹主體紋飾均為高浮雕。內底有銘文“司 粤 母”三字，是器主之名。

◆定級要素：有肩方壺器形極為少見。婦好墓同出一對。

19 亞寠方罍　商晚期

高 53　口長 20.1　口寬 17.2 釐米　重 29.68 千克
現藏上海博物館

◆盛酒器。口及圈足飾鳥紋，肩部中間塑一大捲角獸首，兩側為曲折角龍紋。器四角及中線皆塑有棱脊。腹部共設紋飾三層：上段為鳥紋；中段是大捲角獸面紋，為器之主題紋飾；下段是角形橫置而角尖下曲的獸面，雄奇瑰麗，主紋表現為多層次的浮雕，有極細密的地紋。口沿內有銘文兩行四字，記亞寠氏作器。據學者研究，銘中另兩字，是為史籍中記載之“孤竹”。

◆定級要素：全器氣勢雄渾，鑄造精細，尤其紋飾這種用對稱、向心的紋飾佈局，又以繁複精細的襯地紋，烘托出粗壯雄健的獸面紋主題，其表現手法更顯青銅鑄造工藝之高超。

20 古父己卣　商晚期

高 33.2　口徑 15.7　底徑 15.3 釐米　重 6.16 千克
現藏上海博物館

◆容酒器。直筒形，蓋及腹浮雕大牛首，巨目凝視，張口露齒，雙角翹起，突出器身神情威猛雄健。頸及圈足各飾分體式龍紋。蓋器同銘兩行六字，記古氏為父己作祭器。◆筒形卣器形一直延續到西周早期，專放用鬯（一種黑黍）釀造的、極尊貴的敬神酒。◆古是製作此器的人的族氏名。據甲骨文記載，古氏在商代曾司職於王室，任武丁的史官，負責占卜，是重要的貴族。

◆定級要素：此種直筒形式的卣極少見，傳世與出土的僅有十餘件。此器以造型、紋飾、銘文俱佳而著稱。

21 鴞卣 商晚期

通高 21 口徑 11.5～12.5 釐米
1980 年河南羅山後李村出土
現藏信陽地區文物管理委員會

◆容酒器。整體像相背站立的兩隻鴞。鴞，即貓頭鷹。在商代後期的青銅器上，鴞的形象多為多重大圈形雙目和尖喙，形成模式化的形象。而此器的鴞形已經變體，為捲角形獸面，雙目也作獸形，甚少見，與常見鴞的大圓目不同。器腹佈滿鳥翅紋，翅上又刻劃小龍，四爪粗健，爪上又飾有小龍紋，更顯紋飾層層疊疊，繁縟密集。器底則鑄龜紋。

◆定級要素：全器主題紋飾突出醒目，且施以細膩的雷紋作襯地，顯得十分精緻。是鳥獸狀卣中的精品。

22 戈卣 商晚期

通高 37.7 口長 15.3 口寬 13.2 釐米
1971 年湖南寧鄉黃材出土
現藏湖南省博物館

◆容酒器。器身為橢圓狀，蓋面隆起，頸部置獸首提梁。腹部與蓋和圈足對應處鑄以突起的扉棱四道，腹、蓋沿與圈足飾勾嘴利爪的鳥紋，頸飾夔紋，頸與腹間飾直線紋一周。蓋器各鑄“戈”銘族徽。

◆定級要素：此卣造型渾厚古樸，花紋莊重富麗，鑄造工藝高超。造型和紋飾與中原出土的商卣相似，是同類器中的佳作，具有很高的藝術價值，也是研究“戈”族歷史的重要資料。

23 亞寞卣 商晚期

通高 39 口長 18 口寬 15 腹深 20.5 釐米 重 10 千克
1985 年江西遂川出土
現藏遂川縣歷史文物陳列室

◆容酒器。蓋面隆起，頂有瓜棱形柱鈕，蓋緣高而微曲。肩部縱向設龍首提梁，橫向兩側翹起如簷角。蓋緣飾上捲尾龍紋，頸飾下捲尾鳥紋。腹飾大獸面紋，巨睛大角，是商末最為盛行的式樣之一。圈足飾小龍紋。自蓋至圈足設四道棱脊。蓋器各有銘文四字，記亞寞之器。

◆定級要素：此器造型和紋飾與中原河南出土的商卣相似，因出土於江西，具有重要的研究價值。

24 亞啟方彝 商晚期

通高 26 口邊長 15 釐米
1976 年河南安陽殷墟出土
現藏中國國家博物館

◆容酒器。蓋呈屋頂形，中心置鈕。器腹和蓋飾獸面紋，口飾鳥紋。蓋器的四隅和每面中線均設棱脊。蓋器各有銘文兩字，記為亞啟氏之器。◆此彝造型渾厚端莊，紋飾古樸典雅，器型和紋飾都具有商代晚期的典型特徵。

◆定級要素：方彝較少見，此器又有準確出土地，故較珍貴，且銘文亦具有一定價值。

25 獸面紋瓿 商晚期

通高 47.6 口徑 29.8 釐米
1976 年河南安陽殷墟婦好墓出土
現藏中國社會科學院考古研究所

◆盛酒、盛水或盛醬器。圓鼓腹，圈足，蓋頂以一蟠龍柱狀飾為鈕。蓋、器均飾扉棱。肩部塑三個均勻分佈的獸首，每一獸首兩側各飾夔紋，腹、蓋與足均飾獸面紋，以細膩的雲雷紋為襯托。

◆定級要素：此瓿造型渾厚自然，獸面紋與夔紋變化豐富，刻劃細緻工整，是商瓿中的精品。

26 雷紋卵形盉 商晚期

通高 29.5 口徑 5.5 釐米 重 2.3 千克
1976 年河南安陽殷墟婦好墓出土
現藏中國社會科學院考古研究所

◆調酒器。有蓋，體如卵，有龍首綯紋提梁，有鏈與蓋上的菌狀鈕相連，管形長流，三圓柱狀實足，造型特異。蓋面隆起，上飾雷紋，頸飾夔紋，腹飾雷紋與三角紋。◆《說文・四部》："盉，調味也。"王國維《說盉》："盉之為用，在受尊中之酒與玄酒而和之，而注之於爵。"即古人將各種酒在盉中調和以後，注入爵中飲用。

◆定級要素：工致簡潔的紋飾和流暢的造型使得此器極富藝術魅力。

27 獸面紋兕觥 商晚期

高 14.9 寬 19.8 釐米
現藏故宮博物院

◆盛酒或飲酒器。器呈橢圓腹，有角龍首形蓋，圈足。口沿飾鳥紋和夔紋，腹飾獸面紋，並塑有獸頭形鋬。◆兕觥出現於商代殷墟後期，沿用至西周前期，屬生命極短的禮器，較為少見，故較珍貴。

◆定級要素：此器造型小巧精緻，花紋清雅秀麗，是觥中的精品。

28 司母辛獸觥 商晚期

通高 36 蓋高 13.7 長 46.5 釐米 重 8.5 千克
1976 年河南安陽殷墟婦好墓出土
現藏中國國家博物館

◆盛酒器。器前部為一怪獸形狀，似牛首但有大捲羊角，足粗矮。後部則為一鶩鳥身軀，兩翅展開，鳥腿和爪粗健有力。有獸首鋬。頭部及背部為器蓋，前端下吻有流槽。流下突棱通向胸部，胸前兩側飾龍紋，口下飾雷紋，尾端飾獸面紋。蓋面中部有細長棱脊一道，棱脊兩側分飾蜥蜴紋及怪獸紋。蓋器有銘文“司母辛”三字。◆婦好墓中出土觥四對八件。六件圈足觥，兩件四獸足觥。

◆定級要素：常見觥多為圈足，此器則具四獸足，紋飾精細，變幻多端。

29 夔紋單柱爵 商早期

流尾長 13.5 通高 18.6 釐米 重 0.35 千克
1955 年河南鄭州楊莊出土
現藏河南博物院

◆飲酒器。長流，尖尾，平底，下附三棱錐狀實足。有鋬，在流一側。口沿上一菌狀柱，分叉立於流與口的相連處，菌狀柱頂飾有渦紋。腰與腹各飾相向變形獸面紋兩組。◆因出土於鄭州商城遺址，屬商代早期的典型器。

◆定級要素：雙柱爵多見，單柱爵則極少見，實為珍貴。

30 婦嫖爵 商晚期

通高 23 流尾長 19.3 釐米 重 1.1 千克
1952 年河南輝縣褚邱出土
現藏新鄉市博物館

◆飲酒器。有牛首形蓋，寬流，尖尾，深腹，圜底，三棱錐足。脊上有半圓形鈕。蓋頂飾夔紋，腹飾變形獸面紋，並有龍首鋬。蓋及鋬內有銘文，記器主為“婦嫖”。

◆定級要素：有蓋爵較少見。

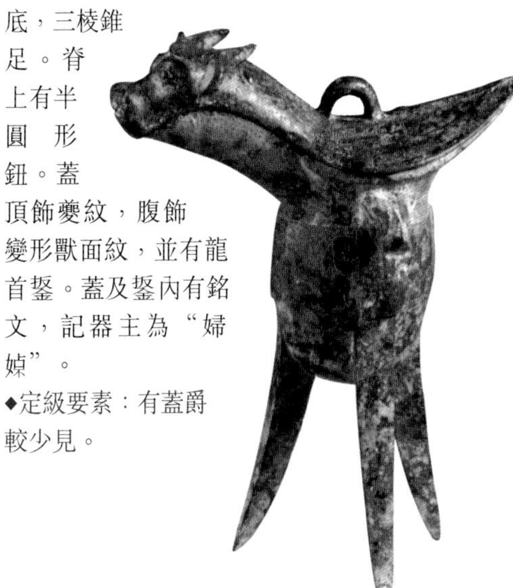

31 渦紋斝　商早期

高30　口徑19.5釐米　重2.1千克
1974年湖北黃陂盤龍城出土
現藏湖北省博物館

◆容酒器。敞口，上有二菌狀柱，頸腹分段，平底，三棱錐形空足。柱頂飾渦紋，頸飾獸面紋間長鼻獸紋，腹飾六道等距的渦紋。◆斝為行祼禮的容酒器，也有一種説法認為是溫酒器。盛行於商至西周，形似爵，但較爵大。《禮記·明堂位》："灌尊，夏後氏以雞彝，殷以斝，周以黃目。"◆此器造型規整，紋飾精細，早期渦紋難得一見，當為商代早期青銅器中的精品。◆定級要素：因長江流域商代早期青銅器出土較少，此器有科學的考古發掘出處，更具研究價值。

32 徙斝　商晚期

通高37.3　口徑20釐米
1968年河南溫縣小南張出土
現藏河南博物院

◆容酒器。圓形腹，口沿上立一對帽形高柱，下設棱錐狀外撇三足。腹部有半圓帶狀鋬，塑成獸首狀。器體以鴞紋為主題，鴞首雙目圓睜，尤為突出，足上飾雷紋和夔紋組成的垂葉紋，空地處襯托以雲紋。鴞，即為貓頭鷹。鴞被視為勇武的戰神，具有抗拒兵禍的神力。腹內壁銘一"徙"字，應為族氏名。◆定級要素：此器製作精工，尤其在獸面紋流行之下，以鴞為主題的紋飾更顯鮮明亮麗，具有極高的藝術魅力，對研究商人的審美意識很有意義。此斝係考古出土品，尤顯珍貴。

33 婦好方斝 商晚期

通高 68.8 口長 25.1 口寬 24 釐米 重 18.3 千克
1976 年河南安陽殷墟婦好墓出土
現藏中國國家博物館

◆容酒器。口沿上有對稱的方形立柱，柱頂及四角有棱。兩足內側有錐形淺槽。有鋬角大獸首鋬，頸飾仰葉紋，其下飾夔紋，腹飾捲角獸面紋，足飾對稱夔紋。口沿至足四角及每面中線塑有棱脊。內底中部有銘文“婦好”兩字。◆與其同時出土共有三件斝，形制，大小相似。

◆定級要素：此器是商代青銅斝中最大的一件，頗具王者風範，是研究王室青銅鑄造業的重要資料。

34 冊方斝 商晚期

高 28.3 口長 13.3 口寬 11 釐米 重 3.12 千克
現藏故宮博物院

◆容酒器。口稍斂，下設四棱錐形足。口沿上立帽形雙柱。平蓋中心有雙鳥拱形鈕。獸首鋬闊而較薄。頸飾三角紋。腹飾捲角獸面紋，兩側配置倒豎龍紋。足飾對稱龍紋。

◆定級要素：有蓋斝較少見。此器以形制規整，紋飾精密而著稱，是斝中精品，表現了商代晚期高超的青銅鑄造工藝和藝術理念。

35 天觚 商晚期

高 26 口徑 15 釐米
1977 年河南安陽殷墟出土
現藏中國社會科學院考古研究所安陽工作隊

◆飲酒器。厚方唇，腹部細長，高圈足。造型修長雅致，別具一格。全器自上至下共有四道三棱形棱脊，上飾人形幾何紋。頸飾蕉葉紋，腹飾夔紋，圈足飾捲體鉤鼻獸紋。圈足內有銘文四字，記天冊為父乙作器。

◆定級要素：此觚紋飾奇麗，同類器中較為少見。

36 蛙首獸面紋枓 商晚期

通長 17 枓徑 4.8 釐米
1957 年山西石樓後蘭家溝出土
現藏山西省博物館

◆挹酒器。體為圓形，深腹，直壁。柄長且扁平微曲。柄飾夔龍和雲雷相間的紋帶，壁飾極細密的獸面紋。柄端作兩蛇捕蛙圖案，一蛙居中，窺視前方，兩蛇盤曲左右。◆枓一般又稱為勺。枓器有曲柄，像北斗之形。因區別於量器，故取枓字。《禮記．少牢饋食禮》："司宮設罍水於洗東，有枓。"

◆定級要素：此枓紋飾極其細膩精緻，動物形象生動，有很高的藝術價值。

37 虎逐羊枓 商晚期

通長 17.5 枓徑 9.5 枓深 4.8 釐米 重 0.5 千克
1977 年陝西清澗解家溝出土
現藏綏德縣博物館

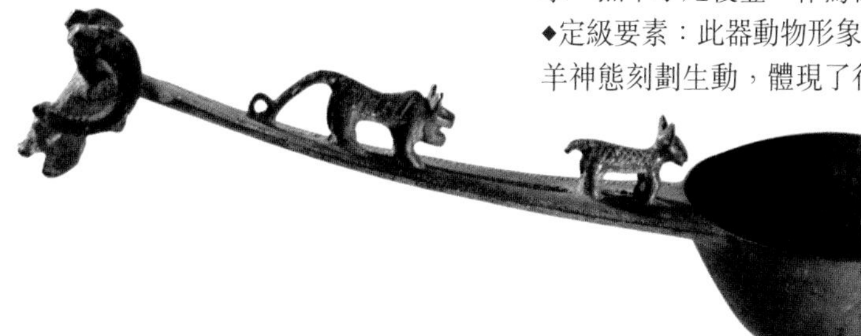

◆挹酒器。體呈圓形，深腹，斜壁。枓柄端塑成羊首狀，羊角大而向下，雙目圓睜，似在張口嘶鳴。柄為扁平狀，正中有一長方孔，柄面立一虎，虎前立一小羔羊。虎張口垂涎，正欲撲擊，羔羊小尾後豎，作驚悚之態。

◆定級要素：此器動物形象塑造逼真傳神，虎、羊神態刻劃生動，體現了很高的藝術水準。

38 亞弜編鐃 商晚期

通高 14.4 釐米 重 0.6 千克
1976 年河南安陽殷墟婦好墓出土
現藏中國國家博物館

◆樂器。鉦、鼓呈扁桶形，平頂，上有筒形甬，與鉦相通。鈕的兩面有回字形弦紋。鼓內側有銘文"亞弜"兩字，為器主族名。◆此鐃五件為一編，商代後期編鐃多以三件為一編，五件成編的僅此一套。

◆定級要素：因隨葬在商王武丁的配偶婦好墓中，頗為珍貴。

39 雷紋鐃 商晚期（一説春秋）

通高 67 鼓間 28.5 銑間 49.8 釐米 重 86.5 千克
1973 年湖南寧鄉黃材寨子山出土
現藏湖南省博物館

◆樂器。甬呈圓管狀，與腔相通。器形似兩瓦複合。通體飾細雷紋。鼓中央有一長方形凸起，頂尖為小螺紋，構圖為變形獸面紋。舞部飾獸面紋，甬旋有雷紋。

◆定級要素：此器是商代晚期禮樂制度的見證。

40 獸面牛首紋鐘 商晚期

通高 33 鈕高 4.5 舞縱 11.3 舞橫 17.5 銑間 26.4 鼓間 18.5 釐米
1989 年江西新幹大洋洲商墓出土
現藏江西省博物館

◆樂器。平舞，上立環鈕，兩側各鑄勾戟狀扉棱八道，舞部橫向兩端連接扉棱處分別塑有伏鳥（其一殘）。器身共三層紋飾，雲雷紋為地，主題紋飾為浮雕獸面牛首紋。牛首寬鼻小耳，雙尖角聳立，內捲成圓形，圍抱一燕尾紋組成的圓環，環中飾渦紋。牛首兩側及上部鑄四條淺浮雕夔紋。牛首紋及夔紋的紋樣之上均陰刻雷紋。◆因出土於鄱陽湖一帶的大墓中，推測商王朝的禮樂之制對此地影響甚為深遠。

◆定級要素：此器鑄造紋飾精細，造型氣魄瑰偉，體現了和諧的韻律之美。

41 獸面紋冑 商晚期

高 23.2 寬 18.9 釐米
現藏故宮博物院

◆防護用具，作戰時保護頭頂、面側和頸部。圓帽形，正面飾獸面紋，獸的雙眼極醒目。左右與後部向下伸展，前端成空體長方形，冑頂凸起一管，可用來插纓飾。

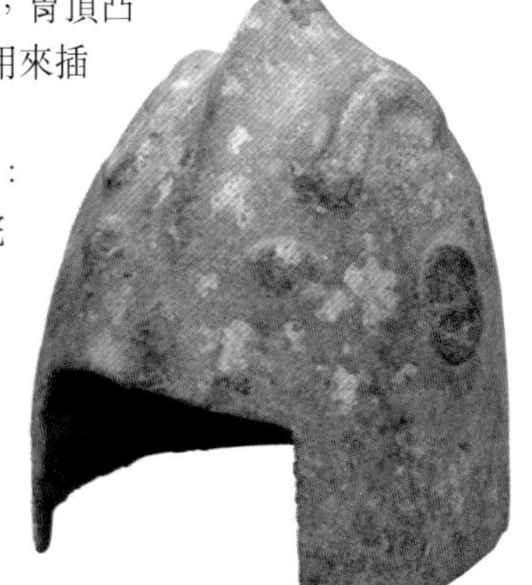

◆定級要素：此冑形體完整，裝飾簡明清晰，為商代晚期的典型風格。

42 鑲嵌鳥紋玉援戈 商晚期

通長 27.8 玉援長 15.8 穿孔徑 0.5 釐米
1976 年河南安陽殷墟婦好墓出土
現藏中國國家博物館

◆鉤擊兵器。戈援前部為玉製，呈灰黃色，有上下刃和中脊，前鋒銳利，近末端有一圓穿孔。銅內前段飾獸面紋，後段飾鳥紋，歧冠伸出後緣外。◆此器由綠松石嵌成，手工精緻細膩，應係儀仗用器。與其同時出土的還有兩件。

◆定級要素：極為珍貴。

43 大祖日已戈（1）祖日乙戈（2）大兄日乙戈（3） 商晚期

分別高 27.5 、27.6 、26.1 釐米
傳河北保定或易縣出土
現藏遼寧省博物館

◆鈎擊兵器。直援微胡。同出三件，即大祖日已戈、祖日乙戈、大兄日乙戈，形制相同，均鑄銘文，原稱易縣三鈎兵。◆三戈係儀仗用器，為北方諸侯之用。記載祖、父、兄各世廟號，作器者先君皆以日為名，三世兄弟之名先後並列。

◆定級要素：三戈為研究商代宗法制度以及親屬稱謂提供了重要的資料。

(1)

(2)

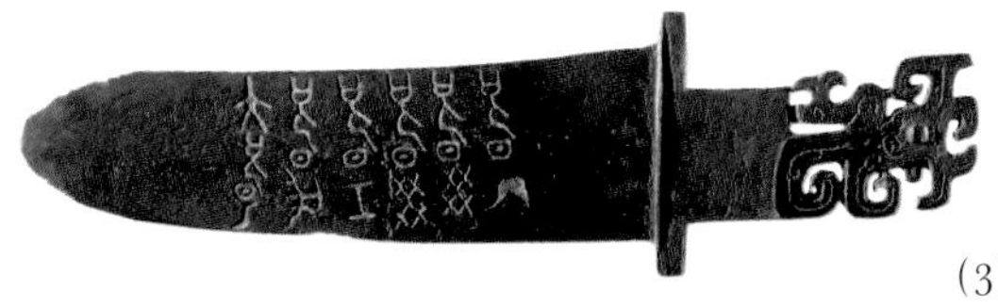

(3)

44 北單矛 商晚期

通長 20.3 寬 5.2 釐米
1950 年河南安陽殷墟武官村出土
現藏中國國家博物館

◆擊刺兵器。圓形銎口。葉狀矛身較長，中部起脊，兩刃稍向外張。銎身兩側塑對稱鈕，正中鑄有陽文“[illegible]”，釋“北單”兩字，為族名。◆同時出土的北單銅器有簋、爵、觚、卣等，應為同一氏族的器物，見於著錄的尚有盤、觚、觶、彝等。

◆定級要素：除現存兩件北單矛外，尚未發現其他北單兵器。且商代兵器鑄銘者較少，屬珍品。

45 羊首曲柄短劍 商晚期

通長 30.2 鋒刃長 18.6 柄長 11.6 釐米 重 0.35 千克
1961 年河北青龍抄道溝出土
現藏河北省文物研究所

◆兵器。柄身連鑄而成，格處有兩外凸小齒，中脊起棱。柄呈彎弧狀，近首處有凸棱，兩側及邊緣飾羽紋，柄端鑄成羊首狀。羊眼原鑲嵌松石，今已失。頦下長髯與頸相連，粗大的雙角自後捲向前。角正面原滿嵌松石，今僅存一部分。

◆定級要素：此器具有濃烈的草原風格，體現了完全有異於中原商王朝的北方草原的青銅文化特徵。

46 獸面紋大鉞 商晚期

長 34.3 寬 36.5 釐米
現藏故宮博物院

◆兵器。呈方形，寬刃。鉞體兩面飾獸面紋，以梅花釘紋間隔，在獸面紋下面的三角形紋內，填以簡潔的獸面紋和雲紋。鉞身兩側上半部鑄有鏤孔的直線紋和“T”字形紋。◆此器形體較大，應為儀仗用具。

◆定級要素：此鉞鑄造精工，裝飾風格也獨特，實屬罕見。

47 夔紋鉞　商早期

通長 41　刃寬 26 釐米　重 3.75 千克
1974 年湖北黃陂盤龍城出土
現藏湖北省博物館

◆兵器。形似大斧，援部呈長方扁平形，中部有一大圓孔，寬弧刃，兩角外侈。闌部有兩個對稱的長方形穿孔，是繫繩安裝木柲或竹柲之處。援部周邊飾對稱的夔紋和目雲紋。

◆定級要素：在商代同類器中，此器屬形制最大的一件。因紋飾精細，應屬地位顯赫的統治階層專用的儀仗兵器，也是統治者權力和身分的象徵。

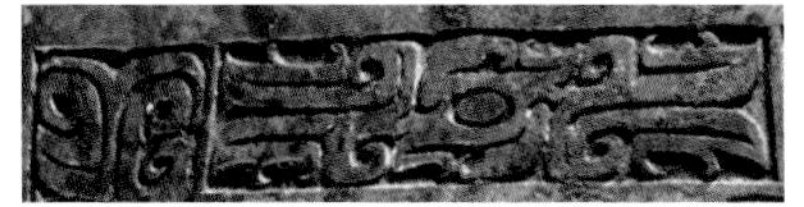

48 亞醜鉞　商晚期

長 32.7　刃寬 34.5 釐米　重 4.6 千克
1966 年山東益都蘇埠屯出土
現藏山東省博物館

◆兵器。平肩，闌有長方形雙穿孔，援兩側有棱脊，弧形刃兩角外侈。援部鏤雕人面紋，雙目

圓睜，張口露牙，王字形鼻，粗彎眉，神情兇猛威嚴。口部兩側各有銘文“亞醜”兩字，為氏族族徽。◆鉞為象徵權力的武器，具有權仗的性質，通常是諸侯和重臣在重大典禮儀式上使用。

◆定級要素：此鉞形體較大，又具族氏徽，具有重要價值。

49 豎線弦紋鏡 商晚期

直徑 11.8 厚 0.2 鈕高 0.8 釐米
1976 年河南安陽殷墟婦好墓出土
現藏中國國家博物館

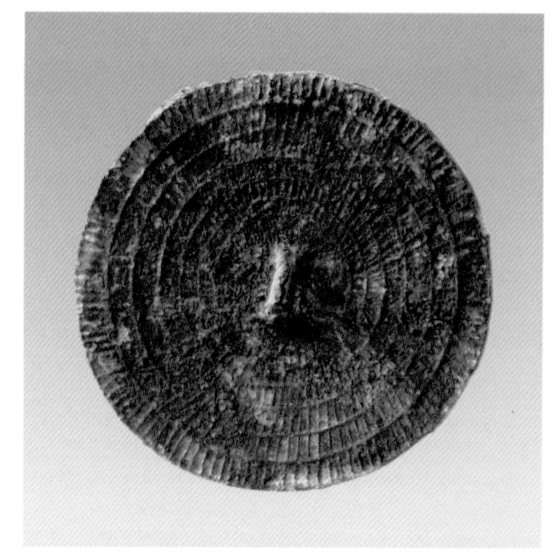

◆照容用具。圓形。鏡面微突，背面飾弦紋六周，弦紋間填以密排的豎直短線，正中有一拱形環鈕。◆目前發現的商代青銅器多數禮器，生活用器很少，銅鏡更為罕見，婦好墓中與其同出四件，此件屬中型者。

◆定級要素：精細的做工及規整的形制反映了當時高超的鑄造工藝，更顯示王室貴族女性的日常生活品味，同時也是研究銅鏡起源的重要資料，尤為珍貴。

50 戴冠飾簪人頭像 商晚期

通高 34 釐米
1986 年四川廣漢三星堆遺址出土
現藏四川省文物考古研究所

◆祭祀人像。臉呈方形，眉骨高聳，巨目高鼻，闊口緊閉，大耳為卷雲紋狀，耳垂上有孔。頸作三角形。頭戴雙角冠，腦後有簪孔。◆此像闊目大嘴，帶有典型的四川地方特色，與其同時出土的一大批人物頭像，均為此種風格，顯示出了強烈的地域風格。

◆定級要素：為研究當時蜀地的祭祀制度提供了重要的資料。且因人物面部特徵頗為獨特，在世界範圍引起廣泛關注，成為學術界研究的熱點課題。

51 水鼎　西周早期

高 23 口徑 19.8 釐米
傳 1929 年陝西寶雞出土
現藏故宮博物院

◆炊煮或盛食器。腹上塑四道棱，周圍刻劃一圈豎直線紋，直線紋為三角形垂葉紋，頸部飾兩組對稱夔紋。三足形狀介於柱足與馬蹄足之間，其上飾獸面紋及弦紋。器內鑄銘文“水”字，應為家族族徽。◆該器為馮玉祥夫人捐獻。

◆定級要素：此鼎整體造型奇特，氣勢雄偉瑰麗。頸、腹上的花紋圖案工致，尤其是簡潔直線紋的採用，更使整體顯得獨特而雅致。

52 勾連紋鼎　西周早期

通高 85 口徑 63 釐米
1973 年陝西長安新旺村出土
現藏西安市文物管理委員會

◆煮或盛食器。口沿上兩立耳，外側飾龍紋。口沿下飾一周獸面紋，兩側捲軀似龍，間以短棱脊。腹飾繁密的勾連紋。

◆定級要素：圓鼎飾勾連紋情況非常少見，更顯珍貴。

53 太保鼎　西周早期

通高 57.6 口長 22.8 口寬 35.8 釐米
傳清道光、咸豐年間山東梁山出土
現藏天津市藝術博物館

◆炊煮或盛食器。此器腹部四角起棱脊，口沿為獸面紋，腹部則飾三角垂葉紋，足上塑突起的獸首，而耳上則浮雕垂角雙獸。器內壁有銘文“太保鑄”三字。

◆定級要素：此鼎造型端莊秀雅，紋飾渾厚古樸但不顯呆滯，很是流暢，而且鑄造精細，是研究西周早期青銅器器形學的重要實物資料，具有重要的歷史、藝術價值。

54 厚趠方鼎　西周早期

高 21.3 口長 17.4 口寬 13.3 釐米
現藏上海博物館

◆炊煮或盛食器。此器四隅有棱脊。器腹四壁飾長角下垂的獸面紋，足上部飾突起的獸首。器內壁鑄銘共五行三十四字，內容記載王在成周之年，厚趠受到逨 公的饋贈。◆此鼎造型莊重秀麗，紋飾刻劃細膩，充滿雄渾之氣，質地細膩均勻，體現了極高的鑄造水準，銘文書體渾厚流暢。

◆定級要素：長角下垂的大獸面紋極為少見，是研究西周早期青銅器紋飾的重要資料。

55 德方鼎　西周早期

高 24.4 口長 14.2 口寬 18 釐米 重 2.82 千克
現藏上海博物館

◆飪食器。腹部四壁飾獸面紋。腹內壁共有銘文五行二十四字。◆銘文記載某年三月，周王自鎬京來到成周，舉行對武王稱之為“福”的一種祭祀，德參與這次祭祀。儀禮完畢後，周王賞賜德貝廿朋，德因以作器。◆從銘記中可知祭祀對象為武王，則主祭者應是成王。傳世德所作之器尚有德鼎、德簋和叔德簋。

◆定級要素：因銘文記載了周成王親自主持祭祀大典，此器具有極其珍貴的研究價值，為周成王時期的標準器。

56 麥方鼎　西周早期

高 16.4 口寬 14.5 口長 17.8 釐米
傳清光緒年間浙江永嘉出土
現藏浙江省博物館

◆煮或盛食器。長方體。圓角，口沿上立雙耳，平底，四蹄足。器內有銘文三行二十九字。◆銘文大意為：十一月邢侯步至於麥所，賜麥赤銅，麥用此作鼎，以隨從邢侯征行所用，並用來宴饗諸友。

◆定級要素：此器製作精良，色澤亮麗，有很高的藝術水準。

57 師全父鼎 西周中期

高 26 口徑 24.9 釐米 重 5.3 千克
現藏上海博物館

◆煮或盛食器。口沿下飾龍紋一周。腹內壁有銘文十行九十三字。◆銘文記載周王對師 全 父的一次賜命典禮，右導師全父入太室的是司馬井伯，內史駒受王令策命於師全父，賜以載市同黃、玄衣黹純、戈琱㦸旂，令其繼承父職。◆銘文筆勢純熟圓潤，形體遒利，佈局疏密有致，是恭王時期金文出現的新氣象，為時代典範。

◆定級要素：此器係恭王時期的標準器，銘文內容反映了周室的世官制度，是研究當時官制的重要歷史資料。

58 小克鼎 西周晚期

高 35.4 寬 33.6 釐米
清光緒年間陝西扶風出土
現藏故宮博物院

◆炊煮或盛食器。頸飾竊曲紋一周，腹飾一周環帶紋，足飾浮雕獸面紋。口沿上設二直耳，其上飾夔紋。器內壁鑄銘八行七十二字。◆銘文記載周王二十三年九月，王在宗周，任命膳夫克去執行整頓成周八師的命令。是年，克鑄造了祭祀祖父釐季的寶鼎，並表示每日都要虔誠地祭祀，以祈求長壽善終。◆與大克鼎同出。因體形小於大克鼎，此稱“小克鼎”。傳世小克鼎共有七件，分別藏於上海博物館、故宮博物院、天津藝術博物館、南京大學、日本書道博物館、滕井有鄰館、黑川文化研究所。

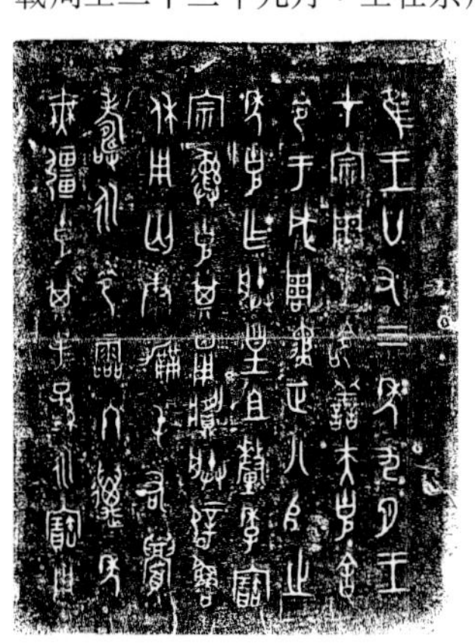

◆定級要素：此鼎造型莊重渾厚，紋飾細膩華麗，銘文書體整齊優美，是西周晚期青銅器銘文的佳作，銘文內容是研究西周時代軍隊編制和官制的重要資料。

59 史頌鼎 西周晚期

甲器高 37.3 口徑 35.7 釐米 重 14.7 千克
乙器高 29.4 口徑 28.7 釐米 重 9.25 千克
現藏上海博物館

◆煮或盛食器。傳世兩器。頸飾變形獸紋，腹飾疏朗伸展的波浪紋。腹內壁有銘文六行六十三字。◆銘文記載王命令史頌省視蘇國，受到賓贈，而蘇國的里君、百姓得以相率來至成周。◆定級要素：銘文主要表示宗周和蘇國之間的密切關係，是研究當時周王中央政權與地方關係的重要資料。

60 仲枏父鬲 西周中期

高 14 口徑 19.5 腹深 8.5 釐米 重 2.2 千克
1962 年陝西永壽好時溝村出土
現藏陝西省博物館

◆煮或盛食器。腹飾對稱的棱脊，並有的捲體變形龍紋。口沿及內壁有銘文三十八字。◆銘文記仲枏父為師湯父有司作此寶鬲，享孝祖考，以祈眉壽。◆同出三件，形制、紋飾、銘文均相同。

◆定級要素：此器鑄造精細，銘文規整，有很高的歷史和藝術價值。

61 刖刑奴隸守門鬲 西周晚期

高 13.5 口長 11.2 口寬 9.2 釐米
現藏故宮博物院

◆炊煮器。鬲形體分為上、下兩部分。上部為炊煮部分，呈長方形，四角成圓形；下部略小於上部，一面有可開閉的兩扇門，其中一扇門的外面鑄有一個受過刖刑奴隸的形象，其他三面有孔，以供出煙。鬲上部頸飾竊曲紋，腹四面為連續的環帶紋，下部飾有雲紋。◆此鬲形制少見，裝飾簡單，但頗具寫實的藝術手法。

◆定級要素：刖俑鬲傳世和出土的極少，鬲門上所鑄的刖刑奴隸形象，再現了西周奴隸悲慘的社會地位和真實的生活，是研究西周奴隸制的珍貴資料，具有很高的歷史價值。

62 叔碩父方甗　西周晚期

高 45.8　口長 30.5　口寬 23.3 釐米
清同治八年（1869 年）山西吉縣安平村出土
現藏上海博物館

◆蒸食器。全器分上下兩層：上層為長方體甑，侈口，立耳；下層為鬲，下有四獸蹄形足。甑與鬲之間有箅。口飾鱗紋，腹飾環帶紋。口內側有銘文兩行十三字，記器為叔碩父所作。◆青銅甗由陶甗發展而來，商代後期成為重要的禮器之一，多與鼎、簋、豆、壺、盤等組成一套隨葬禮器。甗多為圓形，方甗則較少見。
◆定級要素：此器鑄造精細，形制規整，體現高超的青銅鑄造工藝。

63 乙公簋　西周早期

通高 27.5　口徑 19.7 釐米　重 5 千克
1974 年北京房山琉璃河出土
現藏首都博物館

◆盛食器。又名伯簋。雙耳垂珥。耳作鳥形，垂珥作象首形，腹下附兩象首，四象鼻為足，以承托簋身。全器滿飾象紋，圈足飾目雷紋。蓋器皆有棱脊。蓋器同銘，各鑄六字，記伯為乙公作器。

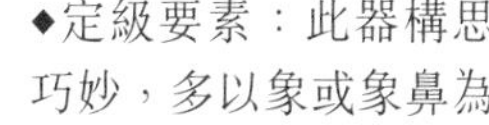
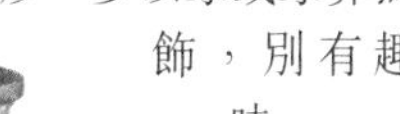

◆定級要素：此器構思巧妙，多以象或象鼻為飾，別有趣味。

64 甲簋 西周早期

高 29.8 口徑 22.5 座邊長 21.2 釐米 重 6.48 千克
傳 1927 年陝西寶雞鬥雞台出土
現藏上海博物館

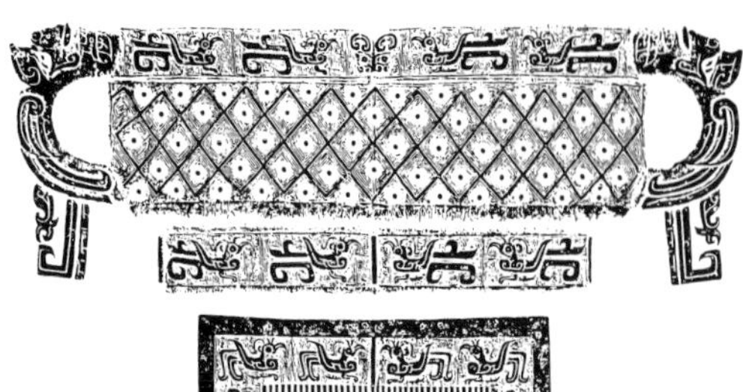

◆盛食器。下附方座。座面四角飾牛首紋。腹內底銘一“甲”字，是器主之名。腹部兩側有獸耳垂珥，獸角聳出器口。頸及圈足飾鳥紋，腹飾乳釘雷紋。座的每一面各飾鳥紋，有長冠鳥和長尾鳥等。

◆定級要素：此件方座簋是周初最華麗的式樣之一。

65 班簋 西周中期

通高 22.5 口徑 25.7 釐米
現藏首都博物館

◆盛食器。頸飾弦紋和圓渦紋，腹飾獸面紋。器外壁均勻地塑有四獸形耳，耳下有四長珥，下垂成四足，承托器身。器內底有銘文二十行一百九十八字，內容記載周穆王命毛公伐東國

事。◆此簋造型端莊典雅，形制少見，花紋簡單明快，銘文書體優美。◆四耳簋在當時少見，反映了當時鑄工的創造力。

◆定級要素：此簋是西周穆王時期青銅器斷代的重要標準器，銘文內容是研究西周戰爭的重要資料。

66 追簋 西周中期

通高 38.8 口徑 26.3 釐米
現藏故宮博物院

◆盛食器。器腹與方座均刻劃夔鳳紋。器頸前後各鑄一獸首。頸與足飾竊曲紋。蓋、器同銘共有七行六十字。◆銘文大意是追盡職地奉守職事，得到周天子的嘉獎，追稱揚周天子，並鑄紀念祖先的祭器。◆此器造型雄渾古樸，莊重典雅，紋飾富麗，銘文書體整齊，體現了西周中期青銅鑄造業的發展水平。

◆定級要素：銘文內容對研究西周孝道意識，以及稱謂習慣有很重要的價值。

67 師虎簋 西周中期

高 15.2 口徑 23.9 底徑 25.6 釐米 重 4.72 千克
現藏上海博物館

◆盛食器。弇口，寬腹，圈足。腹部兩側有獸耳。通體飾瓦紋。

器內底有銘文十行一百二十四字。◆銘文記師虎受王命襲其祖考官職，任左右偏軍的馬政，並受賜赤舄。係懿王（一説恭王）時鑄器。

◆定級要素：此器精細的外形表現了當時發達的青銅鑄造工藝，長篇銘文更是研究當時世襲制度的重要資料。

68 格伯簋 西周中期

高 31 口徑 21.9 釐米 重 8.9 千克
現藏上海博物館

◆一名倗生簋。盛食器。邊、器口沿及圈足刻劃渦紋及龍紋。蓋面、腹部及方座中間均飾直線紋。腹部兩側塑有一對獸首耳。◆傳世共計三器，各器銘文均不全，合三器完整的應有八十三字，記載倗生自格伯處取得良馬四匹，而以三十田作為交換，共立書券，各執其一，並勘察田界。

◆定級要素：是研究西周土地制度和社會變化的重要資料。

69 匽侯盂　西周早期

高 24.5 口徑 33.8 釐米
1955 年遼寧喀喇沁左翼蒙古族自治縣馬廠溝出土
現藏中國國家博物館

◆定級要素：此盂應為西周時期燕國之器，具有很高的歷史價值。

◆盛食器。器腹以雷紋為地，主題為垂冠夔紋，圈足亦飾夔紋。器內壁鑄銘五字，記匽侯作饙盂。◆全器造型古樸端正，花紋雄健流暢，反映了西周早期青銅工藝的高超水平。

70 伯盂　西周中期

高 39.5 寬 57.6 釐米
現藏故宮博物院

◆伯盂與近年陝西藍田出土的永盂酷似，永盂時代屬西周恭王，因而將伯盂確定年代在西周中期是可信的。

◆盛食器。頸前後飾對稱的浮雕獸首，每一獸首兩側均飾一對相同的夔首鳥身紋飾，腹部飾蕉葉夔紋，圈足飾顧夔紋一周。器內底鑄銘文兩行十六字，表明伯作寶盂，希冀子孫永寶。◆盂是盛水或盛飯用器，所見不多。

◆定級要素：此盂造型渾厚古樸，花紋雄健瑰麗，反映了西周中期青銅工藝的高度發展水平。

71 魯伯愈盨 西周晚期

通高 19.2 口長 23.5 口寬 15.2 釐米
1977 年山東曲阜魯國故城出土
現藏曲阜市文物管理委員會

◆盛食器。器附蓋，蓋上設四個長方形的獸紋捉手。蓋頂中央有一立虎。器身兩側面有對稱的二獸首耳。圈足外侈。器頸與蓋沿各飾竊曲紋，圈足亦飾竊曲紋，器腹飾平行瓦紋。◆蓋、器對銘，各鑄銘六行三十六字，內容記載魯伯愈為其父母作盨。

◆定級要素：此盨形制厚重，鑄造精工，銘文書體流暢，反映了西周晚期魯國青銅工藝的發展水平。

72 龍紋簠 西周早期

高 37 長 55.8 釐米 重 17.5 千克
現藏故宮博物院

◆盛食器。器呈長方體，上附蓋，蓋頂有長方形捉手。蓋仰放可作盤用，捉手則為足。蓋身飾夔紋和直線紋。
◆簠為盛放糧食的器具，也可作為禮器。《周禮·地官·舍人》："凡祭祀，共簠簋。"
◆此器形體較大，造型和紋飾具有明顯的西周前期青銅器特點。

◆定級要素：此簠是簠器中年代最早者，西周前期的簠僅此一件，對研究簠器的起源與發展有着很高的價值。

73 伯公父簠　西周晚期

通高 19.8　口長 28.3　口寬 23　腹深 6.5 釐米
重 5.75 千克
1977 年陝西扶風雲塘村出土
現藏周原文物管理所

◆盛食器。器上附蓋，與器身造型基本相同，兩側置環耳一對。蓋與器合口處每邊正中有一獸首形卡釦。口沿飾重環紋，腹飾環帶紋，圈足飾垂鱗紋，蓋頂飾大竊曲紋。◆蓋器刻銘六十一字，記載伯公父擇吉金，鑄造寶䀇，盛放燋稻糯粱，用召饗事辟王，以及諸考諸兄，以祈長壽多福。此器自銘"䀇"，與簠器形相同。

◆定級要素：紋飾規整細膩，且銘文反映了當時的社會生活，是重要的實物資料。

74 復尊　西周早期

通高 24.5　口徑 19.5 釐米
1974 年北京房山琉璃河出土
現藏首都博物館

◆容酒器。腹上部、下部各飾夔紋一周，器頸與圈足上則飾細弦文。◆器內共鑄銘十七字，記載了燕侯賞賜復禮服、臣妾、貝等之事。

◆定級要素：此尊造型古樸簡潔，紋飾精細，在燕國器中尚屬罕見。尤其銘文為研究西周早期的賞賜制度提供了實物資料，具有很高的社會歷史價值。

75 鳧尊 西周早期

通高 44.6 口徑 12.7 長 41.9 釐米
1955 年遼寧喀喇沁左翼蒙古族自治縣馬廠溝出土
現藏中國國家博物館

◆容酒器。尊呈鳧形，鳧身流暢，雙足粗大。腹後下部鑄一立柱，與雙足形成三個支點，以支撐尊站立。背部有一侈口，與身相通，作為注酒口。胸飾斜方格紋，並有線刻兩翼。此器造型穩重典雅，形象的表現出了鳧的特徵。

◆定級要素：以鳧為造型的尊極為少見，尤其在以神秘怪誕風格流行的西周禮器羣中，這種清新的禮器更為罕見，堪稱青銅藝術的佳作。

76 庚姬尊 西周早期

高 29.7 口徑 15.6 腹深 21.2 釐米 重 1.5 千克
1976 年陝西扶風莊白家村出土
現藏周原文物管理所

◆容酒器。器身似筒形。全器不施地紋，口沿下飾置獸面紋組成的蕉葉紋，其下飾一周鳥紋帶。腹及圈足飾獸面紋。器體四面均匀分佈透雕棱脊。

◆腹內底有銘文三十字，記五月丁亥日，帝后賞賜庚姬貝三十朋，後取廿鋝以商。商為亡父日丁鑄此祭器。

◆定級要素：整器線條柔和渾厚，形制古樸，具有很高的藝術價值。

77 毀古方尊　西周早期

高 21.8　口徑 20.1 釐米　重 3.56 千克
現藏上海博物館

◆容酒器。器四隅置有曲折角型的象首。頸飾獸面紋組成的仰葉紋，下襯以鳥紋。肩上為龍紋。腹飾大獸面紋。圈足飾鳥紋。◆腹內底有銘文四字，記毀古所鑄奉養禮器。

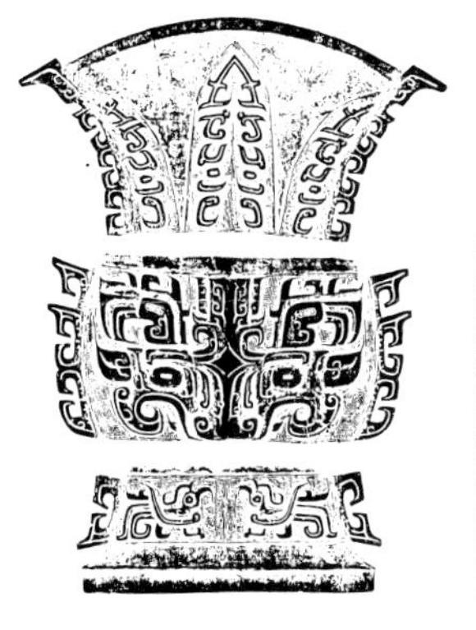

◆定級要素：此器造型規制整齊，紋飾刻劃精細犀利，精美異常。

78 豐尊　西周中期

高 16.8　口徑 16.8　腹深 14.6 釐米　重 1.5 千克
1976 年陝西扶風莊白家村出土
現藏周原文物管理所

◆容酒器。頸飾垂冠分尾雛鳳紋，中間塑浮雕獸首。腹飾垂冠分尾大鳳鳥，兩相對稱，是西周中期鳥紋的典型形式。口沿下飾仰葉狀對鳥紋，曲尾垂於鳥首之前。全器紋飾都有極其細膩工致的雷紋。◆器內底有銘文三十一字，大意為：六月乙卯，周王在成周命令豐去見大矩，大矩賞賜豐青銅和貝幣，豐因此為父辛作器。◆據同出的微氏家族世系排列，此尊為穆王時鑄器。

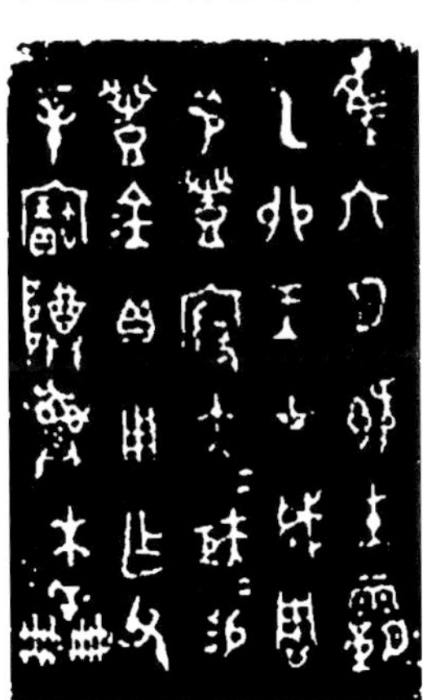

◆定級要素：紋飾精美，銘文反映了當時的賞賜制度。

79 盠駒尊 西周中期

通高 32.4 長 34 釐米 重 5.68 千克
1955 年陝西眉縣李村出土
現藏中國國家博物館

◆容酒器。器作駒形，直立於地，豎耳垂尾，是西周少數寫實的動物形尊之一。背部設小蓋，蓋上塑獸形鈕。腹、鈕飾渦紋。◆頸下有銘文九行九十四字，大意為：周王在㪟地舉行執駒典禮，賜盠駒兩匹。盠感謝周王對舊宗子弟的關懷和厚惠，鑄駒尊一對，以紀榮寵。蓋內有銘文三行十一字，記周王在㪟執駒，賜給盠駒，又名騅子。

◆定級要素：該器銘文對研究西周馬政和幼駒使用是極為重要的史料。

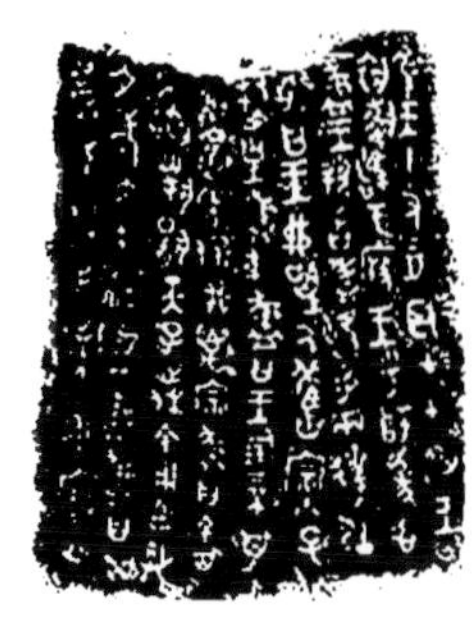

80 鳥紋象尊　　西周中期

通高 21 長 38 腹深 13.8 釐米 重 3.5 千克
1975 年陝西寶雞茹家莊出土
現藏陝西省博物館

◆容酒器。器作象形，長鼻前伸高捲，小尾，四足粗矮有力。背設方形蓋，蓋上有雙環鈕，蓋後端有小半環，與器體上小半環用鏈相連。象身飾鳳鳥紋，以雲雷紋襯地。

◆定級要素：此為昭穆王時期之器。造型古樸生動，紋飾精美。

81 幾父壺　　西周中期

高 59 口徑 16 腹深 44 釐米 重 16.7 千克
1960 年陝西扶風齊家村出土
現藏陝西省博物館

◆容酒器。同出一對。器附蓋，蓋沿及頸飾竊曲紋，腹飾環帶紋，蓋頂和圈足分飾團鳥紋和斜角雲紋。頸部鑄龍首啣環雙耳。◆口內有銘文五十七字，大意為：某年五月庚午日，幾父在西宮受賜於同仲，所賜有僕四家、金十鈞等。幾父答揚皇君之美，因而為其烈考作祭壺。

◆定級要素：此器紋飾流暢，器形規整協調。

82 虢季壺 西周

通高 49.5 口長 17.6 口寬 11.6 腹長 28 腹寬 18.5
圈足長 24 圈足寬 15.8 釐米 重 10.5 千克
1990 年河南三門峽虢國墓地虢君季墓出土
現藏河南省文物考古研究所

◆蓋頂有長方形握手，頂部飾以細雷紋襯地的竊曲紋，握手與圈足飾斜角竊曲紋，蓋面與頸下部各飾二組以細雷紋襯地的前垂冠回首鳳鳥紋，頸上部飾一周連作山峯狀的竊曲紋，龍首耳所啣扁環的正面飾重環紋，上下腹部各飾二組以細雷紋作地紋的鳳鳥紋，在上腹部者昂首相對，在下腹部者回首相背。在這四組鳳鳥紋之間界以條帶狀凸欄線與菱形或三角形凸飾。◆頸部內壁有銘文二行八字：“虢季乍（作）寶壺，永寶用”。◆此壺共出兩件。大小、形制、紋樣及銘文均基本相同。

◆定級要素：鳳鳥紋之間襯地的細雷紋較為細密清晰。銘文各字之間界以凸起的網格形細欄線。紋飾精美，是壺中精品。

83 蟠龍蓋獸面紋罍 西周早期

高 44.5 口徑 15.3 釐米
1973 年遼寧喀喇沁左翼蒙古族自治縣北洞出土
現藏遼寧省博物館

◆盛酒器。腹上部飾捲體夔紋，下部飾獸面紋，綴有勾曲狀邊飾。腹下緣飾尖角龍紋，圈足飾平頂角型龍紋，與蓋的龍紋相同。蓋上鑄昂首蟠龍，整個蓋為蟠龍的軀體。兩肩獸耳啣環。蓋面上塑一盤龍，神態威猛，圈足外則為刻劃的龍紋。

◆定級要素：此器龍之形象生動威猛，造型優美，極富藝術美。

84 獸面紋方罍　西周早期

通高 58　口長 15.1　口寬 12.5 釐米
1980 年北京房山出土
現藏北京市文物研究所

◆盛酒器。器身近似方形，有蓋，蓋呈四角攢尖式，頂部置一寶珠形鈕。器肩部兩側各鑄一浮雕獸首，其餘兩面各鑄一獸首啣環，蓋、器的四隅和每面中線均設棱脊。通體滿飾獸面紋、鳥紋和夔紋。◆定級要素：此罍造型端莊渾厚，紋飾細膩精美，鑄造工藝高超，是西周早期同類器中的精品。

85 彊季卣　西周早期

通高 23.5　口徑 12.8 × 15.5 釐米
1980 年陝西寶雞竹園溝西周墓出土
現藏寶雞市博物館

◆容酒器。器呈橢圓形。頸部設提梁，梁兩端有獸首。體下有四虎足。蓋沿和腹各飾一周夔紋，兩側各鑄凸起的獸首。蓋中設方形圓角提手。◆器蓋對銘兩行六字：“彊季乍（作）寶旅彝。”◆定級要素：此卣鑄造精細，有四足甚為獨特，對研究卣類器形有重要價值。

86 叔卣　西周早期

高 19.5　口徑 16.5 × 11.9 釐米
現藏故宮博物院

◆容酒器。圓方體。器頸與蓋沿的前後兩面均飾獸面紋。頸與蓋沿各鑄四個長筒形穿孔，兩兩相對，以供穿繫。◆器內底與蓋內有對銘五行三十二字，銘文大意為：周某王在宗周舉行祭典時，王姜派叔出使到太保處，太保賜給叔香酒、白金和牛。叔感謝太保，鑄此器以作紀念。◆此卣形制較特殊，雖無提梁，但在器與蓋上有穿繫的耳，在卣器中罕見。共有一對傳世。◆從卣圓形方口的造型以及器內的王薑等人名考證，叔卣應屬西周成王時代。

◆定級要素：此卣為西周早期銅器的斷代研究提供了重要資料。

87 商卣　西周早期

通高 38.6 口長 16.7 口寬 13.2 腹深 20.6 釐米
重 8.2 千克
1976 年陝西扶風莊白家村出土
現藏周原文物管理所

◆容酒器。隆蓋，蓋面飾獸面紋，蓋緣和肩飾鳥紋，腹飾捲角大獸面紋，圈足外侈，亦飾鳥紋。蓋頂有瓜棱形鈕，頸部兩側設龍首提梁。全器自蓋至圈足置四條棱脊。◆蓋器同銘，各鑄三十字，記庚姬因帝后賜貝作器。

◆定級要素：紋飾精美，器形規整，是卣中珍品。

88 叔夨方彝　西周早期

高 32.6 口長 23.5 口寬 19 釐米
1947 年河南洛陽孟津李家村出土
現藏洛陽市文物工作隊

◆容酒器。器呈方形，器與蓋飾獸面紋與鳥紋，每面中線處各設一道扉棱。全器造型端莊秀麗，花紋繁縟華麗，是方彝中的精品。◆蓋器有銘文三行十二字：“叔夨賜貝於王姒用作寶 隣 彝。”◆銘文中“王姒”，郭沫若認為是周文王之妃太姒，“叔夨”為武王弟叔武。

◆定級要素：此器為西周早期青銅器的斷代研究提供了重要資料。

89 師遽方彝　西周中期

高 16.4 口長 9.8 口寬 7.6 釐米 重 1.62 千克
現藏上海博物館

◆容酒器。蓋及器體飾變形獸面紋，口沿下及圈足飾獸體變形紋飾。兩側置有上舉的象鼻形雙耳。器內中有隔壁，將內部分為兩部，蓋上有兩方形短口與之相應，可置挹酒斗。◆蓋器同銘，各鑄六十六字，記載周王在康宮中的寢宮舉行酒宴，師遽向王奉獻禮品，師遽受到周王的稱讚，被命令在宴會上助歡。周王命令宰利賜給師遽瑚圭、環璋等玉器，師遽因以作器，深感恩寵，將這榮耀銘刻在禮器上，希望百代子孫永遠寶用。◆方彝大多無耳，此器的上舉象鼻形雙耳，造型較為特殊，除此器外，迄今考古發現的還有方彝一對，造型與此器相同。器內有隔的方彝更屬少見。

◆定級要素：西周一代此類作器記事的青銅器較多，此器從造型、紋飾到銘文均屬經典之作。

90 長甶盉　西周中期

高 28.2 口徑 17.5 釐米
1954 年陝西長安出土
現藏中國國家博物館

◆酒水調和器。器頸與蓋沿各飾竊曲紋一周。腹部及流飾三角弦紋。器附蓋，蓋頂中心置一半環形小鈕，腹前有長流，後設獸首鋬，蓋與鋬以鏈相接。◆蓋內有銘文五十四字，內容記載周穆王在與井伯太祝共行射禮時，對長甶有所褒勉，長甶因以鑄此器。

◆定級要素：此盉製作精巧細緻，紋飾質樸典雅，是西周穆王銅器的斷代標準器，對研究西周禮俗等具有很高的歷史價值。

91 它盉 西周晚期

通高 37.5 長 39.2 釐米
1963 年陝西扶風齊家村出土
現藏陝西省博物館

◆酒水調和器。器腹中央飾渦紋，周以重環紋和斜角雲紋各一圈。蓋作鳩鳥形，鉤喙，張翼，短尾，尾部繫有活鏈和肩部的繫相套鑄。尾部流作張口龍形，鋬手和流嘴作攀緣回顧式龍形。蓋內銘一“它”字，為作器人名。

◆定級要素：造型新穎別致，為青銅精品之一。

92 蟠龍盉 西周晚期

通高 30.5 口徑 10.3 釐米
1954 年江蘇丹徒大港出土
現藏南京博物院

◆酒水調和器。有蓋，圓口，深腹，圜底，三斜足。有管狀流，半環形鋬。蓋作蟠龍，龍首昂起。頸飾變形竊曲紋。

◆定級要素：器制較獨特，蓋上又有蟠龍飾，在同類器中較少見。

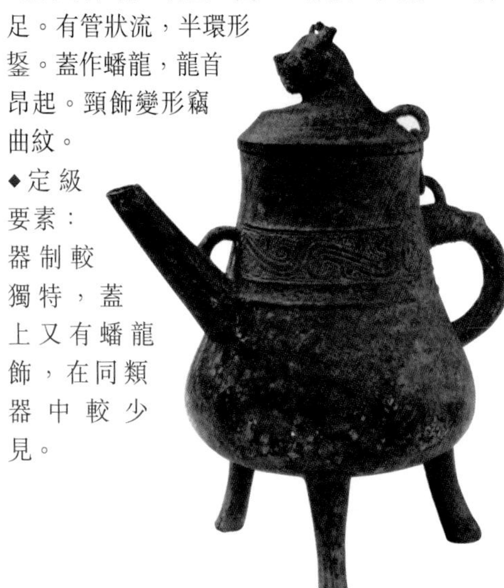

93 康侯爵 西周早期

通高 21.5 釐米
現藏中國國家博物館

◆飲酒器。口沿上二立柱呈蘑菇形，柱頂飾渦紋，腹飾獸面紋。下設三扁棱形錐足。腹部鑄獸首鋬。鋬內有銘文四字，記器主為康侯。◆康侯即周武王弟豐，始封於康，後改封於衞，稱衞康叔。

◆定級要素：造型優雅勻稱，紋飾精美。

94 旅父乙觚　西周早期

高 25.2 口徑 13.2 腹深 18.4 釐米 重 1.05 千克
1976 年陝西扶風莊白家村出土
現藏周原文物管理所

◆飲酒器。此器薄唇，細腰，圈足。圈足飾變形獸紋，上下有目雷紋邊飾。圈足內有銘文三字，記旅為父乙作器。◆《説文．角部》："觚，鄉飲酒之爵也；一曰：觴受三升者謂之觚"。盛行於商代前期至西周。

◆定級要素：此觚造型優美自然，是同類器中的珍品。

95 兔紋觶　西周早期

高 13 口徑 7 釐米
1971 年河南洛陽北窰出土
現藏洛陽博物館

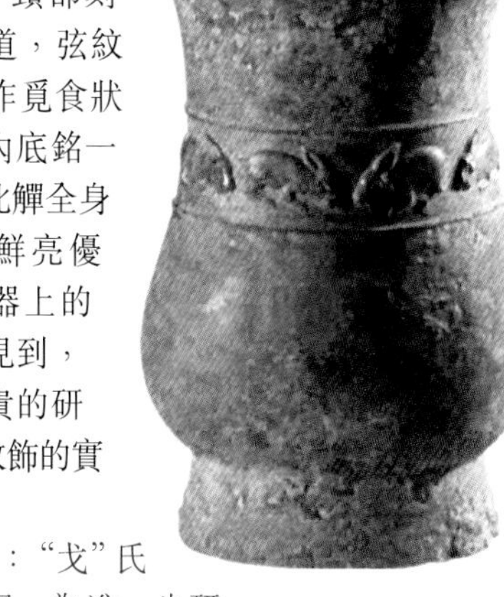

◆飲酒器。頸部刻劃弦紋兩道，弦紋間飾一周作覓食狀的兔紋。內底銘一"戈"字。此觶全身呈綠色，鮮亮優美。青銅器上的兔紋絕少見到，是極為珍貴的研究青銅器紋飾的實物資料。

◆定級要素："戈"氏族徽的發現，為進一步研究該家族的淵源、遷徙等也有着很高的價值。

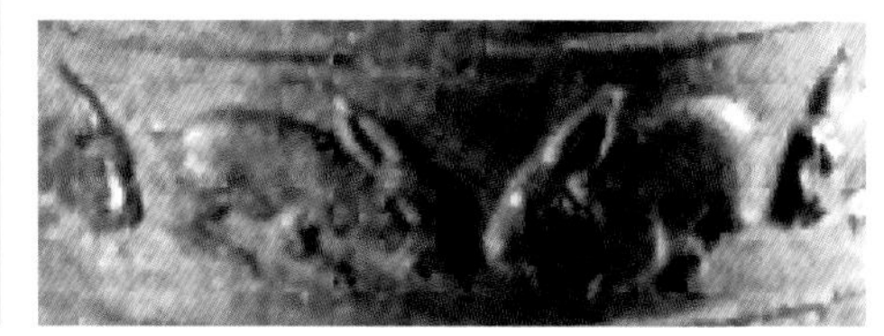

96 虢國太子龍紋盆　西周

1990 年河南三門峽虢國墓地虢君季墓出土
現藏河南省文物考古研究所

◆侈口，捲沿，束頸，頸部半環形龍首一對。表面有四條豎向欄線將紋樣分成四組。沿下飾雙龍首紋，腹部為曲體龍紋，兩耳側面為變體雲紋。◆此器出土於虢國太子墓，共出土隨葬銅器一千六百二十六件。其中禮器有三十一件，且為七鼎八簋的規格，表明了墓主高貴的身分。

◆定級要素：盆作為禮器出現，尤顯珍貴。

97 齊侯匜 西周晚期（一說春秋早期）

通高 24.7 通長 48.1 釐米 重 3.4 千克
現藏上海博物館

◆盥洗器。器身通飾瓦紋。器上設平蓋，有龍形匜，龍啣住器口，其四足作成獸形。◆腹內底有銘文四行二十二字，內容記載齊侯為其夫人虢孟姬良女作匜。◆西周初年實施的諸侯分封制，到西周末年開始露出弊端，各諸侯國之間紛爭不息，弱肉強食，導致了春秋戰國數百年的戰亂時代。虢是中原小國，齊是東方大國。此匜證實了諸侯國之間為了政治聯盟而出現的各國聯姻現象。

◆定級要素：此匜屬傳世匜中形體最大者，造型奇特，紋飾工整秀雅，是同類器中的佼佼者，具有頗高的歷史、藝術價值。

98 魯仲齊盤 西周晚期

通高 10.3 口徑 38.6 釐米
1977 年山東曲阜魯國故城出土
現藏曲阜市文物管理委員會

◆盥洗器。折沿，方唇，淺腹，平底，圈足，下附三裸體人形足。兩耳外折，上飾卧牛。盤外壁飾竊曲紋，圈足飾垂鱗紋。◆盤內底有銘文三行十五字，記盤為魯司徒仲齊所作。

◆定級要素：此盤是研究魯器的重要資料。

99 克鐘 西周中期

高 54 舞縱 19.7 舞橫 27 鼓間 23 銑間 32.3 釐米
重 30.7 千克
清光緒十六年（1890 年）陝西扶風法門寺任村出土
現藏上海博物館

◆樂器。鉦部有銘文三行，鼓左有銘文兩行，共五行三十三字，全篇銘文應有七十九字，此為上半篇。◆銘文內容為十六年九月庚寅日，王在康剌宮，命士曶召見克，王親命克循涇水往東至於京師巡察，賜克田車和馬四匹。據此，克的封地當在涇水上游。◆傳世克鐘共有五枚，其中兩枚現藏上海博物館。

◆定級要素：此器對於研究當時的地理位置及各諸侯分封情況具有重要的價值。

100 立虎鴞首鎛 西周晚期（一說春秋早期）

通高 21.7 鼓縱 12.5 鼓橫 16 釐米 重 3.68 千克
現藏故宮博物院

◆樂器。正中飾變形獸面紋，中線有倒置立虎，周圍為粗疏的雷紋地，分佈有九個鴞首。鼓部中間及兩側飾變形獸面紋。舞兩側有鳳鳥，冠和鈕相連成鏤空裝飾。銑出棱脊。

◆定級要素：此器奇特的紋飾不是中原青銅系統的風格，鴞首的啄作鈎曲之狀，亦非一般的陶質塊範法所能鑄造，說明當時青銅器鑄造工藝之高超。

101 虢季編鐘 西周

通高 58.7～22.7 銑間 32.5～11.3 鼓間 24.8～8.3 甬高 19.5～8.6 釐米 重 30.1～2.85 千克
1990 年河南三門峽虢君季墓出土
現藏河南省文物考古研究所

◆共出8件。總重146.75千克。形制、紋樣基本相同，大小依次遞減。鐘腔內壁銼磨有數量不等的縱向調音槽(即所謂隧)，少者有二道，多者有八道。◆虢季編鐘在調音銼磨中，先兩銑、後兩正鼓的程式，是西周編鐘藝術的重要進步，在編鐘斷代上也具有意義。部分編鐘的側鼓部有一小鳥紋，作為側鼓音的敲擊點標誌，這是研究古人有意識、有選擇地使用側鼓音的重要資料。◆虢季編鐘的音列結構與西周編鐘常見的正鼓音音列“羽、宮、角、徵”，加上側鼓音成五聲缺商的常見情形完全相同，這是音樂考古學上多次證明了的西周編鐘常規的音列模式。這一時期音律十分準確的編鐘很少，虢季編鐘音律就是其中之一。

◆定級要素：虢季編鐘時代特徵鮮明，有長篇銘文，保存較為完整，音律準確，是目前所知編鐘中的佳品，對考古學和音樂史方面的研究都具有重要意義。

102 太保戈 西周早期

長 23 釐米
1964 年河南洛陽北窰龐家溝出土
現藏洛陽市文物工作隊

◆兵器。短胡兩穿，援末端刻劃虎首紋，虎口張開，似在嘶吼。內部兩面分別鑄“太保”與“[illegible]”銘文。

◆定級要素：此戈為洛陽北窰西周貴族墓地出土，短胡兩穿式較為少見，是研究西周早期銅戈形式的重要實物資料，且保存完好，非常珍貴。

103 鐵刃銅戈 西周

器身殘長 17.4 內長 7.5 內厚 0.5 釐米
1990 年河南三門峽虢國墓地虢君季墓出土
現藏河南省文物考古研究所

◆整器由鐵援、銅內兩部分鍛接組合而成。鐵援已殘損，據存留部分分析，刃部原應十分鋭利。銅質援正背面均以綠松石片鑲嵌一組長鼻龍首紋，內部正背面均以綠松石片鑲嵌一組卷雲紋。◆出土時，鐵質部分因受鏽蝕，大部殘損，銅質胡部也有部分殘斷。經檢測，鐵援被鍛合入銅內向前伸出的雙面戈形葉片中。由此證實西周時期已初步認識到鐵器的堅利程度優於銅器，適宜製造兵器。

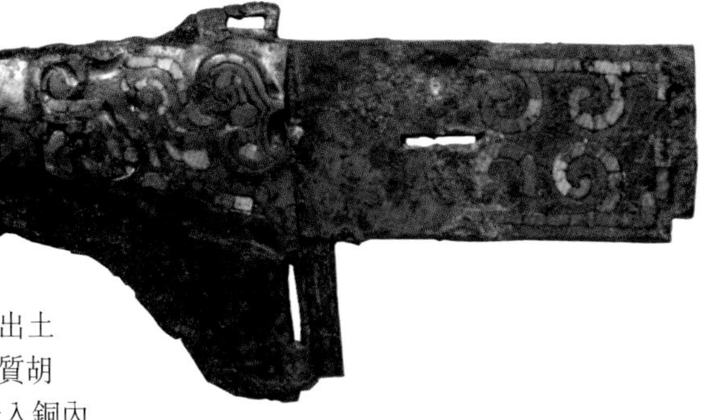

◆定級要素：此器為迄今為止所知最早的鐵銅複合兵器之一。

104 玉柄鐵劍 西周

通長 34.2 柄長 12.2 劍身長 22 葉寬 3.8
玉莖最大徑 1.8 劍首底端為 2.7 × 2.3 釐米
1990 年河南三門峽虢國墓地虢君季墓出土
現藏河南省文物考古研究所

◆全器由鐵質劍身、銅質柄芯與玉質劍柄嵌接組合而成。劍身中部有脊，鋒作柳葉形。鐵質劍身與銅質柄芯兩面接合，銅質柄芯前端作條狀與劍身脊部接合。條狀柄芯表面鑲入條狀綠松石片，圓形柄芯下端套入中空的玉柄之內。玉柄由莖、首兩部分套接而成，兩者均為和闐青玉，玉質細膩，光潔透潤。劍莖為圓柱形。劍首底端作正方形，上端作圓弧狀內收，下端的管口處以形狀不同的綠松石片嵌平。◆出土時劍身外裹有皮革所製劍鞘，從劍鞘口部殘存絲織品痕跡可知，原劍身先以絲織物包裹後方才入鞘。

◆定級要素：此劍鑄造精細，配飾華麗，是西周貴族的專用品，鐵質兵器在虢國君主墓中出現，證明鐵製品已作為高級佩物而受到貴族的寵愛。

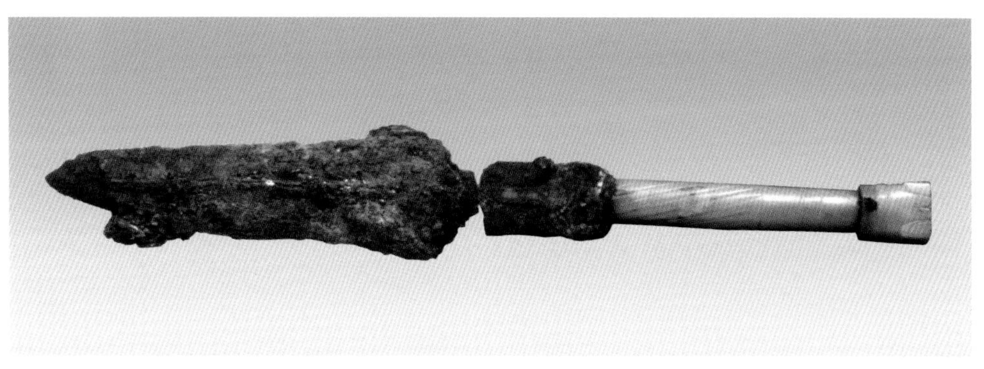

105 獸面紋馬冠 西周

高 17.8 寬 34.5 釐米
清宮舊藏

◆裝飾物。獸面形，邊緣有穿孔，皮條從中穿出，以綁紮馬頭。◆此類器過去被誤認為是用於驅疫辟邪的"方相"。近年在西安張家坡西周第2號車馬坑馬頭上所出三獸面，以及浚縣辛村這種飾物與轡飾圓鑣同出，證明其為馬冠。◆從考古發現的資料看，這種器物多是西周時代的。

◆定級要素：此器製作精緻，有很高的藝術價值。

106 卷雲紋銅鼎 春秋中期

通高 36 釐米
1990 年河南淅川和尚嶺出土
現藏河南省文物研究所

◆炊煮或盛食器。圓腹，圜底，三蹄足，雙腹耳。有蓋，蓋上佈列三環鈕。器身與蓋分飾卷雲紋三周和四周，均以細膩雲紋為襯托。

◆定級要素：此鼎形體大，花紋規整簡潔。鼎的整體和諧典雅，是春秋時代楚國銅器的擷英。

107 獸首流有蓋鼎 春秋中期

通高 6.5 口徑 8.4 釐米
1961 年山西侯馬上馬村出土
現藏山西省博物館

◆炊煮或盛食器。附蓋，上鑄圓雕獸鈕。頸飾竊曲紋，腹飾垂鱗紋，耳飾重環紋。頸部一側有獸首形流。有流鼎本就少見，造型如此獨異的獸首流更為罕見。

◆定級要素：此鼎造型奇特，獸與獸首裝飾生動，為鼎中的優秀作品，也是研究晉國銅器藝術造型的重要資料。

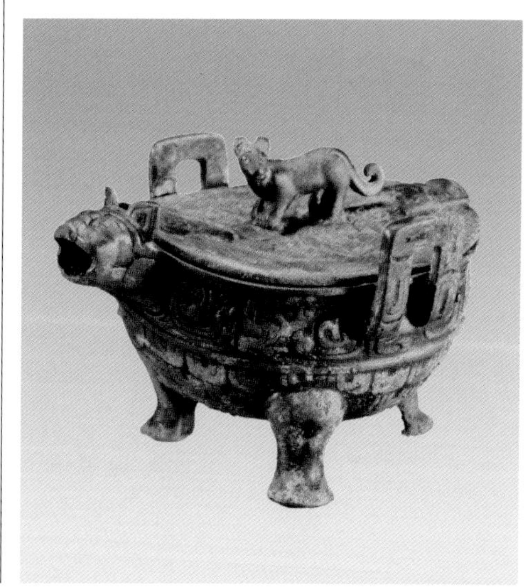

108 蔡侯[illegible]飤鼾　春秋晚期

通高 45 口徑 43 釐米
1955 年安徽壽縣出土
現藏中國國家博物館

◆煮或盛食器。出土時器中有一匕。器身飾蟠螭紋，外壁塑獸形棱脊。◆內壁有銘文“蔡侯[illegible]之飤鼾”六字。器主應為蔡昭侯申。◆同出青銅鼎共兩列。大列稱鼾，小列稱鼾，此器為鼾。
◆定級要素：器形與河南淅川春秋楚令尹子庚墓出土列鼎極相似，是長江中下游諸升鼎的典型造型。

109 蟠虺紋鬲　春秋中期

高 12 口徑 15.5 釐米
1978 年河南淅川下寺出土
現藏河南博物院

◆煮或盛食器。寬折沿，短束頸，款足弧襠，三蹄足。附有一匕。腹飾蟠虺紋，四周有六條鏤雕攀龍。蟠虺紋春秋中期至戰國中期盛行，小蛇作盤旋糾結狀。◆口沿上有銘文十二字，記此為薦鬲。但作器人的名字已被刮掉。
◆定級要素：此器鑄造極為精工，具有南方楚文化青銅器的紋飾特點。

110 陳侯簋　春秋早期

高 12.4 口徑 20 釐米 重 2.64 千克
現藏上海博物館

◆盛食器。腹部有雙耳，下垂珥。口沿下飾渦紋，腹飾粗線環帶紋。為西周前期流行形制。◆器內有銘文十七字，記陳侯為嘉姬作寶簋。

◆定級要素：春秋前期流行紋飾，此類器較少。

111 蓮瓣龍耳方座簋 春秋中期

高 33.9 口徑 23.1 釐米
現藏故宮博物院

◆盛食器。器下有連在一起的方座，器身與器座均飾環帶紋。腹外有雙龍耳，龍張口吞吐。口部以蓮瓣裝飾。此器造型渾厚雄奇，裝飾瑰麗，是簋中的上乘作品。◆蓮瓣裝飾多見於簋與壺的蓋上，西周晚期開始出現此種情況，進入春秋後以蓮瓣為飾的器物更加增多，在一定意義上反映了春秋變革時代的特點。

◆定級要素：從近年考古發現來看，具有這一特徵的銅簋多屬齊國器，因而也是研究春秋齊國青銅器的重要材料。

112 魯大司徒厚元鋪 春秋中期

高 28.3 口徑 25.5 釐米 重 7.56 千克
現藏故宮博物院

◆盛食器。器附蓋，蓋頂作外敞鏤孔蓮瓣形裝飾。通體飾竊曲紋。◆蓋器同銘，各鑄二十五字，記此鋪為魯國大司徒厚氏元所作。

◆定級要素：此器形狀似豆，卻在銘文中稱“匲”，這在同類青銅器中不多見，應是豆的一種別名，且紋飾精美，形制規整。

113 鑲嵌狩獵畫像豆　春秋晚期

高 20.7 口徑 17.5 底徑 11.1 釐米 重 1.79 千克
1923 年山西渾源李峪村出土
現藏上海博物館

◆盛食器。蓋、器扣合似扁球形，下承短柄圈足。器和蓋各飾狩獵畫像兩組，用紅銅鑲嵌，描繪巨獸中箭，各種禽獸飛躍奔走，而獵人處於獸羣之中勇武行獵的情景，圈足亦飾禽飛獸躍的圖像。◆整個圖像結構基本上改變了商周以來對稱的或連續的模式。這類春秋後期新出現的紋飾，是戰國畫像藝術發展的先驅。◆渾源李峪村出土大批青銅器，以奇特絢麗的造型紋飾而著稱，絕大部分流出國外，多數收藏於法國，國內僅存數件，收藏於上海博物館。

◆定級要素：此器以精美的紋飾著稱於世，也是劃時代的經典之作。

114 鑲嵌龍紋方豆　春秋晚期

通高 30.5 口長 7 口寬 7.3 釐米
1978 年河南固始侯古堆出土
現藏河南省文物研究所

◆盛食器。蓋為覆斗形，四角有環鈕。斗狀盤，八棱柱形柄，覆盆形圈足座。蓋與盤為子母釦合口，每邊各有兩小獸首為子母釦，兩側邊又各有一環形耳。蓋、盤及圈足均用紅銅鑲嵌龍紋圖案，作跳躍奔騰狀。◆蓋頂與盤底同銘，各鑄“𠳵之飤盇”四字，盇是此方形豆器的專名。

◆定級要素：此器表面紅銅鑲嵌，色彩鮮豔，精美異常。

115 宋公䜌簠 春秋晚期

通高 25 口長 33.5 口寬 26.5 釐米
1978 年河南固始侯古堆出土
現藏河南省文物研究所

◆盛食器。器長方體，獸形雙耳，矩形四短足。器表滿飾雷紋。蓋與器形制、紋飾相同，扣合後成一體。◆器內有銘文二十字，記宋公䜌為其妹勾敔夫人作嫁媵簠。宋公䜌即宋景公䜌。

◆定級要素：此器對於研究當時的婚姻嫁娶情況有着重要的意義。

116 龍耳尊 春秋早期（一說西周晚期）

高 33.2 口徑 29.6 釐米
1988 年安徽南陵出土
現藏南陵縣文物管理所

◆容酒器。器壁厚重，大口，廣肩，鼓腹。通體飾鱗紋。肩部有兩條大龍相對，形成龍形耳，龍有兩角，頭向後，張口吞吐，四爪緊扣尊之肩部。肩、足飾雲雷紋，腹部飾橫條脊紋。◆此器龍耳是與器身分鑄而成的。先鑄器身，在器腹兩側留有孔，在鑄龍耳時，用銅液將兩者鑄接牢固。上海博物館藏一對傳世品，與此器相同。

◆定級要素：此類器多出土於蘇皖一帶，具有明顯的地方特徵，且鑄造精細。

117 雲紋異形獸尊 春秋早期

通高 29 長 31.5 盤口徑 12.4 釐米
1956 年河南三門峽上村嶺出土
現藏中國國家博物館

◆容酒器。整器呈獸形，大耳，攢目，面頰凸出，張口露齒，頸粗而腿細且矮，尾甚短，為想像中的動物。背負豆形尊，器身飾雲紋。◆為虢國太子用器。西虢原封在今陝西寶雞，西周覆滅後隨王東遷至此。

◆定級要素：此器造型誇張，極富想像力，具有很高的藝術價值。

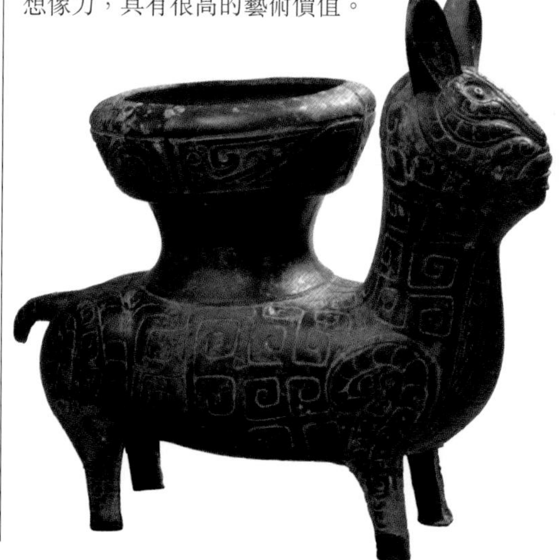

118 蛇紋尊 春秋晚期

高 21 口徑 15.5 釐米 重 2.75 千克
1963 年湖南衡山霞流出土
現藏湖南省博物館

◆一名蠶紋尊。腹飾羣蛇糾結圖案，中有盾形條框。圈足飾雷紋，並有細鋸齒紋作邊飾。口飾昂首相對的蛇紋羣，造型極為生動。頸飾三角雲紋，有鋸齒形邊飾。◆有人認為此長條形動物是蠶紋，但蠶無目，尾不尖，且不能勾曲，與此極不相類。

◆定級要素：此器形體仿照西周中期尊的式樣，而紋飾則是百越文化風格，體現了兩種文化的交流與相互影響。

119 犧尊 春秋晚期

高 33.7 長 58.7 釐米 重 10.76 千克
1923 年山西渾源李峪村出土
現藏上海博物館

◆容酒器。尊作牛形，背上開三孔，中間一穴有一釜形器，可作容酒器，其前後各有一空穴，腹空可注水，當為溫酒器。此器紋飾精美，通體都飾以盤繞迴旋的龍蛇紋，組成獨特的獸面紋，式樣與山西侯馬晉國鑄銅遺址所出陶范紋飾完全一致。◆《周禮・春官・司尊彝》具體記載犧尊是祭祀儀式中的重器之一。犧尊一名最早出現於《詩經・魯頌》：“白牡騂剛，犧尊將將。”◆考古人員在晉國冶銅遺址中發現，陶範紋飾的製作已採用印模方法，即用一塊雕鏤的母模，在陶範需飾花紋處壓印而成。一塊印模可以上下左右連續使用，遍印全器。這一工藝省時省力，是春秋時期青銅工藝的一大進步。犧尊的頸、腹、腿部的獸面紋，即採用同一母模壓印而成。

◆定級要素：此器證實了晉國青銅工藝的高超水平。牛鼻有環，表明當時已用穿鼻的方法馴養牛，也是牛耕技術在中原地區推廣普及的見證。

120 曾中斿父方壺　春秋早期

通高 66.7 口長 23.1 口寬 16.3 釐米
1966 年湖北京山蘇家壟出土
現藏湖北省博物館

◆容酒器。兩耳作龍首啣環。有蓋，環繞蓋沿鑄鏤孔蓮花瓣，蓋沿飾一圈竊曲紋，口沿飾環帶紋，頸飾竊曲紋，腹飾環帶紋。◆蓋及口內同銘，各鑄五行十二字，內容記載曾中斿父用優質青銅鑄壺。

◆定級要素：此壺渾厚凝重，紋飾精美華麗，鑄造工藝高超，對研究春秋時期曾國歷史和青銅鑄造業有一定價值。

121 桓子孟姜壺　春秋晚期

高 32.1 口徑 13.4 底徑 18.6 釐米 重 5.8 千克
現藏上海博物館

◆容酒器。頸與腹部為環帶紋。頸部兩側有獸形環耳。頸內有銘文十九行一百四十三字。◆銘文大意為：齊侯之女孟姜為田桓子之妻，因喪其舅（即夫父田文子）齊侯要為他服喪一年，為此請示周天子，獲允，遂下令以玉禮器向上天子、大司命等神行祭祀大典，並規定百姓在一年內節制宴會，停止縱樂，桓子和孟姜鑄壺以作紀念。

◆定級要素：銘文表明了田桓子無宇作為客卿，在齊國取得的特殊地位和受到的寵榮。銘文對研究祭祀制度有重要意義。

122 蓮蓋方壺　春秋中期

通高 66.7 口徑 23.4 腹徑 35.6 釐米 重 17.6 千克
1988 年山西太原晉國趙卿墓出土
現藏山西省考古研究所

◆容酒器。口作方形，頂為蓮瓣形花蓋，雕鏤花紋細密。蓋與口沿相合。口沿外侈，長頸，鼓腹下垂，方形圈足。頸部兩側由伏龍裝飾成獸耳。頸、腹、圈足均飾細密的蟠螭紋和夔龍紋。◆此器鑄造工藝複雜，壺體分為頸、腹兩段，分別澆鑄，然後焊接。壺頸用四塊範對合澆鑄，範縫在耳中線和中正舌線紋中線。腹部由八塊範對合澆鑄，範縫清晰。因形體大而複雜，某些地方參差不齊，花紋接合錯落。獸形耳由兩塊範澆鑄，但拼合較差，曾磨礪修整。運用榫卯結合辦法，壺頸有四個方孔，獸耳爪上有四個凸榫，用鋁、銅、錫一類溶液將附耳同壺頸焊接相聯成一體。◆此器出土於晉國趙卿墓，此墓出土青銅器一千四百零二件，禮樂器一百一十八件。

◆定級要素：因此時周禮已受到衝擊，此器一改傳統的神秘刻板之風，具有張揚清新的氣勢，是晉國青銅器斷代的標準器。

123 蛇蛙紋卣　春秋中期

通高 50 口徑 24.4 釐米
1988 年湖南衡陽出土
現藏衡陽市博物館

◆容酒器。器身共三層花紋，腹兩面以對稱的捲尾蛇一對為紋飾主體，其他部分填以寬線條的三角雲紋和卷雲紋，再在剩餘空間填以雲雷紋。器上附蓋，蓋外緣均勻分佈似鳥形的四道扉棱，每兩道扉棱內飾浮雕的對蛇和各種不同的動物圖紋。蓋沿和圈足飾蟠虺紋。提梁兩端耳成角龍狀。

◆定級要素：此卣造型優雅端莊，紋飾細膩精美，鑄造工藝高超，注重寫實，對研究南方地區春秋時代青銅器風格特徵與青銅冶鑄業的發展水平等都有重要意義。

124 鳥獸龍紋壺 春秋晚期

高 44.2 口徑 16.5 底徑 19 釐米 重 6.82 千克
1923 年山西渾源李峪村出土
現藏上海博物館

◆容酒器。自口及頸有帶狀紋飾四道，為兩種圖案裝飾組成。一種是獸首啣兩蟠龍，對稱相背展開，蟠龍尾部與另一組龍尾相纏繞；另一種是蟠龍和人首、獸身、鳥尾的怪獸相纏繞的形象，應是先秦流行的神秘形象。最後一道紋飾是獸面噬食蟠曲的龍，這些神是掌管山川的自然神。在圖案帶的空隙處，還裝飾有三圈浮雕的寫實的動物。有牛踏蛇、犀牛食獸、虎豹食人、虎豹食豬、昂首羣雁等。在圈足上還有貝紋和綯紋。

◆定級要素：此器的圖案、紋飾極為罕見，顯然具有晉國地域特徵，體現了晉國青銅鑄造業的高超水平。

125 立鳥蓋罏 春秋早期

通高 53.4 口徑 25.1 底徑 20.5 釐米 重 25.5 千克
1925 年山東沂水出土
現藏山東省博物館

◆盛酒器，蓋頂立鳥形鈕。肩部兩側有獸首啣環耳。通體飾瓦紋，俯視之為同心圓形。

◆定級要素：此器一改西周禮器怪誕神秘之風，形制穩重，紋飾簡潔和諧，開創了時代新風。

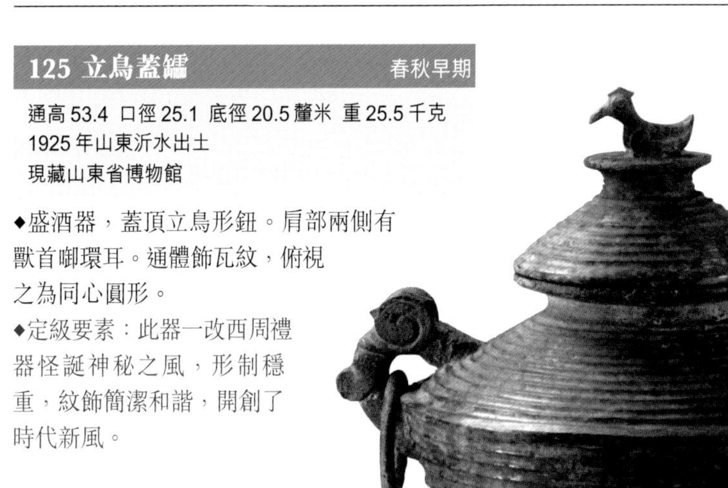

126 大孟姬盥缶 春秋晚期

通高 46 口徑 26 釐米
1955 年安徽壽縣出土
現藏中國國家博物館

◆盛水器。腹部兩側有提鏈。蓋頂有圓圈形把手。蓋面邊沿和器腹飾渦紋。◆口沿有銘文十字，記蔡侯為大孟姬作盥缶。

◆定級要素：盥缶流行於春秋後期至戰國，一般體矮而圓，此器充分體現了此種特徵。

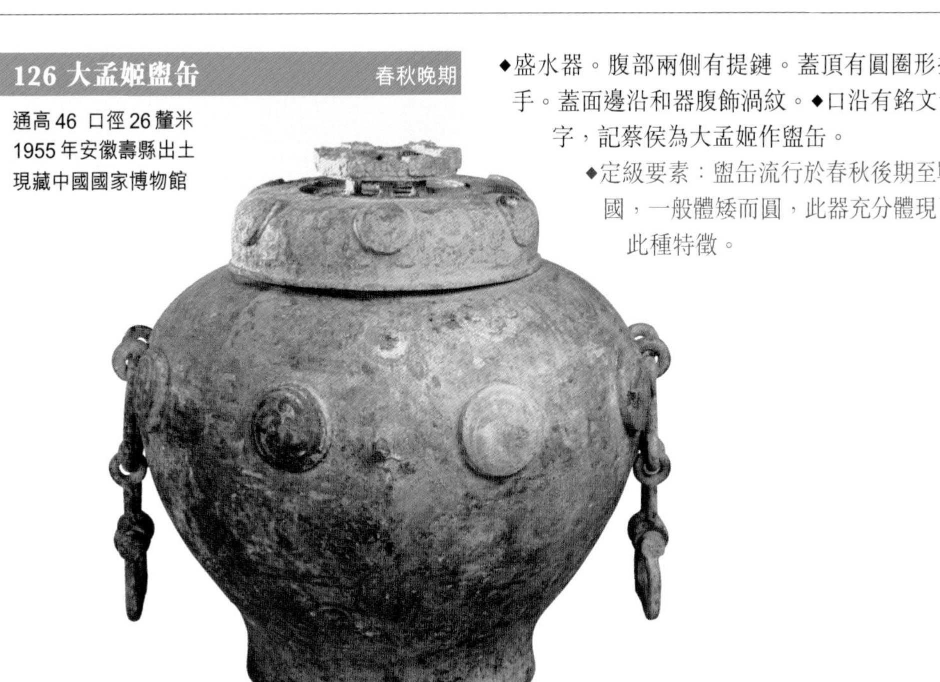

127 獸形匜 春秋中期

高 22.3 寬 42.7 釐米 重 4.88 千克
現藏故宮博物院

◆盥洗器。鋬為曲軀大龍，口啣於匜邊。鋬上飾有小獸，龍角亦呈獸形，脊飾虎紋，又立一小虎。流口為封頂式龍首，流頂面為多支角型龍首。四足為鳥獸合體，一獨足利爪獸的前額為一有冠鳥形，形象奇特。器外飾交連的變形竊曲紋。

◆定級要素：此器造型奇特精巧，紋飾裝飾性極強，屬匜類中的珍品。

128 單盤 春秋早期

高 17 口徑 41.8 釐米 重 10.03 千克
1972 年河南羅山高店出土
現藏河南博物院

◆盥洗器。器下圈足，下有四卧獸承托盤底。腹飾竊曲紋，圈足飾垂鱗紋。◆內底有銘文十九字，作器者姓氏已被刮掉，只剩器主名，稱為單。

◆定級要素：此器是春秋盤類的典型器。

129 吳王光鑑　春秋晚期

高 35.7 口徑 60 底徑 32 腹深 35 釐米 重 28.6 千克
1955 年安徽壽縣出土
現藏安徽省博物館

◆盛水器。口沿下兩獸耳相對，各穿一遊環。腹內有四枚對稱遊環，推測其作用上可架冰，下留空隙，用以冰溶後貯水。上腹飾羽紋、圓圈紋等細緻花紋。◆腹內壁有銘文八行五十二字，記鑑為吳王光即吳王闔閭嫁女於蔡的媵器。◆出土時內置尊缶和小匜各一件。

◆定級要素：此器銘文是研究當時婚嫁習俗的重要資料。

130 人面紋錞于　春秋晚期

通高 43 釐米
1985 年江蘇丹徒出土
現藏鎮江市博物館

◆軍樂器。體為圓筒形，上大下小，上部向一側傾斜。頂為圓形，有伏獸一隻為鈕。器表上部以浮雕人面形為主體，其下有一浮雕伏獸。頂部及器身均飾渦紋和幾何形雲紋。

◆定級要素：這類器形的錞于較為少見，為研究錞于起源提供了重要資料。

131 雲雷紋鼓　春秋晚期

高 40 面徑 46.5 胴徑 65 足徑 70 釐米
1975 年雲南楚雄萬家壩出土
現藏雲南省博物館

◆樂器。鼓身分為三段，胴部突出且大於鼓面，束腰，足外侈。胴、腰交界處有四扁耳。鼓面正中凸出太陽紋，無芒無暈。腰部縱分為十六格。腰下部飾雲雷紋。鼓內壁有對稱的卷雲紋。

◆定級要素：滇西地區較原始的銅鼓，具有明顯的地域特徵。

132 宋公欒戈 春秋晚期

通長 22.3 胡長 9.7 釐米
傳 1936 年安徽壽縣出土
現藏中國國家博物館

◆鈎擊兵器。短援，短胡三穿，內部較長，內有一穿。下面各有錯金夔形獸紋一組。◆胡部有錯金鳥篆銘文六字，正面四字，背面兩字，全銘為“宋公欒之貝告(造)戈”。◆宋景公名欒，公元前516年即位，此為其自用戈。

◆定級要素：製作精工，字體優美。

133 吳王夫差矛 春秋晚期

長 29.5 寬 5.7 釐米
1983 年湖北江陵馬山出土
現藏湖北省博物館

◆兵器。體長，鋒部呈弧線三角形。中脊凸起，脊中心線為一凹槽溝。骹中空，用以插柲，骹首兩側有對稱凹口。骹首靠近矛身處鑄一對凸起的鋪首。矛身兩面中脊和骹部飾有黑色的米字形紋。◆矛身一面有錯金銘文“吳王夫差自乍(作)用鈼”兩行八字。矛名“鈼”字，一般認為可訓為“矛”字，可能是吳國對矛的一種專稱。◆此矛製作工藝超卓，鋒刃至今銳利。金字清晰鮮明，瑰麗優美。矛體上的黑色暗紋與越王勾踐劍劍體上相同，也應含有硫。

◆定級要素：矛自名為“鈼”，對矛的定名和古文字研究增添了新資料。

134 人形莖短劍 春秋晚期

長 21.6 釐米
1958 年內蒙古寧城南山根遺址出土
現藏赤峯市文物站

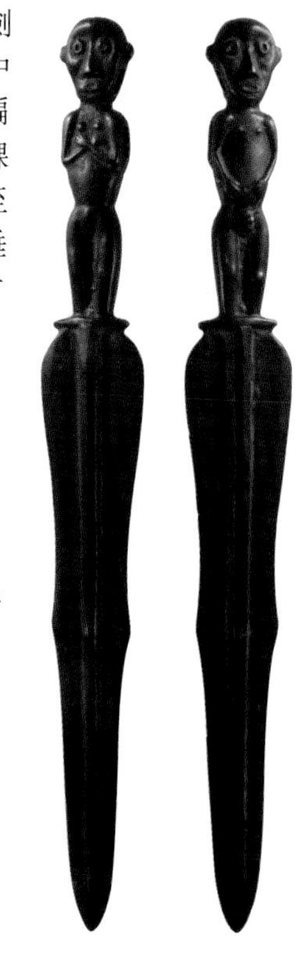

◆東胡民族兵器。窄劍格。劍身兩側曲刃，中間有柱狀脊。劍柄扁平，兩面分別鑄男女裸體像：女性兩手交叉至乳房下，男性兩手下垂護小腹。耳、肩下方各有兩長方形橫穿，以便佩帶。

◆定級要素：此劍柄部裝飾別致，與表現游牧民族風格的動物紋裝飾有別，當反映某種特定的民族意識形態或宗教信仰。

135 少虡劍　春秋晚期

長 53.5 寬 5 釐米 重 0.88 千克
現藏故宮博物院

◆兵器。格飾竊曲紋，首飾同心圓紋。劍身中部平脊微凹，兩面有嵌金銘文："吉日壬午作為元用玄鏐"，"鋪呂□餘名之胃之少虡"共二十字，記作劍日期及劍名。

◆定級要素：傳世共有三件，其中兩件已流散國外，此為國內僅有的一件。

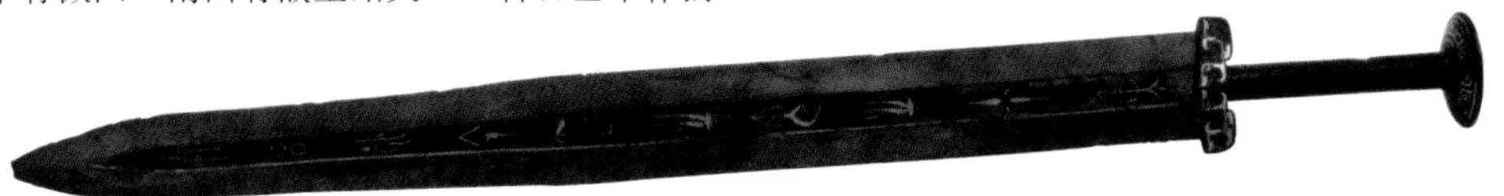

136 虎鳥蟠虺紋陽燧　春秋早期

直徑 7.5 釐米
1957 年河南陝縣出土
現藏中國國家博物館

◆定級要素：此器說明早在春秋時期，中國就已掌握了使光輻射能轉化為熱能的科學原理。

◆圓形如鏡，鏡面微凹，背有一高鼻鈕。鈕旁兩側作兩虎蟠虺和雙鳥蟠虺紋飾。◆經實測，焦距和焦斑與宋人沈括《夢溪筆談》所記"陽燧面窪，向日照之，光背向內，離鏡一、二寸，光聚為一點，大如麻菽，着物即發火"相符。

137 右伯君權　春秋（一說戰國）

通高 3.6 底徑 3.8 釐米 重 0.1984 千克
現藏中國國家博物館

◆衡器。半球形，高鼻鈕，平底略凹。環周有銘文"右伯君，西里疸"六字。◆"右伯君"為主造人，"疸"是工匠名。"西里"是地名，在齊都臨淄附近。

◆定級要素：中國已知最早的銅權。

138 鏤空蟠螭紋鼎　戰國早期

通高 50 釐米
現藏山西省考古研究所

◆炊煮或盛食器。口沿外立雙耳，圓形腹，腹壁分內外兩層，外層為鏤空裝飾盤曲纏繞的蟠螭紋。下設三蹄足，飾獸面紋。

◆定級要素：此鼎造型別致，腹外壁鏤空紋飾應為失蠟法鑄成，顯示出當時高超的青銅工藝。

139 嵌金銀卷雲四瓣紋鼎　戰國中期

通高 16.5 腹徑 13.2 流長 3.8 釐米
1979 年河南洛陽小屯村出土
現藏洛陽市文物工作隊

◆炊煮器。有蓋，器、蓋合成扁圓球形，三蹄足。蓋正中有帶圓環的鋪首鼻鈕，鈕旁有對稱的鎏金蟾蜍一對。器腹一側斜向上出管狀流，口兩側附耳。全器遍飾嵌金銀圖案，蓋與腹飾嵌金銀卷雲紋和三角紋帶、四瓣團花紋；耳、足、流部為嵌金銀卷雲紋和三角紋為主題的花紋圖案。

◆定級要素：整器不僅花紋圖案對稱工整，而且嵌金銀亦都對稱和諧，精巧玲瓏，裝飾華麗，是一件極其考究精美的工藝品。

140 曾侯乙簋　戰國早期

高 31.2 口徑 22.2 釐米 重 12.5 千克
1978 年湖北隨縣擂鼓墩曾侯乙墓出土
現藏湖北省博物館

◆盛食器。器下附矩形方座。蓮瓣頂蓋，蓋緣有三個獸面啣釦。腹上一對龍形耳。器表鑲嵌勾連雲紋、鳥首龍紋。蓋內、腹內壁有銘文七字，表明為曾侯乙所作用器。

◆定級要素：形制、紋飾均極精美華麗。

141 錯金雲紋銅蓋豆　戰國早期

通高 19 口徑 17 釐米
1965 年山西長治分水嶺出土
現藏山西省文物局

◆盛食器。腹附二環耳。有蓋，頂設圓形捉手。蓋、器均飾錯金雲紋。

◆定級要素：此豆造型勻稱而端莊，錯金雲紋結構獨樹一幟，風格華雅，在銅豆中較少見。

142 鑲嵌雲紋方豆　戰國早期

高 24.5 邊長 12.5 釐米
1935 年河南汲縣山彪鎮出土
現藏河南博物院

◆盛食器。盤體呈方形，蓋頂為扁圓捉手，面作四阿形。器腹似蓋對稱而較深，下為柱形細柄，扁平足。通體飾雲紋，雜嵌綠松石。

◆定級要素：形制規整，做工精細，為戰國前期青銅鑲嵌工藝的代表作。

143 子禾子釜 戰國中期

高 38.5 口徑 22.3 底徑 19 釐米 容 20460 毫升
清咸豐七年（1857 年）山東膠縣靈山衛出土
現藏中國國家博物館

◆量器。形如罐，腹側有兩耳。腹外壁有銘文九行，約一百零九字。◆銘文大意是：子禾子命人往告陳得，左關釜的容量以倉廩之釜為標準，關鈉以廩米升為標準，如左關官員舞弊，加大或減小其量，均當制止。如不從命，則論其事之輕重，施以相當的刑罰。“子禾子”是田和為齊大夫時的稱謂。◆齊國量器有豆、區、釜、鐘，此是其中的一種。

◆定級要素：此器可證戰國時期度量衡已有明確的校量制度和管理措施。

144 鑲嵌三角雲紋敦 戰國晚期

通高 25.4 腹徑 18.8 釐米
現藏上海博物館

◆盛食器。球體。蓋與器對稱，可分開使用。區別之處在於器有子口，有三扁足，上部呈圈形，兩側設圈耳。蓋頂和器底飾渦紋，其外為方塊狀交錯的雲紋，並圍以斜角雲紋帶。口沿飾寬闊的交錯三角雲紋，器和蓋合口時，此三角雲紋相錯成環器的規整的曲折紋。

◆定級要素：全部紋飾鑲嵌銀絲、紅銅絲和綠松石，紋飾極為絢麗，是戰國中後期青銅器幾何紋飾的代表作之一。

145 鑲嵌雲紋犧尊　戰國晚期

高 27.4 長 41.8 釐米
1965 年江蘇漣水三里墩出土
現藏南京博物院

◆容酒器。器作牛犢形，昂首，豎耳，口微張，短肢，蹄足，尾細長，軀體肥壯，背有帶鈕蓋。通體飾錯金銀卷雲紋，且鑲嵌綠松石，頸部有一項圈，上飾鎏金鼓泡。

◆定級要素：造型生動，工藝精湛，具有較高的工藝水平。

146 聯座龍耳對壺　戰國早期

通高 112.2 壺高 99 口徑 32.8 釐米 重 240 千克
1978 年湖北隨縣擂鼓墩曾侯乙墓出土
現藏湖北省博物館

◆容酒器。由兩件龍耳壺和一件壺座組成。兩壺形制大小相同。座下四獸形足。長方形座，壺蓋圓弧形，周邊套置一鏤孔蓋罩，蓋頂有一啣環蛇形鈕。壺頸有一對龍形耳，十字形界欄將腹部分為八部分。紋飾主要有勾連紋、蟠螭紋等。◆器有銘文七字，記為曾侯乙所用之器。

◆定級要素：製作精美，形體高大。

147 鑲嵌宴樂攻戰紋壺　戰國早期

通高 40.3 口徑 13.2 腹徑 26.5 釐米
1965 年四川成都百花潭出土
現藏四川省博物館

◆容酒器。肩部有獸面啣環雙耳。蓋面飾三鴨形鈕及卷雲紋、圓圈紋和獸紋。壺身滿飾嵌鉛圖像，以三角雲紋為界帶，分為四層：第一層為射獵、採桑圖像；第二層為宴樂、武舞弋射圖像；第三層為水陸攻戰圖像；第四層為狩獵圖像及雙獸組成的桃形圖案。圈足飾菱形紋和四瓣紋。

◆定級要素：圖像反映了戰國時期貴族禮樂和戎事的情況。嵌錯工藝多用紅銅，而此器用鉛鑲嵌，頗為罕見。

148 鑲嵌蟠螭紋扁壺 戰國早期

高 32 口徑 11.2 釐米 重 3.81 千克
現藏上海博物館

◆容酒器。肩部有雙環耳。通體鑲嵌赤銅，作長方格欄狀，每欄內以繁密的蟠螭紋組成精細圖案。

◆定級要素：鑄造工藝極其精湛，反映了鑄工高超的鑄造技藝。

149 鳥蓋瓠壺 戰國中期

通高 33.5 口徑 5.8 釐米
1967 年陝西綏德徵集
現藏陝西省博物館

◆容酒器。器呈瓠形。蓋作立體鳥形，鳥啄有環鈕，鳥蓋尾部有環，上繫蛇形自繞鏈條。腹部有八棱形把手。蓋及腹皆飾珠點紋。

◆定級要素：造型奇特，製作精美，有很高藝術水準。

150 鑲嵌幾何紋鳥壺 戰國晚期

通高 74 口徑 19.9 釐米
1965 年江蘇漣水三里墩出土
現藏南京博物院

◆容酒器。蓋面隆起，上有立鷹，蓋周有三立鳥。圈足下承三展翅立鷹。肩上兩龍耳套環。通體飾幾何紋，紋飾皆錯銀，是戰國中後期流行式樣之一。

◆定級要素：戰國壺類中以鳥作為裝飾，而且造型新穎奇巧的極少見。

151 蟠虺紋筒形器 戰國中期

高 58.8 口徑 24.5 釐米 重 38.55 千克
1977 年河北平山中山王嚳墓出土
現藏河北省博物館

◆盛酒或盛水器。圓筒體。器下有三隻奇獸承托。腹壁飾變形蟠虺紋，以細雷紋襯地，中腰有一道寬帶紋，帶紋上方各有一鋪首。器下三獸等距環列，以右側背承托其器，獸頭向外扭，額上一角上曲，四肢外撇撐立，除口鼻部飾鱗紋外，周身飾卷雲紋，承器一側有凹槽與器底結合嚴密。

◆定級要素：獸具有負重吃力的生動情趣，也使整個器身給人以穩重感，藝術性很強。

152 螭梁盉 戰國中期

高 24.2 釐米
現藏故宮博物院

◆酒水調和器。圓形腹，下有三足，為人面鳥嘴有翼的怪獸。鳳首流，有鏤空螭梁。有蓋，蓋與器有鏈相連。全身飾滿花紋，有勾連雲紋和蟠螭、怪鳥相糾結。

◆定級要素：此盉造型優美，製作精工，是圓盉中的精品。怪獸形足對研究神話傳說具有重要的價值。

153 宴樂畫像橢杯 戰國早期

高 5.9 口長 18.2 口寬 14.9 釐米 重 0.33 千克
現藏上海博物館

◆盛酒器。杯內畫像有高台，上有閣，兩旁有梯級。閣柱上端作斗栱形，頂有簷，閣上有人物三組，中間及左側人物作宴飲狀，右側有人於

鼎中取食，另一人執豆以受，此組為宴饗。閣右有人撫琴，鐘虡懸鐘，有一人鼓鐘，另一人擊鼓，鼓座作鳥形，右旁有兩人細腰長袖作舞蹈狀，此組為舞樂。其他還有射箭靶和射鳥等圖像。杯外有建築、宴飲、車獵、鬥獸等圖像。

◆定級要素：杯的內外及底部花紋都用鑿子鏨成，線條細如毫髮，表現了當時高超的手工業水平。

154 鷹中柱盆 戰國中期

通高 47.5 直徑 57 釐米 重 31 千克
1977 年河北平山中山王譽墓出土
現藏河北省博物館

◆盛水器。器下腹部折收成小平底，下由束腰圓柱和鏤空蟠螭紋圈座承托。內底凸鑄一鱉，背馱一圓柱，柱頂有一雄鷹，雙爪抓住糾結着的雙蛇頭部，作展翅飛翔狀。外壁有等距相對的飛鷹四隻，頸掛吊環作回首狀。雄鷹擒蛇應為除惡祈祥之意。

◆定級要素：該器造型新穎，別具匠心。

155 鑲嵌獸紋盥缶 戰國早期

高 35.9 口徑 25 釐米 重 31.6 千克
1978 年湖北隨縣擂鼓墩曾侯乙墓出土
現藏湖北省博物館

◆盛酒器。蓋頂有圈形把手，蓋緣直壁，罩住器口，肩腹間有獸面環耳一對，耳內置提鏈。蓋面邊上部和腹部飾突起的渦紋。全器鑲嵌紫銅勾連雲紋、蟠龍紋和鳥首龍紋。◆蓋內和肩部有銘文七字，記曾侯乙作器。

◆定級要素：此器紋飾精美，器形規整。

156 曾侯乙盤匜 戰國早期

高 13.4 口徑 18.8～19.4 釐米 重 2.6 千克
1978 年湖北隨縣擂鼓墩曾侯乙墓出土
現藏湖北省博物館

◆盥洗器。口近橢圓，前有帶蓋流，後有龍形鋬。全器鑲嵌龍鳳勾連紋、鳥首龍紋、雲紋等。◆內底有銘文“曾侯乙作持用終”七字。◆匜出土時置於盤內，表明是一套盥洗器。

◆定級要素：造型優雅，鑄造精緻，藝術水準較高。

157 楚王酓章鎛 戰國早期

通高 92.5 口長 60.5 釐米 重 134.8 千克
1978 年湖北隨縣擂鼓墩曾侯乙墓出土
現藏湖北省博物館

◆樂器。鈕作龍和夔龍成雙對峙，舞部、鼓部和篆帶均浮雕相互盤繞的龍形紋飾，枚五個一組呈“⁙”形綴於篆間。◆鉦部有銘文三行三十一字，記楚王酓章（即楚惠王）在位的第五十六年（公元前 433 年）為曾侯乙製作宗廟祭器，放在西陽。◆懸掛於曾侯乙編鐘三層曲尺形鐘架的下層中心部位。懸掛鎛鐘處，原應是一件從外觀和音階來講都與兩側鐘協調的甬鐘，顯然是為懸掛楚王鎛而將原件甬鐘移走的。

◆定級要素：該鎛凝重精美，銘文內容完整確切，反映了當時楚曾兩國的密切關係。

158 龍鈕錞于 戰國晚期

高 69.6 鈕高 7.6 釐米
1978 年陝西咸陽塔兒坡出土
現藏咸陽市博物館

◆樂器。器頂為盤式折沿，肩部鼓出，腹內收中空，蓋頂正中立一龍形鈕，龍顧首回盼，身有兩翼。肩飾垂葉紋，腹飾幾何形雲紋，下緣飾蕉葉紋。腹上紋飾精細，在幾何雲紋上再填以斜角雲紋。

◆定級要素：錞于形制與南方所出不同，尤其是龍鈕更是罕見。

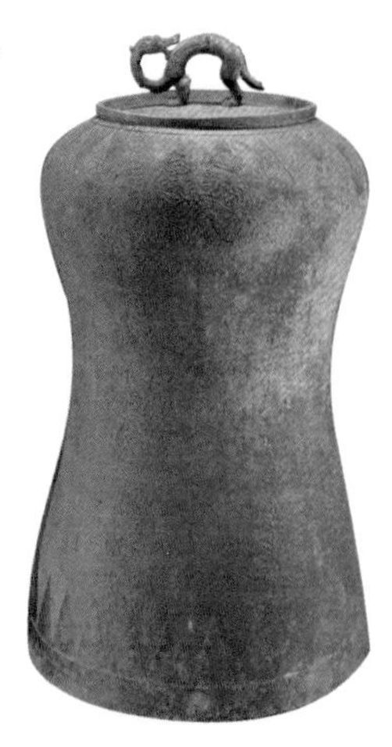

159 曾侯乙蟠龍鼓座 戰國早期

通高 50 底徑 80 釐米 重 192.1 千克
1978 年湖北隨縣擂鼓墩曾侯乙墓出土
現藏湖北省博物館

◆樂器座。由座底、承插柱和眾多蟠龍構成圓堆狀。座底底圓中凸呈網狀相連，下沿飾淺浮雕蟠龍紋，並對稱豎置四個扣有圓環的圓鈕。承插柱居座底正中，盤口管身，內空透底。柱周簇擁着八對相互纏繞，身飾鱗紋並嵌有綠松石的大龍，及攀附其身的數十條小龍。承插柱口沿有銘文“曾侯乙作持”五字。◆整器將圓雕、高浮雕、淺浮雕、陰刻手法融彙一體，使用了分鑄、鑄接、銅焊、蠟焊、鑲嵌等工藝，以多變的形態和對稱的佈局構成了羣龍穿插糾結的立體造型。

◆定級要素：此器是鑄造工藝和藝術造型相結合的典範。

160 三戈戟 戰國早期

連柲長 325 刺長 15.3 鐏長 4
三戟頭援長分別為 18.3 、 17 、 15.7 釐米
1978 年湖北隨縣擂鼓墩曾侯乙墓出土
現藏湖北省博物館

◆鈎刺兵器。尖端為矛刺，兩面刃，中脊凸棱。矛刺下裝有三戈形戟頭，中脊凸棱，闌側四穿。最上一戟頭有內，下面二戟頭無內，戟頭援長自上而下依次遞減。積竹木柲，外貼竹條，再用絲線纏繞成藤皮狀，橫斷面呈前窄後寬的扁圓形。在絲線外，間髹紅黑兩色漆。柲上端有三槽眼安裝戟頭，下端有黑色多邊形牛角套作戟鐏。

◆定級要素：這種連柲一起完整保存的由三戈組成的戟實屬少見。

161 八年呂不韋戈 戰國晚期

援長 16.1 內長 11 釐米
1978 年徵集。經調查，此戈係陝西三原出土
現藏寶雞市博物館

◆鈎擊兵器。援部上揚，設有中脊。內部平直，中有一穿。援、胡、內均有刃。◆戈內正面有銘文"八年相邦呂不韋造詔事圖丞 蕺工爽" 十五字，背面有"詔事"、"屬邦" 四字。

◆定級要素：質地細密堅硬，工藝水平很高，是研究當時兵器鑄造的重要資料。

162 十七年相邦春平侯鈹 戰國晚期

長 33.2 寬 3.4 釐米
現藏故宮博物院

◆兵器。形似短劍，鈹身呈扁平六面體，無中脊。莖呈下寬的長方扁體，靠近莖端有一圓穿，用時可縛長木柄。◆鈹兩面鈞有銘，一面為："十七年相邦春平侯，邦左庫工師長藿，冶匜執齊（劑）"；另一面為："大工尹 韩耑" 。鈹銘中的春平侯為趙孝成王之相邦，此鈹鑄於趙孝成王十七年，即公元前 249 年。◆對青銅鈹與劍的形制區別，是近年考古發現與研究的重要收穫之一。鈹的發現與文獻記載相互印證。如《左傳．昭公二十七年》："夾之以鈹"；《秦律雜抄》："鈹、戟、矛有室者，拔以鬥，未有傷殴，論比劍"。

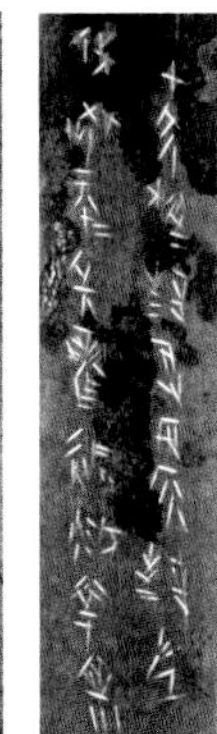

◆定級要素：十七年相邦春平侯鈹，鍔鋒銳利，又有紀年和國別等記載，是研究這種兵器的重要資料。

163 越王丌北古劍 戰國早期

長 64 釐米
1987 年安徽安慶出土
現藏安慶市博物館

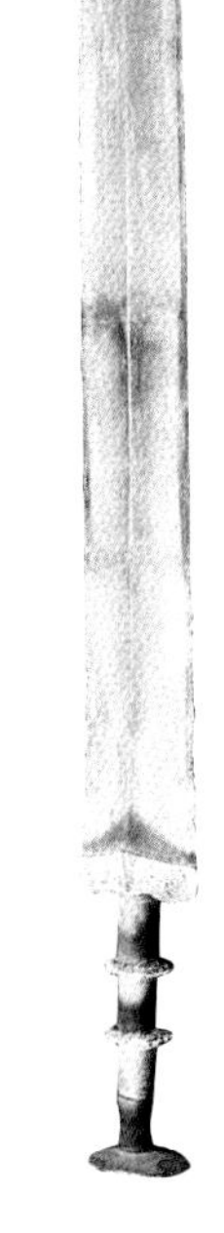

◆兵器。劍身中脊棱起。圓莖，莖上有雙箍，圓形劍首。莖、身間有護手的"格"。劍格兩面和劍首上有鳥篆銘文，部分銘文錯金。◆劍格銘文為"越王丌北古自作用劍"，劍首銘文為"惟越王丌北自作公之用之劍"。◆丌古即越王盲姑，《史記．越王勾踐世家》又稱他為"不壽"，是越王勾踐之孫，越王鼫與之子。

◆定級要素：此劍保存完好，鋒刃銳利，鳥篆銘文富麗高雅，為研究越國歷史的重要資料。

164 六山紋鏡 戰國晚期

直徑 23.2 邊厚 0.6 釐米
現藏中國國家博物館

◆照容用具。圓形。鏡背置三弦鈕，圓鈕座。以羽紋和葉紋為地，主紋為六山字紋。這種紋飾是從戰國的勾連雷紋演變而成的。

◆定級要素：此鏡形體大，製作精細規整，紋飾簡潔，是銅鏡中的佳品。

165 透雕鈕龍紋鏡 戰國晚期

直徑 16.5 邊厚 0.4 釐米 重 0.55 千克
1953 年湖南長沙子彈庫出土
現藏湖南省博物館

◆照容用具。鈕為鏤空蟠龍，圓鈕座。以雲雷紋為地紋，主紋為三條蟠龍紋，龍張口有角，一爪前伸，身上飾雲紋，三龍間用一葉狀紋相連。

◆定級要素：構圖規整且富於變化，是楚鏡中的精品。

166 五山紋鏡 戰國

直徑 11.4 釐米
現藏故宮博物院

◆照容用具。鏡背設三弦鈕，捲緣。圓鈕座外環繞有五瓣花，主紋為環列的五個山字形圖案，以細羽狀紋為地。

◆定級要素：此鏡鑄造精工，紋飾精美。

167 跽坐人漆繪燈 戰國中期

通高 48.9 盤徑 23.7 釐米
1975 年河南三門峽上村嶺出土
現藏河南博物院

◆照明用具。一人作跽坐狀，人的頭頂梳一偏髻，插簪束冠，身著右衽掩膝長袍，腰束寬帶，並有帶鈎扣合，雙手前伸擎燈柄。燈盤作環形，內有尖釘形三燭芯。跽坐人及燈原曾髹漆，現已剝落，僅留殘跡。

◆定級要素：製作考究，不失為一件珍品。

168 錯銀菱紋燈 戰國

高 32.1 寬 21.9 釐米
現藏故宮博物院

◆照明用具。圓形淺盤，盤心豎一尖細釺，用以插燭。燈身遍飾錯銀菱紋等幾何形圖案。◆青銅燈主要流行於戰國和兩漢時期，其樣式豐富多彩，有豆形、動物形、樹形、人形等等。

◆定級要素：此種形制的燈因造型頗似盛食器中的“豆”，也稱豆形燈。為豆形燈中的佼佼者。

169 錯金銀龍鳳紋虎子 戰國

高 13.6 寬 22.6 釐米
現藏故宮博物院

◆溺器，一說為水器。漢以後多為陶瓷獸形。器呈橢圓形，腹前有圓筒形流，上設拱形提梁。腹、背飾錯金銀龍鳳紋，柄端飾錯金銀雲紋，流及腹下飾齒形紋。

◆定級要素：此器做工細膩精緻，尤其錯金銀紋飾華麗，反映了當時貴族奢華的生活。

170 蟠螭紋鼎 秦

通高 21.5 寬 27.5 釐米
現藏故宮博物院

◆炊煮或盛食器。蓋上有三獸形鈕，三蹄足。蓋與耳上飾變形蟠螭紋。◆青銅鼎延續時間長，器形發展變化較大。從戰國至漢代，耳從口上移至腹側，足越來越粗短。◆此鼎係 1950 年河南洛陽西宮秦墓出土，同出的銅器還有鳥紋壺一對、銅敦一件。

◆定級要素：為確切的秦墓出土，對研究秦代青銅器風格特徵有重要價值。

171 軌敦 秦

高 18.8 寬 23.4 釐米
河南洛陽西宮秦墓出土
現藏故宮博物院

◆盛食器。腹上有一道凸弦紋，蓋上有三周似樹木枝幹的變形蟠螭紋。◆器與蓋有對銘“軌”字。《儀禮 · 公食大夫禮》：“宰夫設黍稷六簋於子俎西。”鄭注：“古文簋皆作軌。”因此“軌”字應即古文“簋”字，應是本器的自名。

◆定級要素：由此器可知，秦代又將敦形器稱軌，為青銅器的定名研究增添了重要資料，且銘文書法端正秀麗，已具小篆韻味。

172 鳥紋壺 秦

通高 37.5 腹徑 24.7 釐米
河南洛陽西宮秦墓出土
現藏故宮博物院

◆容酒器。頸、腹部有用細線條鈎出簡單輪廓的鳥紋，姿態各異，有振尾欲飛的，有回首張望的，有伏臥的。器蓋上亦刻有鳥紋。◆此壺上的鳥紋與商、周銅器上常見的鳥紋迥異，具有較強寫實風格。壺上有多組弦紋，每組弦紋是用多條細弦紋組成，帶有向漢代寬帶紋過渡的特點。

◆定級要素：研究秦代青銅壺的典型器，極為難得。

173 樂府鐘　秦

通高 12.8 鈕高 3.8 釐米
1977 年陝西臨潼秦始皇陵園出土
現藏陝西省博物館

◆樂器。為鈕鐘，銑部向內收斂，枚呈乳釘形。鉦、篆間及鼓部皆飾錯金銀雲紋。有銘文“樂府”兩字。◆鐘出土於秦始皇陵內，當為隨葬品或陵寢陳設物。造型及花紋均較少見，錯金與錯銀分開，黃白相間，十分精美。

◆定級要素：“樂府”機構名的發現，將古籍所記的漢代始出現此種機構的記錄提前到了秦代。

174 陽陵虎符　秦

長 8.9 寬 2.1 釐米
傳山東臨城出土
現藏中國國家博物館

◆調兵憑證。伏虎形，有左右兩半。錯金篆書銘文為：“甲兵之符，右才(在)皇帝，左才(在)陽陵。”◆為秦始皇統一全國後頒發給陽陵駐守將領的銅製兵符。

◆定級要素：研究秦代符節制度的重要實物，反映了當時王權集中，調動軍隊必用兵符的歷史事實，頗有軍事和政治研究價值。

175 始皇廿六年詔方升　秦

長 18.7 寬 6.9 釐米 容 215.65 毫升
現藏上海博物館

◆量器。方斗形，直壁，短柄。外壁一側刻秦始皇廿六年（公元前221年）詔書三行。◆銘文記載秦始皇廿六年完成統一中國大業，百姓安寧，立號為皇帝，乃詔令丞相隗狀、王綰制訂有關度量的法令。

◆定級要素：此方升與商鞅方升形式相同而容積實測稍大，是研究當時中國度量衡統一的重要史料。

176 秦廿六年詔版 秦

長 12 寬 9.3 釐米
陝西臨潼秦陵出土
現藏秦始皇陵兵馬俑博物館

秦．法令詔書。原鑲嵌於度量衡器之上，面刻有秦始皇二十六年頒佈統一度量衡詔文。秦始皇在兼併六國後，為了治理諸侯割據的混亂局面，在全國頒行商鞅制定的統一度量衡標準，為此於二十六年頒佈詔書。全國發現秦詔版數件。此件出土於秦始皇陵區，且保存完好，字跡清晰，具有重要的歷史價值，為研究秦朝法制尤為珍貴。

◆定級要素：此件定為一級品。

177 熊足鼎 西漢

通高 18.1 口徑 17.2 腹徑 20 釐米
1968 年河北滿城陵山中山靖王劉勝墓出土
現藏河北省博物館

◆煮或盛食器。器下有三熊足，熊作張口蹲立狀，全身滿刻細密毛紋。蓋周有四隻小獸。鼎耳上端為一圓軸，貫穿於一小獸的臀部，小獸伏卧狀，可翻轉固定鼎蓋。腹部、口部及蓋沿各有凸弦紋一道。

◆定級要素：鼎身規整，三足小熊形象生動逼真，是一件藝術珍品。

178 長揚共鼎 漢

高 29.3 寬 19 釐米
現藏故宮博物院

◆炊煮或盛食器。蓋頂、口沿下有篆書銘文：“長揚共鼎容一升”。◆此鼎應為長揚宮之器。“長揚”係秦漢時宮殿，《三輔黃圖．秦宮》：“長揚宮在今盩厔縣東南三十里，本秦舊宮，至漢修飾之以備行幸”。

◆定級要素：此器對於研究漢代的度量衡具有重要價值。

179 鎏金鍪 西漢

高 11 口徑 6.4 釐米
1976 年貴州赫章可樂出土
現藏貴州省博物館

◆炊器。通體鎏金，素面無紋飾。器下承以馬蹄形三短足，頸下一側鑄一環形耳。

◆定級要素：秦漢銅鍪發現雖較多，但此器通體鎏金，精而罕見，又屬出土品，更顯珍貴。

180 鎏金嵌琉璃乳釘紋壺 西漢

通高 45 口徑 14.2 腹徑 28.9 釐米 重 11.2 千克
1968 年河北滿城陵山中山靖王劉勝墓出土
現藏河北省博物館

◆容酒器。外侈口，束頸，鼓腹，圈足。器有8字形鈕，腹兩側鋪首啣耳。全器施斜方格紋三道，其格條相交點均有乳釘，通體鎏金，方格及交會的三角形地中，嵌有大小相應的呈乳突狀琉璃片。

◆定級要素：在青銅加工工藝中，以嵌琉璃的最為少見。形制莊重典雅，為西漢極佳之作。

181 錯銀雲紋直頸壺 漢

高 29.3 寬 19 釐米
現藏故宮博物院

◆容酒器。長直頸，口沿及腹中部飾寬帶紋一道，器身滿飾錯銀雲紋，細膩精緻。

◆定級要素：漢代長頸壺少見，一般多出土在廣西雲南等西南地區，是研究當地社會文化的重要資料，且此壺紋飾精美，有較高的工藝水準。

182 漆繪銅盤 西漢

高 13.5 口徑 50 底徑 44.5 釐米
1976 年廣西貴縣羅泊灣出土
現藏廣西壯族自治區博物館

◆盥洗器。淺腹上有四個鋪首啣環耳。器壁表裏與口沿均有黑漆彩畫，有人物、龍、魚和幾何紋。圖案優美自然，風采獨特。

◆定級要素：銅器上的漆畫罕見，且為邊遠地區出土品，更顯珍貴。

183 羊角狀鈕編鐘 西漢

最大者高 21 最小者高 5 釐米
1984 年貴州安龍德卧鎮出土
現藏雲南省博物館

◆隨葬禮器。此套編鐘共六枚，鐘體上收下放，略呈橢圓，鐘之頂部塑羊角狀鈕一對。鐘頂端有長方形音孔。此器素面無紋。

◆此器經現代測音，從音階看，此套鐘已有準確的半音關係，含有六聲或七聲音階的因素。

◆定級要素：對研究中國西南少數民族的音樂史有重要的價值。

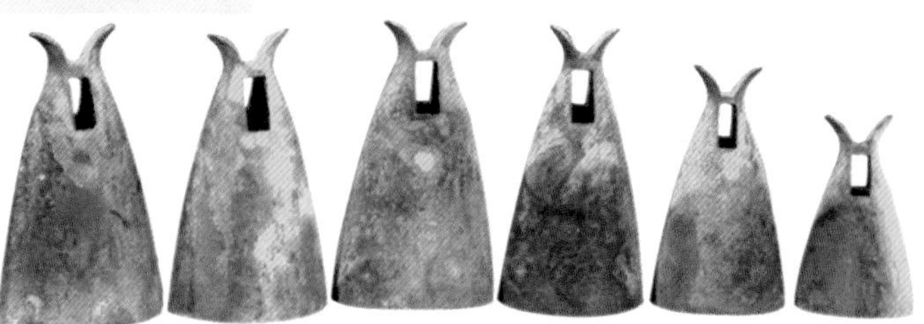

184 雲紋編鐘 漢

通高 49.8 銑距 25.6 釐米
清宮舊藏
現藏故宮博物院

◆樂器。高甬，有旋，上有龍形鈎，腔體闊而短，飾三十六枚，橋形口。甬、舞、鉦、篆飾流雲紋，隧飾獸面紋。

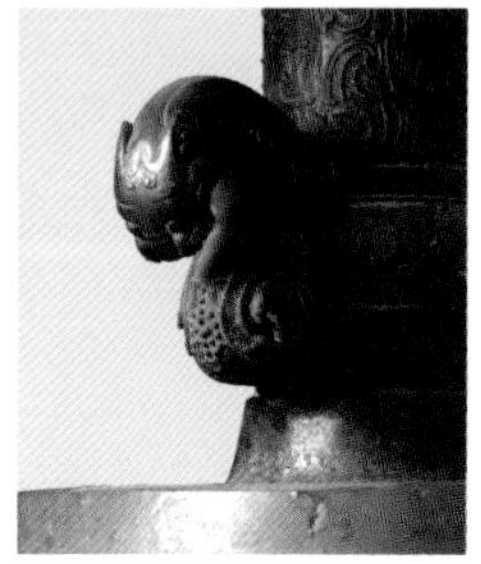

◆定級要素：鐘在漢代雖已不是青銅製品中的主要器種，地位亦已不如前代，但此鐘花紋鑄造極為精緻，反映了漢代青銅工藝的水平。

185 鳥獸人物紋鼓 漢

高 19.1 面徑 32.4 釐米
現藏故宮博物院

◆樂器。鼓面主題紋飾為太陽紋，周邊以三周圓點紋，其間飾以人物、動物、花草、迴紋等。鼓身飾圓點紋、迴紋、葉紋及幾何紋等。◆銅鼓為樂器，用於戰爭、樂舞及宴饗，同時還象徵權力和財富，多出於廣西等西南少數民族地區。

◆定級要素：此鼓紋飾鑄造細緻，內容豐富、別致，有鮮明的地方特色。

186 吊俘矛 西漢

長 41.5 釐米
1956 年雲南晉寧石寨山出土
現藏雲南省博物館

◆擊刺兵器。矛身扁平，圓銎，中脊無棱，後鋒兩翼對稱懸吊兩裸體男性，兩手背剪，披髮垂首，應為縛虜戰俘。

◆定級要素：具有明顯的雲南地方文化特徵。

187 鎏金帶龠鴛鴦戈 西漢

援長 11.6 內長 8.4 釐米
1968 年河北滿城陵山中山靖王劉勝墓出土
現藏河北省博物館

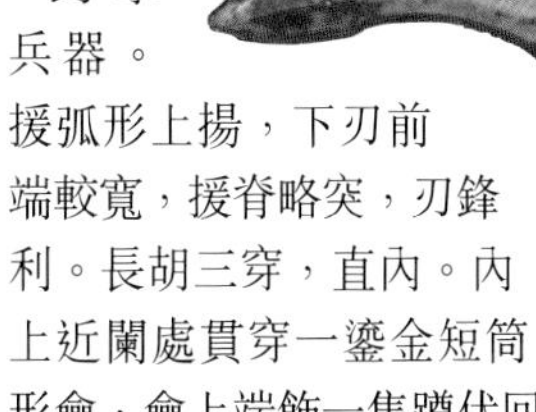

◆鈎擊兵器。援弧形上揚，下刃前端較寬，援脊略突，刃鋒利。長胡三穿，直內。內上近闌處貫穿一鎏金短筒形龠，龠上端飾一隻蹲伏回首之鴛鴦，用以冒柲。龠旁的內上有一圓孔，胡末有缺口，戈身除援的刃部，內的周邊外，遍飾黑色蛇皮斑紋，並具鎏金長筒形鐏,中腰飾凸弦紋一周。

◆定級要素：整體鑄造精緻美觀，質地堅硬。

188 鑲嵌雲紋樽 西漢

高 9.5 口徑 26.4 釐米 重 0.86 千克
現藏故宮博物院

◆梳妝用具。無蓋。圓筒狀，平底，三蹄足。全器由上至下有五道寬帶，寬帶上飾鑲嵌金銀的雲紋和渦紋。

◆定級要素：紋飾精細雅致，造型簡潔規整，有較高的藝術價值。

189 車馬人物彩繪鏡 西漢

直徑 27.5 釐米
1963 年陝西西安紅廟坡出土
現藏西安市文物管理委員會

◆照容用具。圓形，圓形鈕座，鈕為三輪覆瓦紋。鏡背飾紅、綠、白、黑四色彩繪，圖案分內、外區。內區塗綠色，以雲水蔓草襯托，繪四朵花卉。外區以朱紅色為地，繪車馬人物，間以林木花草。

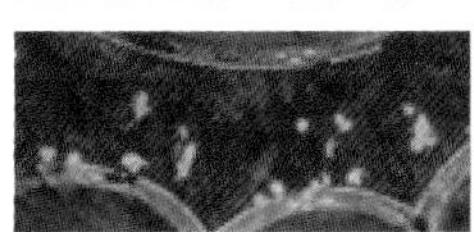

◆定級要素：彩繪銅鏡較少見，此鏡有出行、狩獵、飲酒等繪畫題材作為裝飾，別具一格，在銅鏡上極稀見，是研究漢代社會生活的真實資料。

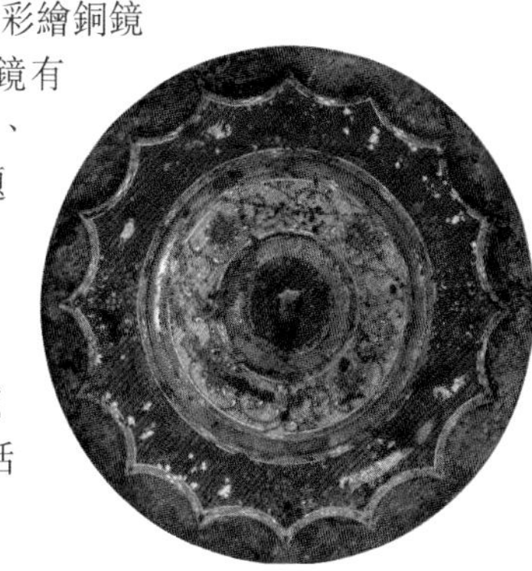

190 見日之光透光鏡 西漢

直徑 7.4 釐米
現藏上海博物館

◆照容用具。鏡面光滑明亮。鏡背半球形鈕，圓鈕座。內區飾內向連弧紋，外區有帶狀銘文“見日之光，天下大明”八字，字間夾有雲紋符號。當光線照射鏡面時，與鏡面相對的牆上映出的影像與鏡背紋飾相應，即所謂“透光效應”，故將有這種效應的銅鏡稱“透光鏡”。
◆據研究認為：銅鏡在鑄造過程中，鏡背的花紋凹凸處凝固收縮，產生鑄造應力；研磨時又產生壓應力，因而產生彈性形變。研磨到一定程度時，這些因素疊加地發生作用，使鏡面產生與鏡背花紋相應的曲率，引起“透光”效應。
◆定級要素：透光鏡罕見，此鏡對研究漢代科技史有着極其重要的科學價值。

191 鎏金中國大寧博局紋鏡 西漢

直徑 18.6 邊厚 0.6 釐米
1952 年湖南長沙出土
現藏中國國家博物館

◆照容用具。鏡背正中置半球形鈕，方形鈕座。鏡背鎏金，鈕座飾柿蒂紋，外飾雙線博局紋，博局紋間飾互纏盤繞的羽人和鳥獸及一周圓圈紋，在圓圈與鈕座柿蒂紋相對應位置上有四個凹入圓點。
◆外緣上有篆書銘文“聖人之作鏡兮，取氣於五行。生於道康兮，咸有六章。光象日月，其質清剛。以視玉容兮，辟去不祥。中國大寧兮，子孫益昌。黃裳元吉有紀鋼”五十二字。
◆定級要素：紋飾精美，是漢代較為少見的銅鏡。

192 杜氏鏡 漢

徑 18.7 釐米
現藏故宮博物院

◆照容用具。鏡背中心塑半球形鈕，其周為小乳釘紋，外繞以仙人、瑞獸圖案，間以乳釘紋。外緣飾流雲紋。◆周邊銘文：“佳鏡兮，樂未央，七子九孫在中央，居無事兮如侯王，大吉利，錢財至，杜氏所造長宜子。”
◆定級要素：此鏡紋飾豐富，製作工細，為漢鏡精品。

193 仙人車騎鏡 漢

徑 20.8 釐米
現藏故宮博物院

◆照容用具。半球形鈕，主題紋飾為東王公、西王母及侍從，並有兩輛四馬車駕。外緣飾卷雲紋。◆東王公、西王母為中國古代的神話人物，分管男女神仙名籍。

◆定級要素：此鏡紋飾採用高浮雕手法，雕鏤極精。

194 張氏車騎鳥獸神人畫像鏡 東漢

鈕高 2 直徑 23.2 釐米 重 1.5 千克
現藏上海博物館

◆照容用具。圓形。鏡背正中置半圓形高鈕。鈕周飾四怪獸，似天祿辟邪，並有羽人、鳳凰、鸞鳥等。外圈飾車騎人物，車駕兩馬飛馳，車後各有一騎馬武士，似衛侍。另有兩龍駕車，車輪作雲雷狀，上端坐神人、羽人及侍者。與《九歌．東君》"駕龍輈兮乘雷，載雲旗兮逶蛇"相符。車後一神人捧日，當是羲和浴日的故事。外緣還有龍虎紋飾和銘文兩周，銘文四十六字，是漢鏡中習用的吉語。

◆定級要素：此鏡畫像均係浮雕，極其華麗。

195 鎏金規矩紋鏡 漢

徑 11.3 釐米
現藏故宮博物院

◆照容用具。通體鎏金紋飾，廓外飾柿蒂紋、規矩紋，間飾鳥獸紋。寬外緣，飾卷雲紋。規矩紋與六博棋盤結構圖案相似，又稱作"博局紋"。

◆定級要素：此鏡工藝考究，紋飾精美，特別是鎏金規矩紋較少見。

196 雁魚燈 西漢

通高 53 長 34.5 釐米
1985 年山西平朔城西照什八莊出土
現藏平朔縣考古隊

◆照明用具。整體作鴻雁回首佇立狀。雁啣一魚，魚身下接燈罩蓋。冠繪紅彩，雁、魚身施翠綠彩，並以墨線勾出翎羽、鱗片和夔龍紋。燈由雁首頸(連魚)、雁體、燈盤、燈罩四部分套合而成，可以拆裝。雁頸與雁體子母口相連，魚身及雁頸、體腔中空，燈盤直壁淺腹，

一側附燈柄，可控制燈盤轉動，盤下有圈足，與雁背上的直壁圈沿以子母口套接。燈罩為弧形屏板，上部插入魚腹下的開口，下部插入燈盤內，可左右轉動開合，任意調節光度。煙霧通過魚和雁頸導入雁體內，以防煙霧污染。

◆定級要素：此燈巧妙的設計達到功能與形式的和諧統一，是實用與藝術結合的典範之一。

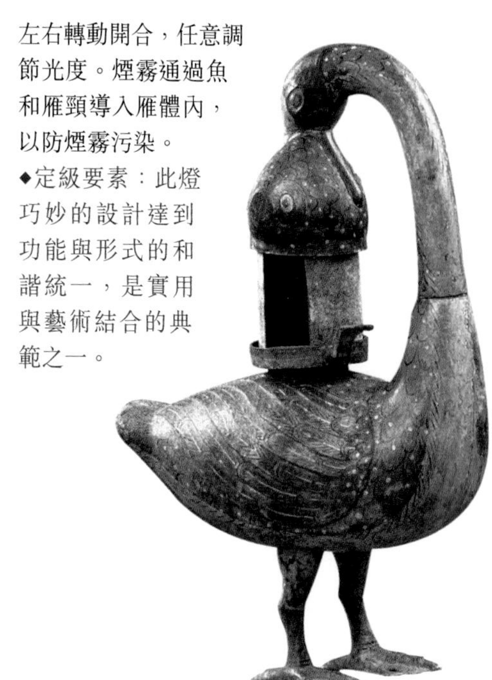

197 鎏銀騎獸人物博山爐 西漢

通高 32.3 蓋徑 13.1 爐口徑 12.1 底盤徑 22.3 釐米
重 3.45 千克
1968 年河北滿城陵山中山靖王劉勝墓出土
現藏河北省博物館

◆焚香熏爐。由爐蓋、爐身、底盤三部分組成。爐蓋透雕，分為上下兩層：上層鑄出重疊的山巒，流雲四繞，在雲山之間有虎熊出沒，人獸搏鬥，以及人物驅使牛車等場面；下層鑄龍虎、朱雀、駱駝以及草木、雲氣等。爐身子母口，圓鼓腹，底部有一小圓座和力士右手鉚接。爐壁飾寬帶紋一周，並有鎏銀流雲紋圖

案。底盤折沿，淺腹，平底，上飾鎏銀同心圓四周和柿蒂紋一組。爐盤中部為一騎獸力士，左手撐於獸頸，右手擎托爐身。獸跪臥昂首，張口欲噬，頸部前伸作掙扎狀。獸體下一支釘，安插於底盤上的小圓孔中。

◆定級要素：此爐塑造精美，人物形象生動，富於藝術想像力。

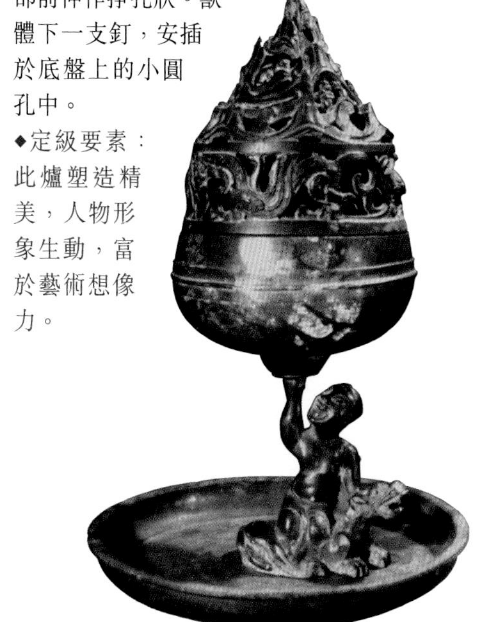

198 官燈　漢

高 30.1 寬 21.6 釐米
現藏故宮博物院

◆照明用具。圓形台座上鑄九個燈盤，每一燈盤的後部鑄出一火焰裝飾。中心一直立銅柱，上塑兩層燈盤，上盤邊沿鑄三個火焰裝飾。有銘文"官"字。◆銘文"官"字，可能表明此燈為官府所有，亦可能為燈主姓名。

◆定級要素：此燈造型新穎，火焰裝飾與燃燈時的火焰相映成趣，極富藝術魅力。

199 雁足燈　漢

高 12.7 寬 10.2 釐米
現藏故宮博物院

◆照明用具。體作圓盤式，盤中心一釬。盤體一側以雁足支撐，雁的三趾清晰，踩在一塊與燈盤等長的長方形平板上。

◆定級要素：此燈利用重心平衡原理，燈體平穩大方，較之造型相似的豆形燈活潑、新穎、明快，富有生機感。

200 組合行燈 漢

高 12.4 寬 17 釐米
現藏故宮博物院

◆照明用具。器之上蓋翻開，拿下可成一燈，並帶有活柄；內燈座與器底通過暗藏的燈柱實為一體，可以轉出成為一獨立的燈；裏蓋翻開則與器身又成為一燈。通體光素。

◆定級要素：全器外形簡單，實則內藏三燈，可謂構思巧妙。

201 鴨形熏爐 漢

高 14.6 寬 16.9 釐米
現藏故宮博物院

◆焚香熏爐。圓雕鴨形，昂首站立。背部開蓋，上有透雕孔。◆漢代熏爐多為博山式，有少數鼎形或盂形的，但以圓雕動物造型的少見。

◆定級要素：此爐形象寫實、生動，為漢代熏爐珍品。

202 力士騎龍托舉博山爐 漢

高 23.9 寬 10.1 釐米
現藏故宮博物院

◆焚香熏爐。爐作力士騎一卧龍，力士裸上身，左手按住龍頸，右手托舉一博山爐，形象生動。爐蓋作成山巒起伏狀，蓋頂站立一鳥。

◆定級要素：此爐造型新穎，富於想像力，不落常見的僅一柱支撐爐體樣式的俗套，生動活潑，意趣盎然。

203 中陽漏壺 西漢

通高 47.8 直徑 18.7 釐米 重 8.25 千克
1976 年內蒙古杭錦旗阿門其日格出土
現藏內蒙古伊克昭盟文物站

◆計時器。圓筒形。有蓋，三蹄足。蓋上有雙層提梁，蓋和兩層梁的中央有相對應的三長方孔，用以安插沉箭。近底處斜出圓形流管。◆內底上有銘文“千章”兩字，壺身外面流管陰刻銘文“千章銅漏一重卌二斤河平二年四月造”十六字。河平二年，即公元前27年。在第二層梁的長方孔兩端陰刻“中陽銅漏”四字。

◆定級要素：鑄造精美，形制規整，是一件不可多得的藝術珍品。

204 鎏金樂舞釦飾 西漢

長 13 寬 9.5 釐米
1956 年雲南晉寧石寨山出土
現藏雲南省博物館

◆鎏金。透空浮雕。背面有一榫釦供裝置。浮雕八人，分為上下兩列。上列四人作舉手歌咏狀。下列四人或手執一長勺舉至頦前，或手捧一壺舉至胸前，或懷抱一錞于形單面鼓，右手擊鼓面作歌咏狀，或雙手執笙吹奏。◆為雲南少數民族貴族服裝釦飾。

◆定級要素：人物情態生動，整體構圖莊重典雅，有很高的藝術水準。

205 鑲黃玉鎏金鋪首 西漢

通長 12.4 寬 9.4 環外徑 6.8 釐米
1968 年河北滿城陵山中山靖王劉勝墓出土
現藏河北省博物館

◆漆木器裝飾附件。通體鎏金。鋪首作獸面啣環狀。獸面兩側有兩龍攀附，龍身蜿蜒，龍首向外扭曲，似獸面之雙角。上下有突起的窄邊框，上框呈“倒山字”形。鋪首下方作鈎啣環，背面有一插釘。獸面中部鑲一塊黃玉，上刻對稱的卷雲紋，組成象徵性的浮雕獸面，棱角各部分修飾得極其圓潤。在額、眉、鼻、須的卷雲紋中，填滿細密的平行斜線。

◆定級要素：做工精湛，反映出西漢琢玉工藝的高超技藝。

206 祭祀貯貝器 西漢

通高 51 口徑 30.5 底徑 29.7 釐米
1957 年雲南晉寧石寨山出土
現藏中國國家博物館

◆雲南滇人貴族貯幣用器。器下承三獸首足。器腹間各有一立虎為耳。平蓋，上鑄有殺人祭祀的場面。蓋的一端有干欄式房屋一座，四周錯綜密集器械、銅鼓、家畜、野獸及人物。人物共一百二十七人，分別作宴飲、奉物、屠宰、炊食、演奏、舞蹈、行刑等情狀。正中坐一老嫗，當為主祭奴隸主。四周平置十八面銅鼓，有一銅鼓與錞于同懸於虡座上，一人席地敲奏。此外還置一柱，上有巨蛇吞噬奴隸，應是供祭祀用的犧牲。

◆定級要素：此圖像為“殺人祭柱”和“詛盟”等主題，對研究滇人奴隸制社會有重要價值。器為失蠟法鑄成，人獸等均為先鑄成後再安裝的，工藝複雜。

207 搖錢樹 東漢

現藏四川博物館

◆隨葬器。此器製作精細，樹上掛滿銅錢。此器鑄成搖錢樹形，是漢朝後期的西南地區流行的一種風俗，在人死後隨葬一株搖錢樹。

◆定級要素：此器把漢朝人的商品意識和祈求發財的願望，表現得淋漓盡致。反映當時人們的生活習慣，具有重要的歷史意義和藝術價值。

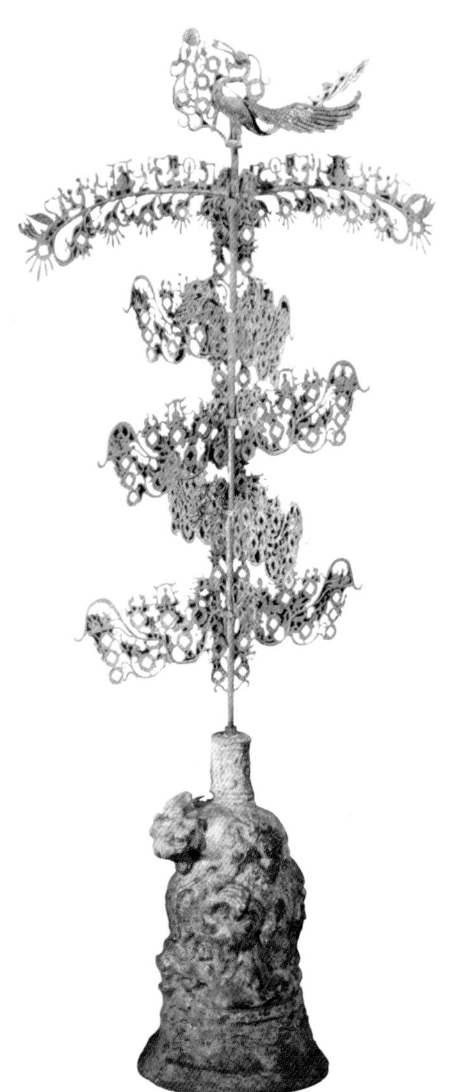

208 永元六年熨斗　漢

高 5.1 寬 31.5 釐米
現藏故宮博物院

◆熨斗，古代銅製熨燙衣服的用具。圓盆形斗，長空心柄，柄面有銘文一行三十一字，記此器為東漢和帝"永元六年"(公元150年)造。
◆定級要素：為研究古人日常生活狀態提供了重要資料。

209 黃武元年釜　三國

高 20 口徑 12.8 釐米 重 1.3 千克
1977 年湖北鄂城鋼鐵廠出土
現藏鄂州市博物館

◆吳國炊器。口沿兩側有對稱環耳，環耳上各套一長方鐵環。下腹滿飾均勻的弦紋。◆肩部有銘文"黃武元年作三千四百卌八枚"十二字，腹部刻"武昌"、"官"等字樣。黃武元年即222年。◆為孫吳官府鑄銅作坊產品。
◆定級要素：質地細膩堅硬，鑄造規整。

210 人托盞吊燈　三國

通高 29 長 28 釐米
1955 年湖南長沙廢銅倉庫揀選
現藏湖南省博物館

◆照明用具。由鏈、燈盤、人形三部分組成。燈燭盤為圓形，盤內正中有錐形燭釺。器身為一人兩手托盤。人俯卧昂首，捲髮束髻，突額大眼，高鼻厚唇，裸體跣足，腰繫帶形橫幅，腹腔內空，胸前開孔與燈盤相通。背部有弧形蓋。兩肩與臀部有三環鈕，與三串活鏈聯結，繫在隆起的圓蓋上，蓋頂佇立一孔雀，作開屏狀，上用活鏈懸掛。
◆定級要素：人的形象具有西域民族特徵。

211 太康三年釜 晉

高 12.8 寬 22.3 釐米
現藏故宮博物院

◆炊器。置於竈口，上放甑以蒸煮，盛行於漢代。腹中部有寬平沿，便於提拿，平底。◆口沿下有銘文二十三字，記釜為西晉太康三年（公元282年）由西晉國家右尚方機構鑄造。

◆定級要素：此釜有明確的紀年，對西晉官制研究等有一定價值。

212 太康十年樽 晉

高 19.3 寬 16.5 釐米
現藏故宮博物院

◆溫酒或盛酒器。圓筒形，直壁，深腹，口下有一對獸首啣環耳，平底下有三獸足，為典型的樽之器形。外壁有三道凸起的寬帶紋。◆器外底有隸書銘文：“太康十年（公元289年）歲已酉四月洛陽冶造。五。”

◆定級要素：此器鑄造精緻，具有較高的藝術價值。

213 延興五年釋迦牟尼像 北魏

通高 35.2 釐米
1967 年河北滿城孟村出土
現藏河北省博物館

◆像梳高髻，面短清癯，嘴角微翹，右手前伸，左手下垂，施無畏印相。身披袈裟，自右腋下斜裹甩向左肩，右肩與右臂袒露。腹部衣紋作層層下展的垂鱗狀，腿部作層層上彎的弧線紋，衣薄透體，褶皺細密，線條圓潤，衣角微飄，使整個造像充滿活力。佛跣足立於蓮座上，座下設高足床。佛身後有舟形大背光，外層透雕火焰紋，內層刻火焰紋，上部並陰刻蓮紋和綯紋的項光，大背光之背，陰刻坐佛一尊，有舟形火焰紋背光。通體鎏金。◆背刻銘文："延興五年四月五日張□□（次戴？）為佛造釋迦門佛壹軀"。延興五年，即公元 475 年。

◆定級要素：刻劃細膩逼真，有很高的藝術價值。

214 鎏金騎射紋杯 唐

高 7.4 寬 5.9 釐米
現藏故宮博物院

◆飲酒或飲水器。通體鎏金。外壁口沿下有一周弦紋，將杯身紋飾分為兩部分，上為花草紋，下為人物騎射圖，間飾花草、樹木。足飾蓮瓣紋。

◆定級要素：唐代銅杯罕見，且製作工藝高超，紋飾精美，是唐代銅器中的珍品。

215 思維菩薩造像 唐

現藏上海博物館

◆菩薩高髻，盤膝而坐，左手撫膝，右手托腮，作思維姿態。面龐豐潤，上身裸露，肌膚滑腴。下身著長裙，衣料輕薄，絲綢質感極強。

◆定級要素：姿態優美，神態恬靜。將菩薩慈悲祥和之態表現的惟妙惟肖，具有很高的藝術水準。

216 四鸞海石榴紋菱花鏡 唐

直徑 23 釐米
1952 年陝西咸陽出土
現藏陝西省博物館

◆照容用具。菱花形。鏡背中心置圓鈕。紋飾為浮雕，以四鸞鳥和四組海石榴花間錯組成，海石榴以鏡鈕為中心，其枝相互連接，形成菱花形鈕座，鏡緣有雲紋一周。

◆定級要素：此鏡製作精緻，鸞鳥鏤空。這種浮雕鏤空工藝在唐代銅鏡中較為少見。

217 狩獵紋鏡 唐

直徑 14.9 釐米
1955 年陝西西安出土
現藏陝西省博物館

◆照容用具。鏡背中心置圓鈕，菱形鈕座。鏡面採用浮雕裝飾，有四獵手騎在馳馬背上，手執長槍、弓箭與套索，追逐着驚慌奔跑的鹿、豬、兔等野獸，其間飾飛蝶和草紋，鏡緣飾雲紋和展翅高飛的鶴紋圖案。

◆定級要素：動物形象生動，刻劃逼真，有較高的藝術價值。

218 金銀平脫鸞鳥啣綬紋鏡 唐

直徑 22.7 釐米
陝西西安出土
現藏陝西省博物館

◆照容用具。圓形。鏡背中心置圓鈕，金花鈕座，素緣。紋飾以四隻鸞鳥口啣綬帶逆時針飛行紋飾為主，四鸞鳥間飾銀花枝，其外飾連環紋一周。

◆定級要素：此鏡紋佈局簡潔，華而不俗，是唐代銅鏡中的佼佼者。

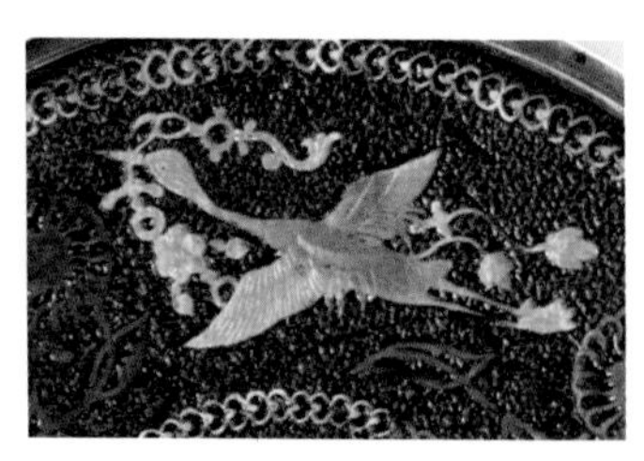

219 貞觀元年駱駝硯滴 唐

高 6.8 寬 11.2 釐米
現藏故宮博物院

◆文具。駱駝作卧形，頭上揚，似在張口鳴叫，口內有孔。雙峯，後峯下部有一孔，用於注水。兩駝峯及頭間形成自然凸凹，又可作筆架。◆外底有銘文"大唐時貞觀元年"款。"貞觀"為唐太宗李世民年號，"元年"即公元627年。

◆定級要素：此器造型生動，兼具筆架、硯滴兩種功用，設計巧妙，且有明確紀年。

220 鎏金觀音造像 五代

通高 49.8 釐米
1957 年浙江金華萬佛塔出土
現藏中國國家博物館

◆正像坐山石上，袒胸赤足，頭戴花冠，身披瓔珞，左腿下垂，右腿上踞石面，左臂向後撑立山石，右臂置右膝上，前置淨水瓶，後有圓形背光，背光上有火焰三道。◆觀音是中國佛教中的四大菩薩之一。據稱觀音可應機以種種化身救眾苦難。中國寺院中常作女相，女性形象的觀音始見於南北朝，盛於唐代以後。

◆定級要素：製作精美，造型勻稱優美，有極高的藝術水準。

221 吳越國王鎏金塔 五代

高 22.4 寬 7.9 釐米
現藏故宮博物院

◆塔身方形，須彌座，束腰處為佛像。塔身四面均開有圓形窟，內為佛像或佛經故事。塔頂四角有角狀裝飾，外飾金剛，內飾佛像。正中為鎏金七層塔刹及寶頂。◆塔基內側有"吳越國王錢宏俶敬造八萬四千寶塔，乙卯歲記"款。錢宏俶即錢俶，五代吳越國王，公元947年至978年在位。"乙卯"即公元955年。

◆定級要素：從銘文可知當時造塔數量巨大，但今天已難得一見了。

222 宣和三年尊 宋

高 27.7 口徑 20 釐米
現藏故宮博物院

◆容酒器。器身分區段，並均勻地分佈四條扉棱，腹部、足部飾獸面紋，頸飾蕉葉紋和蠶紋。◆器內底部鑄大篆字體銘文二十六字，記此器是宋徽宗宣和三年（1121 年）仿古製造，置放在方澤壇祭祀之用。北宋徽宗朝仿古風盛行，此尊即可見一斑。

◆定級要素：研究宋代銅冶鑄業的重要材料，也是此時期的標準器。

223 填漆迦陵頻伽紋鏡 遼

直徑 23.8 釐米
1956 年遼寧建平張家營子出土
現藏遼寧省博物館

◆照容用具。圓形，邊緣較寬。背有圓形鈕。圖案為左右相對的人首兩鳥，人首上有似雲蓮紋高冠，鳥體作雙翅展開狀。此為佛教上的迦陵頻伽，反映了佛教在遼代的影響。鏡背上下亦飾花卉紋。空白地上則填以黑漆。

◆定級要素：此鏡鑄造精細，花紋纖細，表現了金屬細工的特種工藝，是研究遼代銅鏡鑄造業極為重要的材料。

224 契丹文鏡 遼

直徑 26 釐米
1973 年內蒙古喀喇沁旗永豐出土
現藏內蒙古自治區博物館

◆照容用具。等邊八角形。鏡背中心置半球形鈕，寬緣。沿之內外均有凸棱一周。內區為抹角方形，每方有一陰文契丹字“壽”、“長”、“福”、“德”分列於上下右左。內區外四周與邊緣之間飾淺浮雕草葉紋四組。鏡背左下側陰刻“寶坻官”三字。官字下有一花押。

◆定級要素：紋飾精細協調，反映出當時手工藝者高超的技藝。

二級青銅器定級概述

在《文物藏品定級標準》中規定，二級文物要“具有重要歷史、藝術、科學價值”，其定級標準是界於“特別重要的”與“比較重要的”一級文物與三級文物之間，因此我們在實際工作中切記要牢牢掌握這一重要標準。注意青銅器二級品在鑑定過程中，自然離不開對青銅器的綜合因素即考察，其歷史、藝術、科學等方面是否有重要的價值，或者是在某一兩個方面有重要的突出價值，而使該器增強了學術價值和藝術價值。還應説明的是，在確定級別時要考察青銅器的保存狀況、同種類物的數量、甚至色澤的優美程度等等。

以下我們從幾個角度列舉二級品青銅器的一些實例。

1. 具有重要的歷史、藝術和科學價值

1933年安徽壽縣朱家集楚墓出土的戰國青銅器羣，不少青銅器有着特別重要的價值。今收藏在安徽博物館的一件帶蓋鼎，造型均勻優美，三高直式蹄足，圓蓋外沿有三犧鈕，是戰國典型的楚式鼎式樣。重要的是，在雙耳上還有刻銘，表明了此鼎所屬器主和鑄造機構。河北省保定市發現的戰國郾王喜矛，鑄造精緻，至今光亮如新，骹上並有“郾王喜”銘。對研究燕國兵器鑄造業水平和燕王世系等都是重要史料。1973年河北定縣八角廊中山懷王劉修墓出土一枚具銘連弧紋銅鏡，外區銘文：“潔清白而事君，志行之合明，作玄錫而流澤，恐遠而日忘美，外承可説，記思而勿絕。”迄今發現漢代銅鏡較多，此鏡與同類鏡相比，其風格除對研究西漢中、晚期銅鏡有意義外，更突出的是鏡銘文字有新意，補充了這一時期鏡銘內容上的空白。

2. 具有重要的藝術價值

有的青銅器作品常常具有某一方面較突出的價值，而其他方面的水平也較高，由於器物本身突出了某一方面特色或優勢，因而表現了它的重要價值。

1989年江西新幹大洋洲出土的商代後期獸面紋貫耳壺，器身滿飾花紋，繁縟細膩，器形又具有商代銅壺的特徵，不失為同類器中的一件重要作品。1979年安徽青陽廟前村出土春秋時代的羊形尊，羊的頸部飾龍紋。器物生動喜人，風格清新，具有南方本地鑄造的特點，可惜失蓋，否則可定一級品。同出的龍耳尊，器形作侈口扁圓腹，全身瓦紋，以圓雕回首雙龍為耳，整體裝飾詭譎。

江西新幹大洋洲出土一件商代青銅魚紋匕，是古代挹取食物的勺。該匕在柄的兩面飾龍紋，匕內底飾魚紋，極富裝飾情趣。此匕形體較大，通長達到34.5釐米。圓腹扁足鼎多出在殷墟期，扁足多作成夔龍狀，而新幹大洋洲出土個別扁足鼎，足則呈魚形，不落夔足的俗套，裝飾更富創新。也可看到在歷史上被視為荒蠻之地的鄱陽湖流域，早在商朝的新幹方國的裝飾崇尚，在共存銅器中還多用虎飾、燕尾紋等。河北省博物館收藏的戰國雙鳥劍首和雙馬劍首短劍，以及河北省文物研究所收藏的人面劍首短劍，裝飾別致，均屬北方式青銅武器，其中劍首飾人面紋更為罕見。1974年河北盧龍東闞各莊出土的商代弓形器，器上飾有犀牛紋，弓形器雖然在殷墟等地曾多有發現，但罕見犀牛紋，這種紋飾在商器中的發現，對研究犀牛紋的淵源提供了新思路。早期銅質圓雕的飛天極少見，河北省文物研究所收藏的一件北魏時期的鎏金青銅飛天，作飛舞狀，雙手前伸，雙足舉起，寶繒飄逸，灑脱自如，有着修

美的藝術視覺。為研究早期佛教上的飛天風格也是重要的資料。

3. 具有重要的歷史價值

傳世或出土的商代青銅爵、觚習見，近年河北滿城要莊出土的子父乙爵、河北磁縣下七垣出土的受觚，都可謂是同類器中的較精作品，在鋬內和圈足裏分別鑄銘，其族微“子”、“受”為研究商代家族史增添了新資料。青銅生產工具的出現，促進了古代社會生產力的發展，因而留存至今的這些“勞動資料的遺骸”，對於研究古代的社會經濟形態等方面是極為重要的。江西新幹大洋洲出土的商代長柄圓體青銅手斧和獸面紋銅錛，從這一意義上講，有着重要價值。古文獻上有兵器“鈹”這一器種的記載，但對青銅鈹實物的認識，還是近年的學術成果。河北省文物研究所收藏的一件鈹，銘文有：“十五年守相杜波，幫左庫工師……”等內容，這為研究戰國時期趙國鈹的銘文格式、鑄造機構、官制等方面，都具有重要的歷史價值。

4. 具有重要的考古和科學價值

1966年河北省磁縣下七垣商墓出土的夔蟬紋鼎，凝重古樸，蟬紋裝飾富麗。此器和同出的一羣銅器，對考古學上探索殷墟附近方國青銅鑄造業水平和殷王室之關係都是重要的。1966年河北陽原九溝村出土的戰國蟠螭紋腹耳蓋鼎及與其共出的一批銅器，反映了燕、晉和中山國的文化關係，對考古學文化研究無疑是重要的。1976年江蘇丹陽司徒發現的西周青銅器窖藏出土的矮足鼎，具有獨特風格，為從考古上研究鼎的地方特點和從考古學器型學上研究鼎器的形制都是有價值的。

安徽壽縣蔡侯墓出土的一些青銅器，在鑄造工藝上都很考究精美，例如嵌紅銅長圓形銅敦，器上嵌錯紅銅的幾何紋和獸紋的圖案，優美絢麗，可惜部分紅銅飾已脫落，但從定級標準看，該件敦仍不失為金屬細工的重要作品。又如1980年河北新樂中同村出土的夔龍紋嵌錯紅銅蓋豆，在許多部位上鑲嵌有精美細工的夔龍紋，點綴出在裝飾上的色彩異化，有很高的科技和鑑賞價值。

青銅器二級品的確定，要注意掌握它本身標準的要求，實踐中很好掌握與一級品和二級品之間的差別，要全方位地把握鑑定標準，達到準確無誤。

1 乳釘夔紋簋　商

高 16.5 口徑 24.5 釐米
1974 年河北盧龍東闞各莊商墓出土
現藏河北省文物研究所

◆盛食器。口微敞，捲沿，圓腹，底微凸，矮圈足。口下飾三個獸頭形鼻，鼻間以夔龍相隔，腹部飾斜方格雷乳紋，圈足亦飾夔龍紋。◆此簋出土於商代墓中。與之同出土的有獸面紋銅鼎、銅弓形器以及金腕飾等。從鼎、簋的形制特點來看，屬於典型的商器，而隨葬金腕釧則是夏家店下層文化墓葬的特點。

◆定級要素：此簋雖屬常見商器，但對於研究商代北方地區的禮器組合及葬俗具有重要意義。

2 魚紋匕　商晚期

通長 34.5 柄寬 2.9～5.4 匙寬 6.6 釐米
1989 年江西新幹大洋洲出土
現藏江西省博物館

◆匕柄首以高扉棱作鼻的省體獸面紋裝飾，柄身佈一層體龍紋，柄的反面亦有同樣紋飾。內底飾一變形魚紋。◆匕為古代取食器。

◆定級要素：銅匕斷為數段，現接合復原，形體較大，紋飾繁縟、清晰、精美。

3 獸面紋尊　商

高 25 口徑 19.6 腹深 17 底徑 13.9 釐米
1966 年河北磁縣下七垣商墓出土
現藏河北省文物研究所

◆容酒器。尊體較粗矮，大口，腹部略鼓，圈足。腹及圈足飾獸面紋，均以雲雷紋做地紋，在腹部獸面紋的上下各飾一道凸弦紋。此尊的紋飾採用的是當時在青銅容器和禮器上非常流行的獸面紋，象徵古代傳說中貪吃的凶獸饕餮。◆青銅尊出現於商代早期，盛行於商代和西周早期。

◆定級要素：造型古樸莊重，紋飾精美。

4 獸面紋貫耳壺 商晚期

通高 30.4 口縱 10.8 口橫 15.3 釐米
1989 年江西新幹大洋洲出土
現藏江西省博物館

◆盛酒器。壺屬橢圓腹壺，附二貫耳，帶圈足，具有典型的商晚期壺形。腹部兩面各有一組簡體獸面紋，主體紋樣粗獷、醒目，空隙處填以精細的雷紋為地。

◆定級要素：此壺器身佈滿紋飾，繁縟精美，富麗堂皇。器形基本完整，但因口沿略有變形，鏽蝕使局部紋飾稍欠清晰。

5 “心守”銘壺 商

高 32.2 口徑 15.5 釐米
1975 年河北槁城前西關出土
現藏河北省文物研究所

◆盛酒器。壺體橢扁，直口，長頸，腹下垂而兩側鼓出，口寬小於腹寬，頸兩側有筒形貫耳。頸部飾凸弦紋兩道，肩部飾雷紋地獸面紋一周，貫耳上飾牛首紋，圈足上亦飾雲雷紋。壺內底鑄有“心守”兩字銘文。◆據考證，“守”是族氏，“心”是作器者名。帶“守”氏銘文的商器，過去在殷墟侯家莊 1007 號大墓和武官村大墓都曾出土過，時代屬殷墟前期偏晚，可見“守”氏與商王室關係密切。“心守”銘文的發現為研究商代北面方國氏族的分佈情況提供了資料和線索。

◆定級要素：此壺為商代晚期之器，屬殷墟中期，且有銘記，字跡清晰，保存完好。

6 雷乳紋罍 商

高 17.9 口徑 18.3 釐米
1974 年河北武安趙窰遺址商代墓葬出土
現藏河北省文物研究所

◆盛酒器。斂口，短頸，圓腹，矮圈足。頸部飾兩周凸弦紋，肩和腹部均滿飾乳釘雷紋，以凸弦紋和圈帶紋相間。圈足上有三個方形鏤孔，底部邊緣飾一周雲雷紋。◆此罍的主題紋飾乳釘雷紋，也稱百乳雷紋，流行於商代中晚期至西周早期，從商代到西周乳突的形狀有所變化，

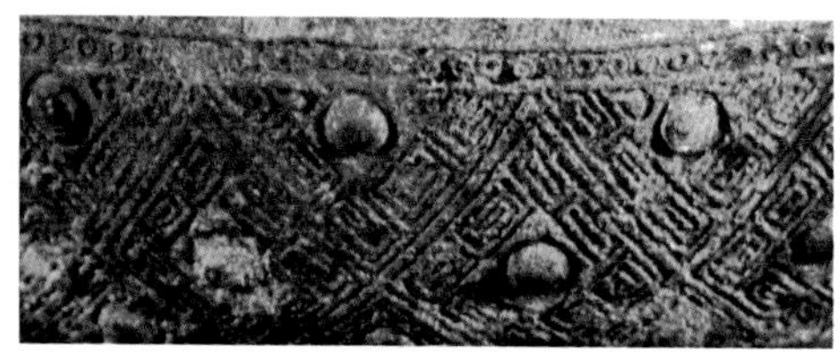

商代的乳突扁平，西周早期的乳突則顯得較長而尖鋭。◆罍作為盛酒器出現在商代晚期，沿用至春秋中期。

◆定級要素：此罍無論從器形到花紋裝飾都具有較明顯的時代特徵，且保存完好。

7 獸面紋卣 商晚期

通高 40 口徑 16.5 釐米
現藏河北省博物館

◆容酒器。卣呈橢圓形，垂腹，圈足，扁提梁。器身與蓋的四面皆出扉棱。通身飾浮雕紋飾，無地紋。蓋為子母口，飾獸面紋。蓋口、肩及圈足飾夔鳳紋。提梁兩端飾高浮雕獸頭。器腹正反兩面各飾一組獸面紋，以扉梁為中心線鑄出對稱的角、眉、眼、鼻、耳及獸身。◆蓋器對銘，各鑄"𠤳作父丁寶尊彝"銘文七字。"𠤳"為族徽號。

◆定級要素：此卣紋飾繁縟富麗，構圖嚴謹，工藝精緻，但因同時期同類器出土較多。

8 "父乙"銘爵 商

高 19.2 口徑 7.5 釐米
1965 年河北邢台出土
現藏河北省文物研究所

◆飲酒器。敞口，尖尾，流較短寬，流口轉折處稍後有一對半圓柱菌形鈕，鈕頂刻飾渦紋。杯形腹有一凸帶，帶上飾饕餮紋。腹一側有牛首扁鋬，恰與一足相對，圜底，三棱椎形足外撇。與鋬相對應的腹部陰鑄"父乙"兩字銘。◆青銅爵作為飲酒器盛行於商代晚期至西周中期。◆此爵菌形鈕鈕頂所飾的渦紋也稱火紋，在商代早期以後普遍使用，特別是在爵、斝的柱帽頂部更為常見。據史書記載，火紋是太陽的標誌。這種紋飾延續的時間很長，一直到戰國時期。◆定級要素：爵雖為商代青銅器中的常見之器，但有鑄銘者實屬不易多得之物。

9 弦紋爵 商

高 17.6 通長 15 釐米
河北武安趙窰村 18 號墓出土
現藏河北省博物館

◆飲酒器。圜形底，形體較高，下腹微鼓，流稍上翹，流和杯口之際設有帽狀柱一對，尾部較短，腹一側有鋬，三足，均呈三角刀形。腹上部飾三周凸弦紋。

◆定級要素：此爵有準確的出土地點，是典型的殷商禮器，對研究這一時期的飲酒禮制有一定的參考價值，原定為一級品，後因有殘缺，改定為二級品。

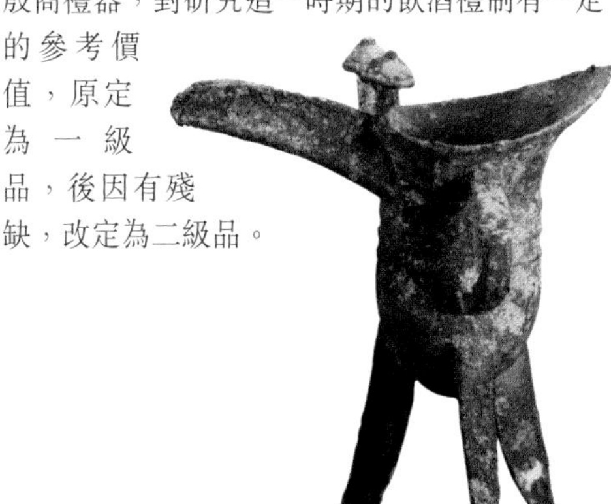

10 獸面紋斝 商

高 25.8 口徑 17.1 釐米
1974 年河北槁城台西商代墓葬出土
現藏河北省文物研究所

◆溫酒或盛酒器。敞口，小方唇，口上有對稱的扁方柱菌形鈕，鈕上刻渦紋。腹部飾獸面紋。頸下與腹中部的一側有半圓形扁鋬，恰與一足相對。平底微凸，三足外撇，形如羚羊角狀，

橫斷面呈 T 形。◆此斝出自槁城台西商代遺址中的墓葬，根據台西遺址和墓葬分期及斝的器形、紋飾特點，其時代當為商代晚期。◆青銅斝最早在河南偃師二里頭遺址中發現，時代為夏代晚期，商代十分盛行。◆定級要素：此斝形體較大，鑄造規範，紋飾精美，且保存完好。

11 "受"銘獸面紋觚 商

高 24.3 口徑 15.1 釐米
1966 年河北磁縣下七垣商墓出土
現藏河北省文物研究所

◆飲酒器。喇叭口，腹略鼓，圈足，腹的上下各有兩道凸弦紋。上飾長方眼，細鼻梁，兩角下捲的獸面紋，圈足上亦飾獸面紋。圈足內鑄一"受"字銘文。◆與此觚同出一墓的還有鼎、簋、卣、尊等，是商代晚期一組典型的器物組合。◆商代晚期以獸面紋為主的動物紋樣得到了空前的發展，主題紋飾多作饕餮紋，並以雲雷紋為地紋。另外還流行在器身或器足兩側鑄出凸起的扉棱作裝飾，使其具有較強的立體感。這些與商代早期裝飾手法多為平雕，不見地紋的特徵相比，都有了較大的變化。

◆定級要素：此觚保存完好，並帶有鑄銘，時代特徵明顯。

12 "亞父乙吴"觚 商

高 22 口徑 13.7 釐米
1966 年河北邢台出土
現藏河北省文物研究所

◆飲酒器。敞口，觚體較粗，腹微鼓，平底，喇叭形矮圈足。腹部上下飾兩周圈點紋，中部飾兩組獸面紋，以雲雷紋為地。腹上部和圈足各飾兩周凸弦紋。圈足內壁一側鑄有"亞父乙吴"四字銘文。◆觚在商代墓葬中常常與爵、斝共出，而數量的多寡則標誌着貴族身分等級的高低，是當時很重要的禮器組合。

◆定級要素：此觚紋飾精美，保存完好，且有鑄銘，對商代青銅器銘文的研究具有重要價值。

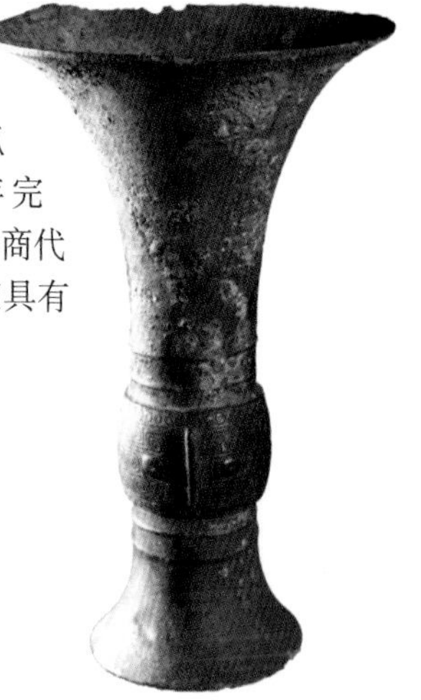

13 長胡直內戈 商晚期

通長 22.5 內長 3.9 釐米
1989 年江西新幹大洋洲出土
現藏江西省博物館

◆兵器。渾鑄成形。◆商代戈多短胡，三至四穿長胡戈在春秋戰國才開始盛行。殷墟後期有少量無闌長胡戈存在，先周文化亦出土過長胡四穿戈。

◆定級要素：此戈在南方地區首次出現，對研究長胡戈起源和南、北兵器形制的影響具有重要價值，但器物欠完整，內端稍殘，鋒刃略缺。

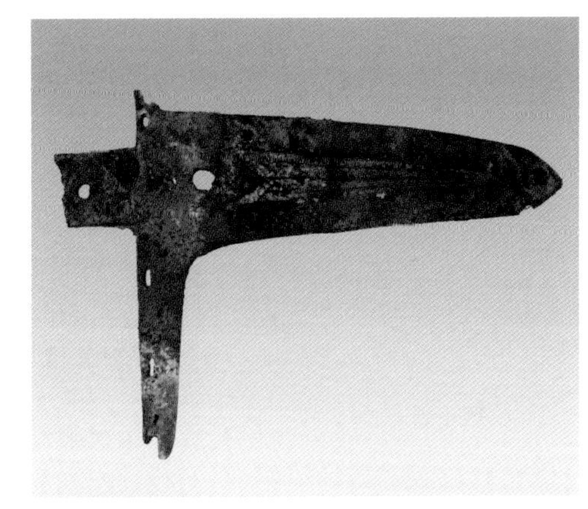

14 銅匕首 商晚期

通長 19.5 莖長 1.6 釐米
1989 年江西新幹大洋洲出土
現藏江西省博物館

◆體薄鋒銳，一面隆脊，一面平齊。◆匕首為短兵器，可稱之短劍。商代砍殺兵器流行大刀，劍尚見之不多。

◆定級要素：此器小巧便攜，器形適用於近身刺殺，在南方地區難得一見，對劍之起源具有研究價值，惟出土時已折為數段。

15 短柄曲脊翹首刀 商晚期

通長 37.2 刀體寬 6.6 柄長 7.5 釐米
1989 年江西新幹大洋洲出土
現藏江西省博物館

◆刀體呈長條，曲脊翹首，刃口平直，後接短柄，原附木柄，以便把持。兩面刀身近脊處飾由五組展體夔紋組成的紋帶，細膩傳神。◆短柄曲脊翹首刀亦見之於中原地區。

◆定級要素：此刀形體較大，保存完好，鑄造精細，表面光亮，紋飾清晰。

16 獸面紋銅錛 商晚期

長 15.2 刃寬 4 銎徑 4.5 × 3.3 釐米
1989 年江西新幹大洋洲出土
現藏江西省博物館

◆近銎端上半部四方表面均鑄有陽線條的變體獸面紋，下為三角鋸齒狀的紋帶。◆錛作為砍伐工具，廣泛使用於農業和手工業。青銅錛是繼新石器時代使用的石錛之後出現的，商、周青銅錛遺存較多。

◆定級要素：紋飾精美，保存完好。

17 雙兔車飾 商

高 8.8 寬 15.6 釐米
現藏故宮博物院

◆器身為圓筒形，兩埠部粗細不等，筒上伏臥兩圓雕兔，背向而臥，尾部相連，長耳圓目，通身飾雲紋。

◆定級要素：此車飾鑄造精良，造型生動活潑，兔的形象寫實，在商代車飾中十分罕見。

18 三足帶蓋簋 西周

通高 13 口徑 17 釐米
1965 年河北唐縣南伏城西周窖藏出土
現藏河北省文物研究所

◆盛食器。器身橢圓，分蓋、身兩部分，蓋頂有一圓形捉手，鼓腹，圈足。器身兩肩有獸面啣環，蓋身皆飾橫條溝紋。圈足之下有三個對稱的小扁足。◆青銅簋在商代早期開始出現，到了西周中晚期除個別保存下來，大部分趨於消亡。與此件銅簋同出土的有壺、盤、匜、鬲等。

◆定級要素：成組的西周青銅器的出土在河北地區發現的不多，而此簋的形制和紋飾都具有較典型的西周中晚期器物的特徵，對確定這組青銅器的年代有重要的參考價值。

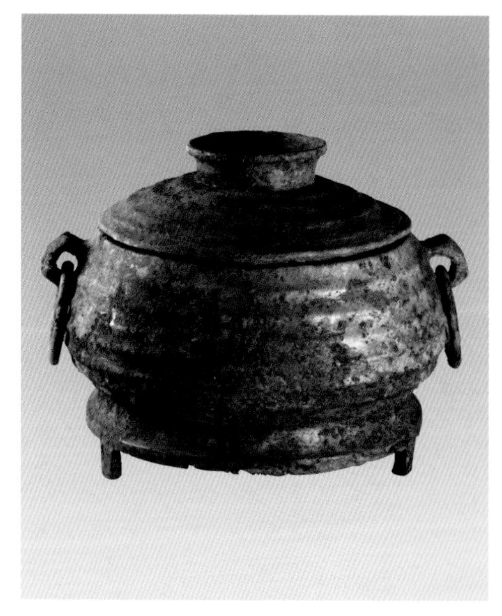

19 鳳紋貫耳圓壺 西周

高 38.3 口徑 9.3 釐米
1965 年河北唐縣南伏城西周窖藏出土
現藏河北省文物研究所

◆盛酒器。直口，微外侈，長頸，壺體瘦長，頸部兩側有雙貫耳，腹部細長微外鼓，下緩收為圈足，足外撇。圈足亦有兩穿孔，與頸部雙貫耳相對應，可穿繫。壺頸部飾兩組雷紋地雙夔鳳紋，鳳尾上翹。貫耳飾雲紋。◆河北地區西周青銅遺物發現的不多，唐縣南伏城西周窖藏出土了五件青銅器，有壺、簋、盤、匜、鬲。◆此壺的形制與山東黃縣歸城所出周代貫耳壺相似，亦與長安普渡村周墓出土的帶蓋貫耳壺形制相近，其年代應屬於西周中晚期。

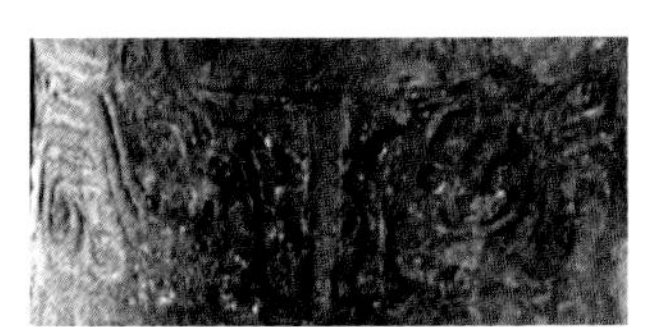

◆定級要素：此壺保存比較完整，惟鏽蝕比較嚴重。

20 雷紋地獸面紋爵 西周

通高 23 腹深 9.9 釐米
1978 年河北元氏西張村西周墓葬出土
現藏河北省文物研究所

◆飲酒器。圓口，長流翹尾，深腹圜底。兩柱呈半圓形，傘狀鈕，分別立於流鋬之間的口沿兩邊，鈕頂飾竊曲紋。三棱角形足，足尖外撇。獸面紋鋬在器身一側，與一足相對。腹中部飾兩組獸面紋，以雲雷紋為地。◆與此爵同出土的還有著名的“臣諫”簋、“叔趯父”卣等青銅器。

◆定級要素：此爵為厚流，雙柱的位置也由以前的流口轉折處略向後移，腹較深，略顯下垂，器身顯得偏長而優美，反映出西周早、中期青銅爵與商代比較明顯的變化。

21 竊曲紋鐃 西周早期

通高 5.3 甬長 17.8 銑距 31.7 釐米
1962 年江西新餘界水出土
現藏江西省博物館

◆樂器。渾鑄成形。鐃腔似鈴，但體大量重。口朝上方，中空之柄居下，敲擊口沿下方隧部而發樂聲。◆鐃屬打擊樂器，多出土於南方地區。江西地區出土的西周銅鐃均為單個零星出土。

◆定級要素：銅鐃體大，形體完好，鼓、篆的竊曲紋飾清楚，較為別致。

22 夔雲紋甬鐘 西周中期

通高 35.8 甬長 11.8 銑距 20.7 釐米
1975 年江西南昌李家莊廢舊品倉庫收集
現藏江西省博物館

◆樂器。此鐘紋飾較為清楚，隧部兩組卷雲紋，一面右鼓部飾一鸞鳥，篆間飾雙頭斜角夔紋，旋與舞部分別佈陽、陰線雲紋。◆甬鐘是古代祭祀或宴饗時用的樂器，大小相次成組懸掛使用則稱之為編鐘。1949 年以來江西地區出土甬鐘不足十件。

◆定級要素：此甬鐘紋飾較為精美，形體較大，保存基本完整，惟幹殘斷，鉦面表層局部出土時刮駁，出土地點不明確。

23 成周鈴 西周

高 8.5 銑距 6.5 釐米
現藏故宮博物院

◆樂器，亦可作車、旗、馬等裝飾品。橢圓體，橋形口，半圓形鈕。器內有一鈕，上繫一環。正反兩面舞下各有一穿孔。◆正面鉦部有陽文二行四字：“王命成周”。“成周”即西周王朝的東都，今河南洛陽。

◆定級要素：西周青銅鈴帶銘者極少，這對研究西周用鈴制度及社會風俗有一定的價值。

24 夨寶車鈴　西周

高 17 寬 9 釐米
現藏故宮博物院

◆車上裝飾品。上部圓形，中心為球形鈴，鈴前後兩面正中各有一圓孔，孔周圍有八齒形透孔。鈴內含有一石丸。周邊有一圈透空環邊。下部為梯形方座，中空，四壁中心有一道縱向直紋、四乳丁紋，兩側靠近底部各有一圓穿孔。◆一側面有銘文二行四字，知車鈴為夨國器物。夨國，西周姜姓侯國，在今陝西寶雞千河流域一帶。

◆定級要素：此鈴為車用鈴，係安裝在車衡上方，製作精良。

25 瓦紋簋　春秋

通高 24.6 口徑 20.7 釐米
1955 年高士林捐獻
現藏安徽省博物館

◆盛食器。弇口，圓腹，獸耳垂珥，圈足，下設三小足。蓋呈球形隆起，喇叭狀蓋握。腹與蓋均飾瓦紋及變形龍紋，圈足飾斜角雲紋，簋內底鑄銘文兩列，但器主不可考。

◆定級要素：此簋承襲西周晚期常見形制，但腹部增圓，紋飾趨簡，判為春秋之器較適宜，但係非科學發掘，出土地點不明確。

26 嵌紅銅獸足敦 春秋

通高 33 口徑 22 釐米
1955 年安徽壽縣蔡侯墓出土
現藏安徽省博物館

◆盛食器。器身與蓋形制相同，合而為球形，近口處各有一雙相對的環耳，蓋沿分置四個獸面小卡口，藉以扣器，蓋頂等分設三個環形鈕，腹下為三獸足。器身與蓋紋飾相同，均為“S”紋、獸紋、渦紋，它們以器口為中心向兩端排列，紋飾嵌紅銅。

◆定級要素：此敦時代較早，但部分紅銅脫落，且鏽蝕掩蓋住大部分紋飾。

27 羊尊 春秋

通高 25 身長 28.7 釐米
1979 年安徽青陽廟前出土
現藏安徽省博物館

◆容酒器。尊呈羊形。昂首，頸部以下為尊口，口沿突出以承蓋，蓋失。器尾有弓形鈕，平底，四蹄足，足內側平直。頸腹間飾龍紋，器壁單薄，口無流。◆同出有龍耳尊、罐形鼎、鍋形鼎，均具地方特色。

◆定級要素：器形獨特，具有南方特色。

28 龍耳尊 春秋

通高 27.8 口徑 28 釐米
1979 年安徽青陽廟前出土
現藏安徽省博物館

◆容酒器。侈口，弧腹，圈足，最寬部在近肩部，肩腹部對稱置龍形耳，腹滿瓦紋，肩上飾一周斜角雲紋。獨特之處在於兩個特大龍形耳，龍作張口回首狀，尾端上捲，龍身飾重環紋。雙龍耳改變了整個器物的視覺，使全器變得清新別致。◆有肩尊多見於商代，瓦紋為主體紋飾常見於西周中晚期。

◆定級要素：此種形制尊少見，有明確出土地點的僅見於此。此尊鏽蝕較重。

29 竊曲紋罍 春秋

高 21.2 口徑 16.2 腹徑 28.7 釐米
河北懷來徵集
現藏河北省博物館

◆盛酒器。器頸甚短，唇口外翻，近似一周平邊，平底圓肩，鼓腹而體寬，下腹至底渾圓內收。肩兩側各有一耳，耳呈首形。周身以竊曲紋為主，腹中部飾一周素帶。

◆定級要素：此罍紋飾簡練，鑄工精細。但因不屬考古發掘出土器物，科學性略差。

30 盤口盉 春秋

通高 19.8 口徑 13.8 釐米
1988 年安徽廬江嶽廟出土
現藏安徽省博物館

◆和酒器。器體上部為盤口，平蓋，正中置一環鈕，周圍飾一周蟠螭紋，下部作鬲形，款足，素面。肩上設一鋬，下應一足，在鋬的附近檔部有一流，流口稍細。◆此種形制的盉又稱異形盉，多為盤口或缽口，與中原地區迥然不同，常見於江淮地區，具有濃厚的地方色彩。

◆定級要素：此盉較為完整，鏽色美麗，但鋬上半部殘缺。

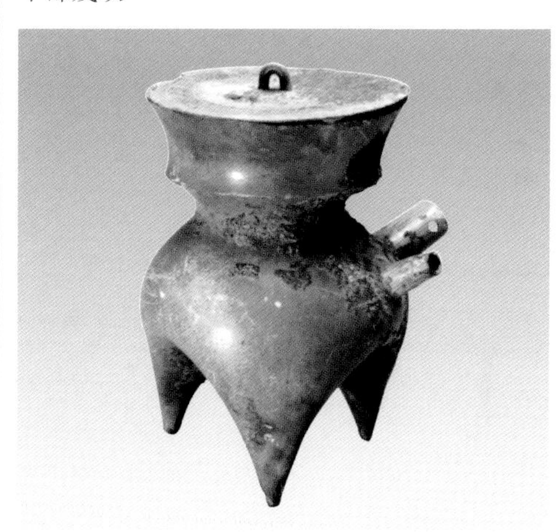

31 夔紋匜 春秋

高 17 長 31 釐米
1971 年安徽肥西紅衛小八里出土
現藏安徽省博物館

◆盥洗器。曲流，弧腹，尾有獸形鋬，四蹄足扁平，器身飾夔紋、雲紋。

◆定級要素：此匜造型具有西周晚期遺風，但裝飾趨簡，因發現地處於江淮之間，反映出中原青銅器在方國的流傳及強烈影響。

32 蔡侯方鑑 春秋

高 28.3 口縱橫 37 × 38.5 釐米
1955 年安徽壽縣蔡侯墓出土
現藏安徽省博物館

◆盛水器。方形。折沿，束頸，頸下弧收。兩側壁上有環鈕套環，另兩壁上有裝飾物，但已失。每側壁飾三層五組獸紋，每組四周均有幾何紋間隔，頸部也飾獸紋，均採用嵌紅銅工藝，紋飾活潑精美，是當時社會新風的反映。頸下有銘六字，為蔡侯之器。◆鑑多用於盛水或冰，此鑑出土時內置一件方尊缶，與曾侯乙墓出土鑑缶功用相同，為冰酒之器。

◆定級要素：鏽蝕較重，部分紋飾不清。

33 虺紋三足甗 戰國

通高 38.5 口徑 24 釐米
1966 年河北行唐楊家莊黃龍崗出土
現藏河北省文物研究所

◆炊蒸器。器由甑與鬲兩部分組成。通體瘦高。甑為侈口，折沿，立耳外張，深腹斜收，平底，圈足，底有細密的箅孔，腹部滿飾蟠虺紋。圈足和鬲口相扣，圈足為子口，鬲口為母口。鬲肩上有一對斜形立耳，與甑口沿上的立耳上下相對。鬲底部有煙炱痕跡。◆甗主要是用來蒸製食品，下為鬲，用以盛水，上為甑，用來盛米，中間是用來通氣的箅子。◆青銅甗出現在商代早期，但數量極少。到了商代晚期才開始逐漸增多，從形制上看大多為甑、鬲合體。西周晚期至戰國時期甑、鬲多為分鑄。

◆定級要素：三足甗保存完好，紋飾亦較精美。

34 蟠虺紋帶蓋簋 戰國

通高 14 口徑 12.5 釐米
1970 年河北唐縣北城子戰國墓葬出土
現藏河北省文物研究所

◆盛食器。器身橢圓，包括底蓋兩部分，蓋中央有一環鈕，周列兩重用繩紋扭結成的弧形方塊，內填入蟠虺紋圖案。蓋頂有等距離的三個鳥形鈕，蓋和器身以子母口相扣合，簋為淺腹，圜底，高圈足，口側飾獸面雙環耳，獸面的雙目嵌松石。腹部飾以雙重扭結繩紋組成縱橫長方格兩重，其中亦填飾極細的蟠虺紋圖案。

◆定級要素：帶蓋簋鑄造精良，紋飾細膩繁縟，保存完好。

35 環耳豆 戰國

通高 33.5 口徑 6.5 釐米
1955 年河北淶水永樂村出土
現藏河北省博物館

◆盛食器。蓋圓鼓，上有三環鈕，卻置可為食具。器身與蓋對稱，扣合呈球形，兩側有環耳。圓腹中間有子母口，長柄如柱，下段侈大成圈足。通體素面無紋飾。◆戰國中期以後，全素面的青銅容器流行，出土數量較多。

◆定級要素：環耳豆保存完整，具有明顯的時代特徵和明確的出土地點。

36 蟠虺紋帶蓋雙耳豆 戰國

通高 23 腹圍 18 釐米
1958 年河北邢台南大汪 1 號墓出土
現藏河北省博物館

◆盛食器。蓋呈碗狀，上有圓握，腹兩側有對稱環形耳，底座為喇叭形。器蓋、器蓋捉手及腹部均飾蟠虺紋，底座飾蟠龍紋。蓋上的紋飾分三層，中間以素帶相隔。兩側耳環飾雲雷紋。

◆定級要素：此豆有準確出土地點，對研究戰國時期趙國青銅器有一定的參考價值。

37 嵌紅銅夔龍紋帶蓋豆 戰國

口徑 16.1 高 24.9 釐米
1980 年河北新樂中同村出土
現藏河北省文物研究所

◆盛食器。豆帶蓋，蓋頂微鼓，上有三環鈕。豆為子口，盤呈半球狀，喇叭形圈足，肩部有兩環耳。蓋、盤圈足上分別有用紅銅鑲嵌的一組夔龍紋。

◆定級要素：此豆採用的錯銅鑲嵌工藝，是在春秋戰國時期發展起來的一種新技法，使花紋更加華美，極具觀賞性，具有很高的藝術價值。

38 方座環耳蓋豆

戰國・中山

通高 26 座長 14.4 口徑 13.4 釐米
1977 年河北平山中山王響墓出土
現藏河北省文物研究所

◆盛食器。豆盤子口內斂，圓鼓腹，平底，兩側各有一環形耳。盤下有短粗的束腰圓柄，與方形底座連鑄，座中空。蓋圓鼓，上有盤狀捉手。出土時器內有食物痕跡。◆同出土的一件形制相同，於方座上刻銘“左使庫，工弧”。

◆定級要素：器體厚重，蓋與盤口扣合嚴密，其形狀在同時期的戰國墓中較少見，但無銘文。

39 平蓋豆

戰國・中山

通高 24.6 直徑 19.5 釐米
1977 年河北平山中山王響墓出土
現藏河北省文物研究所

◆盛食器。直壁淺盤，平底。細長柄，喇叭形座。蓋平頂，立沿，扣合在豆盤之外，上有三雲形鈕。◆在此墓東庫出土平蓋豆共兩件，出土時豆內有肉湯痕跡，與大鼎放在一起，另一件在豆座立邊刻銘“左使庫，工顯”。

◆定級要素：此件無銘文。

40 銅簠

戰國・中山

高 17.8 長 30.2 寬 21.2 釐米
1977 年河北平山三汲中山王響墓西庫出土
現藏河北省文物研究所

◆盛食器。長方體。盝頂形蓋，子口，直邊與器口套合，蓋面四角均立一環形鈕。器身直壁，兩端（即在簠壁短邊上）各有一環形耳，下部折收，平底，底部四角各有一曲尺形足，簠壁長邊的足間各有一舌形飾。一足立面刻銘“左使庫，工蔡”五字。

◆定級要素：此類銅簠屬春秋戰國墓葬中常見的隨葬禮器，工藝較簡單，但因出土於中山王墓中，且一足立面刻銘，更為難得的是，出土時器內還有呈深褐色的食物，顆粒較細，有穀殼，證明是小米飯。以上三點大大提高其研究價值。

41 八環素敦 戰國

通高 17.7 腹圍 17.3 釐米
1955 年河北淶水永樂村出土
現藏河北省博物館

◆盛食器。蓋與器身以子母口扣合，全器近球形。蓋上為三環鈕，無耳，可卻置。器身近於半球形，雙環耳，三環足。通體素面。

◆定級要素：此敦銅質較好，器上飾有環鈕、環耳、環足，具有地域性特徵，體現戰國時期齊國青銅器風格。

42 蟠虺紋雙環耳帶蓋敦 戰國

高 16 口徑 11.5～12.7 釐米
1971 年河北滿城夜借村出土
現藏河北省文物研究所

◆定級要素：此敦造型精巧，花紋細膩繁縟，製作精良，保存完好。

◆盛食器。橢圓形。子口，深腹，圜底，帶蓋。蓋頂部中心有一環鈕，邊緣處有三個等距離的環形鈕。蓋頂面飾三圈花紋，由裏及外依次為綯紋、蟠虺乳釘紋和菱形紋。腹上部有一對環耳，下有三個獸面紋蹄形足，獸面雙睛嵌綠松石，腹部飾蟠虺乳釘紋，間以綯紋。◆敦是盛放黍、稷、稻、粱等食物的器皿，由鼎、簋的形制結合發展而成，春秋中期出現，春秋晚期到戰國晚期流行。

43 蟠虺紋圓壺 戰國

通蓋高 33 口徑 10.5 釐米
1975 年河北滿城夜借村出土
現藏河北省文物研究所

◆盛酒器。直圓口，帶蓋，蓋為子口。蓋頂有等距離的四個半環形鈕，各套一小圓環。頸部也有四個小鋪首啣環，下腹部亦有三個小鋪首啣環，小圓環上均飾有綯紋。圓壺的肩部兩側有對稱的鋪首啣環耳。蓋頂紋飾，內圈為四蟠螭互相纏繞，外圈為糾結在一起的七隻鳳鳥紋。腹部為四條蟠虺紋帶，腹的下部飾一周蟠虺蕉葉紋。◆此壺所飾花紋多為戰國早期流行，蟠螭紋、蟠虺紋帶均為多個變體龍紋相互纏繞，結構複雜精緻。◆從此壺出土地點滿城的地理位置看，位於當時中山國的版圖之中，而壺蓋及壺身所置多個似繫掛之用的小環，似乎仍保留着某些北方青銅器的遺風。

◆定級要素：對了解戰國中山國文化面貌，特別是青銅器製作特點有重要的參考價值。

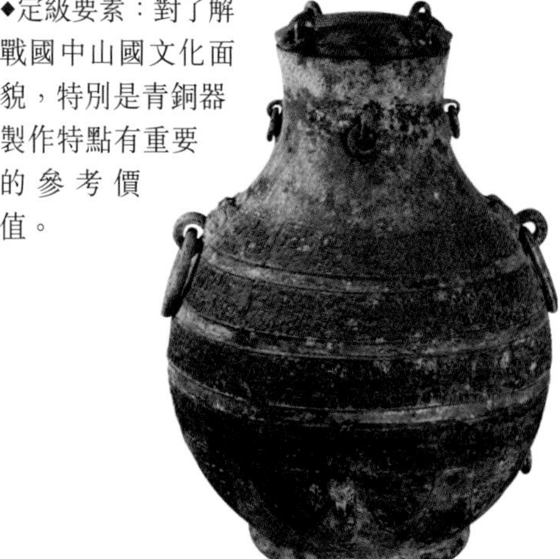

44 絡繩紋鋪首啣環帶蓋圓壺 戰國

通高 33.5 口徑 10.2 釐米
1966 年河北陽原高牆九溝村出土
現藏河北省文物研究所

◆盛酒器。侈口，束頸，帶蓋，蓋為子口，頂部正中有一小環鈕，鼓腹，矮圈足。頸部兩側各有一鋪首啣環。頸部飾蟠螭蕉葉紋，腹部有由四層絡繩紋形成的網格，圈足上飾一綯紋。◆此壺所飾的絡繩紋、綯紋均為春秋晚期至戰國早期流行的紋飾。絡繩紋是以兩根並連的繩索交織而套結，連成網格狀；綯紋則是由兩條、三條甚至九條單線交結而成。◆定級要素：此器的裝飾具有典型的地域特徵。

45 鋪首啣環方壺 戰國

高 40.8 口徑 9.8～6.5 釐米
1970 年河北唐縣北城子戰國墓葬出土
現藏河北省文物研究所

◆盛酒器。壺身扁方，鼓腹，帶蓋。蓋左右有獸面啣環，獸面的雙目鑲嵌綠松石。壺身兩肩和下腹的對應部位有麻花形提環，表明原為設提鏈之用。器身四面均飾獸面扭結雙重繩索紋足部飾三角雲紋。◆青銅壺在中國古代流行的時間很長，從商代早期開始出現，一直沿用到漢代或者更晚，因此壺的種類較多。

◆定級要素：方壺造型較為別致，繩索紋的裝飾手法具有北方青銅器的某些風格，且保存完好。

46 蟠龍紋方壺

戰國

通高 51.5 腹寬 26 釐米
1958 年河北邢台南大汪村出土
現藏河北省博物館

◆盛酒器。委角方形蓋、子母口，壺為小平沿，直口、束頸、垂腹、平底，喇叭形方座。蓋邊與頸部飾竊曲紋。頸部四面各飾一個圓雕虎形耳，兩隻向上攀爬，兩隻往下俯衝。腹部飾淺凸雕蟠龍和蟾蜍，龍與蟾蜍扭曲環繞，活潑灑脱。底座亦鏤雕龍紋和蟾蜍紋。

◆定級要素：方壺造型優美，反映了戰國時期青銅器的鑄造成就。

47 提鏈圓壺

戰國・中山

壺高 32.6 通鏈高 44 口徑 12.4 釐米
1977 年河北平山中山王譽墓西庫出土
現藏河北省文物研究所

◆盛酒器。侈口，束頸，溜肩，圓鼓腹，平底，圈足。肩部有一對鋪首啣環，環上各套接五節銅鏈，終端由一龍首璜形提梁相連接，組成銅壺之提鏈。蓋為子口，頂部圓鼓，上有一環形小立鈕，並套接兩連環與提鏈相連，頂端的大環套在壺之提鏈上，使壺蓋開啟自如，而又不至於脱離壺體。◆圈足立壁刻銘："三祀，左"復"（使）車（庫），嗇夫孫固，工上，冢（重）四百七十四刀之冢（重），左𦉥者"二十三字，前十字為模鑄，後十三字為刻出。此壺銘文與同出的另外兩件圓壺銘文字體完全相同，應為同時模鑄，故推測是鑄此壺時將後十三字的陽模不慎丟失而造成筆誤。◆"刀"是中山國的計量單位，圓壺自刻重量為"四百七十四刀"，現器重 5.8 千克，經核算每刀合 0.01224 千克。

◆定級要素：為研究中山國的計量單位提供了寶貴的實物資料。

48 獸耳罍 戰國

通高 30 口徑 23.5 釐米
1933 年安徽壽縣朱家集出土
現藏安徽省博物館

◆盛酒器。直頸，廣肩，有對稱套環獸形耳，腹下內收，圈足。器最大徑在肩部，腹部模印羽紋。◆此罍器形也有稱作浴缶的。肩上部、腹下至圈足均素面，腹部花紋採用戰國時期流行的模印技術，時代特徵明顯，器形獨特，同墓出土現存四件。

◆定級要素：此罍腹、耳殘經修復。

49 鳳首流提梁盉 戰國・中山

通高 23.1 口徑 11.1 腹徑 22.6 釐米
1977 年河北平山中山王嚳墓東庫出土
現藏河北省文物研究所

◆定級要素：此器的裝飾工藝精細，銘文具有重要的研究價值。

◆和酒器。直口，折唇，廣肩，肩部有流、提梁，腹部扁鼓，平底，底有環形圈足。流位於提梁一端的下方，呈鳳首形，頭上昂，張口，尖喙，圓眼，冠上翹，雙翼張開附於盉壁上，身飾羽紋。提梁弓形，與肩部鑄接，兩端呈龍形。蓋為子口，頂部稍鼓，上有一環鈕，鈕上連接兩節銅鏈，另一端有一大環與提鏈連接，使蓋與器身不分離，又便於靈活應用。◆器腹部飾一周寬帶紋，寬帶紋下自右至左刻銘："十二祀，右(1)(使)車(庫)。嗇夫郭(2)，工(3)，冢(重)三百四十五刀冢(重)量。左轡者"，共二十四字。

50 四耳尊缶 戰國

高 36 口徑 14.5 釐米
1933 年安徽壽縣朱家集出土
現藏安徽省博物館

◆盛酒器。直口，口沿有一箍以承蓋，蓋失。圓肩，最寬處位於器體中部，弧腹，圈足。腹上分置四環鈕，鈕間飾一渦紋，嵌紅銅。整器簡潔。◆尊缶見於春秋中期，戰國晚期少見。

◆定級要素：此件尊缶製作比較規整，多素面，體現出時代風格。

51 四環大盤 戰國

高 19 口徑 79.5 釐米
1933 年安徽壽縣朱家集出土
現藏安徽省博物館

◆盥洗器。圓形，直口寬緣，直壁，折腹，下部圜收，小平底。壁上分置四個鼻鈕啣環，全器素面無紋。

◆定級要素：此式盤為典型戰國晚期楚器，各地發現很多，惟此盤形體巨大，實為罕見。

52 雷紋雙獸耳圓盤 戰國

高 11.6 口徑 33.8 釐米
1970 年河北唐縣北店頭鄉北城子村出土
現藏河北省文物研究所

◆盥洗器。平口，淺腹，高圈足。口沿外側對應部位有揚首啣盤口之雙獸，腹部飾雷紋，圈足飾方格紋圖案。在盤內底部有五魚、六梟鳥作互相追逐狀。◆盤作為承水器，與匜組合成一套洗手的專用器具。具體用法是用匜盛淨水澆水洗手，其下用盤承接。在古代貴族宴享賓客時，雙方要相互敬獻食物，需先淨手，因此成為一種禮節。

◆定級要素：圓盤紋飾圖案精美，盤底魚、梟鳥形象生動，富有情趣。

53 蟠虺紋嵌松石獸首流匜 戰國

通流長 37 寬 34.5 高 34.2 釐米
1970 年河北唐縣北城子戰國墓葬出土
現藏河北省文物研究所

◆盥洗器。器形如盆。口橢圓，虎首形流，另一面為獸形鋬，口沿外側為鋪首啣環。獸首雙目嵌綠松石，匜體上部鑄兩周凸繩紋，中部填飾雷紋，下垂飾蟠螭三角紋，圈足沿作綯索紋。◆青銅匜最早出現在西周中期，流行於西周晚期至戰國時期，器形是從商代的酒器觥演變發展而來的，作為盥洗器與盤相配使用。在戰國墓中，青銅器的組合常常為鼎、豆、壺、盤、匜，紋飾則流行由各種交纏在一起的龍紋，如蟠螭紋、蟠虺紋作為主題紋飾，以勾連雲紋、菱紋、三角紋、繩索紋等作為輔助紋飾。◆此匜的形制為深腹、矮足，具有戰國早期的時代特徵。虎首形流上的虎口大張，生動而有氣魄。◆定級要素：整體造型渾厚，製作精良，保存完好。

54 四環大鑑 戰國

高 47 口徑 79 釐米
1933 年安徽壽縣朱家集出土
現藏安徽省博物館

◆盛水器。圓形。斂口寬緣，鼓腹平底，腹有四個大鋪首啣環。素面。

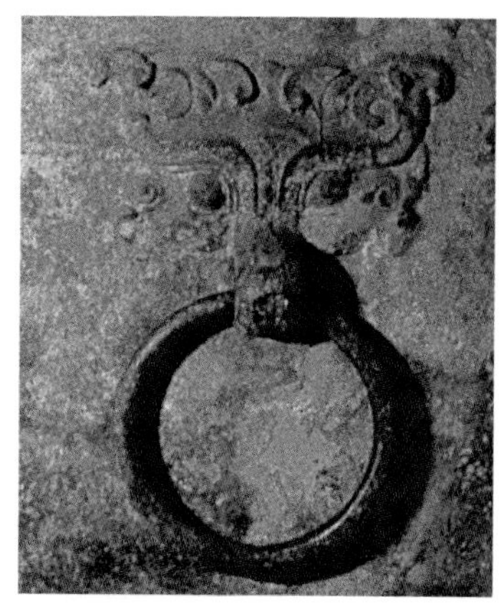

◆定級要素：形體碩大渾厚，為鑑中罕見，現存三件，此件稍損。

55 乳釘紋鋪首啣環瓿 戰國

通高 31 口徑 22.4 腹徑 41 釐米
1972 年河北滿城夜借村出土
現藏河北省文物研究所

◆盛水或盛酒器。侈口，捲平沿，短頸，廣肩，圓腹，下腹斜收成平底。肩部有對稱的鋪首啣環，鋪首為獸面形，立耳。通體飾五組凸乳紋帶。◆瓿是用來盛水或盛酒的器皿，盛行於商代和戰國時期。

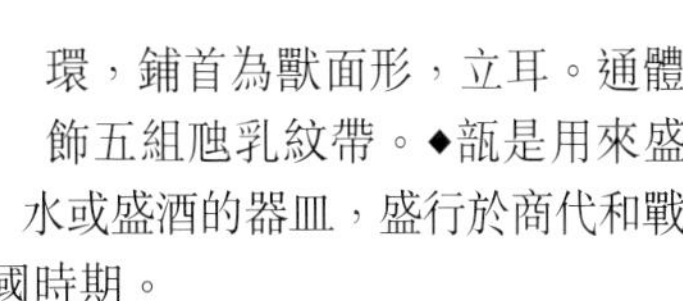

◆定級要素：此瓿形體較大，花紋精細，是戰國時期同類器物中製作精美、保存完整為數不多的一件。

56 雲紋雙獸首環耳鉚 戰國

口長 11.1 口寬 8.2 高 10.3 釐米
1966 年河北唐縣溫家莊釣魚台戰國墓出土
現藏河北省文物研究所

◆盛水或盛酒器。鉚呈橢圓形，斂口，沿微捲，鼓腹，平底。腹兩側有對稱的獸頭形環耳。上腹部飾由兩圈雲紋組成的紋帶，並以兩條凹弦紋作邊飾。雲紋帶下為等距離的內填飾雲紋的三角紋。

◆定級要素：類器出土較少，此器裝飾工藝精細。

57 雷乳紋雙環耳橢圓形舟 戰國

高 7.5 口徑 16 釐米
1965 年河北唐縣出土
現藏河北省文物研究所

◆盛水或盛酒器。橢圓形口，鼓腹，平底，腹兩側各有一環形耳，下承四個矮蹄足。上腹部飾雷乳紋。

◆定級要素：舟作為盛水或盛酒，在春秋至戰國早期出現，以後不多見，出土數量不多。

58 鈕鐘 戰國

通高 19.5 銑間 11 釐米
現藏河北省博物館

◆樂器。鐘體呈扁圓筒狀，上有梯形長環鈕，飾雲紋，舞部近似橢圓形，上飾蟠螭紋，篆部飾蟠虺紋，枚為乳釘式，鼓部為蟠虺紋。

◆定級要素：此鐘保存完整，鑄造精細，據測試，音質優美，但無銘文。

59 羽紋鏡 戰國

直徑 7.7 釐米
現藏故宮博物院

◆照容用具。圓形，弦紋小鈕，方鈕座，素寬捲緣。主紋為羽狀紋，似翻捲的浪花，以細雲雷紋填地。

◆定級要素：此鏡鑄造較規整，紋飾精美，有一定藝術價值。

60 錯金嵌松石帶鈎 戰國

長 17.3 寬 2.2 釐米
現藏故宮博物院

◆扣束腰帶的掛鈎。整體為柳葉形，一端有一獸首鈎，鈎面有錯金卷雲紋，間鑲嵌綠松石。

◆定級要素：此帶鈎錯金工細，工藝精湛，有較高的藝術價值。

61 蟠螭紋筒形器 戰國

高 18.6 寬 7.5 釐米
現藏故宮博物院

◆古代車上的部件。體呈圓筒形，平頂，平底，空心。器外壁飾蟠螭紋三道，間飾寬帶紋兩道。

◆定級要素：此筒形器紋飾精細，將實用性與裝飾性巧妙地結合在一起。

62 楊廚鼎 漢

高 19.4 寬 14.7 釐米
現藏故宮博物院

◆炊煮或盛食器。有蓋，蓋上三環鈕，腹中部有一圈扁凸沿，腹下有三蹄足。通體光素無紋，口沿下有銘文一行十九字，記此鼎使用地點、重量和鑄造時間。

◆定級要素：此鼎造型簡潔，銘文表明為廚具，並有容量和重量，對研究漢代度量衡制度有重要價值。

63 鹿紋雙耳扁壺 漢

高 10.5 寬 9.6 釐米
現藏故宮博物院

◆容酒器。扁壺又稱鉀。腹部兩側呈弧形，左右肩各有一環耳，矩形足。腹飾葉形紋，上方飾水波紋，水上有一奔跑的鹿；下部飾菱形網紋。口沿、足部飾齒形紋、弦紋。

◆定級要素：此壺造型小巧，製作精良，紋飾優美生動，在漢代銅壺中罕見。

64 樂未央壺 漢

高 34.9 腹徑 30 釐米
現藏故宮博物院

◆容酒器。侈口，束頸，鼓腹，圈足。兩側肩部有獸面啣環耳。口沿一周寬帶紋，肩、腹及腹下各飾三圈凸弦紋。◆器底陽鑄篆書銘文三行九字，其內容為“樂未央，宜酒食，長久富。”

◆定級要素：此器鑄造精細，紋飾美觀，具有一定的藝術價值。

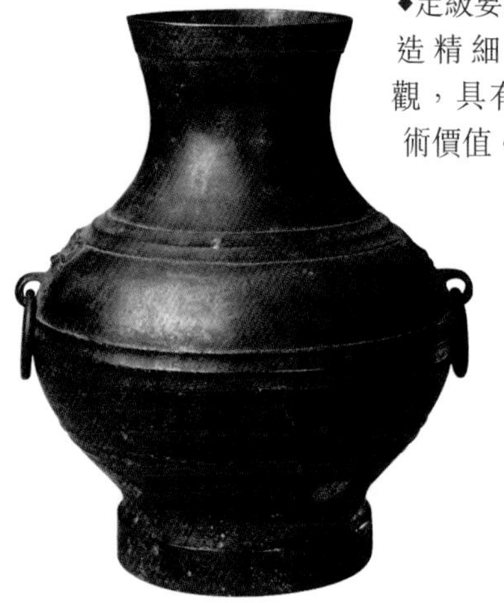

65 鎏金熊足樽 漢

高 13.5 徑 18 釐米
現藏故宮博物院

◆溫酒或盛酒器。器為圓筒形，直壁，下承三個熊形足。器身對稱飾一對獸面啣環耳，口沿、腹部及底部各飾一組凸弦紋，通體鎏金。◆漢代技術發展，鎏金工藝被廣泛運用到銅器製作上，有很強的裝飾性。

◆定級要素：此器表面光澤，反映了當時高超的鎏金技術。

66 蜀郡洗 漢

高 8.5 寬 32.4 釐米
現藏故宮博物院

◆日用盥洗器。淺鼓腹，平底。腹部左右對稱飾圈鼻獸面紋。器內底鑄有三足鼎圖案，上有銘文"蜀郡"，表明此洗為蜀地所造。

◆定級要素：此器有蜀地特色，對於研究當地的社會生活及鑄造水平具有重要價值。

67 綏和元年雁足燈 漢

高 16.1 寬 12.7 釐米
現藏故宮博物院

◆照明用具。圓形盞盤，盤內有環心。燈柱及座為雁足，足下有座，底內空。◆盞下陰刻一周銘文，記燈為綏和元年製。"綏和"是西漢成帝最後一個年號，元年即公元前 8 年。

◆定級要素：此燈有明確的紀年，記有工匠及官職名，有一定的歷史價值，且造型別致，設計巧妙，有一定的藝術價值。

68 丙午帶鈎 漢

長 15.7 寬 3 釐米
現藏故宮博物院

◆扣束腰帶的掛鈎。獸首鈎，圓鈕，鈎身作怪獸抱魚狀，通身錯金銀、嵌松石裝飾。背面有銘文："丙午鈎，手抱白魚中宮珠，位至公侯。"

◆定級要素：此帶鈎造型頗為奇特，獸形象怪異，裝飾華美，具有較高的藝術價值。

69 虎噬馬牌飾 漢

長 13.4 寬 8.3 釐米
現藏故宮博物院

◆裝飾品。通體透空雕，刻劃一隻猛虎咬住馬的頸部。虎身飾有似虎皮的曲線條紋。◆牌飾為北方游牧民族腰帶裝飾品。

◆定級要素：此器動物造型生動，製作技術嫻熟，反映了漢代北方民族的生產、生活及工藝水平。

三級青銅器定級概述

依據《文物藏品定級標準》，對三級文物定級的標準是："具有比較重要歷史、藝術、科學價值的為三級文物"，它與一級、二級文物一樣，同屬珍貴文物。三級青銅器的定級標準自然也離不開這一基本原則的指導。在實踐中要牢牢掌握這一標準，並注意它與一、二級和一般文物在定級上的區別與聯繫。

在三級文物定級原則的指導下，有的青銅器具有幾個方面的較為重要的價值，有的則表現為一、二個較為重要的價值，而不少青銅器常常是突出了某一方面的比較重要的價值。我們僅列舉三級品的幾種情況：

1. 具有比較重要的歷史、藝術和科學價值

1971年安徽肥西小八里出土的蟠螭紋平蓋鼎，鑄造精緻，造型簡樸優美，蟠紋與足扉裝飾細膩，整體風格具有地方特點，在考古學上的價值也是比較重要的。江西省博物館收藏一件通高39.5釐米的虎鈕錞于，鑄造均勻標準，造型風格優美，虎鈕裝飾虎之神態清新自然。遼金銅鏡，常常反映了時代與民族風格特點，如：仙人鶴紋鏡、童子玩蓮鏡、達摩渡海鏡、仙人故事鏡、王質觀棋故事鏡、許由巢父故事鏡等等，對研究遼金銅鏡的鑄造藝術、社會風俗等方面都是較重要的。

2. 具有比較重要的藝術價值

1966年河北赤城、1973年河北豐寧、1963年河北清苑分別出土的蛙形銅牌飾、虎羊銅牌飾、三鹿銅牌飾，具有從東周到漢代北方少數民族文化特徵，構思新穎、設計巧妙。這些鏤空牌飾具有很高的藝術性，反映了當時的北方民族的時尚。安徽省博物館收藏的一件漢代雁足燈，燈柱下端作雁足狀，為單調的燈柱增添了活力，加強了裝飾性。1973年安徽合肥出土的漢代銅博山爐，雖製作較粗糙，器型亦多見，但獨特的是，在爐柄上鑄有一層伸出的似蓮瓣的四個柱蒂，新穎生動。

3. 具有比較重要的科技與考古價值

青銅器上的鎏金技術起源於戰國中期，至兩漢時代發展到高峯。這時一些小件的部件、飾件考究一點的都有鎏金，可見鎏金工藝技術的發展。河北定縣三盤山漢墓出土的鎏金銅當盧和鎏金銅車軎即其顯例，具有較高的工藝科技價值。唐宋時代的幾件佛教造像也有鎏金，可見古代這種"金汞劑"鎏金技術的發展水平。1964年河北懷來北辛堡出土的戰國帶蓋附耳銅鼎，其形制，尤其是上端折曲式的附耳特點，帶有典型的燕國青銅器物特徵。另如青銅武器中的銅矛，如：1959年安徽淮南蔡家崗出土的越矛的形制都是較重要的考古資料，保存亦完好。

這裏再需要強調一下，青銅器中的三級品的確定，除國家所制定的一些基本標準外，在實踐中被定為三級品的銅器，常常是有的器物雖重要，但在"精"的方面常常有欠缺，如因受到鑄造、殘裂、鏽蝕等原因而不能定為二級品。也有許多三級品青銅器，保存現狀雖然達到很好的水平，但由於多屬一般常見的器種，因而必然要定成三級品。有一些小件的青銅飾件、部件等器種，鑄造

雖較精，也有某種特色，但由於器物小，也常常定在三級品之中，情況還很複雜，此不多贅述。

文物三級品的數量相當大，青銅器也不例外，因而要求鑑定者要有較多的實踐經驗，並善於加以總結，自然可熟能生巧，達到準確。

1 獸面紋鼎 商

通高 18.9 口徑 13.5 釐米
1972 年河北石家莊市揀選
現藏河北省文物研究所

◆炊煮或盛食器。口微斂，斜折沿，直耳，深圓腹，圜底，下承三柱足。上腹部飾二組饕餮紋。◆從此鼎的形制和花紋來看，應為商代晚期之物，從底部留有的煙炱痕跡來看，當為實用器。

◆定級要素：此鼎因屬揀選文物，出土地點不詳，其研究價值低於正式考古發掘文物。

2 獸面紋觚 商

高 21.5 口徑 13.2 釐米
1960 年河北武安趙窰商墓出土
現藏河北省文物研究所

◆飲酒器。敞口，細柄，喇叭形高足。柄部飾兩組饕餮紋，在饕餮紋的上、下各有兩道弦紋，下部弦紋處有對稱的兩個十字形鏤孔。觚身殘存有麻織物的痕跡。◆觚在商代墓葬中常與爵、斝共置，而數量的多寡則標誌着貴族身份等級的高低，是當時很重要的禮器組合。

◆定級要素：此觚出土於商代晚期墓葬中，形制、花紋均為商代流行的式樣，屬一般性文物，保存基本完整。

3 卷雲紋修刀 商

通長 16.6 體寬 3.3 刃寬 3.8 釐米
1989 年江西新幹大洋洲出土
現藏江西省博物館

◆薄體扁平，呈豎直的寬條形，前為圓弧的雙面刃，柄部一側凹弧以便把握。上部近三分之二的兩面均佈以“V”形紋帶，兩側界以弦紋的邊飾，中填目紋、卷雲紋和鋸齒紋。中部還飾以正反相對的刀羽紋。◆此刀形體輕而平整，紋飾

較豐。修刀用作手工工具，其樣式不多見，而新幹大墓共出六件，此為其中之一。

◆定級要素：對商代手工業研究具有一定的價值，原已折斷，現經修復，下部有鏽蝕。

4 齒紋柄彎刀 商

長 28 釐米
1959 年河北崇禮出土
現藏河北省文物研究所

◆刀背寬而厚，扁柄，柄基部有一小凸，鉚釘狀柄首，柄部一面鑄有鋸齒紋。◆此件彎刀與河北青龍抄道溝發現的一批鄂爾多斯式青銅器的製作風格近似，特別是與鹿首、鈴首、環首彎刀的形制非常接近，應屬北方青銅器的範疇。◆青龍抄道溝青銅器羣的特徵，很接近於山西石樓後蘭家溝、保德林遮峪商代晚期銅器特徵，故此刀的年代應在商代晚期至西周早期。

◆定級要素：此刀對於研究探討北方古代青銅文化內涵有着重要的意義，惟具體出土地點與伴出物不盡詳明。

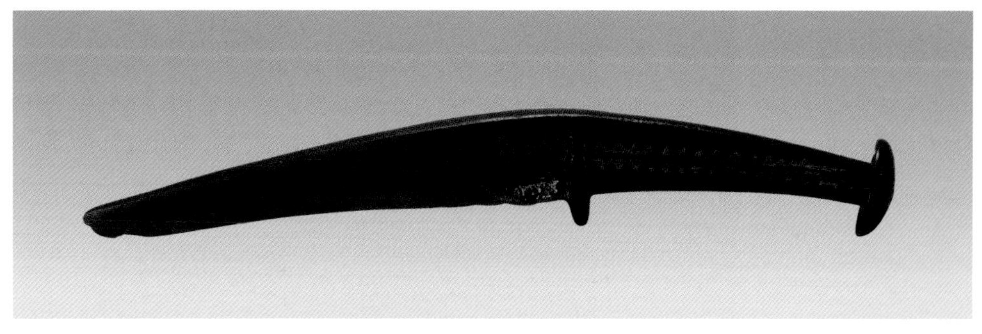

5 長脊寬翼鏃 商

通長 9.2 釐米
1989 年江西新幹大洋洲出土
現藏江西省博物館

◆此鏃通體綠鏽，中脊近菱形，翼薄平外張，側刃微弧，鋒銳過關，具有商代銅鏃的典型造型。◆鏃為箭之頭。商代鏃的主要特徵是鏃身由中脊分出左右對稱兩葉，向前聚成前鋒，向後形成倒刺的後鋒。

◆定級要素：此件銅鏃出於大型墓葬，時代明確。

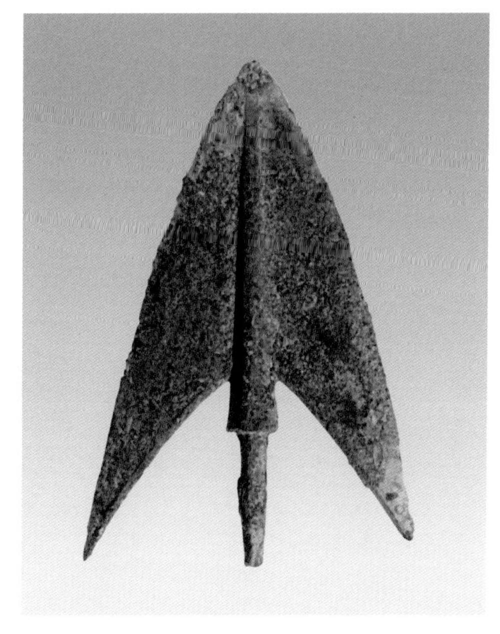

6 三足匜 西周

高 8 通長 19.1 釐米
1966 年河北唐縣南伏城出土
現藏河北省文物研究所

◆盥洗器。形似水瓢，前流，後環形鋬，鋬上作獸頭飾，平底，下有扁方形三足。◆此匜出土於唐縣南伏城的一處西周中晚期窖藏，伴出的有壺、簋、盤、鬲共計五件，埋於石砌的方池。◆根據這批銅器大都無紋飾、製作較粗糙的特點來看，可能是與舉行某種祭祀活動有關。河北地區西周的青銅遺物發現較少，這批窖藏銅器的發現為了解西周遺存的分佈情況提供了新資料，具有較為重要的研究價值。

◆定級要素：此匜製作略顯粗糙，且同類器為西周常見的一般性文物。

7 環首柄刀 西周

長 26 釐米
1964 年河北龍關採購站揀選
現藏河北省文物研究所

◆刀背寬而厚，扁柄略內凹，環首，刀尖翹起。

◆此刀的形制與河北灤平燊子溝山戎墓地出土的環首刀比較接近，燊子溝墓地出土的青銅短劍、環首刀及各種青銅工具，都具有鮮明的地方和游牧民族特點，所處時代在西周至春秋時期。

◆定級要素：此件保存完好、時代和地域特徵都比較明顯的環首銅刀，對了解古代北方少數民族的文化內涵有一定的幫助。

8 銅鸞鈴 西周

高 18 寬 9.8 釐米
1983 年河北元氏西張村西周墓出土
河北省文物研究所

◆鈴，樂器，亦可做裝飾品。上部成圓形，中心為一球形鏤空鈴，內含有一石丸。前後兩面正中各有一圓孔，孔周圍有八齒形透孔，鈴外周圍有一圈凸起透空邊。下部為梯形座，前後兩面靠近底部各有一圓穿孔，以固定鈴。

◆定級要素：此器造型較為別致。

9 蟠螭紋鼎 春秋

通高 22 口徑 22.5 釐米
1971 年安徽肥西小八里出土
現藏安徽省博物館

◆炊煮或盛食器。口微斂，折沿，圓柱形雙立耳，弧腹，圜底，三蹄足。有平蓋，正中有方柱形高鼻鈕，外圈飾竊曲紋，兩側卡扣於鼎耳。腹飾一周蟠螭紋，足根飾獸面並設扉棱。

◆定級要素：此鼎為春秋早期風格，耳及蓋鈕均有其自身特點，但鏽蝕較重。

10 蟠虺紋帶蓋圓鼎 春秋晚期

通高 26 口徑 18 釐米
1957 年江西上高塔下出土
現藏江西省博物館

◆炊煮或盛食器。附耳帶蓋，垂腹，平底，三細長外撇高足。蓋面及耳飾蟠虺紋，鼎體素面無紋。◆此鼎具有較為典型的越式風格，流行於春秋晚期至戰國初期，是江西北部地區受越文化影響的有力佐證。

◆定級要素：此鼎體、蓋、足均完整，鏽層平滑，胎體尚好，但附耳一缺一殘，蓋上缺一鈕。

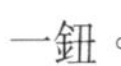

11 蟠螭紋尊 春秋

高 18.5 口徑 17.5 釐米
1955 年安徽壽縣蔡侯墓出土
現藏安徽省博物館

◆容酒器。敞口，直頸，腹稍鼓，高圈足。腹飾四組蟠螭紋，頸飾幾何紋，原嵌紅銅已部分脫落。◆此式銅尊因造型似觚而被稱作觚形尊。

◆定級要素：此尊承襲西周時期造型，較為清秀，嵌紅銅工藝在祭器中屢見，但鏽蝕甚重，紋飾僅見四分之一。

12 素面斧 春秋

長 7.7 銎口 3.1 × 1.3 刃寬 4.3 釐米
1977 年安徽貴池徽家沖出土
現藏安徽省博物館

◆砍伐工具。方銎，腰部內收，以下漸寬，平刃。斧體較扁，側面略呈等腰三角形，範線稍偏一側，較寬的一側開刃。◆同時出土的還有二十餘件農具，包括鎒、鏟、鋳、鐮等。目前青銅生產工具發現比較少，此批農具出土有其重要意義。

◆定級要素：此斧銎口稍殘，素面無紋。

13 弦紋斧 春秋（一說戰國）

上寬 3.1 上厚 2.3 下寬 6.8 釐米
1991 年浙江義烏福田大王村出土
現藏義烏市博物館

◆砍伐工具。靴形，寬體弧刃式。銎呈長方形，銎下有兩道凸起弦紋。斧身兩面無紋飾，刃略弧，鋒利，使用時須安裝木柄。

◆定級要素：青銅斧在浙江地區出土較少，此斧保存完整。

14 蛙形飾牌 春秋

直徑 7.8 釐米
1966 年河北赤城出土
現藏河北省文物研究所

◆裝飾品。圓形，上端略凸。牌正中透雕一俯視蛙形圖案，蛙四足外伸，附着在圓形圈上，其周邊是鏤空的邊框。背面上端有兩個相對的勾牙。◆1976～1977 年在河北灤平䅆子溝門黃土坡山戎墓地曾出土有長方形獸紋、蹲虎形、龍形、蛙形等銅飾牌多件，為夏家店上層文化墓葬遺存，時代在西周至春秋時期。

◆定級要素：此件飾牌與其中的蛙形飾牌相似，對研究古代北方少數民族文化內涵有一定的參考價值。

15 漏鏟 春秋

高 9.5 長 33.5 釐米
現藏故宮博物院

◆器長方，呈簸箕形，前寬後窄，鏟底，壁為菱形透孔，可漏灰。圓筒形中空柄。◆漏鏟也稱炭箕，是用作鏟炭的工具，與取暖爐組合使用。

◆定級要素：與蟠虺紋爐同出於河南省新鄭縣，對於研究當時人們的日常生活有一定的價值。

16 帶蓋附耳鼎 戰國

通高 25 口徑 19.4 釐米
1964 年河北懷來北辛堡出土
現藏河北省文物研究所

◆炊煮或盛食器。子口，附耳稍斜曲，圓鼓腹較深，圜底。平頂蓋中央有一方環形鈕，頂面飾一圈三角竊曲紋，腹部亦飾一圈與頂面相同的竊曲紋。下承三個獸面蹄形足。◆此鼎出土於戰國早期墓中，與其同時出土的有製作精美的環帶紋大銅鑑、簋、壺、缶以及車馬飾、青銅刀、短劍、戈等。◆從青銅器的形制特徵來看，基本為燕國銅器的製作風格，時代在春秋晚期至戰國早期，因此這是一批屬於早期燕文化的重要遺物。

◆定級要素：此鼎造型渾厚，保存完好，是研究早期燕文化的重要遺物。

17 虺紋附耳帶蓋鼎 戰國

通高 24.4 口徑 18.5 釐米
1957 年河北懷來出土
現藏河北省文物研究所

◆炊煮或盛食器。子口，附耳，圓鼓腹，圜底近平，下為三蹄形足。帶蓋，上有四個環形鈕。蓋頂面飾有三層虺紋組成的裝飾紋帶，鈕上刻飾斜線紋。腹的上部飾一圈凸弦紋，口沿下至弦紋間亦飾蟠虺紋帶。◆此鼎的裝飾花紋採用戰國時期比較流行的蟠虺紋，其形制特徵與唐縣北城子戰國早期墓葬中的一件蟠螭紋帶蓋附耳鼎近似，亦應為戰國早期器。

◆定級要素：此鼎造型與中原地區常見的同類器物稍有不同，反映出某些地域特點，且保存完整。

18 曲足敦 戰國

高 14.1 口徑 20.6 釐米
1933 年安徽壽縣朱家集出土
現藏安徽省博物館

◆盛食器。半球狀，兩側各有一環耳，下分置三個“S”形足。素面。

◆定級要素：為楚球式敦，是楚器中具有代表性的器物之一。器身與蓋相同，此件為器身，現存另有數件，但不能確定認何件為蓋。

19 帶蓋豆 戰國

通高 33 口徑 19 釐米
1975 年河北滿城夜借村出土
現藏河北省文物研究所

◆盛食器。子口，帶蓋，豆盤與蓋扣合後呈圓形。蓋頂有圓盤形捉手，中心凹入，可以倒置。盤口緣有一對環耳，柄細高，足呈喇叭狀。◆據文獻記載豆是專門用來盛放醃菜、肉醬的器皿，在禮儀活動中常以偶數組合使用。

◆定級要素：此豆與唐縣北莊子戰國早期墓中出土的定為二級品的一件蟠虺紋帶蓋豆的形制相近，亦應為戰國早期器物，惟為素面，無裝飾花紋。

20 蟠虺紋柄匕 戰國

長 25 匕徑 5.8 釐米
1970 年河北唐縣北城子出土
現藏河北省文物研究所

◆挹食器。匕身長圓，扁平如鏟，長條形扁柄，上滿飾勾連蟠虺紋。◆匕用於挹取食物，類似現在的“匙”。考古發掘中常有匕和鼎或鬲同出的現象。◆此件銅匕出土於河北唐縣北城子的戰國

早期墓中（編號M2）。據古文獻記載，今唐縣一帶在春秋時為鮮虞國中山地。

◆定級要素：此匕的出土為研究中原文化與北方戎、狄文化的融合提供了很重要的實物資料，且銅匕的造型和花紋都較精美。

21 鋪首啣環盤　戰國

高 6.5 口徑 34.5 釐米
1990 年安徽舒城出土
現藏安徽省博物館

◆盥洗器。敞口直壁，口緣寬平，折腹分段，平底，外壁上有相對鋪首啣環。全器素面，無銘文。◆西周中期以後盤常與匜配對使用，為承水之器，在周代禮制中有一定的地位。

◆定級要素：此盤同式盤數量較多，且工藝一般，鋪首缺一環。

22 鋪首啣環匜　戰國

高 11 口徑 30 × 25 流長 11.5 釐米
1990 年安徽舒城出土
現藏安徽省博物館

◆盥洗器。長流槽，槽壁淺，體甚寬，口稍斂，折腹，上部平直，下部圜收，小平底。後壁有一個鋪首啣環。全器素面。◆匜為沃盥禮中盥手注水之器，與承水之盤合用。

◆定級要素：此匜是典型的戰國晚期之器，器體較大，但工藝一般，又無銘文。

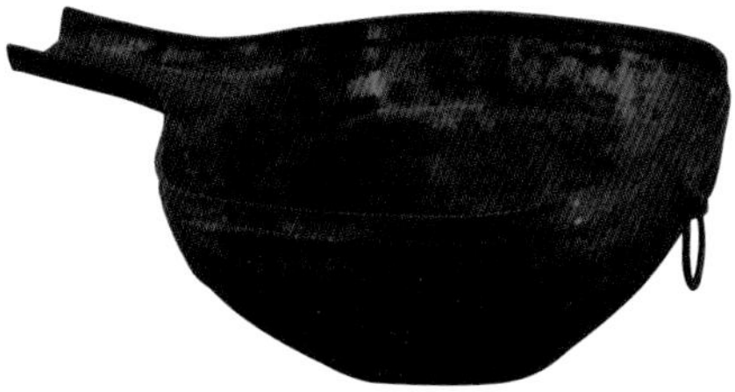

23 虎鈕錞于　戰國晚期

通高 39.5 盤徑 22.3 口徑 17 釐米
1956 年江西省合作社撥交
現藏江西省博物館

◆打擊樂器。虎鈕，盤口，腹壁直而略收，為錞于常見器形。其壁破一洞外，形體尚好。通體素面無紋，鏽蝕較輕。◆戰國時錞于集中出土於長江中下游地區。

◆定級要素：此件錞于無明確出土地點。

24 齒紋柄短劍　戰國

長 22.8 釐米
1967 年河北懷來縣土產經理部揀選
現藏河北省文物研究所

◆兵器。雙輪形劍首，輪面微鼓，周飾一圈三角紋，扁柄，中鑄兩條縱向對稱的鋸齒紋，劍格亦為雙輪形，劍身起脊。◆此劍屬於北方式青銅短劍的範疇，北方式青銅短劍是指分佈在中國北方包括東北地區以“T”字形柄曲刃式青銅短劍為代表的和以匕首式青銅短劍為代表的兩組不同的遺物羣，此件鋸齒紋柄首短劍屬於後一個支系。這類短劍的最大特點是劍體短小，類似匕首，劍柄上飾變化多端的獸紋和幾何形圖案。◆根據此劍形制及裝飾紋樣來看，時代約在春秋晚期至戰國早期。

◆定級要素：係徵集品，具體出土地點及伴出物不詳。

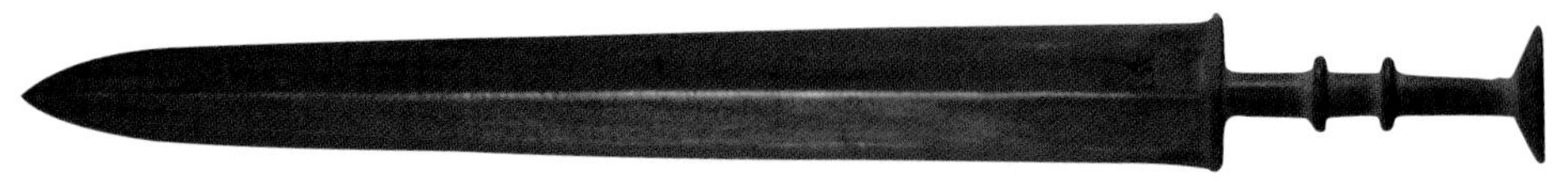

25 三穿戟　戰國

戈長 28　矛長 11.5 釐米
1959 年河北邯鄲百家村戰國墓出土
現藏河北省文物研究所

◆兵器。戈為狹長援，長胡三穿，內部三面有刃，上有一長方形穿。矛體呈葉形，中部起單脊，尖鋒，骹中空，上有對稱的兩圓孔。◆戟是戈與矛的合體，用木柲聯裝，是一種既可刺殺也可鈎啄的具有雙重性能的兵器。河北槁城台西商代墓中出土的青銅戟是目前發現時代最早的一件。

◆定級要素：此戟的形制在戰國中晚期甚為流行，但時代特徵明顯，保存完好。

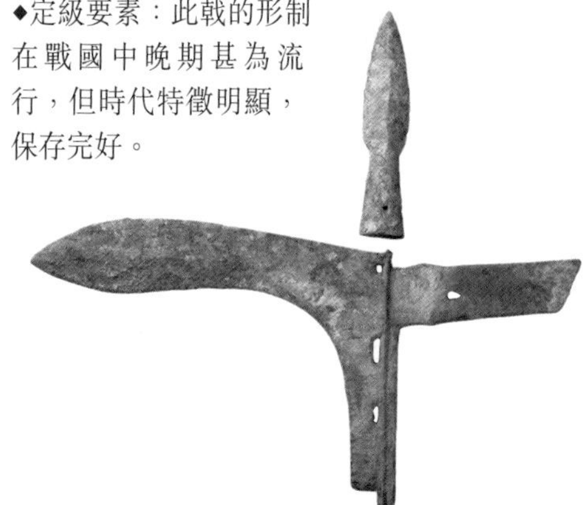

26 葉狀花紋杆首飾（附鐓）　戰國

長 12 釐米
1959 年河北邯鄲百家村戰國墓出土
現藏河北省文物研究所

◆似矛。體呈扁錐體，三面均飾有葉狀花紋，鋒圓鈍。圓銎，銎上有兩道凸起的 絲 索紋箍飾，並有對稱的兩孔，可安柲。附圓錐狀鐓，鐓的銎口部有兩個對稱的圓孔。◆此銅杆首飾的形制與1988年發掘的山西太原晉國趙卿墓所出同類器相近，趙卿墓銅杆首飾出土時柲、鐓齊備。◆鐓是矛形杆飾的附件，安裝在柲柄的末端。中國古代士兵集合時，有將鐓插在地上的習俗，因此鐓的下端做成尖鋒狀或者平底狀。

◆定級要素：此器工藝較簡單，出土時無配套的柲或鐓。

27 錯金銀嵌松石虺紋帶鈎　戰國

長 26.4 釐米
1967 年河北石家莊市揀選
現藏河北省文物研究所

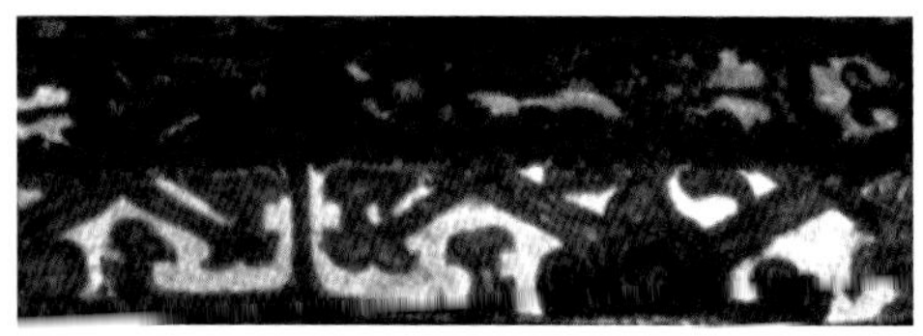

◆腰帶飾品。蛇頭形鈎首，鈎體長圓，形似琵琶，正面有兩條微凸的豎棱。通體為錯銀雲紋組成的菱形圖案，並滿飾變體虺紋，在雲紋和虺紋的空隙處嵌金，菱形圖案的四角均鑲嵌綠松石。鈎背靠近鈎尾端的一側有一圓形鈎鈕，靠近前端鈎頸部有一橋形穿。

◆定級要素：此件帶鈎形體較大，表面花紋繁縟，製作精良，色彩斑斕，具有較高的工藝水平，對研究戰國時期青銅製作工藝和裝飾技法都有一定的參考價值，但屬徵集品，出土地點不詳。

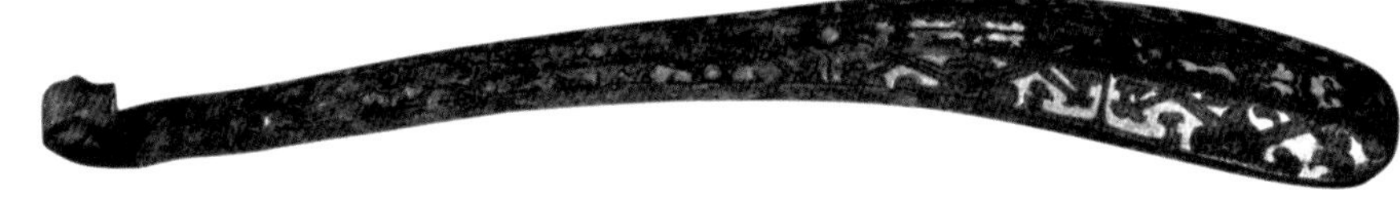

28 虎啣羊首飾牌　戰國

長 8 寬 5.5 釐米
1973 年河北豐寧石洞子出土
現藏河北省文物研究所

◆裝飾品。長方形，是以一虎和四羊首組成的鏤孔銅質帶具。虎為主體，前肢下伏，扭頸回首，呈蹲踞狀。在虎的背部、頸、腹下部飾有羊首，虎口還啣住一羊耳。虎身後有一大圓孔，孔左側有一突出的勾牙，牌背面前端有兩個對稱的牙狀突起。◆在長城一帶和內蒙古河套地區出土的青銅飾牌中，用虎作為主題紋飾的所占比例很大，其時代上限為西周中葉至春秋，下限可延至西漢中晚期。

◆定級要素：此件飾牌將一隻猛虎和其捕食的物件四羊首巧妙地結合成一體，造型生動和諧，對研究北方游牧民族的生活習俗、圖騰崇拜等文化特點具有一定的參考價值。

29 三棱形鏃 秦

1976 年江西遂川藻林出土
現藏江西省博物館

◆銅鏃頭呈長體三棱錐形。◆鏃與“廿二年臨汾曋庫系☐工歅造”銘文銅戈同時出土，銅戈考證為秦始皇時所鑄，故銅鏃應鑄於同一時代，為秦代之物。秦代時間短暫，南方遺留的器物少。

◆定級要素：此四件銅鏃有不同程度的鏽蝕，略有殘缺，但器形未受大的影響。

30 弦紋鼎 西漢

通高 25 口徑 19.2 釐米
1990 年安徽肥東長樂出土
現藏安徽省博物館

◆炊煮或盛食器。子口，附耳，鼓腹，圜底，三高蹄足。圓拱蓋正中有鼻鈕啣環，環外兩周弦紋，外圈弦紋上等分飾三個犧鈕，腹飾一周弦紋。

◆定級要素：此鼎承襲戰國晚期楚鼎造型，惟足根部裝飾有異。

31 鎏金耳杯 漢

高 2.6 寬 9.1 釐米
現藏故宮博物院

◆飲酒器。器呈橢圓形，左右各有一扁平耳，平底。通體鎏金。

◆定級要素：此種器物盛行於漢、晉時期，多為漆製，銅製少見。

32 龍首柄魁　東漢

高 7.3 口徑 22.2 釐米
1965 年河北望都出土
現藏河北省文物研究所

◆盛食器。直口，圓腹較深，平底，一側有龍首形柄。漢代盛羹多用魁，其形制特點是口徑較大，腹較深，平底，可平置於案上，魁柄較短，便於捉取。◆東漢墓中常發現作為冥器的陶魁。龍首柄魁與河北望都2號墓出土的朱繪灰陶魁的形制基本相同。

◆定級要素：為東漢之遺物，對了解東漢日常生活用器的種類有一定的幫助，且

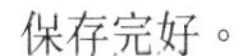

保存完好。

33 柿蒂柄博山爐　漢

通高 11 口徑 4.9 盤徑 11 釐米
1973 年安徽合肥出土
現藏安徽省博物館

◆焚香熏爐。蓋作鏤空羣山形狀，使用時將香料置於爐內焚燒，香煙透過鏤空的山形蓋逸出四散。此爐呈豆形，口一側有釦環與蓋相連，蓋可翻轉打開，便於投放香料。柄上飾四個伸張的柿蒂，裝飾性極強。喇叭狀足，足下承大盤。

◆定級要素：此爐全器清秀，但除四蒂造型外均為漢代熏爐常見，製作欠精。

34 雁足燈　漢

高 13.8 盤徑 11.6 釐米
1953 年徵集
現藏安徽省博物館

◆上為圓形燈盤，使用時注油其中，燈柱作雁足形，手法寫實，關節及蹼清晰可見。足下聯一方座，以增加燈的穩定性。◆雁足燈為漢代常用的照明燈具。

◆定級要素：此燈器形常見，製作不精。

35 昭明連弧紋鏡 西漢

直徑 10.4 緣厚 0.4 釐米
1985 年河北陽原三汾溝漢墓出土
現藏河北省文物研究所

◆照容用具。圓形。圓鈕，圓鈕座，寬平緣。鏡背主題紋飾分內、外兩區，內區飾寬線圈和內向十二連弧紋，連弧紋與鈕座之間填飾弧線和短線紋。外區為銘文帶"內清以昭明，光象夫日月，不泄"十二字，字間夾"而"字。◆昭明鏡是出土最多，流行範圍最廣的西漢銅鏡，以西漢晚期最為盛行，其銘文比較固定的為四句："內清以昭明，光象夫日月，心忽揚而願忠，然壅塞而不泄"，但從第三句始，多有減字、省字、減句等隨意現象，從此鏡銘文也可知對當時鏡銘的完整性並無嚴格要求。

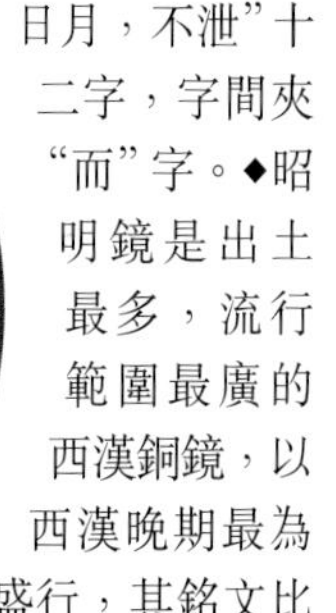

◆定級要素：此鏡紋飾樸素，文字方正、清晰，對確定墓葬年代有一定參考價值。

36 大吉利夔鳳紋鏡 東漢

直徑 12.2 緣厚 0.2 釐米
1975 年河北保定市揀選
現藏河北省文物研究所

◆照容用具。圓形。圓鈕，圓鈕座，素寬緣。鏡背主題紋飾採用平雕技法，刻劃兩條曲軀之夔鳳夾鈕同向環繞，其外在兩圈凸弦紋內飾一圈變形雲紋，雲紋之間有"大吉利"三字銘。◆雙夔（鳳）紋鏡類主要流行於東漢中晚期，一般紋飾佈局採用"軸對稱"格式，即雙夔（鳳）夾鈕相對，銘文多在鈕上、下直行排列，有"位至三公"、"長宜子孫"、"君宜高官"等吉祥用語。

◆定級要素：此鏡一夔一鳳的軀體作環繞狀，三字銘置於一側，這種裝飾佈局在同類鏡中比較少見，對了解東漢銅鏡裝飾紋樣的種類、特點有一定的幫助。

37 銘文弩機 漢

長 13.6 釐米
1975 年安徽長豐孫廟出土
現藏安徽省博物館

◆有郭，郭面後寬前窄，且前端至望山處有置弩矢的凹槽，郭身前後各有一穿釘，便於固定於木臂上。通體素面無紋。懸刀一側鑄有銘文，但已鏽蝕不能辨認。

◆定級要素：漢代精製的弩機郭面多有錯金銀花紋，望山上有用於瞄準的各種刻度，有的還刻銘文，註明鑄造時間、監製機構和工師姓名，而此件弩機皆無。

38 錯金銀卷雲紋帶鈎 西漢

長 17.2 釐米
1971 年河北保定市揀選
現藏河北省文物研究所

◆腰帶鈕飾。螭首形鈎，圓棒微曲的鈎體，鈎尾平齊。鈎背靠近鈎首的一端有一圓形鈎鈕。通體飾錯金銀卷雲紋和粟粒紋。

◆定級要素：此件帶鈎的形制及花紋在西漢十分流行，錯金銀花紋繁縟細膩，做工精緻，欣賞價值較高，是了解和研究漢代錯金銀工藝技法的重要實物資料。

39 三鹿紋飾牌 西漢

長 7.7 寬 4.8 釐米
1963 年河北清苑出土
現藏河北省文物研究所

◆裝飾品。長方形，外為繩索紋邊框，內透雕三鹿並列紋。三鹿頸項直伸，昂首，同向佇立，上部花枝形鹿角連結為一體。背面平素無紋。

◆飾牌是中國北方草原文化最為常見的青銅飾件，大多採用透雕與浮雕相結合的製作方法，刻劃出鹿、馬、虎、駱駝等動物形象。◆此件飾牌與內蒙古烏蘭察布盟二蘭虎溝出土的三鹿紋飾牌基本相同，其時代屬西漢中晚期。

◆定級要素：飾牌出於清苑縣境，對研究西漢時期北方少數民族文化與中原文化的融合有一定的價值，但屬小件器，且有殘損。

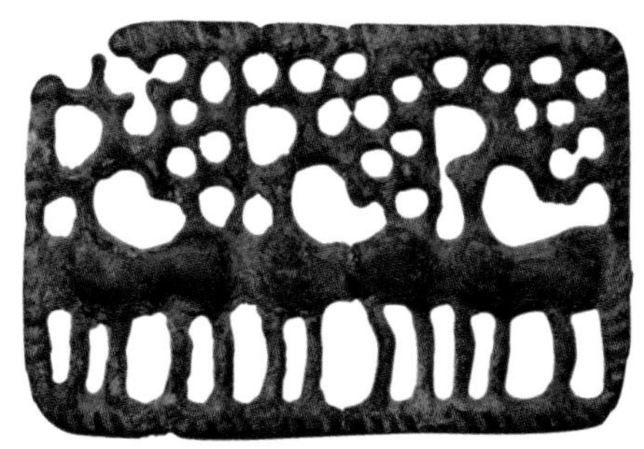

40 銅立馬 西漢

高 15.5 長 14.8 釐米
1965 年河北定縣三盤山 121 號漢墓出土
現藏河北省文物研究所

◆陳設器。馬為澆鑄而成，實心。馬昂首而立，頭部比例較小，招風耳，頸脊有鬃毛直立，胸部肌肉發達前凸，腰和臀部渾圓，四足雄健，短尾微揚。◆ 1965 年在定縣三盤山發掘了三座大型木槨墓，此件銅馬出於其中的 121 號墓。◆根據三座墓葬的地理位置、墓葬形制和出土器物分析，其時代略晚於西漢中山靖王劉勝墓，很有可能是西漢中山諸王的陵墓。

◆定級要素：此件銅馬形體較小，但保存基本完整，反映了當時青銅鑄造工藝的某些特點。

41 鎏金當盧 西漢

長 27 寬 7.8 釐米
1965 年河北定縣三盤山 120 號漢墓出土
現藏河北省文物研究所

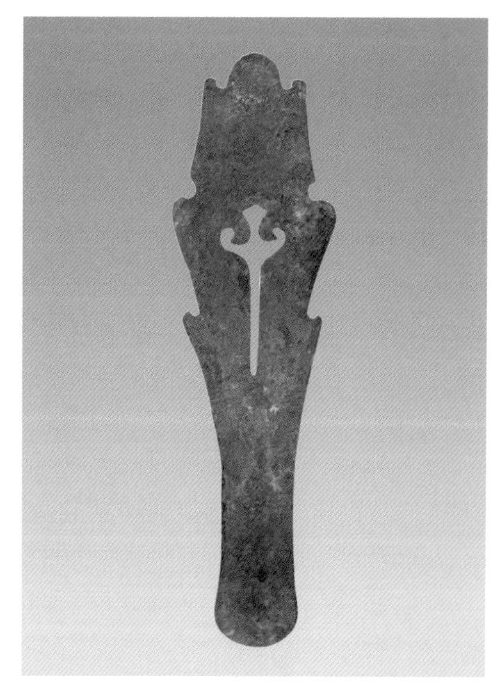

◆當盧為象徵性的馬面形，鼻梁部分鏤孔，背面上下兩端各有一豎鈕，上部邊緣有對稱的五個小鈕。正面鎏金。◆先秦時期裝飾在馬身上的飾件較多，如馬冠、貝勒等，到了漢代，當盧則成為常見的一種馬飾，裝在馬面上，其形制有這種馬面形，還有做成葉狀或在頂部與兩側伸出鳥頭，使其更加富有裝飾性。

◆定級要素：此件馬面形當盧，正面鎏金，保存完整，是兩漢時期較為流行的一種，對了解古代馬飾的種類及形制變化有一定的幫助。

42 鎏金車軎　西漢

高 8.8 座徑 7.8 釐米
1965 年河北定縣三盤山漢墓出土
現藏河北省文物研究所

◆車軎呈圓筒形，筒外壁中部有凸起的箍，底部為寬出軎筒的圓形轄座，上有長方形轄孔。通體鎏金，現已大部分脱落，鐵轄鏽蝕。◆車軎是安裝在車軸通過轂以後露出的末端，用來保護軸頭的。◆此件車軎出土於定縣三盤山大型西漢墓（編號120號），同時發掘的共三座大墓。根據墓葬所處地理位置和墓中出土的大量隨葬品及"劉熇君"、"劉展世"銅印，初步斷定為漢中山王家族墓地。

◆定級要素：這套圓筒形車軎是漢代最為常見的一種形制，對了解漢代車器部件的製作、形制、使用等情況都有一定的參考價值。

43 鳥首鐎　漢

高 14.1 釐米
1965 年河北唐縣出土
現藏河北省文物研究所

◆溫酒器。直口，圓腹，圜底，下有三蹄形足。帶蓋，蓋上有鼻，套一圓環。流端作鳥首形，方銎式柄。◆根據考古發掘證明，出土物中有放在爐上的鐎，可知是溫酒器。

◆定級要素：此鐎的形制與山西太原東太堡出土的一件自銘銅鐎基本一致，應為漢代遺物，對了解漢代生活用具的種類有一定的幫助，且保存完好。

44 龍首曲柄鐎斗 漢

高 8.7 口徑 15.8 釐米
1970 年河北磁縣嶽城水庫出土
現藏河北省文物研究所

◆炊器。直口，斜折沿，扁圓腹，圜底近平，三足較細高。沿下一側有龍首形曲柄。
◆定級要素：鐎斗雖為常見器，但此件鐎斗柄首較為別致。

45 龜形硯滴 東漢

高 5.3 通長 14 釐米
1959 年河北邯鄲百家村出土
現藏河北省文物研究所

◆文具。硯滴作爬行狀的龜形，口部啣一耳杯，龜身右側附一半圓形扁鋬，象徵筆插。龜背中部置一圓形注水口，腹中空。◆硯滴作為文具是用來往硯內注水的，在漢代多取材於與水有關的動物形象。
◆定級要素：河北易縣東漢墓中出土了一件龜蛇合體的玄武形硯滴，玄武為北方之靈，北方在五行中屬水。因其造型精巧，結構嚴謹，靈龜體態生動自然，紋飾優美，定為二級品。此件素面龜形硯滴與之相比，無論從造型和製作工藝上都有所不及。

46 直柄熨斗 晉

通長 42.5 口徑 15.5 底徑 11 高 4.5 釐米
1979 年浙江義烏義亭西山農場出土
現藏義烏市博物館

◆熨燙衣物的用具。圓體，平底。寬口沿略殘，上有弦紋數道。口沿下鑄一長扁條直柄。
◆定級要素：此件熨斗的出土為浙江地區已較早掌握熨衣技術提供了實證，同類器在浙江地區出土較少。

47 獸蹄足鐎斗 晉

通高 22.8 口徑 17.3 釐米
1977 年浙江義烏義亭西山農場出土
現藏義烏市博物館

◆炊器。體呈盆形。寬唇沿外撇。盆下部鑄三條獸蹄形長足，中部稍細，外撇。腹中上部按一高出盆口的 S 形細柄，柄端鑄成龍首狀，厚實誇張。

◆定級要素：此件鐎斗造型別致，樸實中透着秀氣，是一件美觀與實用相結合的器物，但口沿稍殘。

48 觀世音造像 北魏

通高 19.5 釐米
現藏河北省博物館

◆觀世音頭戴寶冠，眉目清秀，臉型微瘦，雙目低垂，神態安詳。赤足立於覆蓮台上。上衣袒露右臂，披長巾，右手執蓮蕾，左手下垂。下身著長裙，衣紋流暢，有質感。覆蓮台下為四足方床，床上刻有銘文"正光三年（公元522年）十月二十六日，新城縣梁□□夫妻為亡父母造觀世音一軀"。身後有火焰紋背光，雕刻細緻。造像背面陰線條雕刻七佛，線條簡潔明快。

◆定級要素：此尊觀世音像是研究北魏金銅佛像典型的實物資料，但因殘缺經修復。

49 弦紋洗 唐

高 5.2 口徑 16.8 釐米
1956 年江西南昌江西造紙廠工地出土
現藏江西省博物館

◆盥洗器。銅質近黃，係壓打成型。形體完好，鏽色穩定，表面形成光亮的氧化層。口沿有一弦紋，餘均素面無紋。

◆定級要素：此洗出土於墓葬之中，具有較為典型的時代特徵，但江西地區較為多見。

50 雀繞花枝鏡 唐

直徑 14 緣厚 1 釐米
1971 年河北張家口市揀選
現藏河北省文物研究所

◆照容用具。菱花形，內切圓形。高緣，邊微突。紋飾分內外兩區，外區略高於內區。內區浮雕雙雀和雙鳧雁相間同向環繞。雙雀口啣小蟲展翅飛翔，雙鳧雁一作彎頸啄食，一作靜立狀。外區飾四朵小折枝花間四朵流雲。畫面生動簡潔，主題紋飾和菱式邊緣相映成趣組成一幅情趣盎然，富有動感的花鳥小景。◆此類鏡式在唐代比較流行，最盛期大致在唐高宗和武則天時期及稍後。

◆定級要素：此鏡呈銀白色，鏡體厚重，鏡面微凸，光可照人，紋飾優美。

51 神獸葡萄鏡 唐

直徑 9.2 釐米
1986 年浙江義烏合作稽亭村出土
現藏義烏市博物館

◆照容用具。圓形。伏獸鈕。凸弦紋圈將鏡背分為內外兩區。內區淺浮雕五個憨態可掬的瑞獸同向攀援葡萄枝蔓。外區葡萄蔓枝間碩大的葡萄串和禽鳥相間環繞。如意雲紋緣。

◆定級要素：此鏡裝飾華美，細部變化較多，視覺效果強烈，但有斷痕。

52 對鳥鏡　唐

直徑 20.4　緣厚 0.4 釐米
1960 年河北懷來大古城出土
現藏河北省文物研究所

◆照容用具。葵花形。龜鈕，圓鈕座，緣微鼓。鈕兩側浮雕兩隻仙鶴，一鶴曲頸回首束翅而立，一鶴展翅抬足引頸昂首，相對起舞。鈕上飾三朵祥雲，中間一朵由龜口上方冉冉升起；鈕下為仙山疊嶂。◆

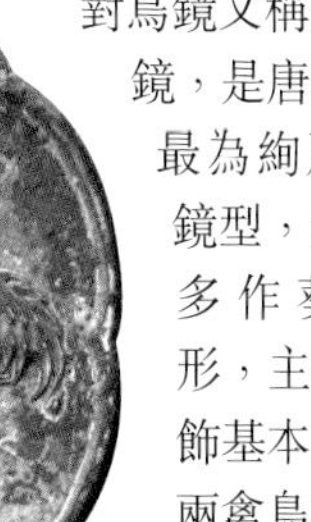

對鳥鏡又稱雙鸞鏡，是唐鏡中最為絢麗的鏡型，形制多作葵花形，主題紋飾基本上是兩禽鳥左右相對，挾鈕而立。紋樣有雙鸞啣綬、雙鵲繫綬、雙鳥啣花枝等多種，禽鳥形態俊美，婀娜多姿，在鈕的上下多配飾花枝、雲月、仙山等，流行於盛唐和中唐時期。

◆定級要素：此鏡銅色銀白，質地優良，體大且圖案優美典雅，但稍有殘損。

53 寶相花鏡　唐

直徑 23.5　緣厚 0.6 釐米
1965 年河北張家口市揀選
現藏河北省文物研究所

◆照容用具。葵花形。圓鈕，花式鈕座，素緣微鼓。鈕座外飾一周連珠紋，主題紋飾為八朵兩種形態的寶相花相間環繞。所謂“寶相花”，一般指的是將某些自然形態的花朵（主要是荷花）進行藝術處理，使之變成一種裝飾性的紋樣。◆寶相花鏡又稱團花鏡、花枝鏡等，形制有圓形、葵花形、菱花形等，其中以葵花形最多，流行於盛唐及其以後。

◆定級要素：此鏡體大厚重，呈銀白色，鏡面平滑，光可照人，工藝水平較高。

54 海獸葡萄紋方鏡　唐

邊長 11.5 釐米
清宮舊藏

◆照容用具。鏡體厚重潔白，凸起邊框將鏡背紋飾分成內、外區。內區為四隻海獸，葡萄為地紋。外區繁茂的葡萄枝葉中有飛禽棲息。

◆定級要素：唐鏡中飾海獸葡萄紋者較多，但多為圓形鏡，方形者少見。

55 鎏金佛坐像 唐

高 8.9 釐米
1980 年河北石家莊市揀選
現藏河北省文物研究所

◆彌勒佛通體鎏金。肉髻，面龐方圓，彎眉杏目，小口，右手扶膝，左手曲肘上舉，結說法印。身披袈裟，袒右胸，下襬寬大，作吊簾式處理。◆唐代佛像製法純熟，更趨於寫實性。

◆定級要素：此尊金佛面龐圓潤清麗，肌膚豐盈健美，十指纖細柔潤，衣紋起伏飄逸，極富質感，具有顯著的唐代造像特徵，但頭光、佛座等附件均失。

56 鎏金菩薩立像 唐

通高 10.8 釐米
1976 年河北保定市揀選
現藏河北省文物研究所

◆觀音菩薩通體鎏金。頭戴花蔓冠，寶冠中部有阿彌陀佛坐像，寶繒分垂兩側，長達膝部。面龐豐圓，神態端莊慈祥。袒胸，雙腿裸露，腰略右傾，身披天衣，腰繫帶，下著短裙，飾瓔珞，佩腕釧、足釧。右手托一蓮苞曲肘上舉，左臂下垂，手提一寶瓶，跣足立於束腰蓮台上。蓮台基座呈八角形，中空，下端有兩榫，像背頭部亦有一榫。◆在佛教諸大菩薩中觀音菩薩以慈悲著稱，與大勢至菩薩同是阿彌陀佛的脅侍菩薩。對觀音菩薩的信仰始於東晉，至唐代更加盛行，並出現了觀音菩薩的獨立道場——普陀山。

◆定級要素：此尊觀音菩薩造型比例適宜，衣飾華麗，體態婀娜多姿，具有典型的唐代藝術風格，但是失羣的脅侍菩薩，頭光亦失。

57 鎏金菩薩立像 唐

高 9.2 釐米
1971 年河北保定市揀選
現藏河北省文物研究所

◆大勢至菩薩通體鎏金。頭戴天冠，冠正中有一寶瓶，寶繒由兩側曲折下垂至膝。面龐方圓，五官清秀。上身袒露，腰繫帶，下著長裙，披帛繞臂沿體側下垂至蓮台，左手握一蓮蕾曲肘上舉，右臂下垂手提披帛。飾項圈、瓔珞、腕釧，細腰鼓腹略左傾，跣足立於束腰蓮台上。蓮台基座呈八角形，中空，下端有兩榫，像背頭部亦有一榫。◆大勢至菩薩又稱得大勢菩薩或大精進菩薩，簡稱為勢至。此菩薩以獨特的智慧之光遍照世界一切眾生，相傳他是西方極樂世界教主阿彌陀佛的脅侍，與阿彌陀佛和觀世音菩薩一起合稱“西方三聖”。

◆定級要素：此尊大勢至菩薩面相端莊，姿態優美，肌膚豐盈，衣飾華麗，具有典型的盛唐造像特徵，但是失羣的脅侍菩薩，頭光亦失。

58 鼎形“長宜子孫”鏡 宋

通高 16.7 緣厚 1 釐米
現藏河北省博物館

◆照容用具。鐘鼎形。鏤空耳，有足。鏡背兩側各有一行四字銘：“長宜子孫”和“永保作鑑”。

◆定級要素：此鏡形式新穎獨特，但製作不精，時代較晚。

59 連錢紋折枝花鏡 宋

直徑 15.5 緣厚 0.1 釐米
1965 年河北保定市揀選
現藏河北省文物研究所

◆照容用具。亞字形。小鈕，素寬緣。鏡背斜置雙線連錢紋方欄，方欄內滿飾微花連錢紋，方欄外四邊與連珠紋圈之間飾四株折枝菊花。◆宋代由於銅料缺乏，銅鏡多輕薄，紋飾亦採用淺細浮雕技法精雕細刻花卉、花鳥等圖案。

◆定級要素：此鏡所飾連錢紋也稱織錦紋，是宋代銅鏡中較為流行的一種紋飾，紋飾雕工纖細、精美，佈局方圓結合錯落有致，是宋代銅鏡的代表之作。

60 纏枝花鏡 金

直徑 12.1 緣厚 0.2 釐米
1967 年河北張家口市揀選
現藏河北省文物研究所

◆照容用具。八瓣菱花形。小鈕，素寬緣。鈕外飾四株纏枝花，枝蔓捲曲纏繞。周邊一圈連珠紋，連珠紋與鏡緣間填飾疊雲紋。緣一側有“兩京巡院官”刻記及花押。◆在南宋時期，河北地處金朝京畿之地，鑄鏡工藝多受宋人影響，花枝鏡亦是當時比較流行的鏡類之一，有纏枝花、折枝花等多種。其形制有圓形、菱花形、葵花形、方形、亞字形等，有的還刻有官府檢驗刻記。

◆定級要素：此鏡形制、花紋均仿宋鏡，但花紋不如宋鏡纖細，且有金代官府驗記。

61 達摩渡海故事鏡 金

直徑 15.7 緣厚 0.65 釐米
1967 年河北高碑店揀選
現藏河北省文物研究所

◆照容用具。八瓣菱花形。圓鈕。鏡背滿飾波濤起伏的海水，右側為一身披袈裟的僧人，手持被風吹落的斗笠（或被認為是法器），足踏一葉小舟漂浮過海。左下側有一龍躍出水面，口吐升騰的雲霧，雲霧上端浮現一座廟宇。斗笠上有檢驗刻記“都右院官”和一花押。◆人物故事鏡是金代最為流行的鏡類之一，題材多為神話傳説或當時人們喜聞樂見的生活場面。達摩渡海故事鏡取材於佛教傳説故事。達摩是菩提達摩的簡稱，是中國禪宗的創始者。◆另外，金代施行銅禁，所鑄銅鏡需經官府檢驗並鑿刻驗記方能流通，所刻驗記乃是金代銅鏡的顯著特點之一。

◆定級要素：此鏡紋飾取材達摩渡海的情節，採用浮雕技法，表現的人物形象生動逼真。

62 王質觀棋故事鏡 金

直徑 11.6 緣厚 0.3 釐米
1958 年河北固安出土
現藏河北省文物研究所

◆照容用具。八瓣菱花形。圓鈕。鏡背右側有一株枝葉繁茂的大樹，樹後有遠山，樹下有堤岸，岸兩端各有兩人，身著短衫，雙手持物，作行走交談狀。鈕左上方山岩上有兩人席地而坐，正在對弈，中間站立人，手持長擔觀棋。素緣，緣上刻有驗記“高唐訖”及一花押。◆王質觀棋故事鏡是金代比較流行的鏡類之一，故事內容取材於爛柯山圍棋的傳説。

◆定級要素：此鏡圖案有觀棋和樵夫活動的兩個場面，襯以山水樹木，構圖層次清晰。

63 許由巢父故事鏡 金

直徑 18.3 緣厚 0.5 釐米
1967 年河北高碑店揀選
現藏河北省文物研究所

◆照容用具。圓形。圓鈕，素寬緣。鏡背浮雕一組山水人物，鈕的上方為起伏的山巒，其間雲霧繚繞。山上山下點綴有靈芝、樹木。鈕下溪邊一人蹲坐洗耳，對面一人牽牛而立，一手前舉，兩人作對話狀。◆此鏡圖案內容取材於古代傳説許由巢父的故事。相傳堯讓天下於許由，由不受而逃，巢父聞而洗耳於水濱。樊豎字仲父，牽牛飲之，見巢父洗耳，恥令牛飲其下流，乃趨牛而還。◆定級要素：此鏡所表現的是該傳説的後半部，山巒樹木象徵着隱士隱居的深山老林，構圖蒼勁，猶如一幅優美的山水畫。

64 帶柄雙魚鏡 金

直徑 10.9 緣厚 0.5 柄長 9.8 釐米
1966 年河北高碑店揀選
現藏河北省文物研究所

◆照容用具。圓形。直柄。鏡背主紋浮雕兩鯉魚折身擺尾相對漫游，周圍填飾水波紋。柄滿飾卷枝紋。◆雙魚鏡是金代最具特色和最為流行的鏡類之一，其形制以圓形的居多，主題紋飾均為兩條鯉魚在水中對游，有的填飾水草、花枝，有的滿飾水波紋，形態生動活潑，具有濃郁的自然情趣。◆金代雙魚鏡之多，可能與女真人祖先以漁獵為生和受中原文化影響等因素有關。◆定級要素：此鏡塑造的雙魚體態活潑，栩栩如生，是金代雙魚鏡的典型作品。

65 至大四年銅權　元

高 10 釐米
1964 年河北承德專區土產經理部揀選
現藏河北省文物研究所

◆衡器。亞腰圓柱形，方環鈕，圓形疊澀式底座。正面陰鑄雙豎行銘文“至大四年　二十五斤”，背面亦鑄雙豎行銘文“大都路較同二十五斤”。由此可知此件銅權鑄造於元武宗至大四年，即 1311 年。◆據《元史 · 地理志》記載：“元太祖十年克燕，初為燕京路……世祖至元元年……遂改中都，九年改大都，十九年置留守司，二十一年置大都路總管府”。大都路治所在今北京市。

◆定級要素：此權時代雖晚，但銘文有一定的史料價值。

66 至正二十三年銅權　元

高 11.0 釐米
1962 年河北保定專區土產經理部揀選
現藏河北省文物研究所

◆衡器。扁平六面體，方環鈕，束腰，六角形厚底座。正面陰鑄雙豎行銘文“至正二十三年造”，背面亦陰鑄雙豎行銘文“棣州校勘相同”，可知此權鑄於元惠宗至正二十三年，即 1363 年。◆據《元史 · 地理志》載：“棣州，唐析滄州之信陽、商河樂陵、厭次置棣州，宋金因之，元統三年改置濱棣路安撫司。”治所在今山東惠民。“校勘相同”意指驗官署校驗符合規定標準。

◆定級要素：此件帶銘銅權對研究元代衡制有一定的參考價值。

67 宣德仿古獸面雷紋觚 明

高 16 口徑 9.9 圈足徑 6.8 釐米
1966 年河北宣化四方台明墓出土
現藏河北省文物研究所

◆飲酒器。喇叭形口，細長柄，圈足。柄中部飾三組獸面紋，雷紋地，上有三個扉棱。在其上下各飾兩圈凸弦紋。器底中心凹方框內鑄陽文“宣德年製”兩行四字楷書款。方框不甚規整，長 2 釐米，寬 1.8 釐米。

◆定級要素：此觚銅質精良、厚重，製作規整，加之出自明代墓葬，是標準的宣德仿古銅器，具有一定的研究和觀賞價值。

68 象形熏爐 明

通高 18.6 口徑 11.7 釐米
1984 年浙江義烏佛堂鎮稽亭村出土
現藏義烏市博物館

◆焚香熏爐。子母口，三隻象鼻足鼎立，爐身上部飾有三隻等距象首耳，蓋鏤空作如意雲氣紋飾，蓋頂飾有卧象，象背馱“必定如意”以為鈕。爐口沿外側澆鑄陽文“大明宣德年製”楷書款。

◆定級要素：此件熏爐紋飾古樸典雅，技法熟練，動物造型生動，器形別致，但有殘破。

69 宣德仿古獅首鋬爐 明

口徑 10.5 圈足徑 10.4 釐米
1966 年河北宣化四方台明墓出土
現藏河北省文物研究所

◆焚香熏爐。直口，短頸，鼓腹下垂，平底，矮圈足。肩兩側各有一獅首形圓鋬，爐底中心凹方框內鑄“大明宣德年製”三行六字楷書款。方框不甚規整，長 2 ~ 2.1 釐米、寬 3 ~ 3.1 釐米。

◆定級要素：此爐銅質精良、厚重，製作規整，加之出自明代墓葬，是標準的宣德仿古銅器，具有一定的研究和觀賞價值。

70 五嶽真形鏡 明

直徑 10.1 釐米
浙江義烏同裕出土
現藏義烏市博物館

◆照容用具。圓形。無鈕，鏡心為中嶽形，外四個方位分別代表四嶽，鏡緣窄凸。五嶽為中嶽嵩山，東嶽泰山，西嶽華山，南嶽衡山，北嶽恒山。此鏡鏡背的五嶽真形圖是道教的符籙。

◆定級要素：同類鏡在浙江地區少有發現。

71 薛晉侯款銘文方鏡 清

邊長 9 厚 0.25 釐米
1978 年浙江義烏義亭畈田朱村出土
現藏義烏市博物館

◆照容用具。方形。素寬緣，無鈕。鏡心內有十六字楷書銘文：“方正而明萬里無塵水天一色犀焰群倫。”在方鏡左中位置有陽文篆體“薛晉侯造”方章。

◆定級要素：湖州薛晉侯以鑄鏡技術精湛名聞天下，但同類鏡遺存較多。

72 "正白旗滿洲四甲喇參領之關防"銅印 清

通高 11.4 邊長 9.6 邊寬 6 釐米
現藏河北省博物館

◆合金銅鑄造。橢圓形柱狀長直鈕，呈長方形。印面文為滿漢文篆書對譯，右漢文篆書兩行"正白旗滿洲四甲喇參領之關防"，左滿文篆書兩行。印背鈕右側陰刻漢字楷書兩行，鈕左側陰刻對譯滿文兩行，其文為"正白旗滿洲四甲喇參領之關防禮部造"。印右立側陰刻"乾隆十四年十月□日"，左立側陰刻"乾字二千三百十五號"。

◆定級要素：此印為正三品八旗武官印，存世較少。

73 雙耳爐 民國

高 7.6 口徑 10.8 底徑 8 釐米
1984 年浙江義烏佛堂區校窖藏出土
現藏義烏市博物館

◆焚香熏爐。敞口，平唇，垂腹，圈足外撇。腹部鑄對稱雙魚龍耳。足底陰刻楷書"大明宣德年製"。

◆此爐係窖藏出土，同出的還有鷹洋、光緒元寶、金戒指等器物。

◆定級要素：造型古樸大方，手感較輕。可以確定其最遲為民國時所作。

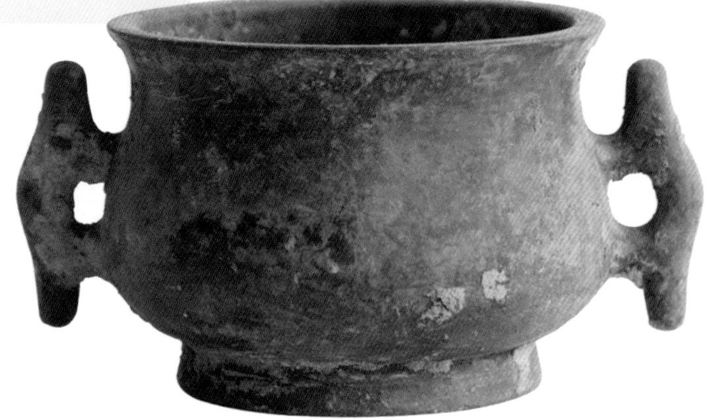

金銀器

國寶級金銀器定級概述

黃金和白銀，是金屬中“天生麗質”的貴族，屬於價值最昂貴的一種金屬。金銀具有很高的延展性，硬度適中，易錘打變形，可隨意加工成人們需要的形狀，又具有天然色澤，不易氧化變色，是良好的工藝品材料。因此自古以來金銀具有財富和藝術的雙重價值，被古今中外收藏家視若珍寶。

從世界範圍來看，人類歷史上最早的金銀製品出現於地中海地區，在兩河流域的美索不達米亞北部的高拉遺址歐貝德末期地層、約公元前 4000 年的墓葬中就出土了大量金製裝飾品。古代美洲也是傳説中的黃金之國，在今秘魯公元前5000年左右的金器工場內，就已經發現了經錘打過的碎金片和加工更加精緻的鍛接金製品。瑪雅文化、印加文化更是創造了各具風格的金銀藝術品。格魯吉亞地區特里亞梯也曾發現過大約公元前十八世紀的金銀器隨葬品。這些發現着實令人讚歎不已。從世界範圍來看，中國古代金銀器的起步較晚，至遲在距今3000年前的商代，出現了迄今為止所知最早黃金製品。銀製品的出現要更晚。早期的金銀器均為小型的裝飾品，或是其他器物上的附屬飾件。這一時期金銀器的製造方法為澆鑄，純度不高，是由沙金提煉而成的。春秋戰國時期終於出現了金銀器皿，工藝已有較大發展，創造出金銀工藝與青銅工藝相結合的精品佳構。但金銀工藝大都附屬於青銅工藝，這是青銅時代的手工業特性，也體現了以周禮為社會支點的時代精神。目前發現的戰國金銀器，除澆鑄外，已出現了錘鍱、鏨刻、拉絲、雕鏤、焊接、鎏金、錯金銀、包金、炸珠等工藝。所謂錘鍱，即將金、銀錘打而使其展開、成型。有些需經焊接固定，還可將已錘開的金屬片置於有固定形狀的模具上錘，釘，使其產生凸凹變化的紋飾。鏨刻即用錘頭敲打鏨子，在器物上刻出花紋。有些鏨子，頭部帶有花紋，經錘鍱，花紋可印刻於器物之上。拉絲即是充分利用金銀的延展性，將其製成細而長的金屬線。這些工藝的使用，增加了作品造型及花紋的變化與準確性。鎏金、錯金銀、包金，則是金銀工藝與其他工藝的結合。所謂錯金銀，是在金屬器物上製出凹下的圖案。然後嵌入金銀，將表面打磨平滑。錯金銀的目的是使器物表面圖案鮮豔而經久，是利用金銀不易氧化而色澤亮麗的特點，將其作為一種裝飾材料使用。這一工藝的出現，説明人們對金銀性能的深入掌握及金銀開採、冶煉、加工技術的成熟。鎏金工藝的出現是金工藝的一大進步，鎏金的方法主要是用類金屬液體將金熔化，然後塗於金屬器物上，再將溶體揮發，使金附着於器上。這一技術的使用，大大降低了金裝飾品的成本，增強了金屬製器的裝飾效果及防氧化能力。最初的銀鎏金作品還具有華美、輕便的特點。金銀使用功能的充分發揮表明了人們對其價值的了解，在此基礎上，金幣的流通也是必然的了。

兩漢時期金銀製品數量增多，品種增加，工藝也日趨成熟，逐漸擺脱了青銅器的束縛，成為獨立的工藝品種。至遲自兩漢開始，金銀工藝所具備的傳統加工技藝幾乎完全出現。從考古發掘的金銀製品分析，魏晉南北朝以前，金銀製造業還處於初期階段，大多數金銀製品仍為小件裝飾品，金銀器皿較為少見，大型容器更為罕見。直到隋唐時期，由於國力強盛，生活富足，加之絲綢之路的開通和中西貿易的繁忙，金銀業才有更大發展，並達到了繁榮鼎盛階段。金銀器數量劇增，品種豐富多彩，其造型、紋飾都帶有濃郁的波斯薩珊朝金銀器的風格，從中不難想見中外文化交流的印記。宋代直至明清，中國金銀器的發展總勢趨於保守，但工藝技術不乏創新，例如夾層技法、浮雕凸花、鏤雕等新工藝前所未見。

近年來大量歷代金銀器的出土，再次證明了中國金銀器藝術的發展，與世界其他地區的金銀工藝相比，具有自身的規律和鮮明特點。概括地説，金銀製品從一開始就以具有審美價值的藝術品形式出現，即便是唐代以後開始大量出現的具一定實用價值的金銀器皿，其審美價值或因某種禮儀而賦予它的特別意義，往往也超過了金銀器本身的實用價值。這是中國人對金銀製品的審美理念與西方人的不同，中國人始終如一地將審美價值放在最重要的位置，即便是實用性，也被巧妙地隱藏於審美價值之中。

此外，中國金銀工藝更在堅持民族特色的基礎上，大膽吸收異域文化，創造了中西文化交融的光輝典範。可以毫不誇張地説，中國金銀工藝發展史上每一繁盛景象，無不是中華民族與中華文化由來已久的巨大包容性與開放性的直接見證。因此，歷代金銀器是中國古代文化的重要載體，在文物收藏品中佔據重要位置。

目前中國各地博物館收藏的歷代金銀製品相當豐富，其中不乏珍貴文物。為了科學、完善、系統地保管好這些館藏文物，確定金銀器的定級標準，對其逐一進行甄別和定級，至關重要。

如何確定歷代金銀器的定級標準，這是一項綜合性的研究工作，要嚴格遵照2001年文化部頒佈的《文物藏品定級標準》（以下簡稱《標準》），作為此類文物定級的原則。

關於國寶類金銀器的確定工作，首先是在《標準》中規定的一級品文物定級原則的基礎上進行的，即將一級品文物中更為優秀的作品精選出來，使它們比一般性一級品文物更具有典型性、代表性，更加珍貴稀有。概括國寶級金銀器的定級標準，就是對一級文物定級標準更嚴格、更深刻的把握。

《標準》中對於一級文物的定級原則確立了十三條標準，文中對金銀器的定級進行了舉例説明。這十三條標準及舉例中的説明，是我們確定一級品文物所必須遵循的原則。

《標準》舉例中提示説明一級品文物的原則至關重要：“金銀器——具有重要歷史、藝術、科學價值，工藝水平高超，造型或紋飾十分精美的。”這一標準所敍，包括了一級品金銀器所具備的各個方面。但在鑑定時要注意，並非每一件一級品都符合《標準》中的全部條件，即使國寶級文物也是如此，或在某一方面具有極其特殊的重要性，或具備了上述標準中的主要方面，或屬於一級品中具有特別重要價值的精粹，這就是被文物鑑定專家稱為“國寶”、“一級甲”的文物。

評定國寶級金銀器的原則標準和要素，舉例介紹如下：

要素之一：具有重要歷史價值的作品

歷史價值對於一件文物來講是非常重要的。歷史是一個異常複雜的發展過程，今天我們了解歷史，主要是通過文獻、文物和社會文化。由於是對已完結的過程進行回顧，置身其外或其後，很難全面、深刻、完整地了解它的各個方面，在研究歷史的過程中，重要文物所提供的資訊往往能起到關鍵作用，具有這樣歷史價值的文物，能為考古研究提供重要依據的文物，屬一級品中的精粹，即國寶級文物。例如：山東臨淄窩托村考古發掘的西漢齊襄王墓中出土的秦代鏨花鎏金銀盤（見圖4），具備了“要素之一”的標準，評定為國寶級文物。

秦漢時期是金銀工藝穩步發展的時期，近年在山東，河北、江蘇、陝西等地出土了一些秦漢金銀器，其中西漢各諸侯王墓中隨葬的金銀器堪稱時代的典範。例如“膏壤千里”的齊國素以經濟發達、人眾殷富而著稱。在山東臨淄窩托村考古發掘的西漢齊襄王墓中出土了琳琅滿目的金銀器，顯示了漢初諸侯王極其富足的生活。在隨葬的一百三十餘件漢代銀器中，只有一件秦代鏨花鎏金銀盤尤其特殊，盤上有秦始皇"三十三年"刻款和重量，由此可以推算出秦代的重量、容積單位值，是目前所知刻有秦代紀年的惟一一件秦代銀器。同時，此盤製造精緻，花紋複雜，且具有代表性。而該墓隨葬的其餘漢代銀器風格上深受秦代銀盤的影響，應是"漢承秦制"的時代產物。由於秦代銀盤具備了無可替代的重要的歷史價值，符合"要素之一"，評定為國寶級文物。

要素之二：金銀器發展過程中的製造和加工工藝創始階段的代表作品，某一類型器物的創始作品，具有重要藝術價值的代表作品

回顧金銀工藝的發展史，戰國是重要的時代。在此以前的金銀製品大都是形制小巧的裝飾品，基本未見有容器出現，但進入戰國以後，尤其是在遠離中原的東南地區，情況卻發生了實質性的改變，中國最早的一些金容器就出現在這一帶地區，並以此為起點，逐漸形成了與中原北方金銀器在使用功能上的明顯差異。1978年發現的舉世聞名的湖北隨縣擂鼓墩戰國早期曾侯乙墓中出土了一批金製品，包括五件金器皿、一件金帶鉤、九百四十片壓印繁縟細膩的幾何花紋的金箔。本卷收錄了其中一件金盞（見圖2），是迄今已知最早的黃金器皿之一。金盞通高11釐米，重2150克，含金量98%，是已出土先秦金器中最大最重要的一件。此盞造型端莊穩重，器蓋中央有四個短柱連接的環式捉手，器底有三鳳頭形足，設計新穎奇特，具有裝飾趣味。器蓋與盞身裝飾有繁縟細密的蟠螭紋，均由二條或三條平行粗陽線構成，蟠螭形態各異，既有單體的，又有作多體虯結的。器蓋上還有繩紋和用迴旋線條組成的雲雷紋。與金盞相配套使用的還有置於盞旁、專為從湯汁中撈取食物的金漏匕一件，匕柄長而扁平，首端呈橢圓弧形，通長13釐米，通體飾透雕鏤空的對稱雲紋。此器從造型特徵到裝飾圖紋，無不展示出戰國早期南方金銀器裝飾的時代風格。金盞的鑄造工藝極為複雜，捉手、蓋、身、足分鑄，即器身與附件分別做成，然後再合範澆鑄或焊接成器，這與當時青銅器的鑄造方法幾乎毫無二致。器物表面鑄造的蟠螭紋、繩紋及雲雷紋也特別精緻，特別是蟠螭紋上浮雕出的尖狀雲紋，看上去細如毫髮，其鑄工之精，遠遠超過同一時期中原銅器上的類似紋飾，也堪稱時代的典範。墓主人曾侯乙，即隨國君主，據該墓出土竹簡內容，戰國早期的隨、楚兩國關係十分密切。金盞的鑄造工藝及紋飾風格都具有明顯的荊楚特徵，因而不能排除其即出自楚國工匠之手。專家研究證實，南方的楚地雖然在經濟上較中原略顯落後，但在金銀器的製作上卻有過之而無不及，甚至成為彼時黃金流通最盛行的地區，究其原委則是因為楚地盛產黃金的緣故。因此，金盞所具有的歷史、藝術、科學內涵是十分豐富的，符合"要素之二"，被評定為國寶級文物。

要素之三：製造工藝特別高超的，能表現某一歷史時期金銀器製造最高水準的作品

前面提到，中國的金銀製品從一誕生就與西方人不同，是以具有審美價值的藝術品形式出現的，即便是實用的金銀器皿，也是巧妙地隱藏於審美價值之中。例如故宮博物院存有一批清代宮廷使用的金質食具、酒具，其中嵌寶金甌永固金杯（見圖37），造型似鼎而有變化，

是嵌珠珠寶的代表作品，工藝高超精湛，又為帝王專用之物，藝術價值與歷史價值皆俱，符合“要素之三”，因此評定為國寶級文物。

要素之四：具有特殊歷史價值，造型獨特或工藝極精緻的金銀器

光輝燦爛的中華文明是經過幾千年來的民族融合而形成的，金銀工藝發展歷程更是如此。我們精選了一些少數民族製作的國寶級金銀器推薦給讀者，使之全面了解和掌握定級的要素。

我們知道，自古以來北方游牧民族很流行佩戴金銀首飾和使用金銀器，近幾十年來的考古發現證實，在北方游牧民族聚居之地的墓葬中隨葬了大量珍奇異寶，並有豐富多彩的金銀製品出土。例如發現遼代的金銀器已經深入社會生活的方方面面，使用的領域非常廣泛，舉凡生活用具、喪葬用具、冠服佩飾、祭祀用器、馬具等無所不包。其中以葬具最富民族特色，也是金銀器製品的重要領域。葬具主要指面具、網絡、靴或靴底等。有銅、銀、銅或銀鎏金和金質等多種。死者身分越高，所使用的斂具質地越好。這種金屬斂具體現在流行於契丹貴族中間的一種特殊葬俗。皇族的葬具由官府供給，如公主待出嫁時，這些器具就已經配備完好。迄今所見，發現隨葬金、銀、銀銅鎏金等質地面具的遼墓逾七十座，不同的質地標誌着不同的身分和地位。最高等級的面具出土於內蒙古哲里木盟的遼代陳國公主與駙馬合葬墓中。墓中出土兩件金面具，此為其中一件鎏金銀冠（見圖 26）。因墓主人貴為公主，為遼景宗的孫女，其面具更具有特殊的歷史價值，符合“要素之四”，評定為國寶級文物。

要素之五：金銀器發展史上的重要作品或代表性作品，具有高超的工藝水平和完整性

金銀器作為一門開放性的藝術，民族特色與文化交流始終是其源頭活水。少數民族金銀器的又一大發現，是1972年內蒙古自治區杭錦旗阿魯柴登的古匈奴墓中出土了二百多件金銀器，這是戰國時期的匈奴古墓，墓葬本身的歷史價值是顯而易見的。出土的金銀器多屬一、二級文物，其中一套金冠飾（見圖 3）最為珍貴。迄今所知從商代開始，在中國歷代的官吏等級制度中非常重視冠帽的樣式與佩戴方式，不同的冠飾往往是不同官職、社會地位的標誌。古匈奴也是如此。與一般金銀器比較，這套冠飾所具備的特殊歷史價值尤為重要。此外，這套冠飾的造型也非常特別，冠頂為一隻用金片構成的立體雄鷹，冠帶為圓形帽圈，外鏨獸紋，與戰國青銅器、玉器相比較，冠飾上的動物紋飾更為寫實。這套冠飾是匈奴文化的典型代表作品，造型特殊，極為罕見，符合“要素之五”，因此評定為國寶級文物。

要素之六：藝術性強且具有特殊重量的作品

金銀器作為貴重金屬製品，從礦物開採到冶煉加工，需要大量的投入，因而總體數量較少。其中許多作品因金銀所具備的貨幣流通功能而被熔煉，大型器物存世極少，因而金銀器作品的重量也是定級時的重要因素。同等器型及工藝水平的金銀器，因其重量不同，所定等級就不同，重量越重，等級越高。例如1981年江蘇省盱眙縣出土了一批漢代金器，數量較多，其中一件金質卧獸（見圖6）頗引人注意。獸身滿鏨斑紋，造型極有特色。同一時代銅

器、玉器中的動物作品，造型較舒朗，腰和頸部富於粗細變化；而同時代的石器雕刻中出現了一派古樸雄渾的風格，代表作品為霍去病墓的石雕動物，但類似風格的漢代作品發現的還不多。這件金獸的造型則與這一風格相近，腰、頸的表現不明顯，獸背呈向上微隆形，為石雕作品風格在小型金屬器中的表現。除作品的藝術特點外，這件金獸的重量約為 9 千克，與戰國到漢代的其他小金獸相比，如此大型的作品十分罕見，屬於具有重要藝術價值及特殊重量的作品。編鐘是中國古代使用的大型樂器，聲音雄渾，音域廣闊，自商代到清代，製造了大量的編鐘，一般皆為銅製。清代中期經濟發展，國力強盛，宮廷為了炫耀國力，用黃金製成編鐘，其中一套竟重達460.818千克（見圖 34）。用大量的黃金製成編鐘，在歷史上絕無僅有，因此屬於國寶級文物。銀器的定級也有類似的情況，唐、宋、元時期，工藝品中盛行製造大盒，既可貯物，又可陳設。漆盒、木盒、金銀盒大量出現，而其中尤以銀盒最為顯著。這一時期的銀盒多為圓形，邊壁處有凸凹變化，整體呈菱瓣式，盒上鏨刻圖案，一些盒還帶有鎏金工藝，其中多層銀攢盒及工藝上有代表性的大型捧盒應為精品。例如 1982 年出土於江蘇省丹徒縣丁卯橋附近，現由鎮江市博物館收藏的唐代鎏金鸚鵡紋提梁銀盒，飾有多種圖案，有紋飾處均有鎏金，是中晚唐時期中國南方銀器的經典作品，同一般銀盒相比，更顯精緻，紋飾更豐富，更具代表性，符合“要素之六”，因此定為國寶級文物。

要素之七：著名藝術家傳世極少的代表性作品

這一原則在各類文物定級中都通用。金銀製品同其他工藝品一樣，作品上刻名款者極少。宋代以後，一些工藝美術家得到了社會的承認，使用、收藏名藝人作品成為時尚，帶有製造者名款、店鋪字號的作品不斷增多，推動了工藝品向藝術方向的發展。目前見於文獻及宮廷檔案的金銀器製造家的數量極少，對於古代金銀製造家的了解及研究還有待深入。因此，傳世金銀器及考古發掘金銀器帶有製造商號或作者名款的作品應受重視，尤其是具有相當藝術水準的宋、元時期的作品，應擇優而定。元代匠人朱碧山是著名的冶銀器藝人，明代人讚其冶銀絕技，爭相收藏其作品，傳至今日的僅有幾件，故宮博物院收藏的（見圖30）是其代表作品，當屬珍品之列，符合“要素之七”，因此定為國寶級文物。

此外，在文物收藏中還必須重視真偽的鑑定。對一件文物評定級別，首先要鑑別其真偽，其次是斷定時代，然後才是評價文物的價值，評定等級。因此，文物等級的確定，是建立在前兩項工作的基礎之上的，是一項綜合性的文物研究工作。

1 包金鑲玉嵌琉璃銀帶鈎 戰國

長 18.4 寬 4.9 釐米
1951 年河南輝縣固圍村 5 號戰國墓出土
現藏中國國家博物館

◆帶鈎側視弧曲如橋，俯視呈琵琶形，通體銀鏤，表面包金。兩端浮雕方向相背的獸首。獸首有角，雙耳如扁環。帶鈎窄端鑲一隻鴨嘴狀白玉鈎，並以陰線刻飾口、眼等細部。鈎背上嵌三枚穀紋白玉玦，中心各鑲一蜻蜓眼式琉璃珠。鈎背兩側浮雕兩條夔龍，與兩隻長尾鸚鵡，夾繞盤旋。帶鈎局部有點狀鑿飾，有的部分以黑漆勾線、點睛。◆中國古代貴族、官僚等日常服用寬袍大服，使用帶鈎與環相扣合來結繫腰帶，直到魏、晉、南北朝時，此風才逐漸轉變。輝縣戰國時屬魏，此帶鈎應是魏國貴族所有。

◆定級要素：據考古資料，帶鈎以銅製居多，也有金、銀、鐵、玉等材質，以10釐米左右為常見，此為罕見的大型銀帶鈎。帶鈎工藝複雜，紋飾繁縟豐富，華美異常，顯示出戰國時期金屬工藝的高超水平。

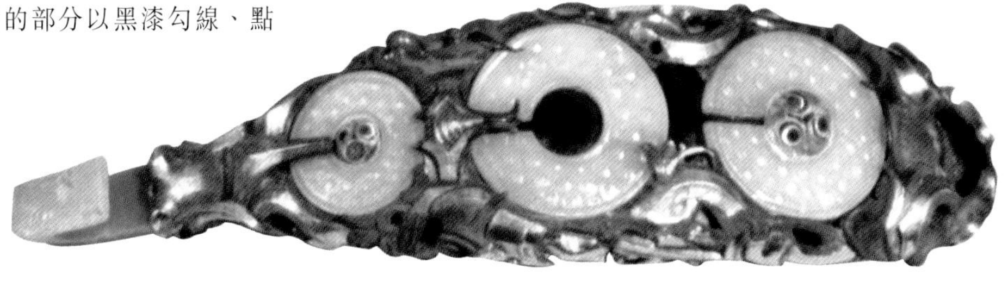

2 金盞 戰國

口徑 15.1 高 10.7 釐米
1978 年湖北隨縣曾侯乙墓出土
現藏湖北省博物館

◆蓋飾絞絲紋，頂部環形鈕。腹上部飾一周凸起的細密的蟠虺紋，兩側各有一環狀耳。◆器為澆鑄而成。戰國時期金屬澆鑄技術已非常發達，青銅器中出現了造型異常複雜的器物，在青銅器製造的影響下，黃金澆鑄技術也日臻成熟。

◆定級要素：此盞採用鈕、蓋、身、足分鑄，然後再合成一器的方法製成，工藝較一般金器複雜，是已知的早期金器皿和戰國黃金澆鑄技術的傑出代表，屬珍品之列。

3 金冠帶 戰國

冠頂高 7.3 冠帶長 30 周長 60 釐米
1972 年內蒙古杭錦旗阿魯柴登匈奴墓出土
現藏內蒙古自治區博物館

◆冠頂由金片錘成，分為上、下兩部分，下部分為半球形。球內浮雕一獸一羊圖案，球面頂部立一鷹，頭與頸部為綠松石鑲嵌，鷹身飾羽毛，鷹尾與鷹身分別製成，插接後以金線相聯，可擺動。金冠帶呈環狀，榫鉚連接，上飾一臥獸，下飾一羊一馬相對臥，其餘部分皆為交錯的繩紋。◆與此冠同墓出土的金銀器共二百餘件，成為珍貴的匈奴風格的金銀器羣。

◆定級要素：此金冠帶是目前僅知的匈奴冠飾，在製造上使用了鑄造、錘鍱、鉚接、金絲等工藝，加工精緻，是戰國匈奴製金工藝的傑作。

4 鎏金龍鳳紋銀盤 秦

高 5.6 口徑 37 釐米
1979 年山東淄博窩托村西漢古墓陪葬坑出土
現藏淄博市博物館

◆盤內底鏨刻三條夔龍，首尾相接，盤旋纏繞成環狀，口沿及內外腹鏨刻三組龍鳳紋，形象抽象宛如幾何紋，採用二方連續式構圖。鏨刻紋飾處均鎏金。邊沿下部及盤外底有四組銘文，共四十九字。

◆此盆雖出於漢初墓葬，但依據銘文，可推知其為秦始皇三十三年（公元前214年）製成，為帝王飲食專用器。

◆定級要素：此盆是目前所確知的惟一一件秦代銀器，尤為珍貴。銘文中還有多次校刻的容量及重量資料，為研究中國古代度量衡提供了重要的佐證。

5 銀盆 西漢

口徑 26.6 釐米
1991 年河北獲鹿高莊村西漢墓出土
現藏鹿泉市文物保管所

◆此器壁較薄，但製作非常規整，輪廓圓則渾圓，直則筆直，且器表光澤細膩。雖素面無紋，而不顯寒傖，出土後仍色澤如新，證明可能使用過拋光技術。盆腹上鏨刻“王官”二字款，疑為西漢王室用品。◆此盆應用錘鍱成型技術，器體莊重大方，突顯材質之美，表明西漢時期中國錘鍱技術已相當高明。

◆定級要素：迄今所知的漢代金銀器中，飾品居多，器皿卻極少見。此盆不僅富實用意義，而且對認識中國傳統銀作工藝具有重要意義，格外珍貴。

6 金獸 西漢

長 16 寬 17.8 高 10.2 釐米 重 9 千克
1981 年江蘇盱眙漢窖藏出土
現藏南京博物院

◆含金量約99%。獸前足伏於頭下，頭部表情不甚兇猛，頸上部有一環狀鈕，可以繫繩，似表示為人馴養。體中空，內壁刻小篆“黃六”二字，表面滿鏨斑紋。◆西漢動物造型的器物大量出現，不僅有大型石雕，還有動物形的銅鎮、玉鎮。所雕之獸可分為兩種：一種為有翅異獸，張口凸眼，多為動態；另一類則以靜態為主要風格，造型簡練、寫實。此獸造型與同時代的石雕類似，為寫實的靜態風格。◆金獸出土時置於銅壺之上，壺內貯有貨幣，有專家認為是用於衡器的權。

◆定級要素：如此大型金獸，是目前考古發掘中最重的一件金器，在漢代作品中實屬罕見。

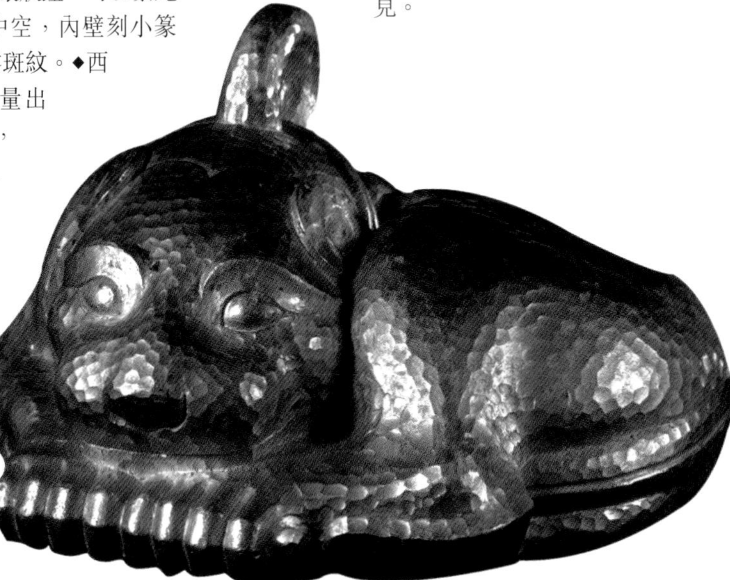

7 金棺銀槨 唐

金棺高 4.6 寬 4.6 長 7.5 釐米
銀槨高 7.1 寬 6 長 10.7 釐米
1964 年甘肅涇川大雲寺出土
現藏甘肅省博物館

◆佛教葬具。棺以鈑金法成型，焊接而成，金質，棺蓋略寬，飾有菱形四瓣花及葉，花瓣以綠松石嵌之，花心嵌珍珠，花葉略小，為金質嵌石。棺四壁之外飾折枝花卉紋，花瓣、葉亦嵌綠松石，每面中部有八瓣蓮花組成一朵，花心中部各嵌大珠一顆，棺座為四圍欄式。銀槨略大，是金棺之外的包裝，形制與棺同，亦為鈑金法成型，焊接而成，槨蓋及槨四壁，鏨纏枝卷葉紋，槨座近似長方形，一端略寬，四周飾有圍欄，型制同棺座圍欄同。◆出土時棺內有裝有舍利的玻璃瓶，銀槨外有銅匣、石函。

◆定級要素：此套金棺銀槨採用了鈑金、鏨花、嵌鑲工藝，製造精緻，是甘肅地區佛教文化作品中的典型作品。

8 鏨花金櫛 唐

高 12.5 寬 14.5 釐米
1983 年江蘇揚州三元路唐窖藏出土
現藏揚州博物館

◆櫛為金板製成，下部為齒，在金板上剪出，兩側之齒較短，中部漸長，齒的端部呈尖狀，上部櫛背較寬，其上鏤刻細密的圖案。圖案分為三區：外周為梅花、蝴蝶；中區為細密的錦紋；內區為一對飛天，其一吹笙，另一飛天持板，飛天身旁佈滿鏤空的捲葉蔓草紋。◆櫛是梳、篦的總稱，既可梳理頭髮，又有裝飾意義。唐代婦女非常重視用櫛，習慣於頭部插櫛為裝飾，已知的有嵌玉木櫛、玉櫛、銀櫛，金櫛等，櫛的質地愈貴重愈顯得裝飾華麗，金櫛應是高檔次的飾品。

◆定級要素：唐代的金櫛目前已非常罕見，此櫛圖案華美，工藝精緻，是唐代金首飾的代表作品。

9 鎏金摩羯紋銀盤 唐

口徑 47.8 厘米
1976 年內蒙古赤峯喀喇沁旗哈達門溝出土
現藏內蒙古自治區博物館

◆器微呈六曲秋葵形，捲唇，淺腹，圓底，寬折沿，腹壁有六條折棱。內底錘出一對摩羯紋，首尾相接，環繞一顆凸起的火焰珠，周圍鏨刻六組相同雙聯式團花。盤沿亦錘出六組紋飾，每組構圖呈橢圓形，是葡萄、葵花兩種紋飾相間而出，並以陰線鏨刻細部。有紋飾處均鎏金。口沿下有溝槽一周，原應有鑲嵌物，盤底有二個圓形凸起，似是安裝冊足留下的痕跡。

◆摩羯，又作摩伽羅、摩迦羅，梵語 Makara 之音譯，意譯為鯨魚，巨鼇等，是河水之精，生命之本。其形象或為魚、象、鱷三者的混合。在古代印度，摩羯紋是一種常見的紋飾，後伴隨佛經、印度與中亞的工藝品及黃道十二宮中的摩羯宮等傳入中國。◆該地出同類銀盤兩件，此盤為其中的一件。

◆定級要素：此器做工考究，可見當時的工藝水平，其紋飾是研究摩羯紋演化的重要資料。

10 鎏金舞馬啣杯紋銀壺 唐

通高 14.5 底徑 7.2～8.9 釐米
1970 年陝西西安何家村出土
現藏陝西歷史博物館

◆器造型仿皮囊形狀，有提梁、蓋和圈足。壺腹壁兩側各模壓一馬，做奮首鼓尾的舞蹈之狀，馬口啣杯。◆據史書記載，唐玄宗時曾訓練舞馬，能按音樂節拍舞蹈，舞畢，口啣酒杯匍身敬酒。

◆定級要素：此紋應是這一史實的形象反映，具有重要的歷史價值。同時，以北方游牧民族的皮囊之形，飾以鎏金舞馬紋，構思奇特，形象生動，製作精美，有很高的藝術性。

11 鎏金鸚鵡紋提梁銀罐 唐

通高 24.1 口徑 12 底徑 14.4 釐米
1970 年陝西西安南郊何家村出土
現藏陝西歷史博物館

◆覆碗形蓋，渾圓厚實的罐身，通體佈滿多層紋飾，以魚子紋襯底，罐的正背兩面各飾一隻欲飛的鸚鵡，其餘部分則滿飾大型寶相花紋，紋飾皆為鎏金。◆蓋內墨書有"紫英五十兩"、"白英十二兩"的兩行題記，說明此器為儲存藥物之用。

◆定級要素：工藝精湛，富麗堂皇，是唐代金銀工藝的代表作之一。更為重要的是，蓋內題記不僅指明此器用途，也說明了具體所盛放物品的名稱和重量，是研究古代醫學史的珍貴資料。

12 迎真身銀金花雙輪十二環錫杖 唐

通高 196 釐米
1987 年陝西扶風法門寺地宮出土
現藏法門寺博物館

◆此杖由五十八兩白銀二兩黃金雕鑄而成。杖身佈滿了各種佛教紋飾。◆錫杖是佛教僧人修行、雲遊時隨身攜帶的十二種物品之一。顯宗以之為乞食、驅蟲的用器；密宗則以之為主尊大日如來的內證本誓的標識物。

◆定級要素：整體造型裝飾華貴，製作精絕，比已知現藏於日本正倉院的白銅頭錫杖等級高，形制也宏偉得多，當是佛教中最高等級的錫杖。

13 鎏金雙蜂紋銀香囊 唐

直徑 12.8 釐米
1987 年陝西扶風法門寺地宮出土
現藏法門寺博物館

◆熏香器。香囊的上下兩半球，以子母相結合，一側以鉸鏈相接，另一側以勾環相連。面上各有五個花團，雙蜂上下飛舞於花間，為當時金銀器製作工藝的代表作。

◆定級要素：採用鈑金、鏤刻、鏨刻、鉚釘、鎏金等工藝製成，造型精美、圖案典型，是一件科學價值和藝術觀賞價值都很高的唐代宮室珍寶。

14 捧真身銀菩薩 唐

通高 38.5 像高 21 釐米
1987 年陝西扶風法門寺地宮出土
現藏法門寺博物館

◆上部為一頭飾高髻、戴花冠，斜披披帛雙手捧盤的菩薩像。下部為一高台形的蓮花座。菩薩通身裝飾珍珠瓔珞。雙手所捧的金銀匾荷葉形盤中鏨刻有發願文。在匾上鏨有十行六十五字："奉為睿文英武明德至仁大聖廣孝皇帝，敬造捧真身菩薩，永為供養。伏願聖壽萬春，聖枝萬葉，八荒來服，四海無波。咸通十二年辛卯歲十一月十四日皇帝延慶日記。"在蓮座的頂面和底面均鏨刻有梵文。另外在上兩層的蓮瓣內飾有一尊有首光或背光、手執蓮、捧琴或結跏趺坐的菩薩或聲聞伎樂紋及四天王像、金剛杵等佛教法器紋飾。

◆定級要素：這件菩薩造型特殊，工藝複雜，特別是刻有皇帝名號，這在唐代屬僅有，是迄今唐代金銀器最高等級的文物。

15 鎏金卧龜蓮花紋五足銀熏爐 唐

通高 48 釐米
1987 年陝西扶風法門寺地宮出土
現藏法門寺博物館

◆器由鈑金成型，紋飾鎏金。由爐蓋、爐身和底足等部分組成。蓋底沿飾一周蓮瓣紋，上有五朵蓮花，花蔓相互纏繞，每朵蓮花上各卧一龜，龜回首回啣花草。爐足為五個獸足，足首作獨角獸狀，爪四趾。

◆爐底鏨文五行四十九字，説明爐為咸通十年（869 年）文思院造。文思院是專為皇室製作金銀器的宮廷作坊。

◆定級要素：此爐造型奇特，工藝複雜，製作十分考究，代表了當時金銀器製作的最高水準，是科學價值和觀賞價值都很高的文物。

16 鎏金四天王盝頂銀寶函 唐

通高 23.5 邊長 20.2 釐米
1987 年陝西扶風法門寺地宮出土
現藏法門寺博物館

◆器為同出八重寶函的第二重。鈑金成型，通體鎏金。蓋函之間用鉸鏈相連屬。蓋面鏨有行雲和兩條走龍，四面斜刹鏨有雙龍戲珠紋。立沿鏨兩隻伽陵頻迦鳥，身側則襯以海石榴花。函的四面鏨飾四天王像及其名稱，如“北方大聖毗沙門天王”左手托塔、右手舉劍。

◆定級要素：此器為佛教研究的重要文物，也具有較高的觀賞價值。

17 鎏金鴛鴦團花紋雙耳圈足銀盆 唐

通高 14.5 口徑 46 釐米
1987 年陝西扶風法門寺地宮出土
現藏法門寺博物館

◆器係澆製成形，鎏金紋飾。四曲口沿鏨飾有面化的蓮瓣紋，盆壁飾團花，花內有鴛鴦站於蓮花之上，盆底也有一對鴛鴦。◆盆底外沿鏨刻有“浙西”兩字，說明此盆為當時浙西地方官浙西觀察使（治所在今鎮江市）獻給皇家的貢品。

◆定級要素：此器應是當時以製造金銀器聞名的鎮江地區的作品，造型典雅、紋飾精美，製作工藝複雜，為同類作品中的佼佼者，堪稱“國寶”。

18 鎏金鴻雁紋銀茶碾子及銀碢軸 唐

通高 7.1 釐米
1987 年陝西扶風法門寺地宮出土
現藏法門寺博物館

◆碾子由槽身、槽座、轄板組成，器身塗金。座的兩側飾有麒麟流雲紋。在轄板表面飾有飛鴻流雲紋。碾底鏨文“咸通十年文思院造銀金花茶碾子一枚共重廿九兩”。◆唐時飲用茶多為團餅，烹煮前須經碾成茶末。此器即為碾茶器具。

◆定級要素：製作講究，紋飾流暢，有明確紀年及名稱，為罕見的宮廷茶具。同時，對當時的飲茶文化研究也有重要的參考價值。

19 六臂觀音盝頂金寶函 唐

通高 13.5 口徑 12.9 釐米
1987 年陝西扶風法門寺地宮出土
現藏法門寺博物館

◆器為同出七重寶函的第五重。鈑金成型，紋飾鏨刻。蓋面鏨刻相向而飛的雙鳳。寶函正面中部刻劃一尊六臂觀音坐於蓮座之上，四周有六位脅侍、二童子，前置有案裙的香案。觀音身後有四株菩提樹。其餘三面有坐佛，佛前也設香案。

◆定級要素：此器製作工藝精湛，紋飾鏨刻流暢，特別是其內容完整地展示了佛堂陳設畫面，是了解當時佛教文化的重要資料。

20 鎏金鶴紋銀茶羅子 唐

通高 9.8 通長 14.9 釐米
1987 年陝西扶風法門寺地宮出土
現藏法門寺博物館

◆此羅為長方形，由蓋、羅、屜、羅架、器座部分組成，均為鈑金成型，紋飾塗金。紋飾有飛天、仙人、仙鶴、蓮瓣及流雲等。

◆唐人飲茶，對茶末的細度有着特殊的要求，因此，碾出的茶末要過羅後方可烹煮飲用。

◆定級要素：製作精巧，工藝複雜，集實用與觀賞於一器，是目前所見惟一一件唐代茶羅，填補了考古資料的空白，具有重要的文物價值。

21 寶珠頂單簷四門金塔 唐

高 7.1 塔座邊長 4.8 釐米
1987 年陝西扶風法門寺地宮出土
現藏法門寺博物館

◆器係鑄造成型，純金質地。仿木結構造型的單簷四門塔，紋飾鏨刻、雕繪得很細緻，將寶珠的火焰紋，房頂的瓦棱，房簷的挑簷，門側的魚子紋地和流雲，塔座的踏步，都精妙地刻劃出來，塔內安置佛指舍利。

◆定級要素：此塔結構複雜，鏨刻精巧，代表了盛唐時期金銀器製作的最高水準，亦是研究唐代宗教建築文化和冶金技術方面珍貴的實物資料。

22 單輪純金十二環錫杖 唐

通長 27.6 釐米 重 211 克
1987 年陝西扶風法門寺地宮出土
現藏法門寺博物館

◆通體用純金製成。杖杆為圓形，頂部有桃形輪杖首，輪心之杖端為結跏趺坐於蓮座上的坐佛，有背光。輪頂為仰蓮座智慧珠。◆是唐懿宗為迎請法門寺佛骨，特命宮廷文思院製造的法器。

◆定級要素：製作講究，為高等級的佛教錫杖，是十分罕見的佛教文物。

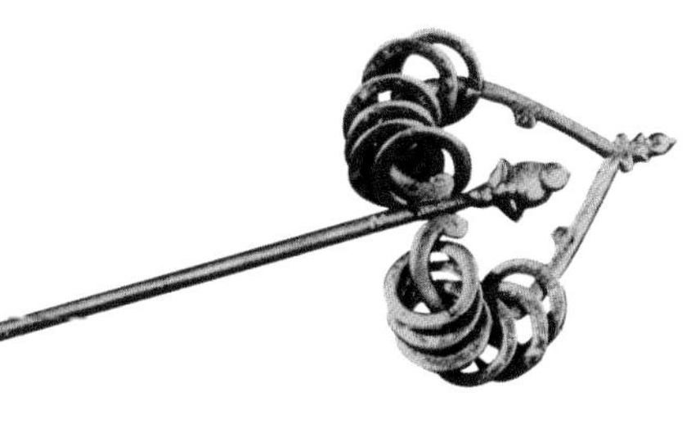

23 鎏金龜負“論語玉燭”銀器 唐

通高 34.2 筒深 22 龜形座長 24.6 釐米
1982 年江蘇丹徒丁卯橋唐代窖藏出土
現藏鎮江市博物館

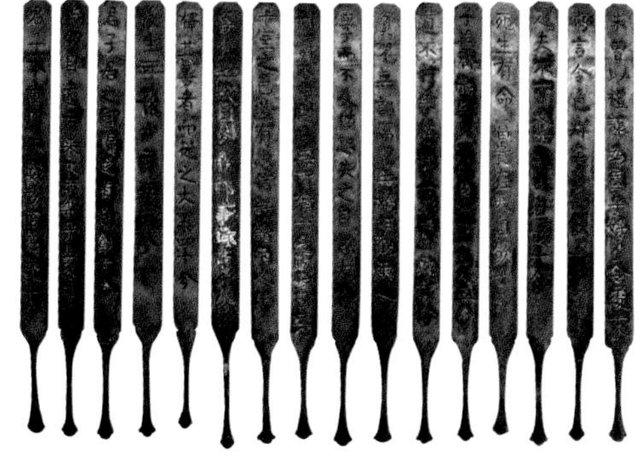

◆器由圓筒及龜形器座組成。器座圓雕龜形，龜背負雙層四面展開的仰蓮堆飾。上立圓筒，筒身一長方框內刻雙線“論語玉燭”四字。此器除地紋及部分龜甲紋外，通體鎏金。◆與此器同出的還有五十支酒令籌，上刻文字。內容上半段採自《論語》，下半段為行令章程。其中一支有“勸玉燭錄事五分”字樣，可知此器為盛放令籌的用具。所謂“玉燭”，這裏既指器形而言，也有吉祥之意。

◆定級要素：這種成套的宴集行令的專用器具，在國內尚屬首見。唐代酒令藝術，後世多已不詳，“玉燭”器及令籌的出土，一定程度上彌補了這個缺憾。酒籌的內容，保留了唐代版本《論語》的部分面貌。無論從何種角度而言，這套“論語玉燭”酒籌器都可稱得上是目前所知唐代後期金銀器中的佼佼者。

24 銀鑲珠金翅鳥 宋・大理

通高 18.5 釐米
1976 年雲南大理崇聖寺三塔主塔塔頂發現
現藏雲南省博物館

◆圓雕作品。銀質，通體鎏金。鳥作鷹首，細頸弓身，展翅，腳爪鋒利，立於蓮座上，頭頂有冠，頸鬣屈起，尾羽上揚，雕鏤如火焰狀。尾部鑲嵌五顆水晶珠，胸部及頸部兩側本也有鑲嵌，但發現時水晶珠已遺失。◆金翅鳥發現時置於一木製經幢內。金翅鳥，又譯妙翅鳥、頂瘿鳥等，梵名“迦樓羅”(Garuda) 是古代印度傳說中的大鳥，居四天下之大樹，取龍為食。佛教列為八部眾之一。大理國水患頻仍，當地人以為是龍作怪，遂取金翅鳥為保護神，懾服諸龍，消除水患。此件銀質“金翅鳥”正體現了這樣的宗教信仰。◆依據崇聖寺塔塔藏中有紀年的文物，推測此鳥係公元十一至十二世紀初大理國時期重修塔剎時放入的。

◆定級要素：此鳥製作時首先鑄出頭、翼、身、尾、足等部分，再經細部刻劃，最後焊接成型，工藝頗為精緻，代表了大理國銀作工藝的水平及特點，堪稱一件藝術瑰寶。

25 海獸紋銀盤 宋

高 1.5 口徑 17.5 釐米
1983 年四川遂寧出土
現藏四川省文物管理委員會

◆器為折沿，斜壁、平底，內底中心為兩個素面同心圓，圓內鏨刻小同心圓十四組。四周滿飾陰線水波紋，並以凸起波濤紋劃分出六個區間。每個區間有一凸雕海獸，有龍、馬、龜、象、鹿、魚等。壁光素，折沿上飾一周凸起之牡丹花葉紋。底部刻款“周卿”二字。

◆定級要素：此器設計匠心獨運，是一件頗富代表性的作品。

26 鎏金銀冠 遼

高 31.5 寬 31.4 口徑 19.5 釐米
1986 年內蒙古哲里木盟奈曼旗青龍山鎮遼陳國公主駙馬合葬墓出土
現藏內蒙古自治區文物考古研究所

◆冠由十六片鏤雕鎏金銀片組成，以銀絲綴合。前面正中二片，上下疊壓，邊緣呈雲朵形。兩側由下至上各三重六片，每二片一組，疊壓連綴，邊緣亦呈雲朵形。背面二片略大，上下疊壓，下片雲朵形，上片蓮瓣形。銀片均以鏤孔鱗形紋或鏤孔古錢紋為地。前面下片正中鏨刻道教真武形象，並刻龜蛇及雲鶴。前面上片鏨刻雙鳳，兩側下部兩組銀片上亦刻鳳紋。背面兩片均刻雲朵及雙鳳紋。冠箍口為一條銀片折成雙層，曲成環形，冠身下口插入其雙層夾縫中，並以銀絲綴合。外刻纏枝卷葉紋。冠正面釘綴火焰珠形鎏金銀牌飾一枚，鎏金立雕對鳳二枚，另有刻以鳳、烏、雁、鸚鵡、蓮花、菊花、寶相花等紋飾的圖形鎏金銀牌飾二十一枚。◆此冠出土於遼代陳國公主與駙馬合葬墓，約葬於遼代中期，墓主陳國公主夫婦地位榮寵，銀冠僅為大批隨葬品中的一件。此冠出土時置於駙馬頭部右上方，冠口傾向駙馬，冠內殘留褐色紗。

◆定級要素：此冠雖是明器，但精雕細鏤，對於了解遼代銀作工藝的發展水平，研究遼代葬俗的演變均有重要的史料價值。

27 金銀經塔 遼

高 39 釐米
1988 年遼寧朝陽北塔天宮出土
現藏遼寧朝陽北塔文物管理所

◆塔由金、銀、銅等材料製成，分為爐、座、塔身、塔蓋四部分。爐盆為銅質鎏金，平底鉢形，上有銀蓋，連弧邊如蓮瓣。爐蓋上接塔座，座折沿，外壁鏨刻仰蓮紋，內置一單層金蓮葉。塔身係四重圓筒套合而成，均為金銀片錘鍱成形。從外至內依次為：第一重金製，外壁刻坐佛及八大靈塔；第二重銀製，刻三尊菩薩；第三重金製，刻大日如來與八大菩薩，並有三行題記；第四重銀質，素面。塔身內置經卷，由七塊銀片連接後捲成筒形，展開後長362.2釐米，寬11.3釐米，刻寫"波羅密多心經"和陀羅尼真言密語，分漢字音譯，意譯及梵文三種。塔蓋為金質、八角帽頂形，頂尖置一顆大珍珠，並輻射至簷角以銀絲穿串珍珠，蓋緣亦飾一周串珠。

◆定級要素：此塔不僅結構獨特，工藝精湛，而且對於研究遼代佛教特別是密宗的傳播，也是有價值的實物資料。

28 鳳啣珠舍利銀塔 遼

通高 42 底徑 10.8 釐米
1992 年內蒙古巴林右旗遼慶州白塔出土
現藏巴林右旗文物館

◆塔由塔座、塔身、塔簷、塔剎等部分組成，以0.3毫米銀板分別錘鍱、鏨刻、鉚固、焊接後又插接而成。塔座雙層，邊沿外折，鏨刻荷葉覆蓮紋飾。塔座前嵌一鍍金立像，右手持杖，左手托缽。塔身六棱柱形，一面刻飾塔門，門楣上刻祥雲，兩側四面刻對稱之供養人，侍女各二，與塔門相對一面，刻一赤足力士。塔簷上有蓮台作為剎座，上置覆缽，剎與其鉚固。簷沿上瓦當、滴水、瓦壟脊均作精微表現。剎杆上有露盤及三重華蓋、三顆寶珠，剎頂飾一立雕鳳凰，喙啣二十四顆珍珠編綴的瓔珞。自第一重華蓋下分出六根剎鏈與塔簷相連。華蓋、剎鏈及塔簷上都懸掛風鐸。風鐸方形，共三十二枚。塔表採用錯金及局部鎏金工藝。◆根據塔內所藏銀板陀羅尼咒的"上京善友記"題記，推知此塔出於遼上京工匠之手。

◆定級要素：此塔製作精巧逼真，是一件不可多得的工藝珍品，也是遼代佛教考古的重大發現。

29 金面具 遼

高 21.1 寬 18.8 釐米
內蒙古哲里木盟出土
現藏內蒙古自治區文物考古研究所

◆金片製成，呈人面形，其上錘出眼、鼻，嘴。眼細長，睜開，鏨有瞳仁，直鼻，高鼻梁，嘴緊閉，面具邊框有二十六個孔洞，穿有銀絲，同屍體外包銀絲網路相連。◆此面具出土於遼代陳國公主與駙馬合葬墓。陳國公主為遼景宗的孫女，墓中出土大量的金銀器、玉器，反映了遼代工藝品製造的水平。墓中出土兩件金面具，此為其中一件。

◆定級要素：目前的考古發掘中，斂屍所用金面具極少發現，此面具表現了遼代貴族入斂情況，為珍貴文物。

30 朱碧山造銀槎杯 元

通高 18 長 20 釐米
現藏故宮博物院

◆銀槎杯是一種酒具。此杯身作老樹狀，有松柏的紋理，樹癭錯結，枝丫縱橫。一道人斜坐其上，長鬚寬袍，左手拄槎，右手執卷，正專心研讀。槎及人身為銀鑄，復於細部進行雕刻，而人物的頭、手及雲頭履等部分，皆為鑄成後焊接。槎尾正面陰刻“龍槎”二字，杯口下有“貯玉液而自暢，浬銀漢以淩虛，杜本題”十五字，下腹有“百杯狂李白，一醉老劉伶，知得酒中趣，方留世上名”絕句一首，槎尾後部刻“至正乙酉，渭塘朱碧山造於東吳長春堂中，子孫保之”款識，並鈐篆書“華玉”圖章。◆槎，即木筏。據晉張華《博物志》記載，有人乘海上浮槎，直達天河，遇到了牛郎織女。後世又附和為張騫乘槎尋河源的故事。◆作者朱碧山，一名華玉，嘉興渭塘（今浙江嘉善）人，為元代著名銀作工匠，其作品為世所重，流傳至今的只有槎杯一種。

◆定級要素：從此件槎杯可以看出朱氏精湛的技藝及深厚的修養；而其流露出的文人化傾向和傳統雕塑的特點，更使其成為彌足珍貴的佳作，代表了元代銀作工藝的最高水準。

31 金冠 明

高24 口徑20.5釐米
1958年北京昌平定陵出土
現藏定陵博物館

◆冠以極細的金絲編成，最下部為一周金圈，其上為金絲編成的帽身，呈極細密的網狀、冠頂部鏨兩條金龍對峙，共戲一火珠，為“二龍戲珠”圖案。金冠主體近似於圓帽，帽頂後部高起，承襲了唐代襆頭的樣式。◆襆頭原是一種包頭用巾，逐漸演變為束髮之帽，屬便帽，明代的烏紗帽又吸取了這種便帽的造型特點，使這一樣式的冠帽較為流行。

◆定級要素：此冠是明代金絲編織的代表作，出於定陵，是明神宗的御用品，有很高的歷史價值。

32 金壺 明

高21.8 足徑5.9 托盤徑8.3釐米
北京昌平定陵出土
現藏定陵博物館

◆錘鍱而成。局部鏨刻紋飾，壺較高，腹部呈方形，飾凸起的雲龍紋並嵌鏤雕龍紋白玉片及寶石。壺肩略坡，其上亦嵌寶石。壺頸略細，鏨滿雲紋。壺流呈棱狀，獸吞式，流自獸口中出，細而長，小口。壺下部呈筒狀，亦飾凸起的雲龍紋，足下附一圓形托盤。圓形壺蓋，蓋頂嵌玉鈕，鈕下部有長鏈與壺柄相連。◆此壺為明代嵌玉及嵌寶石作品。方形壺腹為明代典型造型，下部筒狀高足則不多見，形狀別具一格。

◆定級要素：壺上的龍紋及雲紋極有特點，為萬曆時雲、龍紋的典型紋飾，是明代工藝品的代表作。

33 金爵、金托 明

通高 10.3 爵托直徑 15.9 釐米
北京昌平定陵出土
現藏定陵博物館

◆錘鍱成型。局部鏨刻紋飾。爵足呈象鼻式，下端光素，上端為龍首形。腹部飾凸起的龍紋，側面有鋬，敞口，口兩側有柱，飾龍首紋，柱頂及爵腹嵌寶石。托盤較大，盤邊嵌紅、藍寶石。盤底鏨雲龍紋，底中部凸起爵托，爵托為山形，較大，邊部有凹槽，與爵足及底相吻合，托上嵌寶石。◆托杯在明代較為流行，與宋代相比，杯下已不用托子而用杯盤，杯盤大而淺，中心用杯座。此金爵製造精緻，造型仿古而有變化，為實用之器，不似專門的祭器。

◆定級要素：明代托杯很多，但爵形杯很少，金質帶托嵌寶爵杯更為罕見。

34 金編鐘 清

高 21.2 最大直徑 20.6 釐米
現藏故宮博物院

◆此編鐘全套十六枚，皆以黃金鑄成。樣式統一，其形似鼓，內空，上部為雙龍首形鈕，以穿繫懸掛。鐘體紋飾分為上、中、下三部分，上部為一周雲紋，仿明代金器雲紋樣式，中部凸雕龍紋，龍首前有火珠，龍身之下有海水，正面中部凸雕楷書律名，背面雕製造年號，鐘體下部有一周乳凸，以供打擊。◆金編鐘是清代宮廷使用的重要樂器，典禮必備之物。每組十六枚，為黃鐘、大呂、太簇、夾鐘、姑洗、仲呂、蕤賓、林鐘、夷則、南呂、無射、應鐘十二正律及倍夷則、倍南呂、倍無射、倍應鐘四個半音，往往與編磬共用。逢宮廷重要典禮時“樂部陳樂懸於太和殿前至午門外”，奏“丹陛大樂”。

◆定級要素：這套金編鐘全部由黃金鑄成，工藝精妙絕倫，巧奪天工，堪稱稀世珍寶。

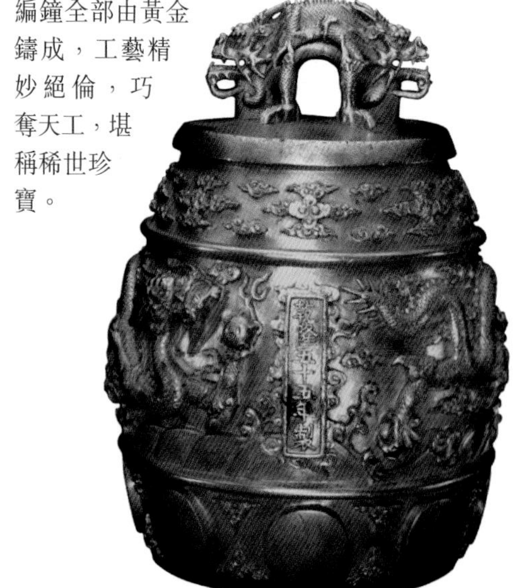

35 鎏金嵌琺瑯銀硯盒 清

長 27.2 寬 22.1 高 22.5 釐米
現藏故宮博物院

◆器為長方體，盒上有蓋，盒下有如意式雲頭矮足八隻，通體鏨花鎏金。蓋頂中心嵌一鎏金銀圓片，內飾燒藍琺瑯之雲龍戲珠紋，銀片四周飾以凸起之纏枝花卉紋。蓋邊折角，外沿飾一周"卍"字紋。盒中空，四壁及底分別製成後焊接而成。盒頂嵌一層凹入兩個硯池的銀屜。四壁正中皆有與蓋頂式樣相同的銀圓片。盒內有一密閉銀質圓筒，聯結兩壁相對的圓片，其中一片可活動，聯有半圓形銀抽屜，可儲墨錠。插入圓筒後，看似與其餘三壁上鑲嵌的圓片沒有區別。盒壁圍繞圓片飾夔龍紋，上下沿各飾一周"卍"字紋。◆此種硯盒俗稱為"暖硯"，冬天在盒內蓄以熱水，可使墨汁不凍。

◆定級要素：此器構思精巧，紋飾繁麗，雍容華貴，是清代文具中的代表作。

36 鑲寶石金八方盒 清

長 14.3 寬 14.3 高 7 釐米
現藏故宮博物院

◆盒為八方形。平面式蓋，周邊嵌紅、藍寶石及翠，碧璽，中心嵌粉紅碧璽牡丹花，盒壁由八塊方板聯成，方板四周為金框，嵌紅、藍寶石，翠，碧璽。中部嵌花卉紋金板，圖案鏤空。◆中國嵌寶石工藝在明代有了較大的發展，清代又擴展到翠、碧璽，尤其珍愛粉紅色碧璽。

◆定級要素：此器由廣州地區製造，鏨花精緻，所嵌寶石皆磨成圓形，特點十分明顯，屬工藝水平特別精緻且有地方特色的代表性作品。

37 嵌寶“金甌永固”金杯 清

高 12.5 口徑 8 釐米
現藏故宮博物院

◆鼎式，圓形。直口，口沿鏨迴紋，一面中部篆書“金甌永固”，一面鏨“乾隆年製”，腹部滿鏨寶相花纏枝花葉及花朵，花蕊以珍珠及紅藍寶石為之，兩側各有一夔龍形耳，龍口接於鼎口，頭上有珠。杯下三足皆為象首式，象耳略小，長牙捲鼻，額頂及雙目間亦嵌珠寶。◆此杯是宮廷內專供皇帝使用的酒杯。

◆定級要素：乾隆年間，宮廷作坊製造了各式酒杯，其中不乏龍耳作品，式樣頗多，但金杯不多，以象鼻為足的作品更為少見。此杯設計及加工皆屬上乘。

38 金天球儀 清

高 82 球徑 30 釐米
現藏故宮博物院

◆天球儀由底座、支撐、子午圈、地平圈、球體五部分組成。底座為金胎，外周嵌琺瑯紋飾，座下四個獸首形足，座表面凸起海水紋。支架於座上，架中部為立柱，上、下部分杈，呈九龍盤繞式，龍身側有金片製成的雲朵。天球由兩半對接而成，表面嵌珠為星，約有三千二百四十二顆，星側標有名稱，星間以陰線相聯，以示星座，球外環有地平圈及子午圈。子午圈亦為金胎嵌琺瑯，球頂部有一小周鐵質干支圈。

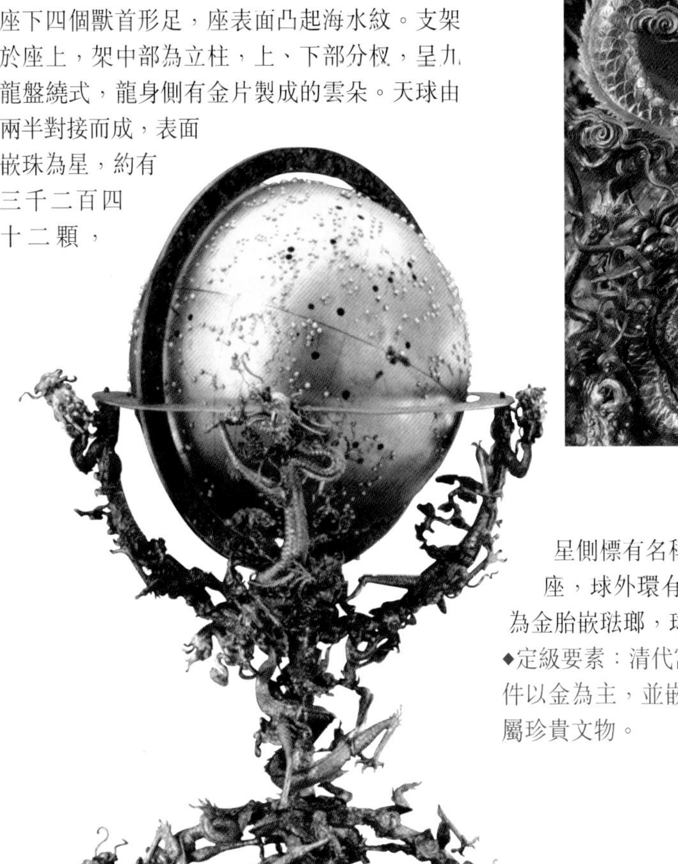

◆定級要素：清代宮廷製造過多件天球儀，惟此件以金為主，並嵌珠為星，紋飾複雜而精細，屬珍貴文物。

39 累絲嵌寶石金八寶 清

高 49 長 15 寬 12 釐米
現藏故宮博物院

◆八寶為八件法器，分別為花、蓋、螺、輪、傘、腸、罐、魚。主體為金質。每件法器的頂部分別為蓮花、華蓋、法螺、法輪、傘幢、盤腸、寶罐、雙魚。由金累絲製成，法器的上部各有一火珠，兩側有飾帶。法器之下為荷花蓮子托，亦為金製，上面嵌各色寶石，再下為支柱，支柱兩側有琺瑯、點翠裝飾，支柱之下為金座，座為圓形，鏨海水江牙紋，最下為紫檀木座。◆此八寶為宮廷使用的供器。《國朝宮史》記乾隆朝皇太后七十壽，恭進八寶。

◆定級要素：八寶上嵌多種寶石，製造精緻，價格昂貴。

40 銀盆金鐵樹盆景 清

通高 28 長 15 寬 15 釐米
現藏故宮博物院

◆此件以銀製盆，以金製景。盆為六角形，折沿，口沿鏨花卉圖案，盆腹為六方形，六面各為方形開光，開光內鏨斑狀地子，淺浮雕人物圖案，圖案多為經典故事，人物神態各異、造型生動。盆下六方形足，足與盆腹間有一凹槽，槽內及盆足皆飾卷草紋。景為金質鐵樹，栽於盆中，樹幹粗且短，自根之上分為兩杈，老皮如鱗，樹幹頂端及樹芭處生出樹葉，葉細長，小葉如骨刺排列，密而有序，樹頂部有五根短簧，簧頂各撐一蝠。◆此作品以鐵樹喻長壽，含五蝠捧壽之意，應為皇族慶壽時的恭進之物。

◆定級要素：清代宮廷陳設盆景甚多，質地也多種多樣，五蝠捧壽盆景銀盆金景，製造精緻，尤為珍貴。

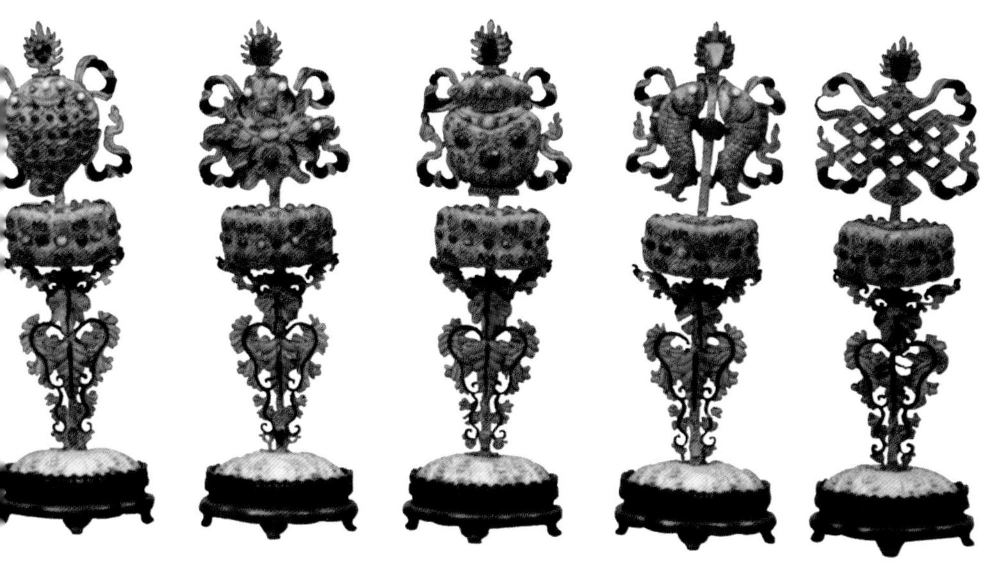

41 嵌珠“萬壽無疆”金杯 清

通高 8 杯徑 7 盤徑 20 釐米
現藏故宮博物院

◆杯略高，筒狀，上大下小，圓口。杯外鏨行龍，龍身側為纏枝蓮紋，近足處有海水紋，杯兩側各有一耳，耳上部為蓮花托，托上嵌大珍珠一粒，其下為鏤空篆字，一耳為“萬壽”，一耳為“無疆”，字下有靈芝紋，杯底圈足。托盤較闊，寬沿，其上鏨纏枝蓮，等分嵌珍珠四顆，盤內平底，鏨八朵蓮花，其間四朵嵌珍珠為花心，盤中部為凸起的圓形杯座，飾龍紋。◆此套杯盤為清宮內務府造辦處製造，是宮廷重要的生活用具，在宮廷舉行大宴時皇帝專用飲酒器。

◆定級要素：帶有“萬壽無疆”讚語的飲酒器，目前少見。

42 金壇城 清

城高 20 座高 14.5 直徑 17 釐米
現藏故宮博物院

◆壇城呈圓形，其外鏨纏枝蓮花紋，壇上有經殿並累絲殿基。◆壇城為藏傳佛教法器。此件則由清宮造辦處仿照藏傳佛教壇城製造。《國朝宮史》載，乾隆二十六年皇太后七十大壽，於年例恭進外，每日恭進壽禮九九，第三日恭進壽禮中有一九供器，為八件銀鍍金八寶及一件"毗耶淨域銀鍍金壇城一座"組成。由此可見，在清宮，壇城可作為祝壽的恭進禮品。

◆定級要素：清宮遺留壇城頗多，金壇城卻極少，作品採用鏨刻、錘鍱、累絲等多種金工藝，製造精緻，亦可反映藏傳佛教在宮廷的影響。

一級金銀器定級概述

金銀器一級品的確定，主要依據是文化部1987年頒發的《文物藏品定級標準》，根據各歷史時期金銀器的製造、工藝、遺存情況，代表性，及其歷史、藝術、科學價值來確定。相對於《中國文物定級圖典·一級品上卷》精選的最具歷史、藝術和科學價值的一級品金銀器（或稱"國寶"、一級品甲等）而言，本卷收錄的通常意義的一級品金銀器的數量明顯增多，範圍也有所擴大。在確定一級品金銀器時，除遵循上述原則外，還要考慮有關的加工技術、時代的準確性、器型與花紋的特殊性、款識文字等多方面因素。

商代是中國金器工藝的早期階段，金器作品數量較少，散見於河南、河北、北京等地的商代墓葬，器物多為小件人身裝飾，加工工藝不高，一般無明顯花紋。西周的金製品在陝西等地也有零星發現。屬這一時期的金器，有準確出土地點的，時代確切的作品，都能為研究中國早期金器的製造、使用及分佈狀況提供可靠的依據，其中器形完整的、有一定重量及加工工藝複雜的作品，應定為一級品文物。

春秋戰國時期金銀器的生產區域明顯擴大，加工工藝已日趨成熟，金銀器大量出現，並出現了大量的裝飾金銀的青銅器。屬於這一時期的金帶鈎、鏤空動物紋金牌飾、鏨花金飾件，若工藝水平較高，圖案紋飾規整、準確、完美的，應定為一級品文物。而此期的銀製品比金製品的數量要少，同水平的作品亦應定為一級品文物。此外，這一時期金銀器的種類和藝術特色，在南北方之間的差異越來越顯著，而西北和北方草原在長期生產實踐中所創造的獨特風格，迥異於中原乃至南方，尤其是匈奴製作的金銀製品，多以大草原上的各種野生動物形象為裝飾，極具活力。例如陝西神木縣納林高兔匈奴墓出土的鹿形金怪獸（見圖15），形體似鹿，鷹喙獸身，頭生雙角，眼球突出，大耳豎立，頭上雙角內彎，低首作角鬥狀。通身及四肢上部飾雲紋，頸胸部飾鬃紋。獸的角、尾、托座係另鑄後再予焊接，工藝精微，造型奇特，彌漫着濃郁的草原氣息。在具體製作工藝上則涵括了範鑄、錘鍱、鐫鏤等多種工藝，堪為戰國時期匈奴金銀工藝的代表作品，因此定為一級品文物。

秦王朝是中國歷史上第一個中央集權的封建王朝，對後世有巨大的歷史影響，但秦政權存在的時間短暫，所遺器物極少。另外，秦王朝推進了西部文化的東進，一些器物造型出現了轉折期。這一時期的工藝品，自然十分珍貴。現已發現的秦代金銀器甚少，其中有準確紀年的、器物完整的或工藝水平高的、時代準確的，應定為一級品文物。

兩漢時期的金銀器是在戰國金銀器製造的基礎上發展起來的，作品承襲了戰國及秦代金銀器的風格，傳播範圍也極為廣泛，河北、山東、江蘇、安徽、廣東等地都有出土。河北滿城劉勝墓出土金器十二件，銀器七十七件，説明銀器的使用量逐漸超過了金器。這一時期的金製品有金印、金帶鈎、金器皿等，其中工藝水平較高、紋飾精緻、用途特殊的金製品，應定為一級品文物。銀製品中工藝水平較高，具有相當的歷史價值或藝術價值的代表性作品，也應定為一級品文物。例如山東臨淄考古發掘的西漢齊襄王墓中出土了一件極具特色、精巧美觀的凸形花瓣紋銀豆（見圖18），外壁和器蓋上飾有極其罕見的凸形花瓣紋。這種紋飾在古伊朗的波斯阿契米尼王朝及後來的安息王朝的日用器中非常盛行，由此可證這種紋飾是自古伊朗地區傳播到中國的。類似的器物在廣州西漢南越王墓中也有出土，足見當時經絲綢之路的陸路和海路所發生的中外金銀工藝的交流已經存在。因此銀豆被評定為一級品文物。

三國、兩晉、南北朝時期雖有社會動亂及軍閥割據，一些工藝品的生產水平有所下降。但金銀器的生產仍趨發展，目前發現的金銀器總體上數量不多，且呈器皿少、飾件多的狀態。因此，這一時期的金銀器中，器皿或用具，器形完整且有相當工藝水平的，屬某一地區或時期的代表性作品，可定為一級品文物；工藝水平高，有重要歷史、藝術價值的飾件，也可定為一級品文物。

隋唐盛世，國富民強，也使金銀器工藝進入全盛時期，各地考古發現數量驟增，目前已發現唐代金銀器超過三千件。與六朝時期相比較，器物種類劇增，製造工藝也有了提高，生活用具佔有相當大的比例。圖案內容更加豐富，裝飾手法繁多，出現了多種花卉、人物、動物圖案，鎏金器物增多，且出現了眾多的宗教用器。相比而言，銀器的數量數倍於金器。在確定唐代金銀器級別時，製造精緻、完整的金器，屬某一類器物中的代表作品，應定為一級品文物。如一級品掐絲團花金杯（見圖98），其形束腰，杯外飾掐絲團花紋，為這類器物中具有特點的作品。另有金佛像、金缽、金手鐲，都是各類器物中具有代表性的精品。唐代銀器數量更為巨大，考古發現的已愈千件，其間造型、紋飾特點異常突出的代表性作品為一級品中的精粹，堪稱“國寶”。同這些作品相比略有不足，但紋飾豐富而具代表性，器形完美，造型富於特色的銀盒、盂、盤、杯，以及不常見的鐔子、籠子等有特殊用途的製品，則可定為一般一級品。

宋、遼、金、元時期，城市及商業的發展使市民階層中出現了較為富庶的消費羣體，金銀器的製造更加商業化，產量巨大，目前已發現的宋、遼、金、元時期的金銀器，數量蔚為可觀。這一時期出現了著名店鋪及作者的作品，風格也更加貼近生活，以不同風格的作品適應不同人羣的需要。花鳥圖案趨向於大花大葉，人物典故、戲劇故事圖案也應用於金銀器的紋飾，作品也呈多樣化。金器中除造型簡單的小件首飾、佩墜、鈕釦及小飾件外的整件作品，製造精緻，造型完美且具有代表性或典型性的，可定為一級品文物。例如1959年江蘇吳縣元代呂師孟墓出土的如意紋金盤（見圖135），盤中部飾一凸起的花心，花心周圍有四瓣凸起的如意形花瓣，盤內滿佈纏枝蓮花葉紋，由陰線鏨刻而成，盤外底有“聞宣造”款。此器用宋、元時期非常流行的如意圖案組合成型，盤內有複雜的裝飾，工藝精湛，藝術性強，且鏨有店家名號，具有很強的藝術性和代表性，故定為一級品文物。

銀器中製造精緻的，目前尚未發現同類器物的，已知著名商號、匠人的作品，或具有重要代表性，可進一步研究其作者的作品，也應定為一級品文物。

明代金銀器作品明顯地區分為宮廷用具及民間普通商品。商業製品明顯受到市俗文化的影響，目前發現的作品中有較多的金器嵌珠寶，一些珠寶可能來源於對外貿易。在定級時，只有製造精緻、有明確出土地點及製造時間的代表性作品方可定為一級品文物。銀器則較金器下算半個檔次。

清代金器中具有重要歷史、藝術、科學價值的代表性作品，製造精緻、造型完美的可定為一級品文物。例如現藏於故宮博物院的金鏨花高足白玉藏文蓋碗（見圖147），是清代宮廷用器，由金托、玉碗、金碗蓋三部分組成，嵌有松石海棠花、如意雲等。碗為白玉製，圓形，撇口，其外素面無紋，碗內琢藏文，碗底有“乾隆年製”款。碗蓋飾勾蓮紋並嵌松石嵌片，蓋上部錘鍱蓮瓣紋，頂部有花蕾式鈕。清代宮廷使用的蓋碗很多，其中金玉組合的較少。此器金工精緻，玉質絕佳，托、蓋、碗渾然一體，既可實用，又有很好的陳設效果，因此定為一級品文物。

清代由於銀器生產數量巨大，因此一級品的定級要素，則根據金器的標準，較金器低一個檔次。

1 金釧 商

環徑 12.6 截面徑 0.3 釐米 重 93.7 克
1977 年北京平谷劉家河商墓出土
現藏中國國家博物館

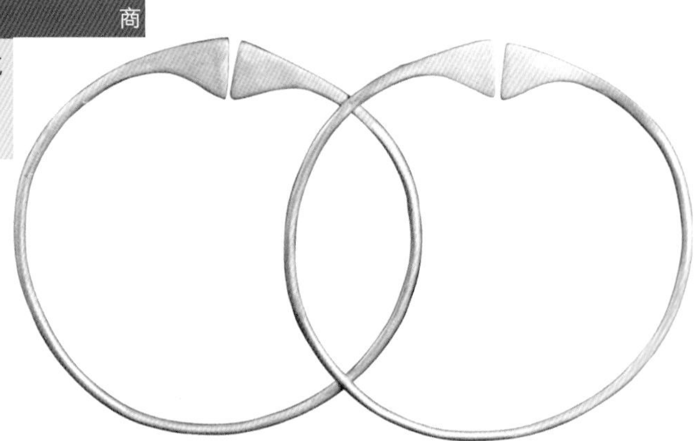

◆裝飾品。用圓形金條製成，呈圓環狀。兩端錘扁呈扇面形，相對成環。伴出一對。

◆定級要素：商代前期的貴金屬製品，在中國中原地區實為罕見。

2 金犬 春秋．秦

通長 3.5 通高 1.7 釐米
1986 年陝西鳳翔秦公 1 號墓出土
現藏陝西歷史博物館

◆犬作匍匐形；大耳前豎，環眼直視前方，長尾上捲，形態簡潔，造型優美，其勾環形爪具有西部文化特徵。◆出土於秦公 1 號大墓，據考證為秦景公墓。

◆定級要素：此件金犬是秦國當時金作工藝水平的物證，也是研究秦文化藝術的最好物證。

3 金柄鐵劍 春秋後期

上長 30.7 下長 35.2 釐米
1992 年陝西寶雞益門村 2 號墓出土
現藏寶雞市考古工作隊

◆劍為純金柄，鐵質身，有鐵莖插入柄內，鋒端為柳葉狀。上劍首格均為嵌飾料珠的溝槽式蟠螭紋。莖部八棱形，素面。下劍柄飾以勾雲狀、珠形的綠松石和料器來鑲嵌出角、眼的陽線蟠螭紋。首、格各有鏤孔。莖兩側由紋飾錯落成五對齒狀凸起。

◆定級要素：造型精美，紋飾華麗，是迄今所見最早、保存最完好的金、鐵合體的精品，不僅為研究春秋時期秦國高超的冶金、鑲嵌技藝提供了寶貴的實物資料，在中國冶金工藝史上也具有重要意義。

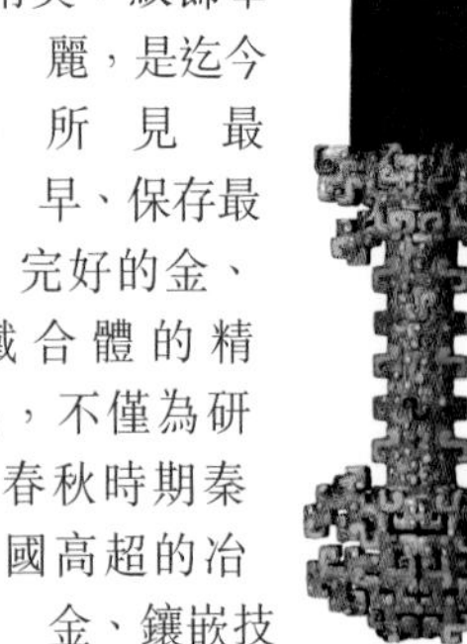

4 水禽形金帶鈎　春秋後期

上器高 1.8 下器高 1.5 釐米
1992 年陝西寶雞益門村 2 號墓出土
現藏寶雞市考古工作隊

◆呈水禽引頸回首凝望狀。上器造型較為寫實，喙扁長如鴨喙，頭飾綠松石，胸有龍紋，背飾羽，兩側還有翅膀、爪，尾呈扇面張開，腹內有一柱狀鈎。下器禽頭呈球狀，喙上飾一對“S”形紋。背飾龍紋，有十四個孔，當為鑲嵌飾品所留。腹中為柱狀鈎鈕，底部有孔。

◆定級要素：以水禽為帶鈎造型是秦國飾品中常見的貼近自然的寫實風格，具有河西走廊一帶濃厚的草原氣息，反映了秦人善養禽獸的遺風。此件製作精美，顯示了秦國高超的冶金、鑲嵌工藝，堪稱春秋時期金銀工藝的代表作。

5 獸面紋金方泡　春秋後期

上器寬 3.5 下器寬 3.9 釐米
1992 年陝西寶雞益門村 2 號墓出土
現藏寶雞市考古工作隊

◆略呈方形。上器正面以蟠螭紋構成獸面紋樣。獸鼻下還有一三角形獸首。下器獸面雙目鏤孔，獸面上還有對稱分佈的八個圓孔，上嵌綠珠。器背有一道梁。◆方泡是裝飾和連結馬絡頭、轡帶的零件。

◆定級要素：獸面紋是先秦青銅器上常見的紋飾，此器紋飾繁複，造型獨特。春秋時期的青銅製車馬配飾較為多見，而純金製車馬佩飾極為罕見，此器是迄今發現最早的金車馬佩飾之一，且屬秦國統治者享用，證實其車馬的等級規格極高。

6 金鐏 戰國 · 中山國

長 21.3 釐米 重 902 克
1977 年河北平山中山王譽墓出土
現藏河北省文物研究所

◆酒器。鐏呈八棱形，兩側為相向的兩龍，以藍琉璃鑲睛。向上一龍銀鑲雙翼，向下一龍銀鑲雙角。

◆定級要素：造型華麗，針刺花紋細如毫髮，工藝極精湛。

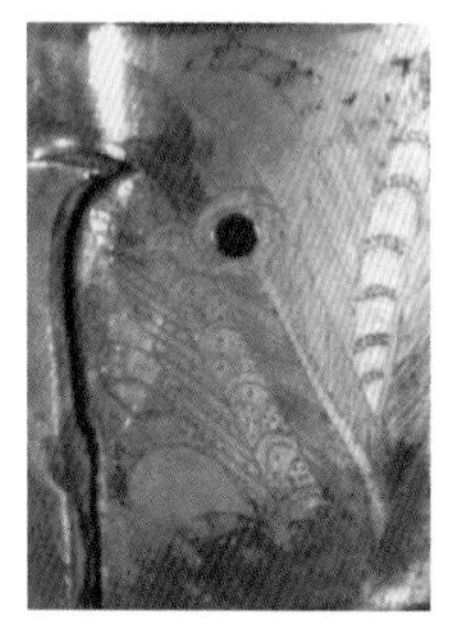

7 雙耳金杯 戰國

高 10.6 口徑 8.1 底徑 6.3 釐米 重 789.9 克
1978 年湖北隨縣曾侯乙墓出土
現藏湖北省博物館

◆飲器。侈口，束腰，平底。口沿外側有對稱環耳。蓋呈圓拱形，蓋邊有三個等距的卿釦，正好卡在杯內。通體無紋飾。

◆定級要素：此器鑄造工藝複雜，器形敦厚莊重。

8 四虎咬一牛紋金飾牌 戰國

長 12.6 寬 7.4 釐米 重分別為 238 克、204 克
1972 年內蒙古杭錦旗阿魯柴登出土
現藏內蒙古自治區博物館

◆兩件。腰帶裝飾品。金鑄。兩件大小、圖案均相同。正面為淺浮雕虎牛爭鬥紋圖案：牛身軀平卧居中，四肢平伸，四虎從兩側咬住牛的頸及腹部，牛角刺穿虎耳。周邊為繩索紋，四角穿圓孔，背面兩端各有拱形鈕。其中一件在牛首部有一橢圓形鏤孔。

◆定級要素：題材新穎，動感強烈，具有寫實特點，反映了中國北方騎馬民族高度的工藝水平。

9 虎噬鹿紋金釦飾 戰國

高 0.8 徑 2.6 釐米 重 26 克
1981 年寧夏固原縣頭營匈奴墓出土
現藏寧夏回族自治區固原縣博物館

◆背面有一鈕，正面呈半圓形。浮雕。上鑄兩組虎與鹿相鬥的圖案。兩鹿居中相抱，兩腿相互交搭；左右兩虎各噬一鹿，方向相背，雙目圓大，兩耳豎立，構成兩組對稱的圖案。

◆定級要素：佈局緊湊，構思巧妙，線條渾圓起伏，是一件精美的工藝飾品。

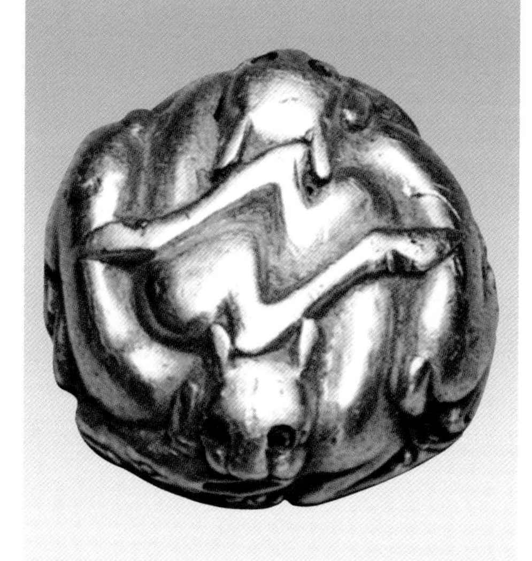

10 銀虎 戰國

高 7 長 11 釐米
1957 年陝西神木納林高兔村出土
現藏神木縣文化館

◆定級要素：迄今發現春秋時期的銀製品極少，此件屬早期銀製品中的精品，且保存完好。

◆方鼻圓頭，環眼，兩耳外撇，張口暴齒，臀部聳起，佇立前視，呈現出一種咆哮的神態。頸短粗，軀體渾圓而中空，四肢粗壯，爪趾發達，長尾垂地上捲。雙肩及前肢隱起的斜條紋和尾、鼻的凸弦紋裝飾，起了表現形體結構的作用，增加了質感的效果。

11 銀卧鹿 戰國

通高 8.5 長 10 釐米
1957 年陝西神木納林高兔村出土
現藏神木縣文化館

◆圓雕。共五件，三雌兩雄，這是雄鹿之一。昂首前視，兩耳豎立，四肢屈曲，作卧伏狀。頭部雙角彎曲向後傾斜，分為五叉，係另鑄後插於頭部。長蹄尖出，狀如柳葉。

◆定級要素：姿態雄健，形象鮮明，為匈奴族雕刻工藝的傑作。

12 銀雙虎 戰國

高 5.6 長 12 釐米
1957 年陝西神木納林高兔村出土
現藏神木縣文化館

◆兩虎形制相似，四肢前後交叉，側卧，低頭張口作吮吸狀；一虎頭向右轉，一虎頭向左轉，體寬而圓，暴眼圓睛，小耳豎立。四肢肥壯，後肢尤甚；爪趾鋭利，尾巴曳地。通體飾斜條紋。

◆定級要素：造型生動，神態自然，給人以現實寫生之感。

13 金雙虎 戰國

雌虎高 5.6 長 12 雄虎高 5.7 長 12.2 釐米
1957 年陝西神木納林高兔村出土
現藏神木縣文化館

◆雌虎，頭寬而圓，暴眼圓睛，扇形小耳豎貼腦際；四肢肥大，前後交叉，側卧，低頭轉向右方，作吮吸狀。尾巴下垂上捲，爪趾發達，排列整齊。頸部、右後腿下部和尾上部均有小孔。雄虎與雌虎，造型相似，通體飾凸線斜紋，惟耳稍大，頭向左轉，姿態雄偉。

◆定級要素：兩虎形象逼真，情態生動，為匈奴族的優秀作品之一。

14 陳爰 戰國 · 楚

圓餅直徑 6～6.6 厚 0.5 釐米
陝西咸陽秦都咸陽遺址出土
現藏咸陽市博物館

◆戰國時楚國的金製貨幣，出土於秦都咸陽遺址內，貨幣上有“陳爰”兩字印文，反映了當時楚國幣制與秦楚經濟文化交流。

◆定級要素：有明確的出土位置和時間，具有較高的研究和鑑賞價值。

15 鹿形金怪獸

戰國．匈奴

通長 11 通高 11.5 釐米
1957 年陝西神木納林高兔村出土
現藏陝西歷史博物館

◆此獸造型奇特，鷹喙獸身，頭頂有鹿角狀角。怪獸眼圓睜，眼球凸出，雙耳豎立，偶蹄，角有透雕的鳥啄形紋，身飾渦狀紋。◆整體造型明快，怪獸兇悍的姿態、神秘的形象，應是當時匈奴族文化中對某種神力崇拜的反映。

◆定級要素：鹿形金怪獸是研究當時文化藝術的精美實物，具有重要的研究和觀賞價值。

16 金竈

西漢

通長 3 寬 1.7 高 1.2 釐米
1972 年陝西西安沙坡村出土
現藏西安市文物考古研究所

◆爐竈模型。整體為橢圓形，由竈門、膛、面、釜、煙囱組成。竈門周圍裝飾有以金絲和聯珠組成的“S”形和弧形紋飾圖案，下有長舌形灰盤。釜內盛粟，粒粒可見。竈台周圍也有用掐絲工藝製成盤繞的帶紋和弧形紋樣，竈台右上角安有細金絲盤旋起的煙囱；另有五塊桃形紅紫綠色寶石鑲嵌，竈底有“日利”篆書吉祥語款。

◆定級要素：金竈造型小巧，形象逼真，做工精細，裝飾華麗，工藝複雜，又有銘文，具有很高的科研價值和藝術觀賞價值。

17 壓花牛頭紋金劍鞘 西漢

長 49～52.5 釐米
雲南晉寧石寨山漢墓出土
現藏雲南省文物考古研究所

◆劍鞘為金質，由三部分組成：一端為劍鞘口，近似長方形，表面錘鍱凸起的菱形裝飾框，框內飾凸起的牛頭紋；中段為三節條形飾，並列相排，上面又飾方折的幾何紋；劍鞘下端周邊飾繩紋，表面飾凸起的環形紋。◆同時出土兩件，樣式相同，其中一件端部有殘。兩件劍鞘形制雖同，但局部紋飾略有差別，因而不是由統一的模具錘鍱，劍鞘局部採用了壓花方法。

◆定級要素：此副劍鞘製作精緻，是西漢雲南滇國金器的代表作。

18 凸瓣紋豆形器 西漢

通高 10.8 口徑 11.5 足徑 6.2 釐米
1979 年山東淄博窩托村古墓葬坑出土
現藏淄博市博物館

◆食器。輪廓略似西漢時的矮足有蓋豆。其器身與器蓋為銀質，呈扁圓形，均用錘鍱法打壓出一周尖瓣形凸泡，每周上下兩排各十七枚，尖頭相向，齒狀交錯。蓋頂上有伏獸鈕三枚，首尾相接，環為一圈。足呈束腰喇叭形，與器底鉚接相連，鈕、足均為銅質，可能為後配的鑄件。蓋內刻篆書“南木”兩字。◆據考證，墓主為西漢第二代齊王劉襄（卒於公元前 179 年）。◆值得注意的是，此器的凸瓣裝飾，在此前並未見相似製品，因而有學者考證，此器為西亞舶來之物，經過西漢工匠的加工添改，才成了今日所見的樣式。

◆定級要素：此器工藝雖不甚精，但由於其特殊的身分背景，對於研究早期中外文化交流有着非同尋常的重要價值。

19 竇氏銀匜 西漢

高 12.5 通長 32.5 身長 25.5 寬 20 釐米 重 1.4 千克
1952 年陝西西安青門村西漢墓出土
現藏中國國家博物館

◆銀質。長流方折，平底。腹內下層及底淺刻動物紋，腹內中層及腹外為流雲紋，下刻銘文三行："西共竇氏銀匜，容一斗七升，重五斤十四兩，三年二月造，第五"。◆古代盤與匜相互配合，是一組盥洗器。但也有用以注酒者，見《禮記・內則》鄭玄註："匜，酒漿器"。漢匜形制與西周、春秋不同。自發掘中所見，很少與盤同出，則漢匜多數是酒器。◆西共竇氏，是漢代名門大族。◆定級要素：漢代銀器發現較少，銀匜尤屬少見。此匜不僅具有史料價值，而且兼有高度工藝價值，彌足珍貴。

20 銀女坐俑 西漢

高 22.6 寬 9.5 釐米
現藏故宮博物院

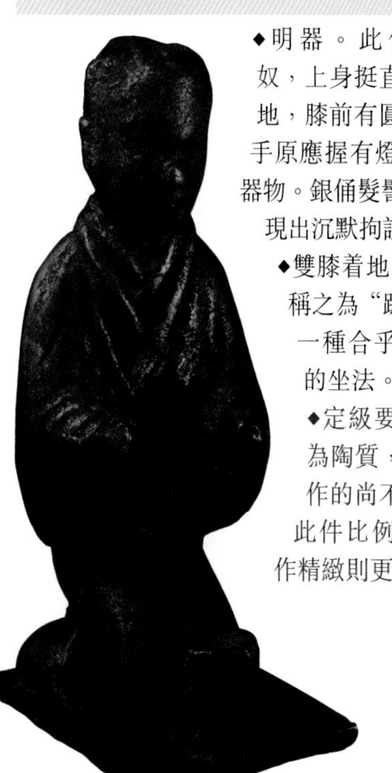

◆明器。此俑為一女奴，上身挺直，雙膝着地，膝前有圓形筒，雙手原應握有燈桿之類的器物。銀俑髮髻上挽，表現出沉默拘謹的神情。◆雙膝着地，《史記》稱之為"跽"，乃是一種合乎傳統禮制的坐法。◆定級要素：俑多為陶質，銅、鉛製作的尚不多見，而此件比例適度、製作精緻則更為珍貴。

21 啣玉龍金帶鈎 西漢

通長 14.4 帶鈎長 5.9 玉龍長 11.4 寬 5.8 釐米
1983 年廣東廣州南越王趙眜墓出土
現藏廣州南越王墓博物館

◆金帶鈎頭尾均作虎首形，頭大，身窄，尾上捲成扣，頭部額上刻有一"王"字；側面鏤空呈卵狀，中間插入一龍尾，呈虎龍爭鬥狀。玉龍體扁平，頭向背作張口狀，軀體彎曲呈 S 形，飾縠紋。腹部與尾部分成兩截，上下近接縫處各鑽有三個小孔，用絲線聯綴。

◆定級要素：此帶鈎構思新穎，風格盎然有趣。

22 龍鳳紋銀鋪首啣環 西漢

通長 19 鋪首寬 14.9 環長 12.9 釐米 重 425 克
1968 年河北滿城陵山中山靖王劉勝墓出土
現藏河北省博物館

◆槨壁飾件。作獸面啣環式，背部有插釘。獸面較小，額上雙角細長，向兩側環繞又反穿角根向上高聳呈雲頭形飾。兩條細長的蟠龍攀登在環形的獸角上，昂首向外探視，龍身及獸角均起脊。清新明快，柔中有剛。龍背並披短巾，獸面舌部啣一雙龍雙鳳環。雙鳳倒懸，其下雙龍攀附在環上，龍首呈方斗形，探向環心，環下並有變形雲紋裝飾。

◆定級要素：整件鋪首造型優美，玲瓏剔透，反映了西漢冶鑄技術的高度水平。

23 金絲編項鏈 東漢

周長 19.4 釐米 重 12.8 克
1959 年湖南長沙李家老屋出土
現藏湖南省博物館

◆用極細的金絲編織而成。形似鱔魚之脊骨，以方形金牌銜結扣合成鏈。

◆定級要素：設計新穎，匠藝高超，為金質裝飾品中的精品。

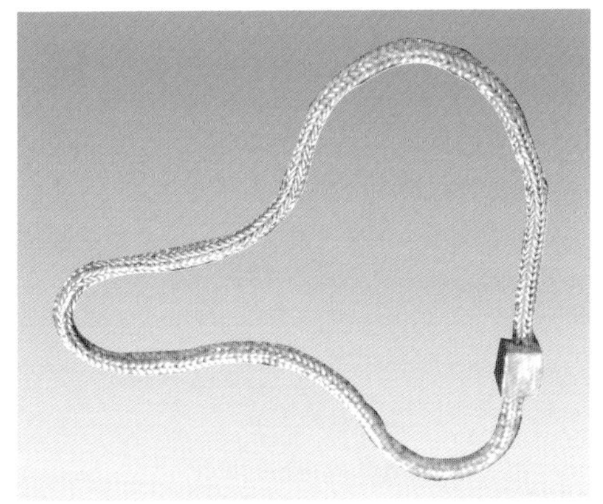

24 八角圓環嵌松石金飾 東漢

高 1.8 直徑 2.4 釐米
1980 年江蘇邗江廣陵王劉荆墓出土
現藏南京博物院

◆純金。大小似指環。上緣八齒狀，內嵌瓜子形綠松石。圈體表面以大小金珠及掐絲焊飾雙龍紋；雙龍作鏡面對稱佈置，飾件邊緣以突起的陽線作邊廓，外側再焊飾細小聯珠紋一道。

◆定級要素：製作精細，花紋華美，是研究漢代金作工藝的重要實物資料。

25 盤角羊紋包金帶飾 東漢

飾牌高 6 長 11.7 寬 7 環釦長 9 寬 5.3 釐米
1979 年內蒙古准格爾旗西溝畔匈奴墓出土
現藏內蒙古伊克昭盟文物工作站

◆腰帶裝飾品。鐵心包金。出土兩套，每套兩件，大小、圖案均相同。飾牌正面用金片錘鍱出盤角羊形圖案；羊頭和前半身呈正面形，後半身呈側面形；羊昂首前視，雙角盤捲而上翹，四肢稍屈呈蹲狀。空間飾花草紋。背面平，原有鈕，已脫落。環釦正面呈弧形，用金片錘鍱出花草紋圖案，背平無紋。

◆定級要素：圖案富有寫實性，反映了北方游牧民族的地方特色。

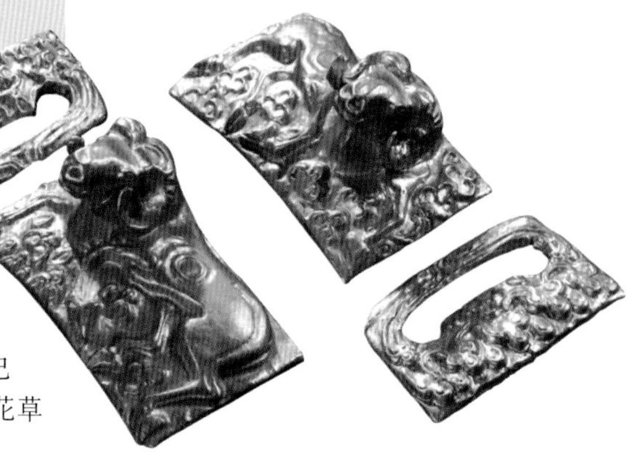

26 宜子孫鐘形金飾 東漢

高 2.3 最寬 1.8 釐米 重 2 克
1955 年安徽合肥漢墓出土
現藏安徽省博物館

◆鐘形，上端鈕中央有一小穿，邊飾聯珠紋。器身中部豎刻朱文篆書“宜子孫”三字，兩側飾對稱的纏枝花紋。

◆定級要素：字和紋飾皆用精細的金絲和細珠盤繞焊接而成，顯示了漢代金飾製作高超的工藝。

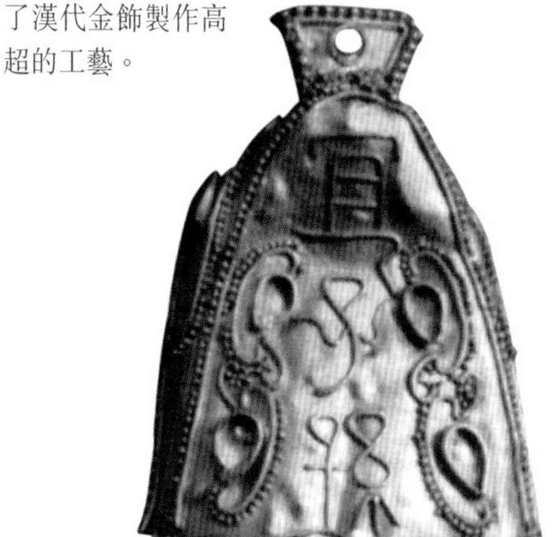

27 雙羊紋金飾牌 東漢

長 9.5 寬 7 釐米
1983 年內蒙古呼和浩特東郊出土
現藏呼和浩特市文物處

◆腰帶裝飾品。金質。透雕。長方形。雙羊對立，大眼，彎角，身體肥碩；兩羊之間和羊腿間有五個輪狀裝飾，邊框飾陰線紋。羊眼和正中輪心原有鑲嵌物，已脫落。

◆定級要素：造型飽滿，形體渾厚，帶有濃郁草原游牧風格，彎角大眼的適度誇張，更加顯得生動可愛。

28 累絲鑲嵌金辟邪 東漢

高 3.1 長 3.9 底座長 5.5 寬 1.6 釐米 重 8.4 克
1969 年河北定州北陵頭村漢墓出土
現藏定州市博物館

◆採用焊接、累捏、纏繞和鑲嵌技法。形似虎，作昂首邁步狀，氣勢凌人。前額隆起，獨角向顱後垂捲，圈形獸耳，眼眶突出，內鑲綠松石為睛，張口露齒。四肢前伸，長尾曳地，蹄趾利爪。用金絲累捏成骨骼、肌肉凸部和雙翼，角尾用粗金絲製成後，又纏上細絲。頸前和脊背各有一條凹槽，鑲嵌松石或紅瑪瑙，其他部位有零星的點綴。表面飾有較多的金粟粒，猶如捲毛。底托片上鏨有流雲紋，周飾小金粒，前端有兩孔。

◆定級要素：製作精湛，集累絲、鑲嵌工藝於一身，顯現出東漢後期金匠的高超技藝。

29 累絲鑲嵌金羊 東漢

通高 1.3 身長 1.1～1.3 底座長 3.6 寬 1.4 釐米 重 5 克
1969 年河北定州北陵頭村漢墓出土
現藏定州市博物館

◆採用累絲、焊接和鑲嵌技法。底座上立有四隻綿羊，前後各二，左右相錯。羊首仰縮，額頭隆起，圈形側耳，無角，一雙鑲嵌綠松石的眼睛暴突，嘴稍張露齒，頸曲下突，塌背、臀部聳起，寬尾收夾，四肢曲彎佇立。骨節肌肉輪廓用金絲勾出，軀體滿飾小金粒並點綴鑲嵌少量的松石或紅瑪瑙，猶如捲毛羊。底托片上鏨有流雲紋，周飾小金粒。

◆定級要素：先秦金銀製品以造型粗獷、工藝簡潔為主，此器紋飾精美，工藝精細，為東漢製金藝術代表作。

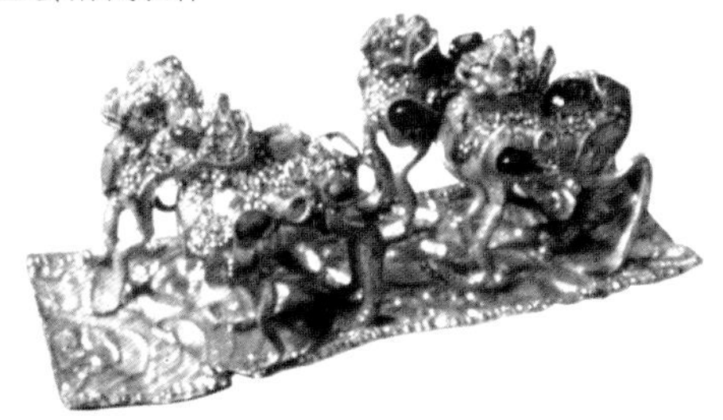

30 累絲鑲嵌金龍 東漢

高 1.2 殘長 4.2 釐米 重 26 克
1969 年河北定州北陵頭村漢墓出土
現藏定州市博物館

◆龍首平伸，前額隆起，長角後捲，張口吐舌，上頜翹，門牙顯露，龍身成直筒形，後腹殘缺。用累絲法勾勒出龍的面廓和雙角，其餘額頂、兩頰、頸部及腹部均用極薄的金片鏤刻，捲成筒後，於頸、腹間套接。背部鏤孔呈鱗狀，腹部弧線形。全身滿飾粟形金粒，並以綠松石粒鑲嵌眼珠，點綴首、身，精美異常。

◆定級要素：採用纏繞、錘鍱、焊接和鑲嵌技法，是東漢時期金工工藝的傑作。

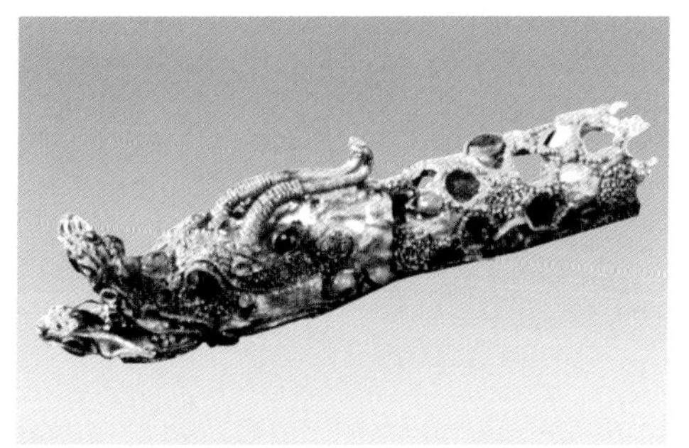

31 貼金雲紋銀唾盂 三國·吳

高7.5 口徑5.9 底徑5.6釐米 重460克
1978年湖北鄂城西山出土
現藏鄂州市博物館

◆承唾器。銀質，貼金。盤口，束頸，鼓腹，平底。肩、腹部錘鍱隱起雲紋，紋貼金箔，主次分明，相映成輝。

◆定級要素：此器集實用與藝術於一體，且使用的錘鍱工藝，屬金銀器中較早出現的，具有很高的研究價值。

32 小金獅 西晉

每個長約1釐米 重5～6克
1955年河南孟津出土
現藏洛陽市文物工作隊

◆共六個，形象相同。抬頭仰視，四肢屈曲，背部隆起，作臥伏狀。

◆定級要素：造型簡練，神態雄威，為西晉時期工藝裝飾品的代表作品。

33 嵌玉野豬紋金帶飾 北魏

帶鉤長10.8 最寬6.1釐米 重113克
帶鉗長7.6 最寬6.1釐米 重47克
1982年內蒙古和林格爾北魏墓出土
現藏內蒙古自治區博物館

◆鐵心包金。鉤、鉗均以嵌寶石的淺浮雕豬紋為主體圖案。豬似一雌一雄，作奔跑狀。腹側正中鑲嵌一寶石，狀如“貓眼”；左右鑲嵌月牙形玉石。腹、背和鬃毛部分嵌以綠松石，有的已脫落無存。地紋亦作浮雕裝飾，原亦有鑲嵌之物。

◆定級要素：豬紋形象逼真，裝飾精美，錘打技藝精湛，反映了鮮卑族金飾工藝的高度水平。

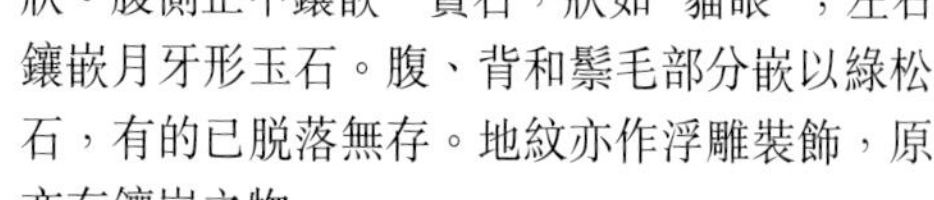

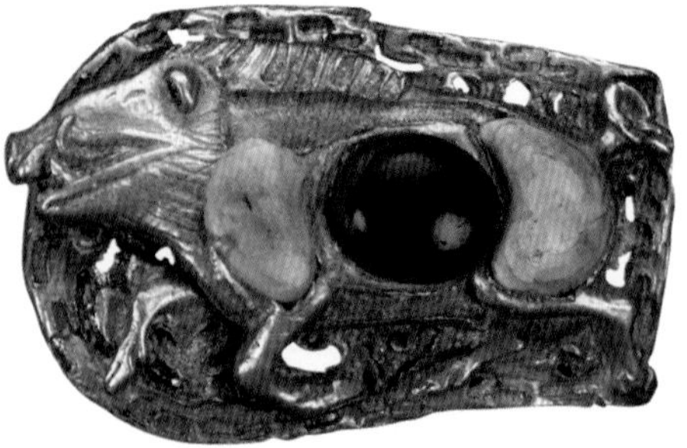

34 蓮花紋銀碗 東魏

高 3.4 口徑 9.2 足徑 3.5 釐米
1976 年河北贊皇邢郭村李希宗墓出土
現藏正定縣文物保管所

◆盛食器。形似蓮花。敞口，唇略捲，喇叭形圈足。碗內壁錘鍱水波紋三十三道，自底向口部作輻射狀排列；碗內底中央捶成一圓台，上有一朵俏麗的蓮花，花瓣肥碩豐滿，瓣尖微上捲，蓮花外飾聯珠紋兩圈，口沿處飾聯珠紋一圈。碗內斟滿酒後，由於折光作用，有酒波蕩漾，令人陶醉之感。◆出土時此碗與鎏金小銅壺、銅鐎斗和六件青瓷碗，同置於一大銅盤內，當是一套酒具。

◆定級要素：此碗製作精緻，具有西亞風格，唐代仿製薩珊王朝金銀器相當流行，而北朝較為少見，此器屬迄今所見較早的中西合璧的金銀器，且是北朝時期金銀細工中少見的珍品。

35 累絲金龍佩飾 北朝

總長 128 釐米 重 214 克
1981 年內蒙古達茂旗出土
現藏內蒙古自治區博物館

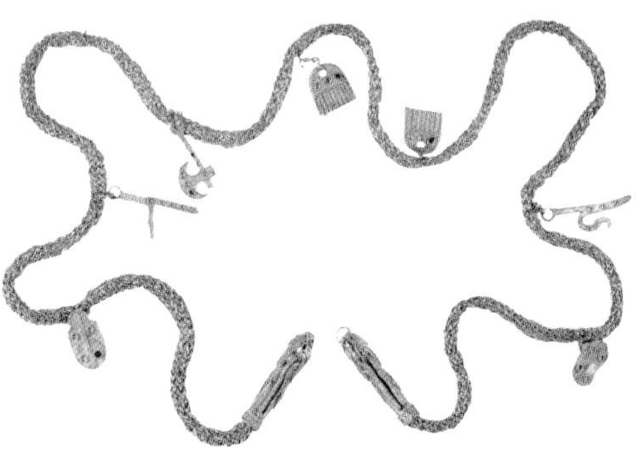

◆整體為一身雙龍首項鏈。兩龍首造型相像，係用金片捲成筒狀，上面焊接有角、眼、耳和鬚，均用金絲盤捲而成。下頜及附加飾物均有圓圈紋和魚子紋，圓圈內鑲嵌藍、綠料石，現多數已脫落。龍身以金絲編綴，呈絞索狀。其上連接附加裝飾物：鉞一、盾、戟、梳各二。其中一龍嘴上下頜間用串釘貫連一圓環；另一龍嘴有脫落的串釘孔痕，推測原龍嘴亦啣有鈎環之物，以便與另一圓環相扣。

◆定級要素：造型生動別致，製作工藝精湛，反映出北方騎馬民族與內地漢族文化的融合。

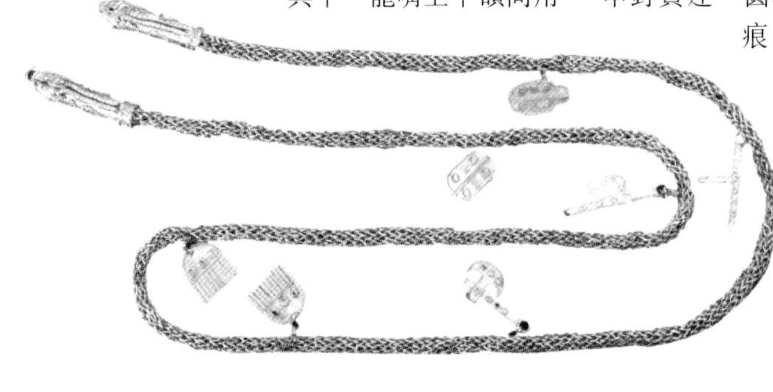

36 花鳥蓮瓣紋高足銀杯 唐

通高 5.1 口徑 7.5 足徑 4 釐米
1982 年陝西西安韓森寨緯十街出土
現藏陝西歷史博物館

◆飲酒器。銀質鍍金。侈口，沿微外翻；腹外壁中部有一周突棱，把腹部分成上下兩部分；高足上部有大小兩層，形似花托，下束腰，足呈覆蓮瓣形。上腹部鏨出十個蓮瓣，每瓣內均飾花鳥紋；下腹部亦鏨出十個蓮瓣，每瓣內飾萱草花；足面飾忍冬八出花。地皆為魚子紋。整個造型宛如一朵初開的蓮花，紋飾呈現出一派草木崢嶸、鳥雀歡躍的景象。

◆定級要素：此杯造型規整，紋飾極為精美，是唐代金銀器藝術精品。

37 狩獵花草紋高足銀杯 唐

高 7.3 口徑 6 底徑 3.4 釐米
1970 年陝西西安南郊何家村出土
現藏陝西歷史博物館

◆飲酒器。銀質。口沿外侈，空腹，口沿下一周突棱，高圈足。杯內壁素面。外壁口沿至突棱間飾纏枝花紋一周；腹部飾四幅狩獵圖：第一幅，狩獵者手握弓箭，騎馬奔馳，側視着左前方飛跑的狐狸；第二幅，狩獵者騎馬張弓，射擊右前方驚跑的野豬；第三幅，與第二幅畫面有聯繫，狩獵者騎馬張弓，回首側身射擊驚跑過來的野豬；第四幅，狩獵者射中左前方一隻鹿的腰間，右前方一隻鹿受驚狂奔。四幅圖的空間均填花草紋。杯底和足均飾纏枝花紋。

◆定級要素：金銀製高足杯原屬拜占廷飲酒器，而此杯通體生動描繪的古代狩獵場面，形象栩栩如生，是唐朝特有的裝飾圖案。專家認為，此杯是在拜占廷風格影響下，由中國工匠製造的酒器，屬歷史價值和藝術價值俱珍。

38 仕女狩獵紋八瓣銀杯 唐

高 5.5 口徑 9.2 釐米
1970 年陝西西安南郊何家村出土
現藏陝西歷史博物館

◆飲酒器。銀質，鎏金。葵口微侈，唇沿外凸，飾鋸齒紋；腹略鼓，由繩紋相隔成八瓣，每瓣以魚子紋為地，上飾各種姿態的仕女和騎馬狩獵圖案，空間襯以花草；下部飾一周凸起的蓮瓣，蓮瓣上飾一朵寶相花，猶如蓮花托杯。足呈八棱，圈邊飾一周聯珠紋；柄作聯珠圓環形，上有七瓣組成的三角護手，護手中心圈內飾一立鹿，地為魚子紋。杯內底部中心飾水波紋，水波上鏨游魚三尾。

◆定級要素：造型奇特瑰麗，紋飾精美，構思精巧，很有藝術感染力。八瓣銀杯是公元6－7世紀經過粟特傳入中國的薩珊王朝特有的酒器。此杯仿自薩珊酒器，又繪以唐朝流行的紋飾，不僅是研究唐代中西文化交流的重要實物資料，也反映出唐代金銀器製作工藝的高度成就。

39 蔓草花鳥紋八棱銀杯 唐

高 5.3 口徑 5.4～6.9 足徑 3.1 釐米
1982 年陝西西安韓森寨緯十街出土
現藏陝西歷史博物館

◆飲酒器。銀質，鍍金。八曲侈口，腹和足均作八棱形，腰略束。腹壁棱間飾以纏枝蔓草和花鳥相間的圖案各四組；圈足面亦飾纏枝蔓草紋；環柄上有半圓形護手，護手上飾一展翅飛翔的鴻雁，下以萱草相襯。地紋皆飾魚子紋。

◆定級要素：刻工精細，富有生機，頗具匠心。

40 宣徽酒坊銀酒注 唐

高 25.8 口徑 14 底徑 14.1 最大腹圍 68.7 釐米
重 3.245 千克
1979 年陝西西安魚化寨出土
現藏陝西歷史博物館

◆酒器。銀質。圓形，鼓腹，圈足，平底。口沿微侈，粗頸寬肩，肩部有雙繫，頸至腹部有一橢圓形曲柄；另一端有圓管形流嘴。

◆器底刻銘文“宣徽酒坊。咸通十三年六月二十日別敕造七升。地字型大小酒注壹枚重壹百兩正。匠臣楊存實等造。監督蕃頭品官臣馮金泰。都知高品臣張景謙。使高品臣宋師貞。”◆酒注即唐代一種酒壺，其功用主要是向酒杯中注酒。此器詳細銘刻製作日期、工匠姓名、監工的姓名和酒注重量。宣徽，即宣徽院，為負責宮廷郊祀朝會宴饗的官署。

◆定級要素：此即宣徽院專製酒器，雖然工藝簡潔，素面無裝飾，但器底銘文是研究唐代官署釀酒與管理制度的重要史料，極具歷史價值。

41 鎏金嬰戲紋銀壺　唐

高7 口徑3.8 腹徑6.6釐米 重86克
1982年江蘇丹徒丁卯橋唐代窖藏出土
現藏鎮江市博物館

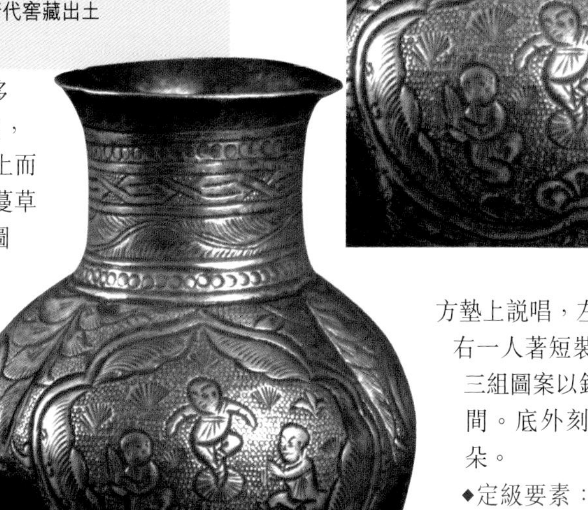

◆酒器。銀質，鎏金。侈口，高頸，球腹，圜底，底有三足已失。頸部自上而下刻聯珠紋、折帶紋及蔓草紋。腹部刻三組人物圖案：一幅為童子舞樂圖，正中一童子立圓墊上，作金雞獨立舞，左右兩童伴奏；另一幅為童子鬥草圖，兩童子坐草地上勾草比試；第三幅為說唱圖，一人頭戴襆頭，穿長袍，手持雲板，立於方墊上說唱，左一人捧樂器，右一人著短裝，作行走狀。三組圖案以針葉、草葉紋相間。底外刻十二重瓣蓮一朵。

◆定級要素：童戲題材的銀器，在唐代極為少見。

42 蔓草鴛鴦紋銀羽觴　唐

高3 長10.5 寬7.5 口徑7.5～10.5釐米
1970年陝西西安南郊何家村出土
現藏陝西歷史博物館

◆飲酒器。銀質，鎏金。橢圓形，雙耳，平底。內底飾一朵海棠，內壁飾折枝花卉；兩長方形耳滿飾蔓草紋，地飾魚子紋；外壁飾蔓草鴛鴦紋。◆羽觴也稱“耳杯”，是古代人飲酒用具。

◆定級要素：迄今為止發現唐代窖藏和墓葬出土的金銀羽觴共有六件，其中何家村窖藏出土兩件帶雙耳，其餘四件無耳。無耳者為明顯受薩珊王朝金銀酒器的影響，而雙耳羽觴是戰國以來中國酒杯的傳統形式，此器明顯屬中西合璧的產物。因紋飾雍容華貴，線條舒展自如，工藝精湛，集實用性與藝術性於一體。

43 刻花金鐺 唐

高 3.2 口徑 9 釐米
1970 年陝西西安南郊何家村出土
現藏陝西歷史博物館

◆酒器。金質。敞口，圜底，單柄，三足。內底飾一浮雕海獸，周邊一周變形繩紋；外壁飾十條斜曲突棱，分壁為九斜格，格內分別飾蔓草、鴛鴦等圖案，地飾魚子紋；足上部為蛇頭，蛇嘴伸出一獸爪，組成鐺足；柄作張嘴龍頭狀。

◆定級要素：構思新穎，形式多變，給人以生動活潑之感，是罕見的金銀器精品。

44 鎏金仰蓮荷葉紋銀碗 唐

通高 8 口徑 16 足徑 11.2 釐米 重 223 克
1987 年陝西扶風法門寺唐真身寶塔地宮出土
現藏法門寺博物館

◆錘鍱成型，紋飾鎏金。花口，腹壁斜收，平底，荷葉形圈足。碗壁為三重相互交錯的蓮瓣，瓣尖形成口沿，宛如一朵盛開的蓮花。三重蓮瓣，均填以不同的紋飾。圈足作翻捲荷葉，外鏨葉脈。◆足底鏨“衙內都虞侯兼押衙監察御史安淑佈施，永為供養”銘文二十字，內足壁墨書一“吼”字，係密教咒語，說明密教在晚唐皇室信仰中佔有重要地位。

◆定級要素：此器造型優美，紋飾新穎，且是珍貴的唐代密教資料。

45 鳥獸紋蓮瓣金碗　唐

高 5.6 口徑 13.4 底徑 6.8 釐米
1970 年陝西西安南郊何家村窖藏出土
現藏陝西歷史博物館

◆金質。侈口，弧腹，圈足。碗外壁錘出兩層相互交錯的大型蓮瓣，上層每瓣內分別刻有鴛鴦、鴨、鸚鵡、鹿、狐等珍禽異獸，周圍飾草花；下層每瓣內飾捲曲的蔓草紋。蓮瓣上至口沿的三角空間飾如意雲紋和各種飛翔姿態的鳥紋。圈足飾方勝。以上花紋均為魚子紋地。足沿外侈，邊飾一周大聯珠紋。內刻飛鳥一隻，流雲數朵。碗內墨書“九兩半”三字。

◆定級要素：紋飾富麗，為唐代金銀工藝的傑作。

46 鎏金海獸水波紋銀碗　唐

高 3.2 口徑 11 釐米
1970 年陝西西安南郊何家村窖藏出土
現藏陝西歷史博物館

◆銀質，鎏金。花口，淺腹，圈足。口沿呈十四瓣，內底中心浮雕一海獸，左右各有一水鳥相伴，地飾海濤紋，周飾一圈突起的繩紋；並以圈紋為中心，向上輻射出十四條水波紋，與口沿十四出相對應，使整個器形構成一朵盛開的花朵。

◆定級要素：構思巧妙，立意新穎，工藝精湛。

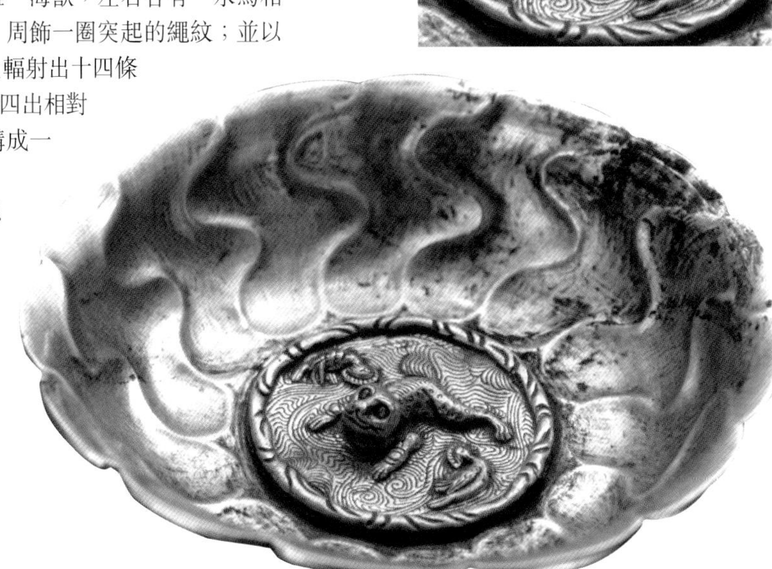

47 鎏金鴛鴦折枝紋銀碗 唐

高 4.7 口徑 21.1 足徑 7 釐米 重 403 克
1975 年陝西西安南郊出土
現藏西安市文物管理委員會

◆銀質，鎏金。敞口，淺腹，圈足。內底中心飾鴛鴦一對，周圍以寬葉折枝花環繞；腹壁錘鍱對稱等距的六株闊葉折枝花，花紋內凹外凸，口沿飾朵雲紋一周。花紋均鎏金。足底心，墨書"趙一"兩字，清晰可見。鴛鴦有雄雌相伴的特性，寓意"百年結好，永不分離"，為唐代金銀器上流行的裝飾圖案。

◆定級要素：此碗鎏金紋飾在銀器上，發射金色光芒，顯示出唐代特有的富麗華美的藝術風格。

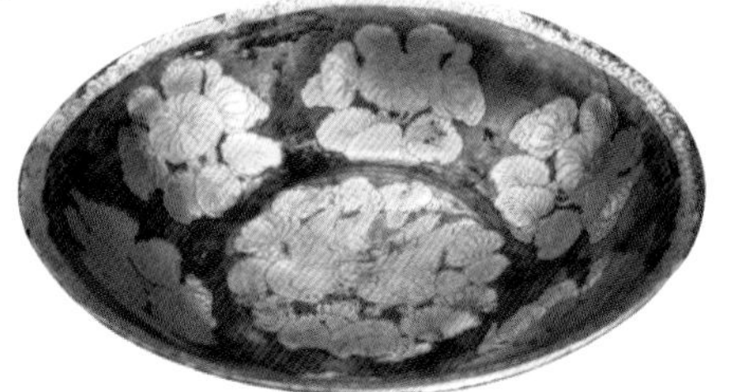

48 鎏金雙鴻小簇花紋銀碗 唐

高 5.15 口徑 21.4 釐米 重 310 克
1975 年陝西西安南郊出土
現藏西安市文物管理委員會

◆銀質。口沿微敞，呈四出，淺腹，圈足。內底心鏨刻一對鴻雁，引頸張翼，展尾，作比翼狀。周圍簇團折枝花；口沿上飾一周蓮瓣；腹壁分作四瓣，每瓣中心飾橢圓形簇花。紋飾以陰線鏨刻，皆鎏金。

◆定級要素：此器造型、紋飾和鏨刻方法均具有明顯的地方色彩。

49 鎏金鴻雁花草紋銀碗 唐

高 8 口徑 19.8 足徑 12.5 釐米
1958 年陝西耀縣柳林背陰村出土
現藏陝西歷史博物館

◆銀質，鎏金。四瓣形。碗心飾展翅起飛的鴻雁，周圍飾纏枝花草紋；內壁每瓣飾團花四簇，口沿飾連續花瓣紋一周。紋飾皆鎏金。碗底刻"馬馬明"三字，字跡潦草。◆鴻雁，即知更鳥，《禮記 · 月令》記："季秋之月，鴻雁來賓。"因其為候鳥，古人取其候時而行之意，多以雁作婚贄，視為祥瑞之鳥。

◆定級要素：此碗的花瓣造型仿自薩珊王朝的金銀碗，紋飾繁複，做工精緻，為唐代金銀工藝的精品。耀縣柳林背陰村發現的金銀器窖藏，屬唐代晚期，此器應為這一時期的標準器。

50 纏枝花龍鳳紋銀碗 唐

高 4.2 口徑 12.6 釐米
1970 年陝西西安南郊何家村出土
現藏陝西歷史博物館

◆銀質。直口，弧腹，圈足。外壁飾纏枝禽獸紋；圈足內飾一飛龍，龍身背曲，頭至尾部，前爪飛舞，後爪分蹬，空間飾如意雲頭紋，地飾魚子紋；內底心飾一鳳，鳳頭昂起，兩翼鼓飛，長尾翹至腦頂；兩腿點地，作拍翅欲飛狀。

◆定級要素：此器以唐代特有的“滿地裝”將器壁內外佈滿花紋，刻工精緻，紋飾華美華貴，龍鳳形象栩栩如生，是唐代珍貴的皇室宮廷用品。尤其鳳在碗心，位居上；龍在足底，位居下。專家認為武則天稱帝時將中書省改為“鳳閣”、門下省改為“鸞台”，此碗的龍鳳紋當與武則天稱帝的政治背景有關，具有重要的研究價值。

51 鎏金雙獅紋蓮瓣銀碗 唐

高 3.5 口徑 12.5 釐米
1970 年陝西西安南郊何家村窖藏出土
現藏陝西歷史博物館

◆銀質，鎏金。敞口，弧腹，圈足。內底心飾一對相向雄獅，兩獅前肢，一隻前舉，一隻着地；後肢一隻前跨，一隻後蹬，均左右相對；昂首，挺胸，翹尾，作出舞姿，應是唐代流行以舞獅盛名的西涼伎。兩獅嘴中各啣一枝蔓草花，二莖交纏，枝頭花朵向左右下垂；獅身下部空間飾兩枝對稱蔓草花，地飾魚子紋。周邊飾凸起的繩索紋，紋飾皆鎏金。腹外壁錘出一周凸起蓮瓣紋，這種裝飾在粟特銀器中很常見。內壁還呈現一周素淨的水滴紋，與底心金光四射的富麗紋飾形成鮮明對比，使雙獅主紋顯得格外突出。

◆定級要素：此器碗內底飾凸起的雙獅，周邊凸起的繩索紋，是薩珊王朝銀器中典型的“徽章式”紋樣，在唐代金銀器中並不流行，僅在公元 8 世紀中葉以前的幾件金銀器上出現。獅子的捲髮和形象深受印度和吐蕃佛教藝術的影響，此碗整體的裝飾手法具有唐朝特有的中西藝術元素結合的時代風格，藝術價值極高。

52 鎏金寶相花紋銀蓋碗 唐

通高 11.7 口徑 21.7 底徑 12.2 釐米
1970 年陝西西安南郊何家村窖藏出土
現藏陝西歷史博物館

◆銀質，鎏金。有蓋，深腹，圈足。蓋似覆扣的侈口蓋，大於碗口一周。蓋頂中心部位飾一簇圓形寶相花，外飾等距離六簇寶相花。碗腹亦飾等距離六簇大型寶相花。寶相花是唐代常見的紋樣，有吉祥美滿之意。

◆定級要素：此器紋飾皆鎏金，空間為素面，顯得富麗大方。

53 魚龍紋四瓣金盤 唐

通高 3.5 最大口徑 13.1 最小口徑 7 足高 1.1 釐米
重 174 克
1983 年陝西西安太乙路出土
現藏陝西歷史博物館

◆盛食器。金質。橢圓四瓣形，敞口，圈足。內底中心錘鍱凸起的魚龍戲珠圖案，地刻水波紋，外飾一周聯珠紋，聯珠紋外又飾一周花瓣帶。器壁由扭絲花紋間開為四瓣，每瓣飾一簇寶相花，花簇兩側配以對稱如意花紋。口沿和圈足外側各飾一周蓮瓣紋。紋飾皆以魚子紋為地，以精細的陰線刻劃細部。外壁為素面。

◆定級要素：魚龍，是龍首魚身，為魚和龍的變異體，屬於唐代金銀器上較為流行的紋飾，且常居於主體地位。此盤四花瓣的器形仿自薩珊王朝流行的金銀器，紋飾繁縟纖細，流光溢彩，體現出唐代金銀器富麗華美的藝術風格。

54 猞猁紋銀盤 唐

高 3.7 口徑 18.5 釐米
1975 年內蒙古敖漢旗李家營子唐墓出土
現藏敖漢旗文物管理所

◆盛食器。銀質。口沿內捲，坦腹，圈足。內底圈心內凹，圈內錘鍱一猞猁，兩角豎立，低頭垂尾，張牙舞爪，作欲撲狀，神態兇猛威武，給人呼之欲出之感。口沿和獸紋皆鎏金。

◆定級要素：猞猁造型生動，獸頭突破圈線，肌肉有起有伏，立體感很強，有很高的歷史、藝術價值。

55 菱花形鹿紋三足銀盤 唐

通高10 徑50 足高7.6釐米 重2.4千克
1984年河北寬城峪耳崖大野峪村出土
現藏寬城縣文物保管所

◆盛食器。銀質，鎏金。敞口，寬折沿，淺腹弧收，平底，下有三足。寬沿作六瓣菱花形，邊緣圓鼓，各瓣錘鍱花卉一組，紋樣相同。盤口作六分凸線伸向底部，盤心錘鍱一凸起梅花鹿，昂首站立，頭頂肉芝，身鏨飾斑點紋，短尾上翹，足呈鏤空捲葉狀。

◆定級要素：造型優美，紋飾圖案富於立體感，製作精良，具有盛唐作風。

56 鎏金雙鳳啣綬帶紋銀盤 唐

高 3.2 口徑 22.2 釐米 重 548 克
1977 年陝西西安東郊棗園村出土
現藏西安市文物管理委員會

◆盛食器。銀質。口作五出，窄平外折沿，直腹平底。內底心鏨刻一對首尾相向的鳳，鳳喙都轉向中心，共啣一盤結的綬帶，空間飾蔓草紋；外飾扁團花五簇，間以三出花五朵；腹壁分成五瓣，中間為一株折枝花，兩側各鏨黃鸝、白頭翁一隻；瓣間飾同心結帶。口沿鎏金，內側有鎏金柳葉紋一周。

◆定級要素：紋飾皆以陰線鏨刻，團花絢麗多姿，佈局疏朗有致，極富裝飾效果，顯示出唐代崇尚雍容華貴的時代風尚。

57 鎏金折枝凸花銀盤 唐

高 1 徑 15.5 釐米 重 200 克
1972 年陝西西安南郊曲江池村出土
現藏西安市文物管理委員會

◆盛食器。銀質。六瓣形，寬沿，平底。內底心錘鍱一朵凸起的五瓣折枝花，周圍以莖、葉、蕾相襯托，花紋具有顯著的薩珊王朝金銀器的裝飾風格。中國古代器皿都是圓形，大約 6 世紀後半葉至 8 世紀初期多花瓣形器流行起來，也是受到薩珊、粟特金銀器的影響。

◆定級要素：花鳥題材在唐代裝飾中佔有重要位置。此盤整體為銀色，周邊素面無紋，僅在盤內以簡潔明快的折枝凸花為中心，採用鎏金工藝使主題更加鮮明豔麗。製作工藝相當講究，花紋的剔刻技術高超，刀法嫻熟，線條清晰準確，具有很高的藝術價值。

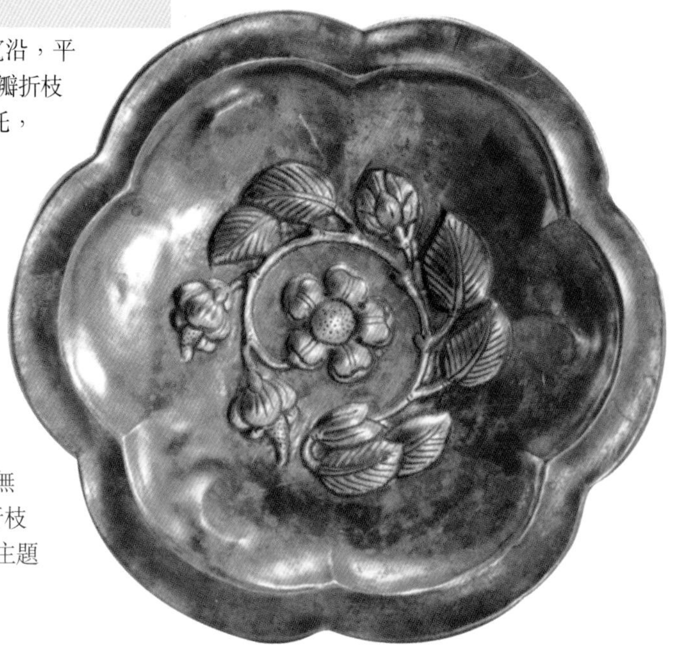

58 鎏金雙魚花草紋銀盤 唐

高 1.6 口徑 17 邊寬 2 釐米 重 198 克
1975 年陝西西安南郊出土
現藏西安市文物管理委員會

◆盛食器。銀質。口微敞，淺腹，平底。內底心飾雙魚並列遨游，寬葉六瓣折枝花圍繞，其外飾一圈寶相蓮瓣，最外一圈仍飾寬葉六瓣折枝花圖案。花紋全部鎏金，以魚子紋為地。◆盤底下刻銘文："朝議大夫，使持節都督洪州諸軍事，守洪州刺史，兼御史中丞，充江南西道觀察處置督團練守捉及莫傜等使，賜紫金魚袋臣李勉奉進。" 四行五十三字。

◆定級要素：此器造型、紋飾及鏨刻方法，均與宮廷作坊不同，應是洪州（今江西南昌）所製，具有鮮明的地方特色。是一件難得的中唐銀器的標準器。

59 鎏金鸞鳥紋銀盤 唐

高 1.5 口徑 16.3 釐米
1970 年陝西西安南郊何家村出土
現藏陝西歷史博物館

◆盛食器。銀質。六瓣形，花口，弧腹，平底。內底心飾一鸞鳥，引頸回首，挺胸，鼓翼，豎尾，一趾着地，一趾抬起，作欲飛狀。

◆定級要素：鸞鳥的羽毛刻劃極其細膩，表現了展翅欲飛的氣勢和動感，極具生命力。其造型簡潔突出，鸞鳥通體鎏金，配以銀色的盤底，金銀相輝。尤其在盤心以一種鎏金鳥獸或花草為中心的裝飾，周圍全部素面空白，銀地金花，頗具薩珊、粟特風格，尤其在粟特地區更為流行。此盤屬唐代中西藝術元素結合的精緻之作。

60 鎏金龜紋桃式銀盤 唐

高1 口徑12.3釐米
1970年陝西西安南郊何家村窖藏出土
現藏陝西歷史博物館

◆盛食器。銀質。桃形，寬折沿，弧腹，平底。內底心錘鍱一龜，露頭，向右，雙眼圓睜，作窺視狀。四肢、曲尾露出殼外，趾爪鋒利；背面佈滿龜紋，以陰線刻劃。◆相傳龜有千年之壽，古人視其為長壽的象徵，常作為器物的裝飾。◆定級要素：此盤與前器相同，即在盤心以鎏金龜紋為中心，周圍全部素面空白，銀地金花，仿自薩珊、粟特金銀器的風格。銀盤經拋光處理後錚亮耀眼，龜全身鎏金，更顯生動、高貴。尤其集剔刻、鎏金、打磨工藝於一體，技藝極為精湛，堪稱唐代金銀器珍品。

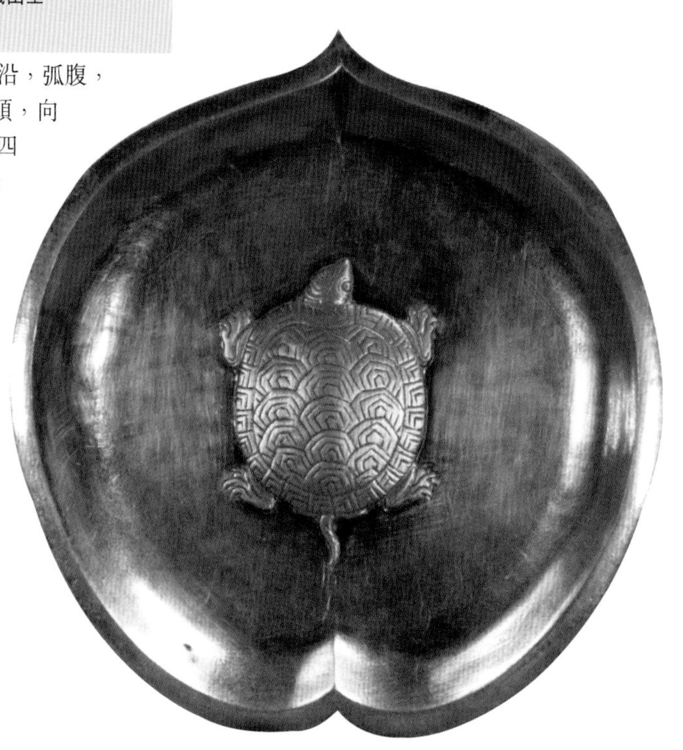

61 鎏金雙鸞戲珠紋菱形銀盤 唐

高4.8 長21 寬15.2釐米 重203克
1982年江蘇丹徒丁卯橋唐代窖藏出土
現藏鎮江市博物館

◆盛食器。銀質，鎏金。委角菱形，寬口沿，淺腹，平底，矮圈足。內底鏨刻一對展翅回飛的鸞鳥，兩鳥間鏨一火焰寶珠。沿口面錘鍱纏枝蓮花，以魚子紋作地，花間點綴飛鳥八隻。◆定級要素：器形別致，紋樣皆鎏金。金銀相映，自然成趣。

62 鎏金雙鳳紋銀盤　唐

高 2　口徑 55 釐米
1962 年陝西西安北郊坑底村出土
現藏陝西歷史博物館

◆盛食器。銀質。六瓣形，寬折沿，淺腹，平底。內底心飾一對飛翔的鳳凰，空間填寶相花；腹分六瓣，

每瓣中飾寶相花一簇；寬沿上飾雙鳥啣蝶六對，與六簇寶相花相間排列。紋飾皆鎏金。◆外底鏨刻銘文“浙東道都團練觀察處署等使”、“大中大夫守越州刺史兼御史大夫上柱國賜紫金魚袋臣裴肅進”、“點過訖”三行四十一字。◆此盤為裴肅任浙東觀察使時進奉德宗李適的貢品之一。

◆定級要素：此盤銘文具有重要的歷史價值，且製造工藝精湛，具有典型的時代風格。

63 鎏金折枝花紋銀碟　唐

高 1.4　口徑 10.2　足徑 10 釐米　重 130 克
1987 年陝西扶風法門寺唐真身寶塔地宮出土
現藏法門寺博物館

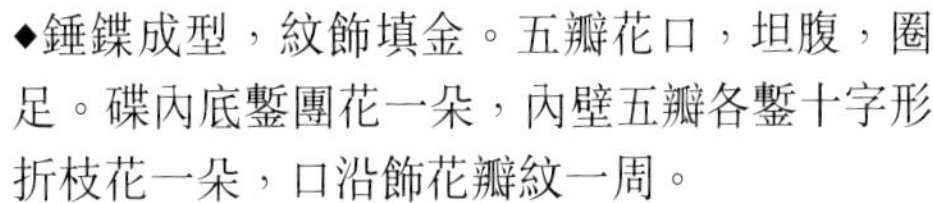

◆錘鍱成型，紋飾填金。五瓣花口，坦腹，圈足。碟內底鏨團花一朵，內壁五瓣各鏨十字形折枝花一朵，口沿飾花瓣紋一周。

◆定級要素：紋飾簡潔典雅，獨具風格。

64 鎏金寶相花敬晦進五瓣銀碟 唐

高 3 口徑 17.7 底徑 11 釐米
1958 年陝西耀縣柳林背陰村出土
現藏陝西歷史博物館

◆定級要素：各地發現唐代金銀器較多，但有銘文記載為貢品的極少，此器銘文證實為進貢朝廷的貢品，不僅製作工藝高超，也是研究晚唐歷史重要的實物資料。

◆盛食器。銀質。五出花口，淺腹，圈足。內底心飾疊紋寶相花，內壁每瓣上飾一簇寶相花，口沿飾連續花瓣紋。紋飾皆鎏金。◆底飾方格紋並刻有“鹽鐵使臣敬晦進十二”銘文，為敬晦任鹽鐵轉運使時進奉唐宣宗李忱的貢品。

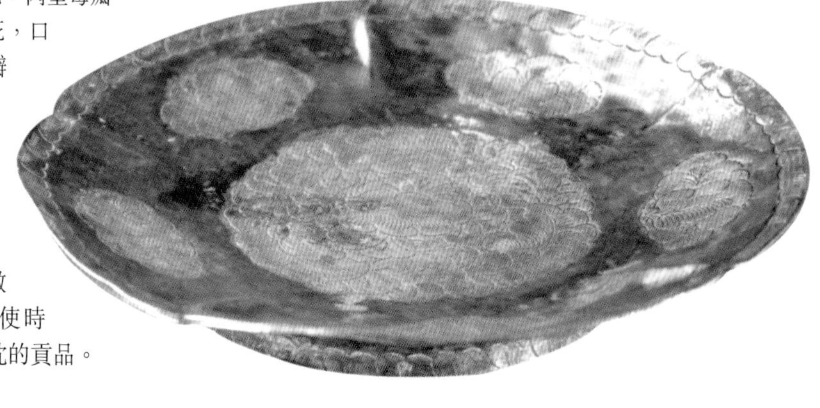

65 鎏金人物花草紋銀罐 唐

高 5.3 口徑 3.2 釐米
1958 年陝西耀縣柳林背陰村出土
現藏陝西歷史博物館

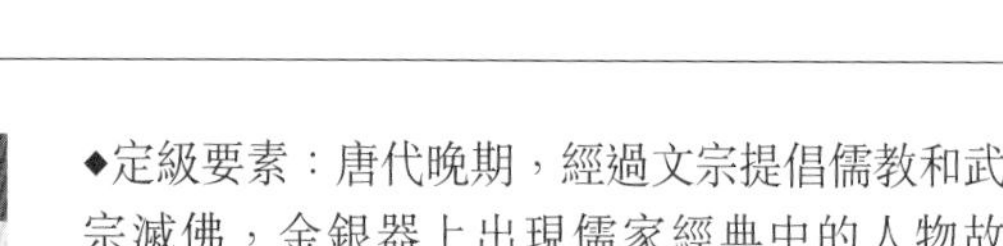

◆定級要素：唐代晚期，經過文宗提倡儒教和武宗滅佛，金銀器上出現儒家經典中的人物故事。此器以春秋儒家經典故事畫為主題，表現出極高的思想性，是人物畫裝飾的典型代表，具有歷史研究價值，在金銀器裝飾上較為少見。

◆貯盛器。捲口沿，鼓腹，三足，腹部作三曲形。紋飾分上下兩部分：上部刻人物故事，並有“子路”、“論語注·靈公問政”、“少正卯”等榜題，周圍飾雲紋、草葉紋，以排列魚子紋為地；下部刻連續花瓣紋圖案。

66 蓮瓣紋提梁銀罐 唐

高 25.2 口徑 16.8 釐米
1970 年陝西西安南郊何家村窖藏出土
現藏陝西歷史博物館

◆貯盛器。銀質。鼓腹，圈足外侈，蓋大出罐沿一周，蓋面略鼓，飾六瓣蓮花紋，上有等距虎爪形三足；提梁為半圓形，兩端穿過鈕口後彎曲上翹，尾巴呈荷包形；從罐頸至罐底飾一排大型蓮瓣花紋。

◆定級要素：以蓮花瓣為造型顯然受到佛教藝術的影響，造型精美而規整，反映出唐代高超的冶銀工藝水平。

67 鎏金翼鹿紋銀盒 唐

高 2 口徑 6 釐米
1970 年陝西西安南郊何家村窖藏出土
現藏陝西歷史博物館

◆化妝用具。銀質，鎏金。圓形，蓋與底以子母口扣合。盒蓋中心，飾口啣綬帶的翼鹿，以祥雲點綴其上，周邊一周飾麥穗紋圈，圈外飾雞心形連續蔓草花紋；蓋側飾飛翔的喜鵲，間飾祥雲。盒底中心飾鳳鳥啣綬帶，輔助紋飾與盒蓋相似。通體飾魚子紋。盒蓋和

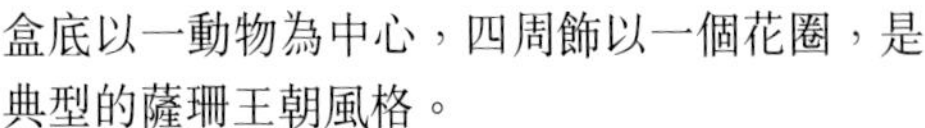

盒底以一動物為中心，四周飾以一個花圈，是典型的薩珊王朝風格。

◆定級要素：在鹿身上增添雙翼，視為瑞獸的形象。此外鸞鳳、喜鵲、綬帶亦為祥瑞之像。這些紋飾在唐代相當流行。此器紋飾製作精美，集實用性與觀賞性於一體，是中西合璧的精緻之作。

68 雙鳳啣綬帶紋銀盒 唐

通高 3.5 徑 15 釐米 重 500 克
1980 年陝西藍田湯峪出土
現藏藍田縣文物管理委員會

◆化妝用具。呈五瓣形，蓋和底均隆起，而蓋面隆起更高。蓋面正中，為雙鳳啣綬帶紋圖案，空間填以蔓草，周圍飾凸弦紋為界欄；蓋面周圍，每瓣形中飾一對飛翔的鴻雁，地飾蔓草、忍冬紋；盒身飾以綬帶、鴛鴦和蔓草組成的兩方連續圖案。通體鏨魚子紋為地。花紋鎏金。

◆盒底鏨有“內因供奉合咸通七年（866年）十一月十五日造使臣田嗣莒重一十五兩五一字”，說明此器為向朝廷進奉之物，銘文甚為重要。鳥啣花草或綬帶，在波斯薩珊王朝的銀器中較為常見。因“綬”與“壽”同音，鳥啣花草或綬帶，寓意祥瑞、長壽。公元7～8世紀在唐代金銀器上流行。

◆定級要素：此器紋樣刻劃細膩，雍容華貴，寫實性強，反映出唐代高超的金銀器工藝水平。

69 鴛鴦蔓草紋銀盒 唐

高 0.8 徑 3.1 釐米 重 10 克
1965 年陝西西安南郊區三北村出土
現藏西安市文物管理委員會

◆化妝用具。銀質。圓形，底、蓋中心部均稍隆起。蓋面飾一對鴛鴦立於疊石之上，空中有一對鸞鳥飛翔，空間填蔓草，地飾魚子紋。盒底中心飾追逐飛翔的鸞鳥，四周填以折枝、蓮花、蓮蕾和蓮葉。口部飾平列式如意雲紋組成的連續圖案一周。

◆定級要素：此盒不僅精巧玲瓏，花紋繁縟富麗，而且從圖案看，應取“鴛鴦比翼，永結同心”之意，匠心獨具。此盒出土於有明確紀年的唐墓中，屬武則天至玄宗時期器，可作為斷代的標準器。

70 鎏金忍冬聯珠紋花式銀碗 唐

通高 4 直徑 11 釐米 重 198 克
1970 年陝西西安西郊出土
現藏西安市文物管理委員會

◆銀質，鎏金。直腹，高圈足。八瓣葵花形。碗內鎏金，中心飾兩重聯珠紋，周邊飾忍冬花結。碗外壁在八瓣區內均佈滿蔓草忍冬花紋，圈足底沿飾聯珠紋一周。忍冬聯珠紋是唐代常見的由西域傳入的裝飾。

◆定級要素：此器造型別致，紋飾刻劃細膩，具有唐代前期金銀器特徵。

71 鸚鵡葡萄紋銀盒 唐

通高 2 釐米 重 100 克
1980 年陝西藍田湯峪出土
現藏藍田縣文物管理委員會

◆化妝用具。銀質。呈五出如意頭形，子母口。盒面隆起，飾鸚鵡葡萄紋。葡萄、蔓莖、枝葉迴繞盤佈整個盒面；兩鸚鵡展翅相對，居中棲息；周沿飾散點紋和聯珠紋各一周。盒側飾兩破式的海棠紋兩方連續圖案。據史書記載，唐代天竺、波斯等國特使多次向大唐朝廷進貢鸚鵡，因鸚鵡能言學舌，一時成為王公貴族的寵物。

◆定級要素：此器做工精細，花紋先用模範衝壓，再細部加工而成，是研究唐代金銀器製作工藝的實物資料。

72 樹下雙猴紋銀盒 唐

高 1.8 口徑 4.1 釐米
1968 年陝西西安郊區出土
現藏西安市文物管理委員會

◆化妝用具。銀質。圓形，蓋和底均略隆起。蓋面中間飾闊葉樹一株，幹粗葉肥，蔭影蔽地，枝條垂繞；樹下左右各有一猴，右邊一猴四肢攀藤，尾巴垂地；左邊一猴坐地，左臂和左腿前伸，右手和右腿屈曲，尾巴上翹；空間部分填以花瓣。器底紋飾內容與蓋面相似，只是兩猴姿態不一：右邊一猴側身回首蹲地，尾翹於背部，兩手與左邊一猴相握；左猴則坐地，右臂與雙腿前伸，左手抓背，尾巴垂地。口沿飾以平列式如意雲組成的兩方連續圖案。這種樹下雙猴紋，有取其"輩輩封侯"之意。

◆定級要素：此盒採用陽文作輪廓，陰文勾勒的雕刻技法，把猴一刹那的動態刻劃得惟妙惟肖，充分顯示了唐代工藝水平之高超。

73 鎏金鸚鵡紋海棠式銀盒　　唐

高3.4　口徑4.8～6.4　圈足口徑3.5～5釐米　重38.2克
1979年陝西西安出土
現藏西安市文物管理委員會

◆藥具。銀質，鎏金。海棠花形，喇叭圈足。蓋面隆起，中部飾頭尾相向飛翔的鸚鵡一對，口啣纏枝捲葉花，空間飾蔓草紋；地飾魚子紋；邊沿飾單相仰蓮瓣一周，外加兩條並列突棱紋；蓋和底外側，飾一正兩破式海棠瓣兩方連續圖案。

◆定級要素：裝飾花紋全部鎏金，通體紋飾精緻華麗，是唐代獨特的“滿地裝”，顯示出唐代金銀器富麗華美的藝術風格。

74 龜背紋銀盒　　唐

高2.3　口徑3.7～4.7釐米　重30克
1979年陝西西安出土
現藏西安市文物管理委員會

◆藥具。銀質。四瓣圓形，盒蓋隆起，盒底平坦，除盒面鏨出龜背紋外，其餘均為素面。唐代金銀器中以龜形象為裝飾較常見，寓意長壽。

◆定級要素：此器造型簡潔，與鎏金鸚鵡紋海棠式銀盒套裝同出於唐代晚期窖藏，當為唐代皇室專用物。

75 單流折柄銀鐺　　唐

通高7.8　口徑13.2　柄長18.8釐米
1970年陝西西安南郊何家村窖藏出土
現藏陝西歷史博物館

◆藥具。銀質。斂口，沿邊有一半圓形短流；頸腹交接處內收，使內壁形成一突棱；腹略鼓，平底微隆；腹部有一長柄，柄上有箍，柄首作雙桃孔；柄接腹部一端折曲，呈兩個直角形，使柄與鐺口保持一個高度，折角上還裝有鉸鏈，使延伸的柄能反折扣到鐺口上。腹下有三蹄足，趾外侈。

◆定級要素：設計精妙，別具匠心。

76 鏤空花鳥紋掛鏈銀香球 唐

通高 4.5 釐米
1970 年陝西西安南郊何家村窖藏出土
現藏陝西歷史博物館

◆衛生用具。圓球形。球冠和球底均以八出團花為中心，外繞以葡萄忍冬組成的石榴花結共四朵，上半球體還有相對和相背的瑞鳥四隻，飛翔在石榴花結之間。能夠繫於衣袖之中，亦稱“袖珍香球”。

◆使用時，在半球體內有一焚香金盂，由內外兩環組成的支架支承，這兩個環可分別繞相互垂直的兩個軸轉動。香盂本身，可隨重力作用保持盂面的平衡，球體無論如何滾動，盂面始終朝上，不會使香灰或火星外漏。

◆定級要素：做工精美，小巧玲瓏，其製作符合“陀螺儀”原理，說明唐代匠師在掌握同心圓的原理和機械力學方面，已達到了很高的水平。

77 鎏金鏤空花鳥紋掛鏈銀香球 唐

高 5.1 徑 4.8 釐米
1963 年陝西西安沙坡村出土
現藏中國國家博物館

◆衛生用具。銀質，鎏金。鏤空，作球形。中間有子母口，分作上下兩部。頂部有鏈，可懸掛。器壁除三組花鳥紋為實地外，通體鏤空花朵和葉紋。◆這類香熏即漢司馬相如《美人賦》中所說的“金鉔”。內部用兩個持平環架支承一個香盂，通過盂身的軸與內外兩環的軸互相垂直並交於一點。熏體滾動，香盂始終保持平衡，因而得以懸置床帳之中。焚點燃料，香氣四溢。

◆定級要素：此器製作工藝高超，是三自由度方向支架原理最早應用的實物例證。

78 鎏金折枝團花銀唾盂 唐

通高 9.8 口徑 14.6 足徑 8.8 釐米 重 392 克
1977 年陝西西安東郊棗園村出土
現藏西安市文物管理委員會

◆承唾器。口呈喇叭形，束頸，鼓腹，圈足。口沿為四瓣海棠式，每瓣中心飾兩株並蒂花，瓣與瓣之間鏨折枝花及萱草各一枝，沿邊飾一周變相仰蓮瓣紋；內口周圍鏨變形寶相蓮瓣八朵，每瓣中刻萱草一枝；腹壁飾橢圓形團花四簇，每簇之間飾折枝花及萱草各一枝。

◆定級要素：瓷唾盂發現較多，銀製唾盂較為少見。此器紋飾皆鎏金，精緻富麗，具有典型的晚唐風格，亦是研究晚唐貴族階層社會生活的實物資料。

79 雙耳護手銀鍋 唐

高 14 口徑 28.2 釐米
1970 年陝西西安南郊何家村窖藏出土
現藏陝西歷史博物館

◆熬藥器。銀質。寬折沿，捲唇，外侈，鼓腹，底呈扁圓形。沿下平列錘壓兩條凹弦紋，弦紋中間外鼓。沿邊用焊接工藝安兩個對稱的蓮瓣狀護手，護手上又用鉚釘裝兩個半圓環形豎耳。◆古代文獻記載，熬中草藥專用金、銀鍋，在道教外丹黃白術中使用的銀鍋，稱為“寶鍋子”。《化寶成丹訣》曰：“將丹砂中白銀四兩打作鍋子，安一通油甆瓶中，其瓶中可受一升，其寶鍋子可瓶底大小。將此銀鍋子看北庭砂一兩，石鹽一兩，麒麟竭一分，三物合研以苦酒調如膏，塗於鍋子四面，令於以黃土為泥包裹之，可厚一寸二分，便於熝火燒三七日，然後白炭武火燒三日，去泥，取寶鍋子安瓶中。”

◆定級要素：此器通體素面無紋，造型簡潔，保存完好。何家村窖藏共出土四件相同金銀鍋，僅此鍋底部書“四兩一分”楷體字樣。與文獻所記銀鍋重量相近。此器對研究唐代道家醫藥具有重要價值。

80 鎏金刻花銀匜 唐

通高 8.4 口徑 20～22 足徑 11.9 釐米
1970 年陝西西安南郊何家村窖藏出土
現藏陝西歷史博物館

◆盥洗器。銀質。侈口，單流，弧腹，圈足外撇，體型較大，流口焊接處細緻緊密，焊接工藝的精密度極高。外壁飾鴛鴦啣枝紋，並以折枝五瓣花相間。紋飾鎏金。

◆定級要素：此器擺脫了唐代早期繁縟細密的“滿地裝”風格,藝術表現手法富於寫實，並加入浮雕技法，尤其鴛鴦的羽毛，刻劃細緻入微，行刀準確而嫻熟，體現了唐代金銀工藝進入了成熟期。各地出土唐代銀匜數件，製作工藝相同，應為 8 世紀下半葉的同一官署作坊產品。此器為代表作。

81 鎏金花鳥孔雀紋銀方箱 唐

高 10 邊長 11.8 釐米
1970 年陝西西安南郊何家村窖藏出土
現藏陝西歷史博物館

◆貯盛器。銀質，鎏金。正方形。盝頂蓋，蓋頂滿飾花草紋，四坡和蓋沿皆飾蔓草紋。盒底正面飾孔雀一對，各啣一枝蔓草，雙腳蹬蓮花，昂首鼓翼翹尾，作欲飛狀；空間飾花草、岩山、飛鳥和天鵝，地飾魚子紋。兩側飾蔓草和碎花紋。蓋與器身用合頁相連，並有鈕釦可鎖。

◆定級要素：紋飾細密，主題鮮明，別有情趣。

82 鎏金銀鎖 唐

長 12～18.8 釐米
1970 年陝西西安何家村窖藏出土
現藏陝西歷史博物館

◆共四具。通體鎏金。分鎖和鑰匙兩部分。鎖和鑰匙飾菱形、三角形、方形和蔓草、寶相花等紋飾，地飾魚子紋，並以魚子紋勾勒圖案。

◆定級要素：此器製作精緻，花紋繁縟，既是實用物，又是精美的藝術品，應屬皇家用具。出土時開鎖自如，尚能使用，顯示出高超的製作工藝。銀鎖較少見。

83 掐絲菱紋柄金刀 唐

長 8.9 寬 0.4 釐米
1980 年湖北安陸王子山唐吳王妃楊氏墓出土
現藏安陸縣博物館

◆金質。長條狀，刀鋒斜出，環首。柄與刀身合鑄。柄上飾掐絲菱形花紋，刀身素面。

◆定級要素：器型小巧，紋飾精細，顯示出唐代精湛的鑄造、掐絲工藝水平。

84 嵌寶金耳墜 唐

通高 8.2 大金珠徑 1.6 釐米 重 21.5 克（含珠寶重量）
1983 年江蘇揚州市區出土
現藏揚州市博物館

◆主要用金絲編製焊接而成。上部掛環中橫飾金絲簧，環下邊穿兩粒珍珠；中部為透空大金珠，用單絲和花絲編成七瓣寶裝相對蓮花形，其間焊有等距離的嵌寶孔和相間的小金絲圈各六個，部分嵌孔內保留紅寶石和琉璃珠；下部為七根相同的墜飾，六根穿繫在大金珠腰間的小金圈上，一根穿掛在金珠下端，每根墜飾在簧式金絲條上繫花絲金圈、珍珠、琉璃珠、紅寶珠各一粒。

◆定級要素：造型優美，製作精細，鑲嵌珠寶，顯赫奢華，體現了揚州金銀器生產的極高水準。

85 鎏金雙鳳啣綬帶紋銀方盒 唐

通高 9.5 邊長 21.5 足徑 18 釐米 重 1.585 千克
1987 年陝西扶風法門寺唐真身寶塔地宮出土
現藏法門寺博物館

◆銀片錘鍱成型，紋飾鎏金。盒呈扁方形，直壁，平底，矮圈足。蓋、身上下對稱，以子母口扣合。蓋面高隆，中央飾口啣綬帶相對翺翔的雙鳳團花，四角鏨十字綬帶花結；蓋沿飾花瓣紋一周。蓋側四角與盒身四壁各飾長條形對花一組，上下交錯，互相呼應。蓋面正中有墨書題記“隨真身御前賜”。

◆定級要素：器形莊重，製作精美，蓋面上的題記反映了唐皇室崇佛風氣之熾盛。

86 鎏金雙獅纏枝蓮紋銀盒 唐

通高 12 口徑 16.8～17.3 足徑 13.8～14.8 釐米
1987 年陝西扶風法門寺唐真身寶塔地宮出土
現藏法門寺博物館

◆銀片錘鍱成型，紋飾鎏金。盒體呈菱弧形，直壁，淺腹，平底，喇叭形圈足。上下對稱，子母口扣合。蓋面隆起呈弧形，以聯珠紋帶組成一委角菱形開光，內以魚子紋為地，中央鏨獅子兩隻，騰躍欲試，四周佈以纏枝西番蓮。開光外角飾分披菊花。蓋沿飾貝狀紋一周。腹壁上下均以魚子紋為地，鏨兩方連續纏枝蔓草。圈足飾簡化蓮瓣一周。

◆定級要素：紋飾富麗，雍容華貴。

87 鎏金銀釵　唐

高 37 釐米
1956 年陝西西安南郊惠家村出土
現藏陝西歷史博物館

◆銀質，通體鎏金。共出土四枚。釵頭像兩扇蝶翅，上鏤空成飛蝶、魚尾獸頭的動物或菊花形圖案花紋。釵頭下連粗銀絲兩根，盤鈕後又繞成對稱的兩個環，然後用銀套束緊，兩銀絲通過銀套後，並列下伸，成為釵尾。

◆定級要素：紋飾華美，做工精巧，顯示出當時皇家作坊金銀細工藝的高度水平。

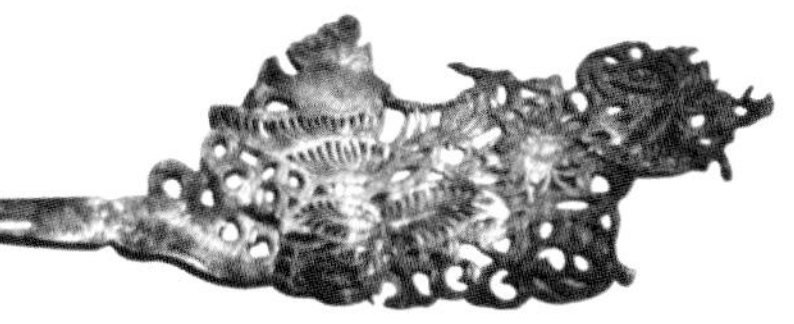

88 金球　唐

1955 年陝西西安東郊韓森寨雷宋氏墓出土
現藏陝西歷史博物館

◆裝飾品。金質。通體用密集的細小金珠連綴而成，上面鑲綴綠翠玉，中空，兩端有孔，用以穿繩。

◆定級要素：造型玲瓏，製作精美，殼薄如紙，堪稱藝術珍品。

89 甘露寺鐵塔地宮金棺銀槨　唐

棺高 2.1～2.8 長 5.1～6.4 寬 1.6～1.9 釐米 重 97 克
槨高 3.9～4.9 長 9.6～11.5 寬 3～4.3 釐米 重 203.5 克
1960 年江蘇鎮江甘露寺鐵塔地宮出土
現藏鎮江市博物館

◆棺純金，槨純銀。分別由金銀薄片錘鍱製成。通體淺鏨精細花紋，棺、槨多相同。頭檔飾門扉，並飾如意雲托慧日。足檔刻如意雲紋。兩側各刻雙頭伽陵頻迦像一身，間以纏繞纏枝花紋。兩側刻高髻伽陵頻迦，棺蓋刻仙鶴，槨蓋刻飛天。

◆定級要素：製作工細，紋樣繁複華美，有晚唐遺風。

90 靜志寺塔基鎏金銀塔 唐

高 13.9 足徑 9.5 釐米 重 341 克
1969 年河北定州城區靜志寺塔基地宮出土
現藏定州市博物館

◆塔身、座基用銀絲綴連而成。塔形為單層六面亭閣式。寶珠剎頂，六角攢尖起脊，脊端附有六顆鎏金銅質受花寶珠，坡面飾單枝花卉紋；塔身不設門窗，均飾雲氣和花卉紋，以珍珠為地；座基為花瓣口帶高圈足托盤式樣。◆出土時塔內放有鎏金受花寶珠銀蓋的方形琉璃瓶和琉璃葫蘆各一，內盛舍利。◆塔身轉角宇池內有直書銘文九十四字："靜志寺（唐）會昌六年（846 年）毀廢，佛像俱焚，寶塔全除，至大中二年（848 年）再置興切修建，舍利出興，雙合分明，隨人心願，□□寺僧眾與城隍善交同造銀塔子，再安舍利，伏願法界清泰業海長一切有□□會真記，大中二年四月八日，丘□（悟）真定方銘俠于記。"

◆定級要素：塔身銘文記述了唐代廢佛與再興之經歷，具有重要的歷史和藝術價值。

91 鎏金銀寶瓶 唐

高 18.5 口徑 3 底徑 5 釐米
1985 年陝西臨潼慶山寺遺址塔基出土
現藏臨潼縣博物館

◆佛教隨葬品。喇叭形口，束頸，喇叭狀圈足。通體無紋飾。蓋形似蘑菇，頂有圓球狀鈕；蓋口沿大於寶瓶口沿，內有彈性梢子。

◆定級要素：寶瓶基本保存完整，是研究唐代佛教發展的重要實物資料。

92 獸首啣環銀熏爐 唐

高 13 口徑 13 釐米
1985 年陝西臨潼慶山寺遺址塔基出土
現藏臨潼縣博物館

◆焚香器。銀質。直口，折沿，直腹，平底。有蓋，呈三級覆缽形，頂沿上有桃形和梅花形鏤孔。腹外壁飾雙線弦紋三周；下腹有六虎頭腿足，腿外撇，趾爪抓地；虎頭緊貼腹部，兩耳豎立，雙眼微眯，犬牙外露，神態兇猛，給人以望而生畏之感。六腿間各以一獸首啣環鏈相隔，鏈由三環聯成。

◆定級要素：造型古樸莊重，紋飾栩栩如生，體現了極高的金銀器工藝水平。

93 鎏金纏枝忍冬紋高足銀杯 唐

高6 口徑5釐米
1985年陝西臨潼慶山寺遺址塔基出土
現藏臨潼縣博物館

◆佛教隨葬品。銀質，通體鎏金。侈口，深腹，高足。頸上和足中部各飾凸弦紋一周；內壁為素面，外壁飾纏枝忍冬紋，地飾魚子紋。

◆定級要素：造型融合了當時波斯（今伊朗）的裝飾特點，是研究中伊友好往來和文化交流的實物例證。

94 伎樂紋八棱金杯 唐

通高6.4 口徑7.2釐米
1970年陝西西安南郊何家村出土
現藏陝西歷史博物館

◆侈口，八棱，喇叭形圈足。杯柄上有兩個後腦相連的胡人頭作平鋬，柄外側飾有獸首。八棱杯身的每面均以聯珠紋為界欄，內浮雕出執拍板、小鐃、簫、曲頸琵琶的樂伎，還有抱壺、執杯以及兩名舞伎，人物形象均為高鼻深目、頭戴捲沿或瓦棱帽的胡人，另外用忍冬、卷草、山石、飛鳥、蝴蝶、魚子紋為襯景。

◆定級要素：此器工藝精湛，內容豐富，是研究唐代中西文化交流、樂舞、繪畫以及金銀工藝不可或缺的實物資料。

95 鎏金雙狐紋銀盤 唐

通高 1.9　口徑 22.5 釐米
1970 年陝西西安南郊何家村出土
現藏陝西歷史博物館

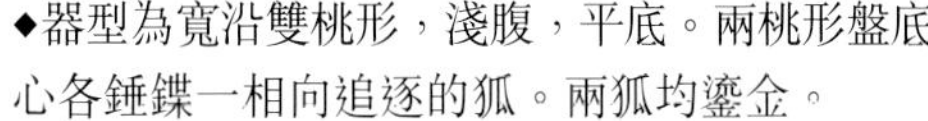

◆器型為寬沿雙桃形，淺腹，平底。兩桃形盤底心各錘鍱一相向追逐的狐。兩狐均鎏金。

◆定級要素：此器造型奇妙，選題意深，構圖簡潔，神態生動，富有立體感，是難得的唐代藝術珍品。

96 掐絲團花金杯 唐

通高 5.9 口徑 6.8 釐米
1970 年陝西西安南郊何家村出土
現藏陝西歷史博物館

◆器呈圓形，口略侈，深腹內收成小圜底，喇叭形圈足，"6"字形環柄，杯的外壁有金絲編成的四朵團花。

◆定級要素：此器設計精巧，紋飾典雅，採用切削、拋光、焊接、鉚、掐絲焊等多種工藝技術製成，是研究唐代金工技術不可多得的實物資料。

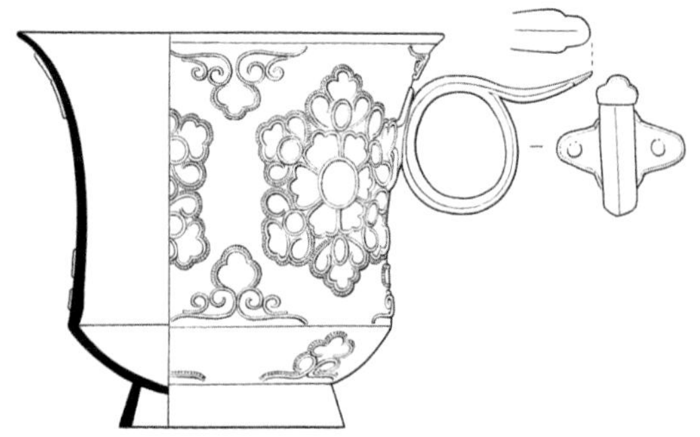

97 鎏金熊紋六曲銀盤 唐

通高 1 口徑 13.4 釐米
1970 年陝西西安南郊何家村出土
現藏陝西歷史博物館

◆器呈六瓣形，弧腹，平底。內底心錘鍱一熊，作佇立嚎叫狀，形象自然逼真。用熊的形象裝飾金銀器，並且作為主體花紋的並不多見。

◆定級要素：熊在唐代象徵男性的陽剛之氣，而這種紋飾與六曲盤造型的結合，是中西文化合璧的體現。

98 銀槨 唐

通高 10～14.5 寬 7～12 長 21 釐米
1985 年陝西臨潼慶山寺塔室出土
現藏臨潼博物館

◆槨蓋呈弧形，槨座為長方形鏤空座。蓋頂中央飾有鎏金寶石蓮花，花蕊以白玉作成，瑪瑙珠為蕊心，周圍又用四朵小花相拱衛。槨的前檔門上裝飾有鎏金的菩薩二尊，其間有佛腳一對。槨的兩側不僅有獸首啣環，另外還各粘有五尊或坐或動的羅漢像。

◆定級要素：這是一件具有明確的時間和出土位置，集建築、寶鈿、金銀工藝、佛教文化等多方面內涵於一身的文物珍品。

99 伽陵頻迦紋金鉢盂 唐

通高 3.3 口徑 9.4 釐米
1987 年陝西扶風法門寺地宮出土
現藏法門寺博物館

◆器由模鑄成型，直口微斂，腹壁斜收，平底。通體鏨花，器壁口沿施一周聯珠紋，其下一周為二方連續的卷草紋。腹壁鏨刻四隻捧蓮伽陵頻迦鳥，另外襯以蔓草、魚子紋地。◆迦陵頻伽又譯作美音鳥或妙聲，按佛經，此鳥發聲微妙，其音和雅，聽者無厭，喻大行大度為生。

◆定級要素：此器造型精美，製作規格高，紋飾鏨刻細緻，反映了唐代宗教器物製作的高超水平。

100 鎏金銀龜盒 唐

高 13.1 長 27.6 寬 15 釐米
1987 年陝西扶風法門寺地宮出土
現藏法門寺博物館

◆器為用仿生技法做成的龜狀盒。龜昂首屈尾，四足內縮。盒以龜背甲作蓋，蓋內焊接子口架，龜首、腹先套接，然後在外壁點焊。通體鏨刻龜甲紋和錦紋，部分鎏金。

◆定級要素：此器造型鮮見，工藝精湛，代表了唐代金銀工藝的水平，也是研究唐代飲茶文化的典型實物。

101 鎏金鏤空飛鴻球路紋銀籠子　唐

通高 17.8 口徑 16.2 釐米
1987 年陝西扶風法門寺地宮出土
現藏法門寺博物館

◆器由模衝成型，通體鏤空，紋飾鎏金。蓋面隆起，直口，平底，四足，有提梁。蓋面主題紋樣飾十五隻飛鴻，口沿上緣鏨飾一周蓮瓣紋。籠子的腹壁飾三周飛鴻，共二十四隻，均兩兩相對。

◆定級要素：此器製作異常精巧，且在底部邊沿鏨有“桂管臣李杆進”六字銘文，是一件實用性與藝術性兼具的茶具文物，頗有科研和觀賞價值。

102 金執壺 唐

通高 21.3 口徑 6.6 釐米
1969 年陝西咸陽市郊出土
現藏咸陽市博物館

◆直口，長頸，圓肩，深腹。壺蓋上有一蓮苞狀鈕，鈕周圍鏨複蓮瓣兩周，下飾四朵蓮花瓣，空間飾魚子紋地和蔓草紋。執壺把頂部有一可轉動的小龜，連接鈕蓋鏈條。肩至底部花紋分四個單元，有蓮花、鴛鴦、蔓草及仰蓮。

◆定級要素：此器製作精美，造型優雅，紋飾細緻，內容複雜，頗具研究價值和觀賞價值。

103 錢鏐銀投龍簡 五代・吳越

長 31.8 寬 6.8 厚 0.3 釐米
浙江紹興出土
現藏紹興市文物管理委員會

◆皇帝舉行“投龍”典禮時刻祭文的銀牌。內容除歌頌吳越國王錢鏐治國功績，要在“洞府名山遍投龍簡式陳醮謝上”，祈求“風雨順時軍民樂業”等外，還刻有“吳越國王錢鏐年七十七歲二月十六日生”、“寶正三年（928年）大歲戊子三月丁未朔”等字樣。

◆定級要素：銀牌祭文是珍貴的文獻資料，對研究吳越國歷史有佐證作用。

104 金龍 北宋

長 15.5 釐米
1984 年浙江義烏宋代窖藏出土
現藏義烏市博物館

◆龍頭像鱷魚，雙角分叉較多似鹿角，眼似牛眼，上下顎較長似豬嘴，張口，舌像如意頭狀，上唇上翹，下唇較上唇稍粗短，有鬣毛捲向頸部。頸細長，由頸至腹逐漸變粗，由腹至尾逐漸變細，頸、腹、尾銜接協調。四肢粗壯有力，各有一束細長肘毛，四爪，爪略彎成三角形似鷹爪。金龍整個造型張牙舞爪，給人一種兇猛威武、氣勢沖天之感。整體構思巧妙，線條流暢，龍身魚鱗片紋，鱗片大小錯落有致，採用鏨刻工藝製作，做工精細。◆同一窖藏內出土的有銀龍、銀人像、錢幣、石碑（發願文）等器物，發願文碑上有"元豐七年甲子歲十月□日葉詵等發願文" 陰刻紀年文字。

◆定級要素：金龍的造型、製作工藝俱佳，且有確切紀年文字，可作為斷代的標準型式。

105 金背光銀菩薩像 北宋

通高 30.6 釐米
雲南大理崇聖寺塔出土
現藏雲南省博物館

◆菩薩像為銀質，立形，斂容、低眉，髮髻上聳，頭頂髮冠，著長衣，裙裾下垂，胸前有瓔珞飾件，左手托缽於胸前，右手持花枝，兩臂各挎長帶，下垂於地，菩薩背後有一金背光，背光中部為光環，光環之上有雲朵，光環之外佈滿火焰紋。

◆此尊菩薩造型生動，圓臉，豐肌，細腰，身體呈曲線狀，衣褶長直下垂，是宋代菩薩造像的典型風格。

◆定級要素：目前發現的宋、遼、金代金銀器中圓雕作品極少，此像合金銀為一體，製作精良，有準確的出土地點及年代，是北宋雲南菩薩造像的標準作品。

106 金棺 宋

高 10.3 長 19 寬 7.5～9 釐米
1987 年陝西武功報本寺塔地宮出土
現藏武功縣文物管理委員會

◆此棺由棺蓋、棺身和須彌座三部分構成。棺蓋頂部正中飾球路紋，四周及棺身鏨刻蓮瓣和牡丹花紋，花紋繁密，工藝複雜。

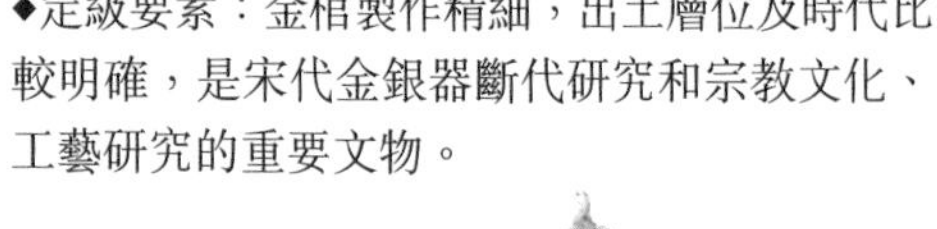
◆定級要素：金棺製作精細，出土層位及時代比較明確，是宋代金銀器斷代研究和宗教文化、工藝研究的重要文物。

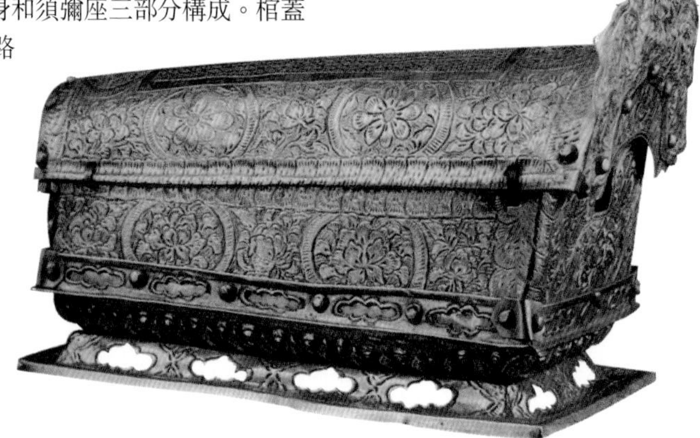

107 童子花卉銀托杯 宋

杯口徑 8.5 盤口徑 18.3 通高 7 釐米
1981 年安徽六安嵩寮岩出土
現藏六安市文物組

◆器由杯、托兩部分組成，均為銀質鎏金。杯夾層，直口，捲唇，圓腹，圈足。內壁除口沿處陰刻一周卷草紋外，皆光素無紋。杯底端坐一圓雕男童，垂目下視，外壁滿飾折枝花葉。杯兩側相對各有一圓雕女童，張臂環抱杯沿，恰成銀杯的雙耳。三童均為雕成後焊接杯上。托盤侈口，折沿，平底。折沿上鏨刻卷草紋。內底除盤心置銀杯處陰刻牡丹一朵外，四周環飾凸起之花葉，並有高浮雕的四童嬉戲其間。◆此托杯充分利用鑄造、錘鍱、鏨刻等工藝，將圓雕、浮雕及線刻等效果結合起來，使器物裝飾層次豐富，與眾不同。

◆定級要素：高凸花工藝難度很大，在唐代只是偶有所見，直到宋代才被普遍使用，此件托杯堪稱為應用凸花工藝的代表作。

108 鎏金銀淨瓶 北宋

高 26.2 口徑 1.1 足徑 8.6 釐米 重 340 克
1969 年河北定州城內靜志寺遺址塔基地宮出土
現藏定州市博物館

◆銀質，表面鎏金，採用焊接、鏨鑿技法。胎體薄。小口細長頸，頸中部附一相輪式圓盤，下頸中部略細，溜肩，腹上豐下漸收，足外撇。肩腹部一側附一大口葫蘆形流，口扣平蓋。肩部鏨覆蓮瓣一周，下腹飾仰蓮瓣兩層，頸部圓盤面刻銘文“張氏、李氏、劉氏、十王氏、崔氏、梁氏、張氏、樊吳三，弟子願生生供養”。

◆定級要素：造型挺拔俊秀，紋飾明快淡雅。

109 淨眾院塔基鎏金銀塔 北宋

通高 36.3 底徑 13.2 釐米 重 510 克
1969 年河北定州城區淨眾院塔基地宮出土
現藏定州市博物館

◆由基座、塔身、塔頂三部分組成。為三級六角樓閣式。塔基為須彌座，六角形底邊鏨飾凸仰蓮紋。塔身有兩層：第一層底部有平座，周圍以迴廊，其欄杆由飾錢紋的欄板和寶珠頂柱子組成。正面設假門，門上掛大鎖，門兩側各置一圭形碑牌，刻豎行三字，右銘“善心寺”，左銘“舍利塔”。塔身各壁錘鍱隱起的敲木魚、擊鈸、吹螺號、誦經等作法事的僧人像。第二層平台的迴廊紋飾與一層同，下接腰簷一周，坡面飾瓦棱紋，簷角懸掛風鐸六個。正面設鏤空拱券門，內懸觀音像一尊。迴廊上方附有流雲數朵，其下環繞身披鱗甲、張牙舞爪的蛟龍兩條，守護在門兩側。塔身各壁鏨一隱起的立式供養菩薩像，作雙手合十、端桃、持淨瓶等姿態。塔頂為六脊攢尖式，坡面飾瓦棱紋，角脊簷端置鎏金寶珠，脊頂豎有剎杆，其上附有葫蘆形寶珠剎頂、受花、寶蓋、相輪剎身和覆仰蓮花剎座，寶蓋與簷角寶珠間並有銀鏈相連，觀音、龍、門、欄杆、寶珠等各部皆鎏金，各細部用銀絲綴連，自寶珠剎頂至底基，貫穿一粗鐵心，便於提攜。

◆定級要素：紋飾繁縟華麗，做工精緻至極，是北宋初期定州金銀製品中之傑作。

110 靜志寺塔基金棺 北宋

高 4.8 長 7.7 床寬 3.9 釐米 重 51 克
1969 年河北定州城內靜志寺遺址塔基地宮出土
現藏定州市博物館

◆長方形，上有蓋，蓋面隆起，首端圓。棺床略大於棺壁。除棺床外，周身鏨刻花紋，蓋頂飾纏枝牡丹紋，首端飾假門，門上有圓泡釘三排，並有忍冬紋邊飾；尾端飾“佛出雙足”紋，以示釋迦牟尼涅槃後有“不滅”之意。以上均以珍珠紋為地。兩側，一為三弟子跪拜，另一為兩弟子樹下守喪。棺床以鏤空壺門為飾。

◆定級要素：紋飾富麗，具有唐代的裝飾遺韻，是北宋初期定州金器之精品。

111 慧光塔塔基鎏金舍利瓶銀龕 北宋

通高 10.1 釐米
1966 年浙江瑞安慧光塔塔基出土
現藏浙江省博物館

◆銀質。瓶連束腰須彌座，與龕分製。通體均為錘鍱紋飾。須彌座三級六角形，座底有如意頭六足；束腰部分作六瓣瓜棱球狀，每瓣中部透雕桃形花蕊；上作三級座面，面沿刻“弟子胡用□，勾當僧慶恩、可觀。景祐二年(1035年)乙亥歲十二月日造”銘文二十四字。座面近邊沿處作子口，正面與壺門相對留出一缺口。中央置一舍利瓶，瓶腹正面刻“沖漢舍瓶，道清舍金”兩行八字。座面上覆蓋一橢圓形龕，正面有一壺門；背面與左右兩側錘鍱三個開光，開光中央各飾一長尾鳥，四周配以卷草；開光之間佈滿花卉。頂端作一盛開的牡丹。

◆定級要素：造型小巧玲瓏，通體鎏金，顯得精緻而富麗，不失為佛教的工藝品。

112 慧光塔塔基鎏金玲瓏銀塔　北宋

通高 34.8 釐米
1966 年浙江瑞安慧光塔塔基出土
現藏浙江省博物館

◆塔身四面七層，全用薄銀片製成。通體鎏金。下有須彌座，腰間鏤刻壼門佛像，座面四周圍以勾欄，一面鐫刻“弟子沈質范從吉張護夏思明張□公等同造一所范從周舍□□”題記，另三面施雕武士像。塔南面闢門，從第二層起每層均開四個壼門，中間各有一尊坐像。頂冠塔剎，由仰蓮、相輪、寶珠等組成，用鏈條與最上層的四角相連。每層四角懸掛象徵性風鐸。

◆定級要素：塔體輕盈挺秀，雕刻精緻玲瓏，是南方首次發現的宋代銀製藝術珍品。

113 舍利銀塔　北宋

通高 69.7　底座寬 14.6 釐米
1968 年山東莘縣宋塔塔身發現
現藏山東省博物館

◆由薄銀片製成。塔座呈六邊形，立牆飾壼門一對。塔身為四方形，共十三層，往上逐層減小。每層四周有鏤空花欄，四角均懸龍頭啣風鐸。底層甚高，四周有“卍”字連續紋勾欄，前後有壼門。門內有釋迦佛像，坐於蓮花座上，後面有背光，兩旁為童子脅侍。塔身兩側為普賢與文殊菩薩，分別由象或獅馱着。門楣有飛天一對，其上有一周力士斗栱，承托單層簷。佛像皆鎏金。第二層往上，前後有壼門，左右開窗，皆單層簷。第二、三層內均置釋迦佛像，坐於蓮座上，均有背光。第四層內放舍利盒，內盛舍利子。頂部為塔剎。

◆定級要素：此塔做工精緻逼真，造型纖巧秀美，堪為北宋佛教藝術珍品。

114 鎏金雙鳳葵瓣式銀鏡盒 南宋

高 5.9 口徑 13.7 釐米
1990 年福建福州茶園山南宋許峻墓出土
現藏福州市博物館

◆定級要素：此鏡盒器形規整，裝飾秀麗，顯示出南宋銀工藝的高度發展水平，為當時的代表作品。

◆器呈六出葵瓣形。器身扁平，上下對開，蓋與身子母口相合。蓋面上錘鍱首尾相連的雙鳳對飛圖案，周邊鏨刻一周如意花葉紋。腹部蓋、身相接處飾兩周卷草紋。鏡盒表面鎏金。出土時盒內置一層屜板，放一面六出葵花式銅鏡。

115 鎏金銀執壺 南宋

通高 23.4 口徑 6.8 腹徑 6.9 底徑 11.2 釐米
1990 年福建福州茶園山南宋許峻墓出土
現藏福州市博物館

◆器為細頸，溜肩，凸腹，矮圈足。有圓形蓋，雙層如階狀，頂立柱式高鈕。蓋與身間有銀鏈相連。流細長，彎如新月。執呈“S”形，扁平如帶。器身滿飾雙鳥對飛的團花圖案，口沿飾三角圓點紋，足沿、流、執等處飾卷草紋。全器有紋飾處皆鎏金。流、執等處錘鍱及焊接痕跡明顯。

◆定級要素：此壺造型別致，裝飾優雅，是南宋時期同類作品中的代表作。

116 鎏金瓜形銀髮冠　南宋

長 9.5 釐米
1990 年福建福州茶園山南宋許峻墓出土
現藏福州市博物館

◆器呈半球形，中空，器表共錘出瓜棱六瓣，端部瓜蒂處飾有瓜葉及枝蔓，並精刻細部。通體鎏金。◆據墓誌，墓主許峻(1223－1272年)，字景大，福唐(今福建福清)人，曾補承務郎銓中授饒州商税務，後主管架閣戶部文字，官至架閣朝清通判。包括此髮冠在內的隨葬品數量多，製作精。

◆定級要素：髮冠造型頗具匠心，工藝精巧細膩，是南宋金銀工藝的典型代表。同此墓其他隨葬品一樣，對於研究南宋金銀製造業及社會經濟狀況有重要的參考價值。

117 鎏金仿古銀簋　南宋

通高 7.1　口徑 8.7 釐米　重 178 克
1981 年江蘇溧陽平橋宋代窖藏出土
現藏鎮江市博物館

◆定級要素：器形仿商代青銅簋，設計精妙，別具匠心。

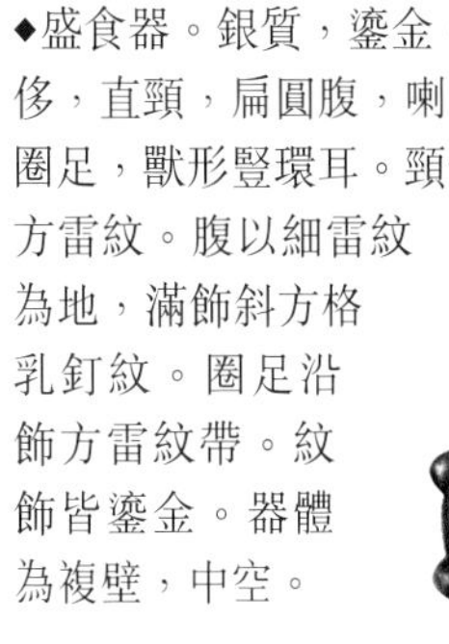

◆盛食器。銀質，鎏金。口微侈，直頸，扁圓腹，喇叭式圈足，獸形豎環耳。頸飾方雷紋。腹以細雷紋為地，滿飾斜方格乳釘紋。圈足沿飾方雷紋帶。紋飾皆鎏金。器體為複壁，中空。

118 六角形金杯 南宋

高 5.5 口徑 9.1 足徑 4 釐米 重 98.892 克
1952 年安徽休寧朱晞顏夫婦合葬墓出土
現藏安徽省博物館

◆酒器。金質。六角形。口沿外侈，下腹微鼓，足沿外撇。口沿和足沿均飾兩方連續雷紋帶，內底飾三朵菱花穿環圖案。

◆定級要素：紋飾一變唐代的鮮明豔麗為淡雅柔和，是宋代金銀器的代表作。

119 鎏金六瓣花式銀杯 南宋

高 4.8 口徑 10 釐米 重 60.9 克
1981 年江蘇溧陽平橋宋代窖藏出土
現藏鎮江市博物館

◆酒器。銀質，鎏金。形如梔子花。花瓣口呈六瓣，斜腹，喇叭形圈足。腹飾折枝梔子花，每瓣兩朵，共十二朵。由器內錘鍱，故器內為陰紋，器表呈陽紋。圈足邊緣鏨刻幾何紋帶。花紋皆鎏金。

◆定級要素：造型別致，紋飾精美寫實，集實用與藝術欣賞為一體，顯示出高超的工藝水平。

120 八卦紋銀杯 南宋

高 6 口徑 8.7 足徑 3.6 釐米
1974 年浙江衢州市郊史繩祖墓出土
現藏衢州市博物館

◆侈口，深腹，圈底，圈足外撇。杯身用內外兩層銀片錘鍱製成，內層底部鏨刻金、木、水、火、土五行圖像。外層口沿下有一周方塊紋帶，頸、腹部各有一道凸弦紋，其間用豎向凸紋分為八區，每區錘鍱八卦符號。

◆定級要素：造型端莊渾厚。五行圖像和八卦紋飾，反映了道教思想對當時金銀器製作的影響，此類器物較為少見，對研究道教發展具有重要參考價值。

121 鎏金覆瓣蓮花式銀盞 南宋

通高 5.3 口徑 9 釐米 重 6.5 克
1981 年江蘇溧陽平橋宋代窖藏出土
現藏鎮江市博物館

◆酒器。銀質，鎏金。直口平唇，弧圓腹，喇叭形圈足。口沿外鏨刻一周花蕊紋。盞體錘鍱出外突的覆蓮瓣。圈足鏨刻重瓣覆蓮及聯珠紋。盞內底心錘出隱起蓮蓬，含蓮子十三枚，周刻花蕊紋兩周。

◆定級要素：整盞紋飾猶如一朵怒放的蓮花，造型古樸清雅，具有典型宋代金銀器風格。

122 天封塔地宮銀殿 南宋

通高 49.6 深 24.7 寬 34 釐米
1982 年浙江寧波天封塔地宮出土
現藏寧波市文物考古研究所

◆為一座面闊三間，進深兩間的單簷歇山頂建築。多用銀片製作。屋面為九脊頂，寬 52.2 釐米，深 45.6 釐米。有四個翼角，坡面作筒瓦騎縫。正脊兩端飾對稱鴟吻，正中做火焰寶珠。垂脊端部作獸紋；戧脊中間以鬼瓦式戧獸相間，左右兩面飾三條線紋，脊上分別置三個魚獸。博風頭做捲瓣，並鏤有卷雲紋。仔角梁頭裝飾一套獸，套獸肚下懸一風鐸。殿中前後有簷柱（含角柱）八根、山柱兩根，並飾覆蓮式柱礎。上端有“天封塔地宮殿”直式匾。殿中東西向後半部分採用牆的形式，牆上鏨幡幢。上部飾荷葉，下部飾蓮花，中間鐫刻銘文，末端署“太歲甲子，紹興十四”等字樣。殿中設有活動桶扇門二、固定歡門三。四周置欄杆。台基內為木芯，外包銀片，外觀為束腰須彌座，中間飾雙獅戲球及花草紋突起圖案。

◆定級要素：造型端莊雄偉，做工精緻，紋飾細膩逼真，為研究南宋時期江南地區歇山建築的重要實物資料。

123 鎏金龍紋銀簪 南宋

長 19.5 寬 2.2 釐米 重 11 克
1983 年浙江永嘉下嵊宋代窖藏出土
現藏永嘉縣文化館

◆以鏤空纏枝細花襯地，邊沿淺刻細珠紋，中間壓印一條高凸的蛟龍，龍騰空而起，直逼火珠；龍爪反捲，鋭利有鋒；龍的頸、腹、尾部又分別鏨刻一朵菊花。

◆定級要素：整個造型玲瓏剔透，精美絕倫，反映了宋代銀器製作工藝的高度水平。

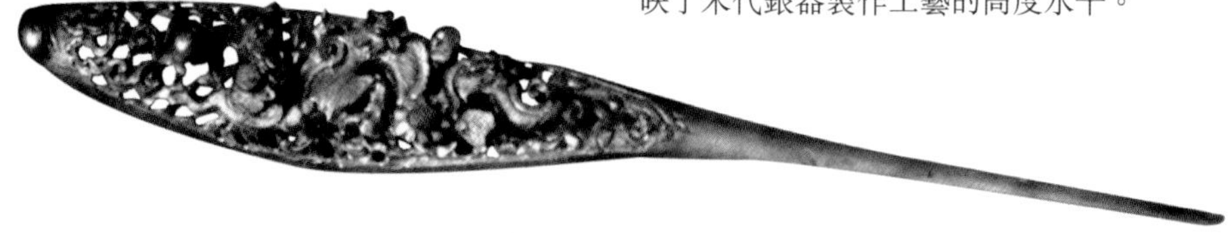

124 天封塔地宮銀塔 南宋

通高 28 釐米
1982 年浙江寧波天封塔地宮出土
現藏寧波市文物考古研究所

◆銀質。六角形七級。基礎作須彌座式，往上逐級縮小，每邊均飾有唐草紋。在台基上為第一級，設置副階、欄杆，欄板上刻有對稱菱形花紋，六面均有柱、欄額，南北兩面設壼門，其餘四面刻銘文六十四字，其中有“紹興十四年(1144年）三月二十一日”年款。第二級，六面柱、額分明，每面設壼門，位置正中，高低統一，牆壁與起翹屋面相聯，欄杆上望柱、斗的形制與一級相同。三至七級結構完全一致，逐級上收，至第七級為六角攢尖式頂，上置相輪、寶珠。

◆定級要素：塔體俊俏，結構謹嚴，藝術與歷史價值俱珍。

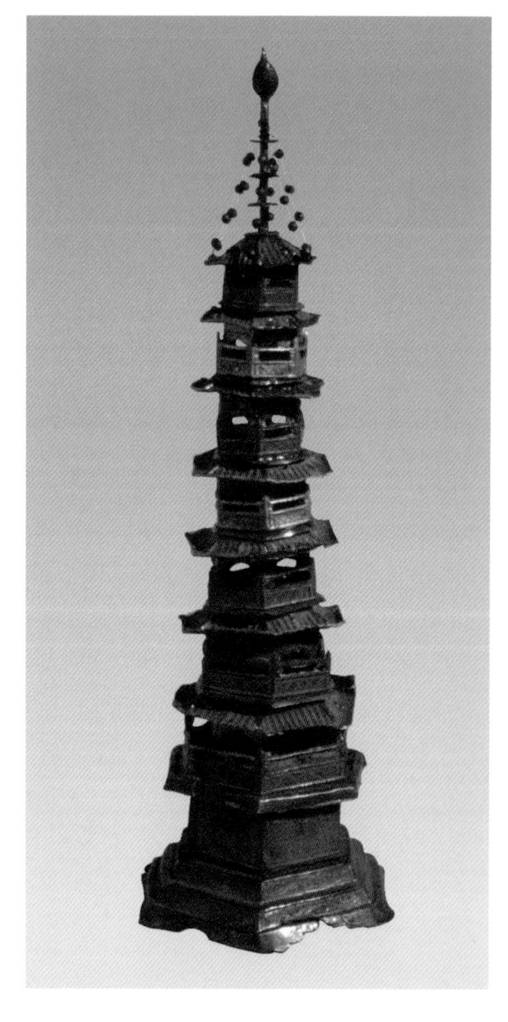

125 鎏金花鳥鏤空銀冠 遼

通高 30　口徑 19.5 釐米
1986 年內蒙古哲里木盟奈曼旗青龍山遼陳國公主與駙馬合葬墓出土
現藏內蒙古自治區文物考古研究所

◆冠頂呈圓形，兩側有立翅，上寬下窄，各向外敞。全用鎏金薄銀片製成，通體鏤空、鏨花。正面及立翅均飾相對鳳凰，展翅欲飛，周圍襯以纏枝花卉。◆據墓誌記載，墓主陳國公主為遼景宗耶律賢的孫女，死後葬於開泰七年（1018 年）。

◆定級要素：此冠紋飾和諧典雅，富有民族特色，為研究契丹貴族冠服制度、喪葬習俗和金銀工藝的珍貴資料。

126 鎏金鳳紋銀靴 遼

高 34　底長 32　寬 4.5～8.5 釐米
1986 年內蒙古哲里木盟奈曼旗青龍山遼陳國公主與駙馬合葬墓出土
現藏內蒙古文物考古研究所

◆薄銀片製成，連接部分用銀絲綴合。由靴筒、幫、底三部分組成。靴口橢圓形，靴筒上寬下窄，外側略呈扇形，靴頭較尖，底細長，腳心微凹。靴筒、幫表面鏨有鳳鳥及雲紋並鎏金。鳳鳥均作展翅翱翔，姿態栩栩如生。

◆定級要素：此靴為研究契丹習俗提供了重要的實物資料。

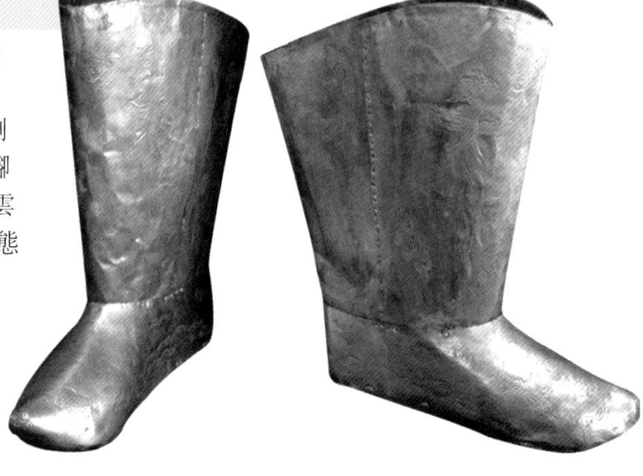

127 契丹文敕宜速金牌 遼

長 21 寬 6.2 厚 0.3 釐米 重 475 克
1972 年河北承德深水河村老陽坡峭壁中出土
現藏河北省博物館

◆長方形板狀，四角抹圓，上端有一圓孔，孔周突起，正面孔下刻雙勾陰文契丹小字三字，前一字是單文，後兩字是由三單文組成的複文，可釋為“敕宜速”。◆據《遼史 · 儀衛志》記載：“國有重事，皇帝以牌親授使者……所至如天子親臨，須索更易，無敢違者。使回，皇帝親受之，手封牌印郎君收掌。”可見符牌是皇權至高無上的一種象徵，用於國家掌管並調發地方的兵、刑、錢、糧等要事。

◆定級要素：此牌為研究契丹遼國政治、軍事、歷史和契丹文字的重要實物資料。

128 契丹文敕宜速銀牌 遼

長 20.9 寬 6.1 厚 0.3 釐米 重 383 克
1972 年河北承德深水河村老陽坡峭壁中出土
現藏河北省博物館

◆長方形板狀，四角抹圓，上端有一圓孔，孔週突起，正面孔下刻雙勾陰文契丹小字三字，字鎏金，可釋為“敕宜速”。◆此銀牌同金牌一樣，是皇帝的聖旨牌，用於傳達詔令、抽發兵馬、徵調物資等緊急軍務所用。

◆定級要素：同為研究契丹遼國政治、軍事、歷史和契丹文字的重要實物資料。

129 花式金托盞 西夏

通高 5 盤徑 12.8 釐米
1958 年內蒙古臨河高油房西夏城址出土
現藏內蒙古自治區博物館

◆酒器。金質。盞、盤、圈足均作十出花瓣形。盞為直口，平底，外壁口沿下鏨刻一周變形西番蓮紋帶。盞下承托一圈足盤，坦腹寬沿，邊沿和盤底各飾一周西番蓮。圈足呈喇叭狀，足沿上也飾西番蓮。

◆定級要素：造型莊重，具有素雅純靜的風格。西夏金銀器較為少見，此器為研究西夏金銀器工藝的重要資料。

130 雙魚紋柄剔指金刀 西夏

通長 7.2 寬 1 釐米
1958 年內蒙古臨河高油房西夏城址出土
現藏內蒙古自治區博物館

◆金質。柄部做成鏤空雙魚紋，兩鰓相對，張口托荷，兩鰭相連，尾部束帶。頭、尾各飾有荷葉、蓮蓬、聯珠等紋樣。刀首作雞心形花板，圓孔帶環，便於繫帶。柄下接雙面斜刃斧狀剔指。

◆定級要素：此器小巧別致，做工精細。西夏金銀器較為少見，此器是研究西夏金銀器製作和生活風俗的重要資料。

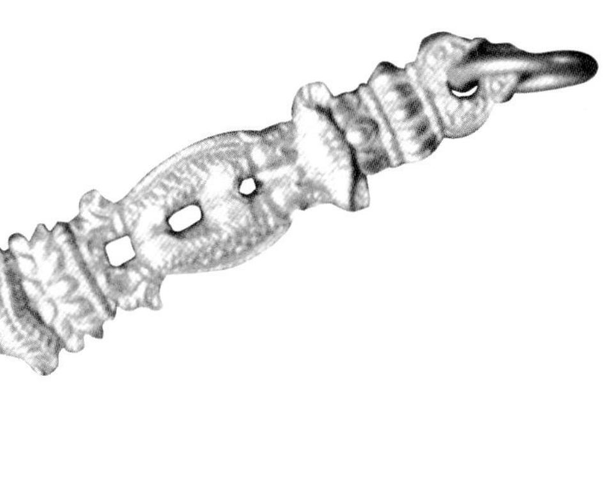

131 銀奩及奩內全套梳妝用具 元

通高 24.3 口徑 16 釐米
1964 年江蘇蘇州南郊吳門橋張士誠父母合葬墓出土
現藏蘇州市博物館

◆器呈六出葵瓣式，分上中下三層，子母口相合。蓋面及器身鏨刻牡丹、芍藥、荷花、梅花、靈芝、葵花、迎春等團花紋。出土時奩以黃綢包裹，內盛梳妝用具。上層：盛銀鏡一面，光素無紋，鈕作錠式；剪刀一把，式樣與現代相似，前刃略長，無刃口；銀刷兩把，大小各一，均以橫棕穿結竹片上，插入刷前長方槽內，惟大刷柄薄而寬，正反刻牡丹卷草，小刷柄收尖；另有薄片銀刮器一件，飾牡丹紋，上鎏金。中層：盛銀圓盒四隻，皆直壁、平底、有蓋，蓋直口，蓋面刻劃花草，上鎏金，其中一件有粉跡，一件有胭脂，一件放黃綢粉撲；另有銀罐一，廣肩小底，蓋下聯一小勺；大小銀碟各一，皆曲邊葵形，碟心刻團花。下層：盛水銀盂一，短頸廣肩小底圈足，荷葉形蓋，身飾團花，足飾斜細點紋；銀梳一件，半月形，邊鎏金；銀篦一件；銀針六枚，互相繫聯；銀刀一把；小銀剪一把。奩下有銀托盤一。盤圓形，捲唇，平底，口沿刻一周纏枝花，盤心刻折枝海棠。

◆定級要素：如此齊備的全套梳妝用具，實屬罕見，為了解元人，特別是元代婦女的生活習俗提供了珍貴的資料。

132 銀鏡架 元

通高 32.8 寬 17.8 釐米
1964 年江蘇蘇州南郊吳門橋張士誠父母合葬墓出土
現藏蘇州市博物館

◆鏡架折合式，分為前後兩個支架，結構略似交杌。後架上部鏤雕鳳凰戲牡丹紋，框沿為如意式，頂端立雕流雲葵花。中部分為三組，中雕團龍，左右二組對稱，如窗式，透雕牡丹，四角有柿蒂形鏤空。下部為支架。一“H”形活動構件斜撐於前後架間，其中心鏨六瓣形開光，內凸雕玉兔、蟾蜍、靈芝、仙草等。此構件可用來承鏡。兩架底部橫檔有一活動底板相聯，底板上飾六出開光，內凸雕鳥雀花草。底板可使鏡架立放時更穩定。

◆定級要素：此鏡架結構巧妙，玲瓏剔透，是一件非常少見的工藝傑作。尤其是其銀皮雕作工藝，充分顯示了元末江蘇一帶銀工的高超技藝。

133 如意紋金盤 元

長 16 寬 16 厚 1.3 釐米
1959 年江蘇吳縣元呂師孟墓出土
現藏南京博物院

◆器近似正方形，其形又似由四個如意頭對接而成，如意紋向盤心延伸，其中相對兩如意壓於另外兩如意之上。如意端部略尖，兩側捲成螺旋狀。金盤中部飾一凸起的花心，花心周圍有四瓣凸起的如意形花瓣。盤邊緣微上翹，盤內滿佈纏枝蓮花葉紋，由陰線鏨刻而成，盤外底有“聞宣造”款。

◆定級要素：此器用宋、元時期非常流行的如意圖案組合成型，造型異常別致，盤內有複雜的裝飾，工藝精湛，藝術性強，且鏨有店家名號，具有很強的藝術性和代表性。

134 章仲英造金把杯 元

高 2.5 口徑 7.5 底徑 4.9 釐米 重 80.5 克
1955 年安徽合肥孔廟廟基出土
現藏安徽省博物館

◆飲器。金質。斂口，方唇外突，委角，瓜棱形腹，平底，方莖平把。杯心邊沿壓印“章仲英造”陰文楷書款。伴出有“至順癸酉”膽式銀瓶等。

◆定級要素：此器製作精美，連同器上所刻字樣，是研究元代金銀器製造業發展的重要資料。

135 御藥房金罐 明

通高 18.4 口徑 9.3 底徑 10.1 釐米 重 895 克
1958 年北京昌平定陵萬曆朱翊鈞棺內出土
現藏定陵博物館

◆直口，溜肩，鼓腹，平底。腹部附有帶銎柄，銎內安有短木柄。蓋呈弧形，寶珠形鈕。子母口。素面。底部用雙線刻“大明萬曆年御用鑑造八成五色金重二十二兩四錢”銘文一周。腹部刻“尚冠上用”四字。◆明代皇帝患病煎服藥物，有嚴格的制度和規定，經御醫診治後，計藥開方，用金罐煎之。

◆定級要素：此藥罐為研究宮廷醫學提供了重要的實物資料。

136 學士登瀛金釵 明

連釵股長 16.4 雲頭長 6.5 釐米
1957 年四川重慶江北蹇芳墓出土
現藏重慶市博物館

◆金質，作卷雲形，釵頭正面鏤刻樓台亭閣，曲苑迴廊，花鳥人物活動於其間，背面刻有《三學士》詩："冠世文章絕等倫，瀛州學士盛時人，玉堂金馬聲名舊，明月清風氣象新。閬苑朝回春滿袖，宮壺醉後筆如神，平生自是承恩重，每賜金蓮出禁宸。"又《七絕》一首云："福如東海長流水，壽比南山不老松。長生不老年年在，松柏同歲萬萬春。"及"歲在戊申（宣德三年，1428 年）仲冬"。◆出釵墓葬，俗稱駙馬墓，即蹇芳墓。據《巴縣誌》記載：明永樂年間吏部尚書蹇義之子蹇芳早卒，永樂帝賜以早歿的公主，封為駙馬，實行"冥婚"，葬於江北鳳居沱，此釵為殉葬之物。

◆定級要素：此釵做工精緻，工藝精湛。刻有明確的時間，印證了史料記載，具有重要歷史價值。

137 樓閣人物金髮飾 明

高 5 長 9.5 釐米 重 90.5 克
1958 年江西南城益莊王朱厚燁墓出土
現藏江西省博物館

◆金質。兩端為尖形，中部有宮殿三棟：正中一棟分上下層，下層為三開間。前面有踏步，兩旁有欄杆。正中一間向前突出，各間屋頂分立，均為重簷，三間之內各有一造像。中間的雙手執笏。左右各間的則各手執扇。上層無梁柱，僅見重簷歇山屋頂；左右兩棟較低。每棟亦作三開間，各間之內均有一造像，手中抱一小孩，簪足向背後平伸。

◆定級要素：工藝精湛，紋飾顯赫奢華，是明代王室奢侈生活的真實寫照。

138 蓮瓣式高足金杯 明

高 10 釐米
浙江龍遊石佛村出土
現藏龍遊縣文物管理委員會

◆杯為圓形，撇口，寬沿。口沿呈蓮瓣狀，蓮瓣連於杯壁，直通杯底。口沿內有一周陰線刻的花蕊紋裝飾，呈二方連續排列。杯底有一周蓮瓣形托，托下為杯足，杯足高而似柄，呈筒狀，足上部略細，呈棱狀，飾一周繩紋，下部如倒置的喇叭形，足壁呈花瓣狀，愈往下愈大，到足底變成一周花瓣，並飾花蕊紋一周，與杯口相對應。杯之足底鐫陰文"天啟六年季春月，余榮四六置，吉旦"，內底鐫陰文"元"、"亨"。

◆定級要素：此杯設計精巧，相同程式的作品極難發現，且帶有製造年號及字型大小，是明晚期金製品的代表作品。

139 菊瓣式高足金杯 明

高 10 釐米
浙江龍遊石佛村出土
現藏龍遊縣文物管理委員會

◆杯為圓形，口沿外撇，近沿處刻一周陰線花蕊紋。杯身錘出菊瓣式條紋，上下兩層花瓣紋相接。杯底有一周菊瓣式花托，其下接杯足，杯足上段呈圓筒狀，飾陰線花紋並繩紋，下端略粗，呈傘狀，錘鍱上下兩層菊瓣式條紋，連接最下部的足圈，足圈表面亦飾一周花蕊紋。足底鐫陰文"崇禎十三年仲春月，余榮四六置，吉旦"，內底鐫陰文楷書"行"、"文"。

◆定級要素：現存於世的明晚期金器，除定陵出土部分作品及博物館藏少量作品，數量不多。龍遊縣出土的金杯造型美觀，製造精緻，菊瓣紋的使用與清代杯盤近似，開菊瓣紋器皿之風，且有具體製造年號，十分珍貴。

140 金粉盒 明

高 5.1 口徑 9.7 釐米
北京定陵出土
現藏定陵博物館

◆器呈八方形，平蓋面，飾龍紋。蓋邊呈向外的坡狀，蓋壁八開光，開光內鏨龍紋，蓋口為母口，可扣於盒上，口外飾卷草紋。盒之口沿亦飾一周卷草紋，沿上有一周子口，可扣子蓋內。盒腹為八面，每面飾一龍紋，盒腹下部略收，八方形足。盒底有"大明萬曆年製"款，盒內有一金製粉撲並白粉。

◆定級要素：明代宮廷遺物中，盒央器物甚多，漆盒有庶段、蒸餅式，玉盒有方盒、圓盒等多種樣式，惟金盒存世甚少。此器造型沉穩莊重，製造精緻，是明代宮廷使用的化妝用品。

141 四臂觀音金坐像 清

高 90 釐米 重 31.8 千克
現藏故宮博物院

◆金質。頭戴寶冠，冠頂飾一佛，袒胸，披仁獸皮，四臂，著釧戴鐲，前兩手作蓮花合掌印，後面上舉作手印，左手執蓮花。寬眉細腰，神態安詳，結跏趺坐於蓮花台上。背光作葫蘆狀，內飾聯珠圈，外飾卷草紋邊，鑲嵌東珠、各色寶石多顆。佛光背部鐫漢、滿、藏文款"乾隆十三年（1748年）十二月二十日奉旨赤金成造供俸利益四臂觀世音，番稱堅賴滋克庫布勒庫舍勒佛齊希，蒙古稱都爾本噶爾圖"字樣。

◆定級要素：此像製作精工細密，裝飾鮮麗華貴，為清代喇嘛教觀音像的代表作。

142 金裏珊瑚雲龍紋桃式盒 清

高 19.5 長 24.5 寬 20.5 釐米
現藏故宮博物院

◆器為兩層材料結合而成，內層以黃金為裏，外包一層紅色珊瑚飾紋，桃形。盒身與盒蓋各為半桃，盒身帶有子口，可與盒蓋扣合。盒蓋較大，頂部雕一團形"壽"字，周圍佈滿凸起的龍紋及雲紋，蓋口處露一周金質口沿，盒身底部飾雲水紋，腹部亦佈滿雲龍紋。盒表面所包為上等珊瑚，由多塊珊瑚片拼接而成，無雜色。龍身細長，雲呈靈芝式，雕工精細，打磨光亮。◆據清宮檔案記載，此盒製於雍正時期。

◆定級要素：此器是少數幾件能夠確定為雍正朝製造的金器，且為金工藝與珊瑚工藝相結合的代表作品。

143 金龍首提爐 清

爐高 16 寬 23 釐米
現藏故宮博物院

◆提爐由爐桿、鏈、爐三部分組成。爐為金質，圓形，似桶，上部略大。爐上有圓形蓋，蓋面微隆，鏤空八卦紋，蓋頂有一龍鈕，爐體鏨紋飾，並有三個凸起的獸面，獸口啣環，環接聯提鏈，爐下有三個象首，象目前視，象鼻下捲為爐足，爐鏈頗長，一端接爐，一端接鏈盤，鏈盤上部有一鈕，鈕上有環，接於提桿。提桿為紫檀木製，尾端嵌金如意，首端為金質龍頭、龍身。

◆定級要素：金提爐為宮廷儀仗用器，在清宮遺存中僅有數件，紋飾、造型各不相同，其中以龍首金提爐製造最精。

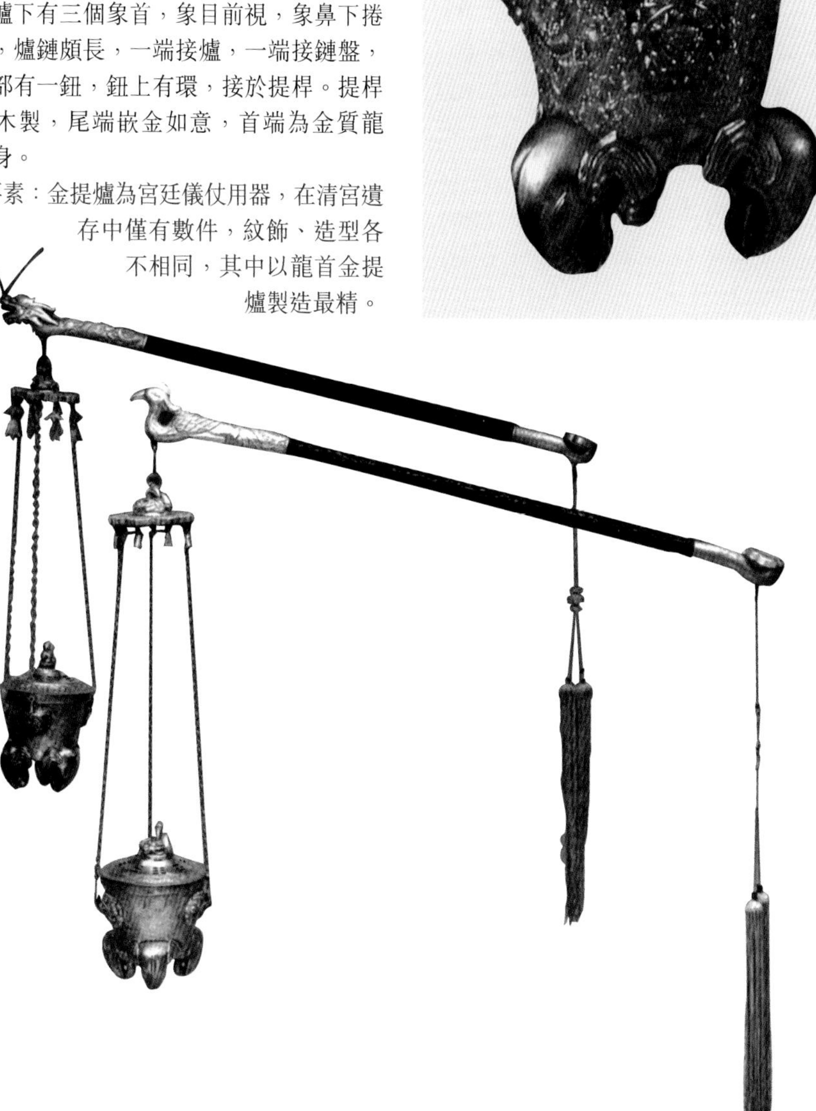

144 金累絲嵌珠寶蝴蝶簪 清

長 8 寬 7.5 釐米
現藏故宮博物院

◆此簪以金累絲製成蝴蝶形，蝴蝶頭部呈梅花形，嵌一顆寶珠及五顆珍珠；蝶身略粗，嵌紅、藍寶石各一；蝶翅張開，各翅亦嵌紅、藍寶石各一，雙鬚，端部各嵌一珍珠，珠大而圓。蝶身還嵌有藍色翠鳥羽毛。

◆定級要素：此簪為宮廷使用的飾品，集金、翠、珍珠及紅、藍寶石為一身，由珍貴材料製成，自身具有極高的價值。

145 金鏨花高足白玉藏文蓋碗 清

高 26 直徑 14.5 釐米
現藏故宮博物院

◆全器由金托、玉碗、金碗蓋三部分組成。托較高，下部為托筒，下粗上細，飾凸起的勾蓮紋和數排如意紋，並嵌有松石海棠花、如意雲。托筒之上為圓形托盤，連珠紋邊沿並嵌綠松石邊線，盤內開光，開光內飾纏枝蓮並綠松石花。盤中部凸起碗座，碗座為圓形，鼓式，外鏨勾蓮紋並嵌松石梅花。碗為白玉製，圓形，撇口，其外素面無紋，碗內琢藏文，碗底有“乾隆年製”款。碗蓋略高，寬沿，中部隆起，飾勾蓮紋並嵌松石嵌片，蓋上部錘鍱蓮瓣紋，頂部有花蕾式鈕。

◆定級要素：清代宮廷使用的蓋碗很多，其中金玉組合的較少。此器金工精緻，玉質絕佳，托、蓋，碗渾然一體，既可實用，又有很好的陳設效果。

146 金鏨龍紋葫蘆式執壺 清

高 29 腹徑 16 長 25 釐米
現藏故宮博物院

◆壺體由上、下兩部分組成，呈葫蘆形。半球式蓋，蓋上鏨卷草紋，嵌珍珠，小口，頸部略細，錘鍱凸起的小夔龍紋。上腹兩面飾凸起的雙龍，雙龍相對，其間嵌有珊瑚珠、松石珠及寶石，龍身側佈滿雲紋。壺的腰部細小，較一般葫蘆更甚，飾連雲紋。壺的下腹較上腹為闊，兩面皆飾雙龍紋，龍形與上腹所飾龍紋相同，略顯粗壯，腹下有圈形呈外坡狀壺足，足上飾有雲水紋。壺柄呈"S"形，上部為龍首形。壺嘴細長，下部呈龍首形，壺上分別嵌寶石、松石、珊瑚、珍珠。◆清代製造了許多葫蘆形工藝品，常以大小葫蘆表示子孫萬代，以葫蘆表示大吉。

◆定級要素：壺主體以葫蘆為形，但又有變化，較一般葫蘆形工藝品更為精緻，設計更為巧妙。

147 金鏨花八寶雙鳳盆 清

高 9 直徑 43 釐米 重 4.8 千克
現藏故宮博物院

◆盆為寬沿，最外周為沿圈，盆沿上錘鍱凸起的八寶圖案，八寶間又有雜寶，共十二組圖案，每組圖案中部為寶器，兩側有飾帶，其中六組帶有綠松石及珊瑚珠嵌飾。盆壁直而光滑，盆底飾有三朵凸起的蓮花，花瓣未開，呈團狀，中部一朵蓮花兩側飾雙鳳，鳳的上身為立體造型，長頸豐羽，鳳後身於盆底錘鍱而出，雙翅及尾平鋪於盆底，微凸起，鳳之身側有纏枝圖案。

◆定級要素：此盆為宮廷儀仗用品，器厚重而精緻，盆底裝飾尤為複雜，凸雕團花雙鳳，不宜實用，存世者不多，是表現宮廷制度的重要器物。

148 金鏨花扁壺 清

高 20 寬 15 厚 4.5 釐米
現藏故宮博物院

◆壺腹呈圓形，片狀，腹兩面圓形開光，開光內鏨有複雜的夔龍紋，龍身折成方硬的拐子形，充滿於開光之內。龍頭較小，兩龍頭相對，其間有大朵的蓮花，龍身轉折間亦有蓮花，壺腹兩側鏨雲雷紋。壺頸細長若圓筒，其上飾雲雷紋並二道素箍，頸兩側各飾一鏤雕的卷草，長方形壺足微外撇，足外飾雲雷紋。

◆定級要素：此壺造型借鑑了蒙古族器物形，又兼仿古意味，造型別致，紋飾細密而嚴整，是清宮製造的宮廷器具。

二級金銀器定級概述

館藏二級文物屬於珍貴文物範疇。按照中華人民共和國文化部2001年4月5日頒佈的《文物藏品定級標準》(以下簡稱《標準》)規定，二級文物是“具有重要歷史、藝術、科學價值”的文物，這是金銀器類文物定級的主要依據。在實際鑑定工作中，對一件文物級別的品定，既要綜合考察歷史、藝術、科學三方面的價值，也可對三者中任何一項特點突出地重點考察，同時還要考慮不同文物的不同特點，由此評定等級。

要素之一：歷代金銀器的整體存世數量與規模

金銀器作為貴重金屬製品，其材料具有再合性，經過多次加工，材料亦不會有很大的損耗。歷史上的很多金銀製品，在製成一段時間後便被熔化再製作，使之長期流傳，實為不易。因此傳世的古代金銀製品非常少見。鑑於此，對於清代以前的金銀器定級時，除了考察其歷史、藝術、科學三大價值之外，器物的整體存世規模以及傳世器物中數量稀少的特殊金銀器品種等，也是評定的重要因素，須認真加以考察、研究。

隨着現代考古學的興起與考古工作的開展，一批埋藏於地下的古代金銀器得以被發現和保存。就總體而言，金器的存世量較銀器要少，這一情況也是金銀器定級的要素。出土或傳世的較為常見的，一般來說，紀年準確的南北朝以前墓葬中出土的具有一定重量和藝術水平的金器，應定為二級文物；唐代至明代墓葬中出土的具有一定重量、藝術水平較高的金器可定為二級文物；清代墓葬中出土的具有重要歷史、藝術和科學價值的金器，視其存世量的情況而定，存世較少的可定為二級文物，存世較多的可定三級文物。例如迄今為止所發現的最早的金器，是在商王朝北部和西北部地區相繼出土的一些貴族佩掛的純金小飾件，距今已有3000多年歷史，主要分佈在北京、山西、河南、河北等地，這些金器的發現表明了商代金器生產的規模及冶煉工藝技術，這對於了解中國金器的起源、生產技術水平都是非常重要的。其中一對金臂釧（見圖1），器形完整，含金量為85%。雖然工藝簡單，重量亦較輕，但此器為明確的墓葬出土物，根據這些材料，證實了商代的金器技術比較原始，規模較小，尚處於初期階段。因屬於罕見之物，評定為二級文物。又如河北豐寧出土的鏤孔龍紋嵌珍珠寶石金項圈（見圖62），工藝十分突出，採用了掐絲、錘鍱、鑲嵌等多種手法，製作精工，雖然明代金器較多見，但符合要素之一，仍可定為二級品。

要素之二：具有一定歷史價值、具有一定代表性、具有一定藝術性的金銀器

與某歷史事件、歷史人物相聯繫，具有一定歷史價值且較完整的金器；反映少數民族生活方式或民族特徵的金器；有製造年款或工匠名款，為其代表性的金器；重量較大或藝術水平很高的金器等，均可視其存世情況定為二級品。譬如，浙江義烏出土的明代金冠（見圖58），雖然時代較晚，同時期的金器亦較多，但以金器製成的帽冠則少見，其工藝也很突出；河北易縣出土的羊首鳥喙紋金飾件（見圖2）、長方形動物紋金牌飾（見圖3），均為戰國時期具有北方草原民族特色的金器製品，對於研究燕文化與北方文化之間的關繫有着重要的參考價值，因此以上三件符合要素之二，被評定為二級文物。

銀器較之金器的使用量及傳世量略大，但戰國以前的銀器極少，十分罕見，漢代以後墓葬考古發掘中發現的銀器，數量大大超過了金器，由於鎏金等工藝的運用，製作水平也趨於複雜，因而古代銀器的定級標準掌握較之金器更為嚴格。一般來説，同類型、同工藝水平的器物銀器較金器的級別略低。有一定重量，造型完整，有一定工藝水平及藝術性的戰國以前的銀器，也可定為二級文物。

要素之三：銀器存世量多於金器，同等條件的銀器，評定等級的標準要高於金器

秦代以降至明代，器形完整的銀器作品具有下列情況之一的，可考慮定為二級文物：

一、有一定工藝水平及較高的藝術水平，體積較大的作品。如江蘇鎮江出土的唐代銀酒甕（見圖22），通高55釐米，重達9000多克，是窖藏同出銀器中器形最大的一件，也是唐代銀器中較大形者，惟保存稍遜，故定為二級品文物。

二、同一定歷史事件、歷史人物相聯繫，有重要歷史價值的作品。例如明代“順天兵餉會源足銀”銀錠，“順天”年號在明代歷史上曾有兩個：一是1508～1511年由四川保寧人藍廷瑞所領導的農民起義，活動在今陝西、湖廣一帶；二是1588～1598年由工匠出身的劉汝國所領導的農民起義，活動在今湖北黃岡、蘄春一帶，後進軍安徽宿松。根據他們活動範圍推測，此銀錠可能是劉汝國起義軍的軍隊餉銀，“會源”應是當時的銀號。銀錠作為當時農民起義的見證物較為少見，故定為二級品文物。

三、使用方式獨特，工藝精湛的作品。例如河北固安出土的鎏金佛舍利銀棺（見圖49），由棺體和基座兩部分組成，通體鎏金，採用鈑金、錘鍱、鏤孔、鏨刻、鑄造以及鎏金等多種工藝成型，結構複雜，工藝精湛，紋飾豐富，具有較高的價值。故定為二級品文物。

四、反映少數民族生活方式或習俗，存世稀少的作品。清代銀器存世量較大，其中代表時代製造水平的重要作品，可定為二級文物。如江蘇句容出土的清代鍍金銀鳳冠（見圖65），冠上雕有四龍七鳳，鏨刻精美，富麗堂皇，其擁有者為朝廷命婦，代表了清代銀器工藝的製作水平。

1 金臂釧 商

周長 10 釐米
1972 年河北盧龍東闞各莊 1 號墓出土
現藏河北省文物研究所

◆出土一對，形制相同。均用粗金絲彎作圓環形，開口兩端呈扁平狀。◆此墓同時出土有銅鼎、銅豆和銅弓形器等。根據出土器物特徵可推定其時代為商代晚期。中國中原地區貴金屬製品在商代早期尚無發現，商代中期亦未見有成形器物。

◆定級要素：此對金臂釧為當今發現最早的成形金製品之一，它們的出土和發現對探討商代貴金屬製作工藝有較高的研究價值。而此墓的地理位置在商至周初屬孤竹國範圍，也為研究古孤竹國與夏家店下層文化的關係提供了線索。

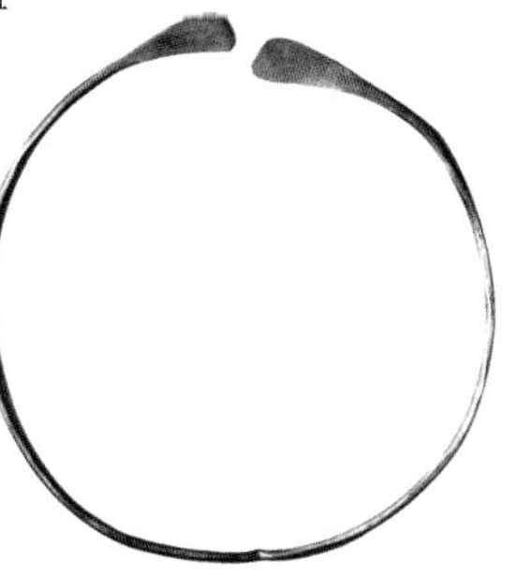

2 羊首鳥喙紋金飾件 戰國

通長 8.1 寬 3.1 釐米
1977 年河北易縣燕下都 30 號墓出土
現藏河北省文物研究所

◆飾件主紋為浮雕羊首鳥喙紋圖案。羊首前伸，圓睛凸出，羊角向後彎捲呈雲勾狀。頭後部兩側飾一組對稱的連弧紋圖案。羊張口露齒，啣一鳥喙，喙前部彎曲且尖。背面內凹，有一橋形鈕。此金飾件共出土兩件，形制基本相同，一件略小，中部有兩排牙齒。

◆定級要素：此件金飾採用藝術誇張手法，將羊首和鳥喙巧妙地塑為一體，構圖新奇，極富想像力，具有明顯的草原民族造型藝術的特色，是研究戰國時期燕文化與北方文化關係的珍貴資料。

3 長方形動物紋金牌飾 戰國

長 5.5 寬 3.8 厚 0.1～0.2 釐米
1977 年河北易縣燕下都 30 號墓出土
現藏河北省文物研究所

◆牌飾呈長方形，正面浮雕動物紋，四周飾綯紋邊框。主紋為兩馬相對而卧。馬兩側飾兩怪獸，頭置於馬的頸部，張口露齒，身軀平卧，尾下垂。背面凹凸不平，有布紋。上、下兩端的中部各有一弓形橫鼻。在面積較小的器表塑造兩種不同形態的四獸，佈局緊湊，紋飾生動，富於變化。◆此類金牌飾同墓共出土三件，形制、紋飾相同。

◆定級要素：此件從金器的製作技法及紋樣風格來看，屬北方少數民族貴金屬工藝系統，對研究燕文化與北方文化之間的關係有重要參考價值。

4 桃形獸紋金飾件 戰國

長 5.7 寬 3.6 高 1.1～1.2 釐米
1977 年河北易縣燕下都 30 號墓出土
現藏河北省文物研究所

◆飾件平面略呈桃形，正面中部略隆起。器表浮雕獸紋。上端中部為一牛頭形紋樣，下兩側兩獸形態似馬，馬首相背向兩側平伸，鼓目、豎耳、彎頸，軀體呈“S”形，前肢曲肢而卧，一後肢彎曲向上相對，一後肢及尾向下伸展相對。背面內凹，有一豎橋形鈕。◆此類金飾同墓共出土四件，形制、紋飾相同。

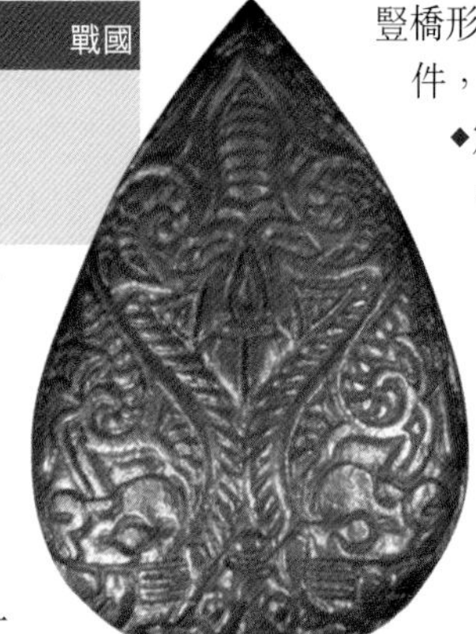

◆定級要素：金飾在上寬下尖的桃形器表塑造三種不同姿態的紋樣，構圖新穎別致，具有較高的藝術價值。

5 浮雕熊羊嵌松石金飾件 戰國

通長 4.9 最寬 3.8 釐米
1977 年河北易縣燕下都 30 號墓出土
現藏河北省文物研究所

◆飾件平面略呈橢圓形，正面上端高浮雕一熊首紋樣，熊首頂面為一鶚紋，長喙圓睛。熊首下端兩側各飾一抵角羊相對而卧。鶚睛及熊眉、雙目、鬍鬚和羊耳、目等部位均鑲有綠松石。背面內凹，鏨刻有記重銘文“二兩十一朱”。◆此類金飾同墓共出土六件，形制相同，亦均有記重銘文。

◆定級要素：金飾造型奇巧別致，在小小的面積上浮雕多種動物紋飾，將鳥、熊、羊紋樣巧妙地結合在一起，並採用高浮雕、平雕、鑲嵌等多種藝術技巧，使畫面層次分明，藝術感染力極強。

6 半球形獸紋金飾件 戰國

直徑 4.5 高 1.6 穿徑 1.05 釐米
1977 年河北易縣燕下都 30 號墓出土
現藏河北省文物研究所

◆飾件呈半球形，頂部正中有一圓孔，孔周緣向上凸起，上飾金絲擰成的繩索紋卡絲一周，底緣飾繩索紋卡絲兩周。器表浮雕四獸紋，兩隻似馬形，另兩隻似羊，四獸兩兩相對，形象生動活潑。背面內凹，上鏨刻記重銘文“四兩十八朱半”。◆此類金飾同墓共出土六件，形制基本相同，惟記重銘文各異。◆此墓為大型戰國晚期墓，出土金器八十餘件，大部分是牛、馬、駱駝、熊、羊等動物紋飾。

◆定級要素：紋飾題材流行於北方草原少數民族地區，顯示了燕文化和北方文化之間的交融。飾件上鏨刻有記重銘文，對研究燕國衡制有較高的參考價值。

7 金柲 戰國

口高 8.7 下端最寬 4.3 釐米
1977 年河北易縣燕下都 30 號墓出土
現藏河北省文物研究所

◆柲呈長方形，扁筒狀，上窄下寬。下端邊緣飾一周絢紋，上、下兩端絢紋帶內鑲嵌橢圓形綠松石各一周，正背兩面中部各有一道絢紋帶，內鑲嵌桃形綠松石，兩側鏨刻連體龍鳳紋。

◆定級要素：金柲紋飾生動華美，惜鐵劍及木鞘均朽。

8 金劍柄 戰國

通長 12.2 釐米
1977 年河北易縣燕下都 30 號墓出土
現藏河北省文物研究所

◆劍柄飾頂端浮雕雙羊紋。雙羊抵首相背而臥，圓睛鑲嵌綠松石（其中一松石已失），兩羊中部有一圓形嵌槽，惜嵌物已失。扁柄鑄出纏緱紋。劍格裝飾兩個相背的捲角羊頭。

◆定級要素：此劍劍柄圖案優美，做工精湛，裝飾華麗，是不可多得的藝術珍品，惟鐵劍身已腐蝕，木劍鞘亦已朽。

9 圓形浮雕駝紋嵌松石金飾件 戰國

直徑 9.1 釐米
1977 年河北易縣燕下都 30 號墓出土
現藏河北省文物研究所

◆飾件呈圓形。周緣飾一圈穗紋邊框，正面主紋浮雕三隻駱駝同向而卧。三卧駝形態相同，昂首曲頸。拱背，駝峯高聳，四肢曲卧於腹下，兩蹄相疊。正中有三個相連的幼駝首夾於卧駝之間。駝耳內和一些紋樣凹槽內均鑲嵌綠松石，許多已脱落，僅一隻駝耳內尚存綠松石。背面正中有一橋形鼻。鈕左側有記重銘文“十兩十九朱”，右側有“成人敎冡”四字。

◆定級要素：金飾動物圖案優美，裝飾華麗。

10 扁圓形羊紋嵌松石金飾件 戰國

直徑 2.4 高 0.25 釐米
1977 年河北易縣燕下都 30 號墓出土
現藏河北省文物研究所

◆飾件呈圓形，下面略鼓，器表浮雕一羊團卧。羊首居中前伸，口微張，圓睛、豎耳、羊角凸出、彎捲。周圍為變形軀體，一蹄置於頷部。頂部嵌一綠松石。背面內凹，有一橫橋形鼻。

◆此類金飾同墓共出土兩件，形制基本相同，均以捲角羊紋為主題紋飾。

◆定級要素：紋樣生動，工藝精湛。

11 頭像金飾件 戰國

高 5.1 寬 3.2 釐米
1977 年河北易縣燕下都 30 號墓出土
現藏河北省文物研究所

◆飾件平面略呈兩端尖的橢圓形，中部隆起，較凸。頭像戴尖頂氈帽，面方圓，眉較寬，眉梢略上揚，鼓目，大鼻頭，闊口，有鬚。面頰兩側各有兩組對稱的連弧紋裝飾。頸部裝飾兩圈弧形凸棱。肩胛部及下端分別有對稱的花瓣紋和尖端下垂的桃形裝飾。背面內凹有一橋形鼻。鼻兩側鏨刻記重銘文“四兩十六朱四分分朱三”。◆同墓出土金頭像共九件，形制、紋飾相同。

◆定級要素：頭像採用高浮雕技法刻劃人物，形象逼真，裝飾美觀，富於變化，具有較高的藝術價值和研究價值。

12 牛頭金飾 戰國

長 3.6 寬 5.2 高 3.3 釐米
1977 年河北易縣燕下都 30 號墓出土
現藏河北省文物研究所

◆飾件呈牛頭形，牛嘴前凸，口大張，闊鼻，圓睛，兩側各有一捲角，捲角上各穿兩圓孔。頭上和頸部刻有細密的鬃毛。背面內凹中空，有一圓棍式橫梁。

◆定級要素：牛頭形象逼真，立體感強，工藝精細，具有高浮雕效果，有較高的藝術價值和研究價值。

13 金虎飾 東晉

高 1.3 長 2.3 寬 0.8 釐米
1966 年江蘇鎮江陽彭山磚瓦廠出土
現藏鎮江博物館

◆金虎飾呈卧伏狀，虎頭刻劃細緻入微，圓瞪雙目，牙齒畢露，形態逼真，造型威武兇猛。虎腹部上方有一孔，作穿繫用。◆古人視虎為神獸，以虎飾作辟邪之物。

◆定級要素：金虎飾在東晉墓葬中出土甚少。

14 金手鐲 南朝

直徑 7 釐米
1977 年江蘇句容陳武南朝墓出土
現藏鎮江博物館

◆手鐲呈環形花狀。因黃金成色較差，硬度較大，不易彎曲，故推斷花狀為原型，不似受壓變形成為彎曲狀。◆六朝時期，因社會動亂，經濟蕭條，金銀器生產相對衰落，故六朝墓中出土金銀器較少，出土多為鐲、釵、環、簪等裝飾品。

◆定級要素：此花形手鐲形制特殊。

15 波斯薩珊朝銀幣 北魏

直徑 3.07 釐米
1964 年河北定縣城東北角塔基地宮出土
現藏河北省文物研究所

◆此幣為波斯薩珊王朝耶斯提澤德二世（438～458年）的銀幣。圓形銀幣正面為半身王像。像旁為婆羅缽文的銘文，意為“主上，耶斯提澤德，萬王之王”。銀幣背面是拜火教祭壇。亦有銘文，右側為簡化的王名，左側為鑄造地點。此幣正面連珠紋圓框以外的邊緣上，右邊有一個S形的符號，下邊有一行印壓上去的銘文，文字為嚈噠文。波斯銀幣上打有嚈噠國的戳記，表示此幣可在其國境內流通作為法幣。◆出土時銀幣藏於一石函內。石函內共出土波斯薩珊朝銀幣四十一枚，除四枚為耶斯提澤德二世銀幣外，其餘均為卑路斯（157～483年）的銀幣。石函上有太和五年（481年）的紀年銘文，可知此枚銀幣是作為施捨物於公元481年放入舍利函內埋入塔基地宮的。

◆定級要素：這是中國境內首次發現的與嚈噠國有關的資料，有較高的歷史價值和研究價值。

16 銀杯 唐

高 7.2 口徑 5.8 底徑 3.1 釐米
1971 年安徽肥東店埠程村出土
現藏安徽省博物館

◆敞口，斜直腹。喇叭形圈足。近口處有凸弦紋一周。係採用錘鍱、壓模、分鑄、焊接、拋光等技法製成。

◆定級要素：唐代是金銀器製作工藝的繁榮時期，銀杯製作精緻，造型美觀，雖素面無紋飾，卻仍顯得高雅、富貴，氣度不凡，具有典型的時代特徵。

17 高足銀杯 唐

高 14.8 口徑 14.5 釐米
1982 年江蘇鎮江丁卯橋唐代銀器窖藏出土
現藏鎮江博物館

◆口杯呈五曲形，深腹，圈足。腹外飾凸棱一周。圈足內刻有“力士”兩字。通體素面。◆銀杯出土於代表晚唐江南地區金銀器製作工藝水平的鎮江丁卯橋唐代銀器窖藏中。

◆定級要素：此杯器形飽滿，製作規整，樸素無華的造型展示了晚唐南方金銀器的另一種風貌，且時代明確，保存完好。

18 荷葉形銀蓋 唐

通高 4 口徑 25.6 釐米
1982 年江蘇鎮江丁卯橋唐代銀器窖藏出土
現藏鎮江博物館

◆蓋呈捲邊荷葉狀，邊口懸魚四尾，頂飾柿蒂墊飾及曲狀鈕，蓋面鏨雙曲線以表現荷葉細密的葉脈。內邊刻"力士"兩字。

◆定級要素：銀蓋為明確的唐代窖藏出土，器形具有較強的寫實風格，鏨刻工藝十分精細，荷葉的蒂、莖、葉脈表現無遺，且有"力士"刻文。

19 腰形銀盤 唐

高 4.3 長 20 寬 15 釐米
1982 年江蘇鎮江丁卯橋唐代銀器窖藏出土
現藏鎮江博物館

◆盤呈海棠形，寬沿，平底，圈足。圈足內刻"力士"兩字。通體光素。◆此盤出土代表晚唐江南地區金銀器製作工藝水平的鎮江丁卯橋唐代銀器窖藏。

◆定級要素：製作精工，簡潔清秀，且時代明確，保存完好。

20 銀托 唐

高 8.5 盤徑 18 釐米
1982 年江蘇鎮江丁卯橋唐代銀器窖藏出土
現藏鎮江博物館

◆托呈五出變體蓮瓣形，盞托凹底，喇叭形圈足。圈足內刻"力士"兩字。通體素面。

◆定級要素：銀托製作精工，造型秀雅別致，整器造型恰似一朵亭亭玉立的蓮花。在崇尚豐滿、富麗、華美的唐代，銀托以其挺拔秀美的造型展示了晚唐時期江南地區金銀器製作的另一種風格。

21 鎏金瓜形銀蓋 唐

高 6.3 口徑 14.2 釐米
1982 年江蘇鎮江丁卯橋唐代銀器窖藏出土
現藏鎮江博物館

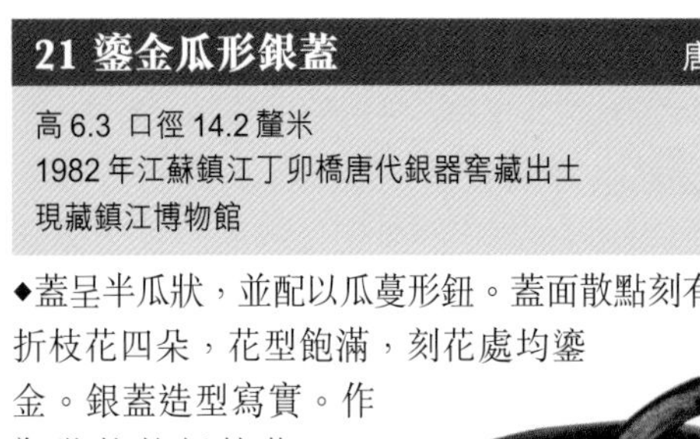

◆蓋呈半瓜狀，並配以瓜蔓形鈕。蓋面散點刻有折枝花四朵，花型飽滿，刻花處均鎏金。銀蓋造型寫實。作為裝飾的折枝花卉，刻紋細膩。工整妍麗，銀白色的器皿上，鎏金的折枝花瑰麗豐滿。

◆定級要素：此器出土地點明確，保存較好。

22 銀酒甕 唐

通高 55 口徑 26 腹徑 42.5 底徑 29.3 釐米
1982 年江蘇鎮江丁卯橋唐代銀器窖藏出土
現藏鎮江博物館

◆直口，廣肩鼓腹，平底。設有覆盆式蓋，葫蘆形鈕。蓋邊與甕口有鏈環相連，鎖失。素面，底外中部豎刻楷書“酒甕壹口並蓋隙（鎖）子等共重貳佰陸拾肆兩柒錢”。唐代每兩合今 37.3 克，此甕實重 9873.31 克。

◆定級要素：此器是鎮江丁卯橋唐代銀器中器形最大的一件，且有銘文，而科學考古中發現自銘為“酒甕”的銀器，尚屬首例。惟此甕肩與蓋殘破。

23 銀執壺　　唐

口徑 8.4 腹徑 10 底徑 7.8 高 22 釐米
1982 年江蘇鎮江丁卯橋唐代銀器窖藏出土
現藏鎮江博物館

◆侈口，束頸，圓肩，深弧腹，矮圈足。長曲流，環形鋬，頭盔形蓋。外底刻“力士”兩字。通體素面。◆唐代社會飲酒之風盛行，各種著名酒器應運而生。除著名的力士瓷酒具，鎮江丁卯橋唐代銀器窖藏出土的“力士銀酒具”也堪稱南方之最。出土的宴飲酒具，多數器物的底部或圈足皆刻有遒勁的楷體“力士”兩字，此件執壺即為其中之一。

◆定級要素：此器外形線條簡潔流暢，且有“力士”刻文。

24 提梁銀鍋 唐

高 10 口徑 25.6 釐米
1982 年江蘇鎮江丁卯橋唐代銀器窖藏出土
現藏鎮江博物館

◆寬沿，敞口，直腹下收為圜底，沿面設有一對護耳及環狀提梁，銀鍋係錘擊成型。通體光素。

◆定級要素：此鍋出土於鎮江丁卯橋唐代銀器窖藏中，時代明確，反映了唐代炊用器具的情況。

25 鎏金魚紋小銀盒 唐

通高 5 長 9 寬 5.5 釐米
1982 年江蘇鎮江丁卯橋唐代銀器窖藏出土
現藏鎮江博物館

◆盒呈四出海棠形。直腹，子口，圈足。蓋面錘刻四魚及輻射紋，腹部上下刻菱形紋帶，刻花處均鎏金。

◆定級要素：銀盒玲瓏奇巧，新穎雅致，花紋圖案生動活潑，在唐代以大為美的時尚中，此件小巧玲瓏之作仍可視為精品。

26 鎏金蝴蝶紋小銀盒 唐

高 5 長 9 寬 3.5 釐米
1982 年江蘇鎮江丁卯橋唐代銀器窖藏出土
現藏鎮江博物館

◆盒面呈蝴蝶形。直腹，子口，圈足。蓋頂面錘刻蝴蝶紋，蝴蝶兩翅呈幾何對應，腹部上下刻菱形紋帶，刻紋處均鎏金。

◆定級要素：銀盒造型別致，製作精美，蝴蝶紋極富立體感和真實感，器形和裝飾紋樣完美、和諧、統一，頗具匠心。

27 鎏金鸚鵡紋銀碗　唐

高 11.5　口徑 21.3　足徑 14 釐米
1982 年江蘇鎮江丁卯橋唐代銀器窖藏出土
現藏鎮江博物館

◆碗呈五曲形，敞口，深腹，圈足。底心刻一對展翅欲飛的鸚鵡，間以纏枝蓮花和魚子紋，底緣刻一周連珠紋，腹內曲處飾以花結，襯托五組散點團花，口緣破式海棠紋，圈足緣變體蓮瓣紋，刻花處鎏金。圈足內刻“力士”兩字。
◆定級要素：此碗造型別致，紋飾精美，鏨刻圖案流暢，加之刻花處鎏金，黃花白地，金光燦燦，富麗堂皇，但出土時破損。

28 鏨刻人物故事銀碗　北宋

高 3.8　口徑 11.6　底徑 4.4 釐米
1986 年浙江義烏柳青窖藏出土
現藏義烏市博物館

◆碗口部呈六瓣葵花形，腹壁向下斜收。口沿內鏨刻一周卷草紋鎏金裝飾帶。內底鎏金，飾人物飲酒圖。◆同窖藏內出土數件碗，造型、尺寸均相同，惟內底人物圖不同。
◆定級要素：銀碗輕薄光潔，鏨刻精細，紋飾圖案具有濃郁的生活氣息，且出土於明確的宋代窖藏，但碗壁有殘損。

29 鏨刻人物故事銀片　北宋

長 32.4　寬 24 釐米
1986 年浙江義烏柳青窖藏出土
現藏義烏市博物館

◆兩塊銀片，均呈長方形，四委角。裝飾圖案分內外兩區。內區鏨刻有山石、樹木和人物，外區四角飾珍珠地卷草紋上、下各飾纏枝番蓮紋左、右各飾纏枝菊瓣紋。整個畫面錯落有致，立體感強，人物輪廓簡潔明快，鏨刻工藝技法嫻熟，具有典型宋代風格。
◆定級要素：此類鏨花塗金人物故事銀片較為罕見。同窖藏共出土銀片八塊。此件因破損殘缺較大，氧化嚴重，品相稍遜。

30 銀盞托 北宋

高 5.5 底徑 17.5 釐米
1986 年浙江義烏柳青窖藏出土
現藏義烏市博物館

◆六瓣蓮花形盤口，圓唇內捲，葵口喇叭形圈足。盤口邊緣鏨刻一圈纏枝番蓮紋，鎏金。內托凸起高於盤面。盞托較淺，圓形盞座。盞盤亦呈六瓣蓮花形，俯視之，猶如一朵盛開的蓮花，盞托外壁陰刻極細小的“陳官人宅用”字樣。

◆定級要素：盞托造型優美，雕刻精細，融藝術性和實用性為一體，且器壁有銘文，具有較高的價值，但器物上部有殘缺。

31 銀質襌服供養人像 北宋

高 13.3 寬 3.3 釐米
1984 年浙江義烏塘李景德寺村窖藏出土
現藏義烏市博物館

◆此像戴冠立像，面容表情呈恭敬之態。穿寬袖、繡花、霞帔袍，雙手執圭，兩腿直立，朝裙蔽膝，穿雲頭鞋。◆此像為供養人，佛教稱以香花、燈明、飲食等資養三寶（佛、法、僧）的人為“供養人”，從而得到佛菩薩的保佑。

◆定級要素：此像出土於明確的宋元豐七年（1084年）窖藏。因供養人一般以真實的人物為藍本，其衣飾具有鮮明的時代特徵，是研究北宋佛教信仰、服飾文化的珍貴實物資料。

32 金花飾 南宋

寬 8.5 釐米
1952 年安徽休寧朱唏顏夫婦墓出土
現藏安徽省博物館

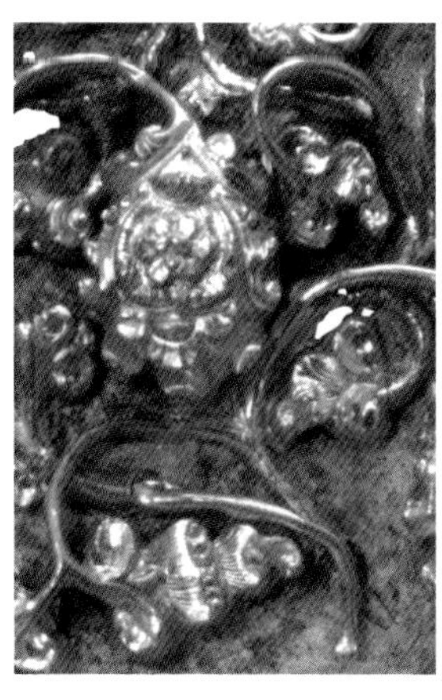

◆花飾呈正方形。飽滿的花團，柔長的蔓枝模鑄成型，焊接在金片上。金片四邊多餘部分外捲為素邊。◆此件金花飾係南宋工部侍郎朱唏顏夫婦墓出土，同時出土的金、銀、玉等器物，皆以工藝精湛、有明確紀年慶元四年（1200 年），成為鑑定斷代的標準器。

◆定級要素：此件金花飾對研究當時金銀器製作工藝有重要價值，但花飾殘破。

33 鏤金雙鳳香囊 宋

長 7.5 寬 5.7 釐米
1958 年安徽宣城城關西郊窰場出土
現藏安徽省博物館

◆香囊呈雞心形，兩片金葉錘壓合成。兩面圖案相同，鏤空花叢中，一對雙首相向的鳳，邊緣較薄，飾連珠紋和雲紋，頂端有一穿孔，可繫繩佩掛。

◆定級要素：同時出土的一件雙龍金香囊，因工藝精湛，且保存完好，定為一級品。此件殘破。

34 四脊金鐲 宋

周長 17.2 最寬 2.5 釐米
安徽蕪湖小桃園出土
現藏安徽省博物館

◆鐲由薄金片製成，整體寬窄不一，中部稍寬，兩端漸窄，面模壓凸出四脊。四脊鐲特別之處是用料少，卻顯得厚重，同樣用料製成扁金條式手鐲，絕對比不上此款富貴、大氣。

◆金手鐲是歷代婦女喜愛的飾品，同時也是財富的象徵。

◆定級要素：四脊金鐲雖做工簡易，但款式別致，在目前發現的金飾品中不多見。

35 水晶墜金耳飾 宋

金耳環高 2.6 寬 2 水晶墜 3.2 寬 2.2 釐米
1977 年江蘇丹徒蔣喬宋墓出土
現藏鎮江博物館

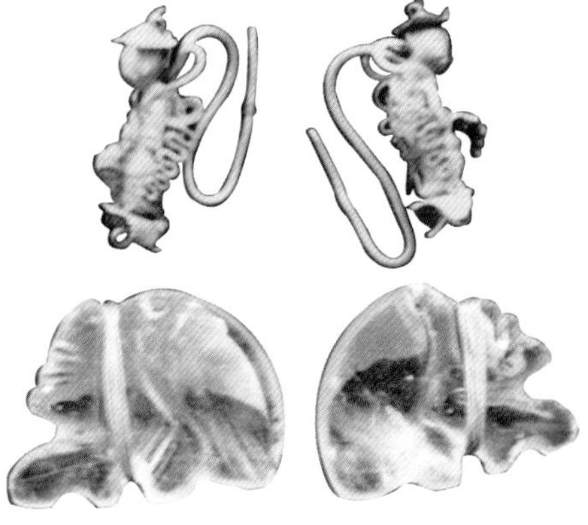

◆耳環設計成一對童子，稚氣十足，親切可愛。從側面觀賞童子為“S”形，背稍有彎曲，部分刻有花紋。墜利用兩塊自然形態水晶，稍加改製成一對形象的“壽桃”。

◆定級要素：金燦輝煌與玲瓏剔透，形成強烈反差，是一件極有價值的工藝珍品。

36 銀錠 宋

長 7 腰寬 3.4 厚 0.8 釐米
1955 年安徽省蕪湖人民銀行價撥
現藏安徽省博物館

◆此件銀錠為束腰式，兩端呈弧形，背面有蜂窩狀孔，面之四角均鈐“官稅記”戳。腰左側有“官□□”三字。◆銀錠，即熔鑄成錠的白銀。自漢代始，歷代均有鑄造，作貨幣流通。一般銀錠上戳記，多為鑄造地點、匠鋪、流通地區及稅種。

◆定級要素：此件銀錠上的“官稅記”及“官□□”，可能為稅銀作鎮庫之用，這對宋代貨幣及稅制研究有重要價值。

37 凸花雙魚紋鎏金銀盆 宋

口徑 17.4 底徑 10.2 高 4.6 釐米
1981 年江蘇溧陽平橋鄉小平橋村宋代銀器窖藏出土
現藏鎮江博物館

◆共兩件，形制、大小相同。平底，弧腹，板沿上錘刻卷草紋，盆底鏨刻凸花雙鯉魚戲游在浮萍水草中，紋飾均鎏金。一件板沿殘缺。

◆定級要素：此盆構圖精美，刻劃細膩，充滿生活氣息，為宋代銀器佳品，惜一件有殘損。

38 獸耳乳釘紋鎏金銀托盞 宋

盞口徑 8.7 底徑 5 通高 7.1
托口徑 16.8 底徑 12.4 高 1.8 釐米
1981 年江蘇溧陽平橋鄉小平橋村宋代銀器窖藏出土
現藏鎮江博物館

◆由盞和托兩部分組成。盞仿商周青銅器簋的造型，侈口，直頸，圓鼓腹，圈足，雙獸耳。盞為夾層，底部夾層最厚處為1.3釐米，頸外飾兩周雷紋，腹部及獸耳為方格乳釘紋，圈足下部一周雷紋，托口圓形，平沿，淺腹，平底，沿面飾一周雷紋。間以渦紋，托底內區周邊為凸弦紋，內飾套環紋，外區為四組凸花變形饕餮紋圖案，托與盞均鎏金，為成套出土。

◆定級要素：造型古樸，器物採用雙層（即帶夾層）是兩宋時期流行的工藝，此器保存完好，對研究當時金銀器製作工藝具有參考作用。

39 獅子戲球紋鎏金銀托盞 宋

盞口徑 8～9.6 底徑 3.7～5.7
托口徑 14～18.4 底徑 11～15.2 釐米
1981 年江蘇溧陽平橋鄉小平橋村宋代銀器窖藏出土
現藏鎮江博物館

◆此器由盞和托兩部分組成。盞直口，斜弧腹，圈足，整體平面呈四曲海棠形，內外壁為夾層。底部鏨刻獅子滾球圖案。外壁四周刻細雲紋地，角曲凸出五顆乳釘，外底心刻“李四郎〼”名押。托為海棠花形平沿，淺腹、平底，托底為兩枚牡丹花圖案，兩頭獅子相逐跳躍戲球，形態逼真。托與夾層盞為成套出土。

◆定級要素：宋代出現大量金銀器製作的日常生活用具，且多成套使用，此器製作精美，保存完好，是了解當時社會生活的實物資料。

40 花卉紋圓銀碟 宋

高 1.2　口徑 8.4　底徑 6 釐米
1981 年江蘇溧陽平橋鄉小平橋村宋代銀器窖藏出土
現藏鎮江博物館

◆一套共九隻。敞口，深腹，平底。口沿內鏨刻一周四瓣花紋帶，九隻碟心分別有各種花紋，為山茶花、芙蓉、牡丹花、荷花、梔子花、梅竹等。外底部均刻“張四郎〼”名押。

◆定級要素：此套銀碟，展現出多種時令花紋，做工講究，保存完整。

41 銀函 宋

高 10　長 10.9　寬 8 釐米
1960 年江蘇鎮江甘露寺鐵塔塔基地宮出土
現藏鎮江博物館

◆銀函呈長方形，盝頂式蓋。函的正面圓形焰光寶圈內刻釋迦坐像，周邊飾以纏枝忍冬紋，兩側面刻仕女月下焚香圖，周邊亦飾纏枝忍冬紋，後面刻文字十行八十六字：“大宋嘉祐初，大學醫生劉永徒攜佛骨自西來，欲率潤之巨姓建琉璃寶塔以葬，不幸大緣未就而劉生卒。天錫求而得之。今郡人焦氏施鐵塔埋李衛公以藏舍利，因率就葬塔下。時元豐元年戊午四月初八日，許天錫謹記。”函蓋面上刻兩龍攫珠圖，蓋陰墨筆楷書三行十四字：“臨川王安禮元豐元年四月七日記”。◆王安禮是王安石之弟，其時任鎮江太守，曾參與鐵塔塔基的瘞埋舍利活動。

◆定級要素：銀函年代確切，製作規整，紋飾精細，為研究宋代佛教藝術和銀器製作工藝提供了極為重要的實物資料。此函有部分鏽蝕、殘損。

42 帶托銀茶盞 遼

盞高 2.7 口徑 6.2 圈足徑 2.2 托高 4.2 口徑 4.4 圈足徑 3.6 釐米
1977 年河北易縣淨覺寺塔基地宮出土
現藏河北省文物研究所

◆銀質，鈑金成型。由盞和托兩部分組成。盞呈六曲花瓣形，口外敞，斜直壁，圈足。盞沿內壁鏨刻一周纏枝蓮紋，魚子紋地。托呈鉢形，直口、鼓腹、平底。底部接六瓣葵花形平盤，盤沿下折，下承喇叭口圈足。鉢口沿外壁、平盤盤緣均鏨刻一周纏枝蓮紋，盤折沿鏨刻一周忍冬紋，圈足底部鏨刻一周火焰紋。紋飾均以魚子紋為地。托上置小茶盞。

◆定級要素：盞與托紋飾細膩，造型小巧美觀。

43 帶柄銀香爐 遼

帶柄長 23.7 釐米
1977 年河北易縣淨覺寺塔基地宮出土
現藏河北省文物研究所

◆香爐為銀質，鈑金成型。基座為蹬台式高圈足，中部束腰，上承爐體。爐體呈垂腹筒形，寬折沿。爐體一側焊有扁長柄，柄和爐體相接的一端呈雲頭形，兩側邊緣上折，尾端呈橢圓形。◆帶柄香爐又名“鵲尾香爐”，多為佛教用具，在唐代已常見此類器物。

◆定級要素：此器製作精美，保存完好，對研究遼代的金銀器製作和宗教生活有一定參考作用。

44 雙鸞紋銀盒 遼

口徑 5.3 通高 5.2 釐米
1977 年河北易縣淨覺寺塔基地宮出土
現藏河北省文物研究所

◆盒呈圓形，直口，鼓腹，平底。蓋呈半球形，有子母口與盒口相扣。蓋及盒的近口處鏨刻一周忍冬紋帶，蓋頂鏨刻團鳳圖案，雙鸞展翅，同向飛舞。

◆定級要素：銀盒鏨刻精細，花紋優美，是遼代不可多得的藝術精品。

45 六角形銀塔 遼

通高 19.5 釐米
1977 年河北易縣淨覺寺塔基地宮出土
現藏河北省文物研究所

◆塔呈六角形，由塔基、塔身和塔刹三部分組成。塔基為八角束腰須彌座，座四周飾雙層仰蓮。束腰部分各面有葵花形鏤孔六個。塔身呈六角柱狀，下端插入塔座，上下固定為一體。塔刹為六角攢尖頂，各角垂一風鐸（缺一）。塔頂有受花、覆缽和相輪。◆淨覺寺俗稱太寧寺，位於河北省易縣太寧寺村西北。因地宮內有“天慶五年三月十五日時建”的墨書題記，因此可以確定淨覺寺舍利塔的建造年代及出土遺物的時代下限。

◆定級要素：銀塔結構複雜，工藝精湛，具有較高的研究價值。

46 八棱銀熏爐 金

口徑 7.9 高 11 釐米
1975 年河北固安於沿口村寶嚴寺塔基地宮出土
現藏河北省文物研究所

◆熏爐由器身、蓋、提梁和銀鏈等部分組成。器身呈八棱形，斂口，圓唇，折肩，小平底。器外壁由上而下分別鏨刻靈芝、飛蝶戲牡丹和花朵等紋飾。爐沿兩側有一對“人”字形雲紋環鋬，以接提梁。蓋呈八角僧帽狀，蓋口為立沿子母口，與器口相扣合。蓋頂中心焊接有圓環和半浮雕八瓣蓮花形飾。蓮花周圍和蓋肩部各面有八個氣孔。蓋沿周圍裝飾十六朵大小相間的如意頭雲紋。提梁呈拱形，兩端較細，與器鋬勾連。提梁中心有一孔，孔中套一環，環上掛兩鏈條，一長一短。長鏈條為 51 釐米，一端安有活環，可以垂掛旋轉。短鏈條長12釐米，與器蓋相連。鏈呈四棱麥穗狀。

◆定級要素：熏爐設計巧妙，工藝精湛，是一件不可多得的藝術品。

47 鎏金佛舍利銀棺 金

棺長 23.6 寬 15.5 通高 28.8 釐米
1975 年河北固安於沿口村寶嚴寺塔基地宮出土
現藏河北省文物研究所

◆舍利棺為銀質，鈑金成型。通體鎏金，鏨刻花紋。銀棺由棺和基座兩部分組成。棺呈長方形，上有盝頂式蓋。蓋頂中部鏨刻二鳳啣花團花，兩側各有一蟠龍，構成“二龍戲珠”圖案。棺蓋斜刹、主沿和棺口沿分別鏨刻蓮花、蓮子圖案，以魚子紋為地。棺蓋內側鏨刻銘文“嚴村寶嚴寺西史毛賈三村邑眾等共辦此佛舍利棺一所天會十二年五月一日永記”。棺身四周分別鏨刻護法神、樂伎、舞伎等十八個不同的人物形象。棺置於基座上，基座呈束腰須彌式，束腰段鏨飾花葉、雲龍紋，紋飾均以魚子紋為地。

◆定級要素：銀舍利棺採用鈑金、鑽孔、錘鍱、鏤孔、鏨刻、鑄造等多種工藝製作，結構複雜，工藝精湛，紋飾豐富多彩，具有較高的研究價值。

48 銀壺 元

高 32.5 口徑 8.5 足徑 10.8 腹圍 60 釐米
1955 年安徽合肥孔廟舊基出土
現藏安徽省博物館

◆喇叭口，捲唇，細長頸，膽式腹，圈足。圈足內鐫刻“章仲英造”楷書款。元代窖藏出土。

◆同時出土金銀器一百零二件，其中銀壺九件，依次由大到小。圈足內鐫刻八思巴文“揚”字兩件，刻“章仲英造”款四件，其他分別刻“九成銀造，重肆拾兩”、“廬州丁鋪”及“至順癸酉”年款。

◆定級要素：此壺底署“章仲英造”款，無疑為元至順四年（1333 年），廬州丁鋪工匠章仲英製作，是研究元代手工業生產、金銀製作工藝難得的實物資料。在同類型器中，此壺一側略有鏽蝕。

49 銀匜 元

高 5.5 口徑 18.2 底徑 11.8 口流長 6.3 釐米
1955 年安徽合肥孔廟舊基出土
現藏安徽省博物館

◆斂口，捲唇，鼓腹，平底。長流下方飾雲形支托，通體素面。

◆此匜係窖藏出土，同時出土金銀器一百零二件，有銀果盒、銀壺、金杯、銀碗等。銀匜共六件，大多有"盧州丁鋪"、"至順癸酉"、"章仲英造"署款，此匜當為元至順四年（1333 年），盧州丁鋪工匠章仲英所造。

◆定級要素：此器雖為手工製作，但錘蝶、焊接無痕，造型規整、美觀，至今無甚鏽蝕，十分珍貴。此匜底無名款。

50 銀碟 元

高 0.8 口徑 7 底徑 13.6 釐米
1955 年安徽合肥孔廟舊基出土
現藏安徽省博物館

◆折沿，平底。通體素面。◆此碟為元代窖藏出土。同類型銀碟有九件，其中兩件器型稍大，其餘七件尺寸相同，分別鐫刻"盧州丁鋪"、"至順癸酉"、"章仲英造"楷書款，根據署款，可知這批金銀器是元代至順四年（1333 年）盧州丁鋪工匠章仲英製作，是研究元代金銀器製作工藝難得的實物資料。

◆定級要素：銀碟製作精細、美觀。在同類型器中，此碟未見鐫刻名款。

51 銀錠 元

長 14.1 中腰寬 5.6 兩端寬 9.1 厚 2.3 釐米
1966 年河北懷來小南門外姑子墳出土
現藏河北省文物研究所

◆銀錠為倒鑄而成，呈銀灰色泛白光。束腰，兩端較寬。銀錠正面略凹，自左而右刻有不規整的四行銘文："肆拾玖兩玖錢又一厘，行人郭義口秤，王均一秤。"銀錠右上、左下角有元代押三方，並有四方戳記，字跡不清。銀錠背面如蜂窗窩。◆銀錠又稱"元寶"，始於元朝，乃"元朝寶貨"的意思。

◆定級要素：銀錠刻有重量、產地和銀號，以及工匠人名和多方檢驗戳記等銘文，對研究元代貨幣有較高的參考價值。

52 銀錠 元

長 13.8 中腰寬 5.4 兩端寬 8.4 厚 2.5 釐米
1976 年河北平泉二道河子顏杖子村出土
現藏河北省文物研究所

◆銀錠為倒鑄而成，呈銀灰色泛白光。束腰、兩端較寬。銀錠正面內凹，自左而右刻有不規整的兩行銘文："楊琮伍拾兩三錢，行人王智宋口秤"；左下角有"使司"戳記一方，並有四押記。銀錠背面如蜂窩密佈。

◆定級要素：元代用銀作流通貨幣比較普遍，銀錠上有四處官押，表明它曾長期在市面流通並經過多次檢驗，是研究元代貨幣的寶貴資料。

53 阿拉伯文銀盤　元

口徑 16.5 釐米
1966 年江蘇金壇湖溪元代窖藏出土
現藏鎮江博物館

◆板沿，淺腹，平底。外底刻有阿拉伯文的回曆紀年銘文，即回曆七百一十四年一月（元仁宗延祐元年，1314 年）。

◆定級要素：盤上的紀年為探討窖藏時間提供了依據，同時為中外文化交流的研究提供了實物資料。

54 梵文銀盤　元

口徑 14.8 釐米
1966 年江蘇金壇湖溪元代窖藏出土
現藏鎮江博物館

◆圓唇，淺腹，平底，平折沿。盤口沿刻一周迴紋。盤底上壓印梵文，梵文經鑑定為六字真言的首字"唵"。盤底錘飾八瓣仰蓮，蓮花周圍飾以法器降魔杵。

◆定級要素：銀盤時代特徵明顯，且出土地點明確，對研究當地的佛教發展有一定參考作用。

55 金飾片 明

高 6 寬 10.2 釐米
1996 年浙江明嘉靖石板墓出土
現藏義烏市博物館

◆飾片用薄金片先壓膜再錘鏨而成。整個造型似如意雲頭，兩側各飾一朵蓮花，中間飾一花卉，中部壓印纏枝花四朵。整體造型線條流暢、紋飾較為考究。◆同墓出土的金飾片有兩片，同時出土的還有金冠、金掛件、銀杯等，墓主人為明嘉靖年間吳鶴山之元配金氏，生於弘治九年（1496 年），卒於嘉靖三十七年（1558 年）。

◆定級要素：金飾片為有確切年代、地點的墓中出土的金器，根據其取材用料、造型紋飾、工藝製作等特點，為研究明中晚期當地的歷史、工藝製作和民間風俗提供了極為珍貴的實物依據。

56 金冠 明

通高 6.5 口徑 10.5 釐米
1996 年浙江明嘉靖石板墓出土
現藏義烏市博物館

◆冠由圈、簷、蓋三部分組成。圈用直徑 1.6 毫米的金絲環狀相連，兩圈之間用極細金絲編結成網狀，網孔徑 1 毫米，簷寬 2 釐米。蓋平面呈圓形，用直徑 1.6 毫米的金絲連成一環狀。左右兩側向上凸起3.7 釐米，每側用細金絲兩條繞成繩紋結成外圓內方的錢文圖案，直徑 9 毫米，左右各三。整個金冠網狀排列有序，大小勻稱緊密，工藝精緻。

◆該墓主人為吳鶴山之元配金氏。

◆定級要素：金冠為有確切年代、地點的墓中出土的金器，為研究明中晚期當地的歷史、工藝製作和民間風俗提供了珍貴的實物依據。

57 金鳳釵　明

鳳長 10 高 6.5 釵腳長 24 釐米
江西南城明益宣王孫妃墓出土
現藏江西省博物館

◆鳳口啣一串珍珠，腳踏一朵浮雲，仰首挺胸作振翅高飛狀，釵腳上鏨刻“大明萬曆庚辰伍月吉旦益國內典寶所造珠冠上金鳳每枝計重貳兩貳錢捌分整”款。釵用金葉錘壓、焊接而成，中空，鳳體、脛、胸、翅上鏨刻細小羽紋。

◆定級要素：作為珠冠上的配飾，工藝較為單一，金鳳口啣珍珠也已風化，然因釵腳上刻有時間、產地、用途、重量款，且具有重要的史料價值。

58 觀世音乘鳳金釵　明

鳳長 9 寬 8 高 4 佛高 4 釵腳長 10 釐米
江西南城明益宣王孫妃墓出土
現藏江西省博物館

◆釵頭為一隻展翅金鳳，鳳尾上鑲嵌一尊頭戴佛冠、肩披霞帔、手持蓮花、腦後裝飾一輪金圈佛光的觀世音坐像。鳳體、尾、翅分別鑲嵌大小不等的紅、藍寶石共十粒。釵用金葉錘壓、焊接而成，鳳翅、脛、胸部鏨刻細小的羽紋。

◆定級要素：此件金釵工藝、造型、風格為典型的明代皇室之物。惟其殘缺四粒寶石，且鳳體略有變形，觀世音坐像與鳳體脫離。

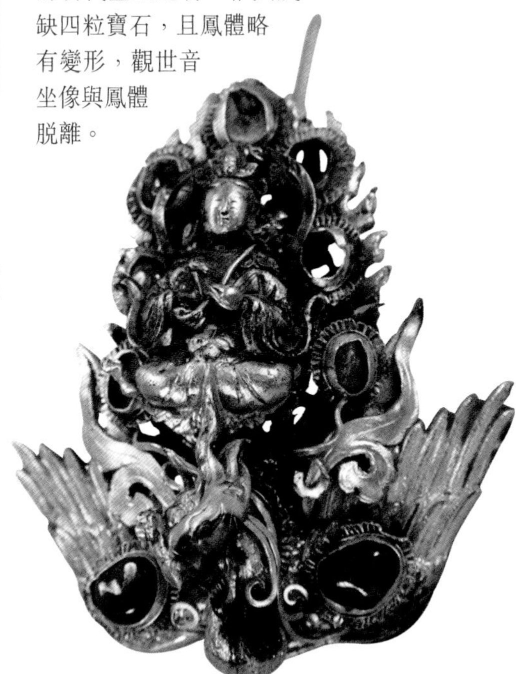

59 "順天兵餉會源足銀"銀錠 明

長2.9 寬2.7 厚1.5釐米 重109克
現藏鎮江博物館

◆銀錠為扁方形，略呈升式，上大下小，銀錠頂間鑄有八字，上排為橫向"順天"兩字，下兩排為豎向"兵餉會源足銀"六字。◆"順天"年號在明代歷史上曾有兩個：一是1508～1511年由四川保寧人藍廷瑞所領導的農民起義，活動在今陝西、湖廣一帶；二是1588～1598年由工匠出身的劉汝國所領導的農民起義，活動在今湖北黃岡、蘄春一帶，後進軍安徽宿松。根據他們活動範圍推測，此銀錠可能是劉汝國起義軍的軍隊餉銀。"會源"應是當時的銀號。

◆定級要素：銀錠作為當時農民起義的見證物較為少見。

60 鏤孔龍紋嵌珍珠寶石金項圈 明

直徑18.6釐米
1976年河北豐寧出土
現藏河北省文物研究所

◆項圈通體用金片和金絲錘打編綴而成。項圈底面平滑，鏤飾纏枝蓮間雲山紋和卷草紋。兩側上折呈凹槽狀，槽外壁飾掐絲織錦紋。凹槽上綴飾四條掐絲遊龍，兩兩相對，龍身滿飾雲紋並鑲嵌紅寶石、珍珠等。項圈正面前端中部嵌一顆貓眼寶石，周圍錘鍱雲紋，內托一仙闕。兩側各有一龍首側面相對，作張口吞珠狀。項圈後為開口處，亦為二龍首正面相對，口內各有一環，可銜接。項圈兩側各有一軸，佩戴時可以開啟。

◆定級要素：項圈採用掐絲、錘鍱、編綴、鑲嵌等工藝，製作精細，裝飾富麗，光彩奪目。

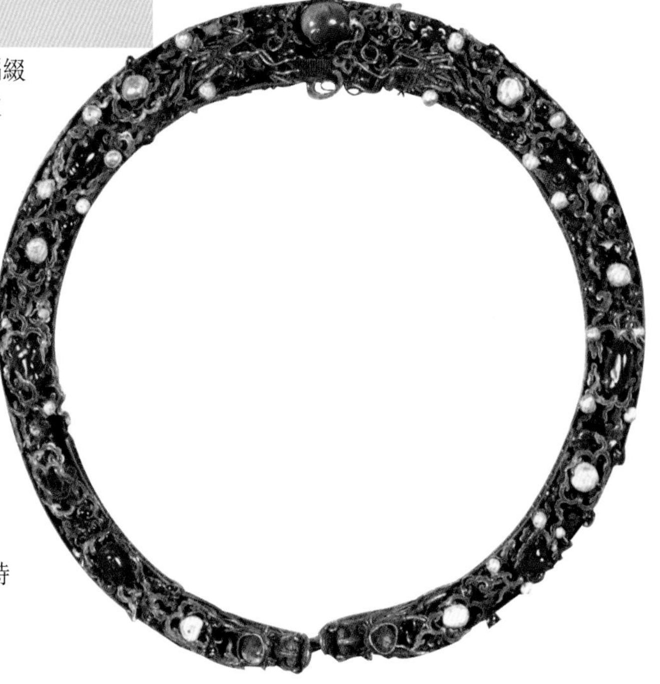

61 金元寶 清

高 3.1 長 5.5 寬 3.3 釐米
1959 年安徽屯溪隆阜戴姓墓出土
現藏安徽省博物館

◆係鑄成馬蹄形的金錠，元寶腰一側打有“和”字印記，可能為金鋪的字號、標記。◆元寶作為貨幣流通，一般記有金銀匠姓名、鑄造年份、地點、重量等。◆定級要素：此件金元寶係清代墓葬出土，對研究清代貨幣體制有重要參考價值，又明清兩代銀元寶通行，金元寶則不多見。

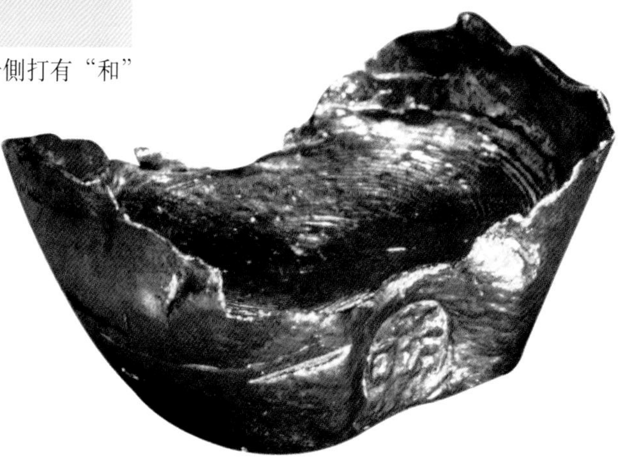

62 雕龍帶環金帶飾 清

直徑 4.2 帶環通長 8.3 釐米
江蘇丹徒將喬清代墓葬出土
現藏鎮江博物館

◆帶飾以高浮雕技法表現蛟龍戲珠紋，盤龍氣勢逼人。帶飾中央原有一粒寶石代表火珠，惜已失，底部用粒粒小金點代表火珠光芒。

◆定級要素：帶飾造型生動，富有立體感，下端有雙耳旋轉式半圓環飾，為清代服裝佩飾件，較為少見。

63 鍍金銀鳳冠 清

直徑 20 釐米
1967 年江蘇句容出土
現藏鎮江博物館

◆冠框用銀鍍金薄片製成，冠體雕四龍七鳳，用纏枝牡丹紋飾環繞其間。四龍七鳳鏨刻精美，鳳嘴叼啣串串流蘇，將冠裝扮得更加富麗堂皇。冠頂所綴兩名手持笏板的朝官及"奉天誥命"四字，表明了此冠擁有者係朝廷命婦的身分及地位。

◆定級要素：出土完整的銀鳳冠目前較為少見。

三級金銀器定級概述

按照2001年4月5日頒佈實施的《文物藏品定級標準》(以下簡稱《標準》)規定，三級文物是“具有比較重要歷史、藝術、科學價值”的文物，它與一級、二級文物同屬珍貴文物範疇。考察一件文物的價值，要從歷史、藝術、科學三方面來衡量，這是文物評定級別的基礎。三級金銀文物的評定也同樣要依據這個原則，同時結合金銀器自身特點及存世情況，可將以下古代金銀器定為三級文物。

金器三級品定級標準的要素

商周至南北朝時期，金器製造工藝尚處於早期階段，工藝精湛的作品發現不多，屬於特別珍貴的一級品以上的文物。而傳世或出土數量較多的、保存較為完整的服飾、佩件、器皿、兵器飾件、用具等金製品或某些帶有缺陷不能定為二級文物的金器，因為對於金銀工藝的產生、發展、傳播等方面的研究具有一定的歷史價值或科學價值，可以評定為三級品。例如江西南昌出土的一對西晉竹節紋金手鐲（見圖1），是用一根金絲彎曲而成的，造型和製作工藝略顯簡單。因魏晉多流行銀鐲，金鐲較為稀有，動物紋手鐲雖無精美之處，然作為墓葬出土之物，為斷代提供了可靠依據，評定為三級文物。

隋唐以至明清是金銀工藝大發展和成熟時期，尤其金飾物不僅是王公貴族追求的時尚，在民間百姓中也相當流行，因此傳世品或出土品較多。這一階段的金製品中屬於器形完整、具有一定歷史、藝術、科學價值或體積較大的、但製造工藝略粗糙的作品，可以評定為三級品；製作工藝精緻的首飾、飾件等小件金製品，以及存世較少的金幣等，也可以評定為三級品。例如江西新建朱權墓出土的明代嵌寶石金手杖頂飾，是用金片錘壓、焊接、鑲嵌而成，各色寶石色彩斑斕，富有皇家氣息，與宋元清秀典雅之風迥然不同。此件雖為皇室之物，但因杖缺失，寶石也殘缺一粒，故定為三級品。此外，有較高價值的金器，因殘破而不能定為二級品的，可視其殘留程度評定為三級品。

清代的金製品，由於歷史較短，傳世品較多見，因此製作精緻且具有一定重量的清代金器具、佛像、人物、法器等，可以評定為三級品；明清時期的少數民族製作的金製品，可以反映其生活習俗、社會經濟狀況、且保存完整的金器等，也可以評定為三級品。

銀器三級品定級標準的要素

先秦直至戰國時期的銀製品數量大大少於金製品。這一時期的銀製品中工藝精湛或具有時代的典型性，但因殘破而不能定為二級品的，可以評定為三級品。

秦至南北朝的銀製品，有較強藝術性或具有時代的典型性，但因略有缺陷而不能定為二級品的，可以評定為三級品。

唐代至明代製造的銀製品由於價格低於金製品，深受平常百姓的喜愛，數量大大超過金製品。這一時期工藝精湛、具有一定重量和體積、器形完整的藝術品及造型別致、略有殘破的重要生活用具，可以評定為三級品。例如江西彭澤北宋元祐五年（1090年）墓出土的鏤空雙獅戲球紋銀櫛（見圖2）器較唐代小巧，並有銘記，紋飾繁密，製作精細，雅致精巧，富有唐代遺韻。 但因包背銀皮殘損，梳齒殘斷一根，故定為三級品。此外與重要歷史事件、歷史人物有直接關係，有一定歷史價值的銀製品或能反映這一時期某一民族、某一地區社會生活、文化藝術狀況、具有一定代表性的作品等，也可以評定為三級品。例如1974年安徽肥西縣出土的清代銀元寶(見圖17)，重1910克，是當時流通的貨幣，鈐有“永明縣”、“咸豐元年十二月”戳印。清代的銀元寶一般均鑄有鑄造地、時間、重量、工匠姓名戳記，而此件僅有鑄造地與時間，但因屬於分量較重的元寶，成色純正，故定為三級品。

總之，對於一件文物評定級別，除了要重視上述標準以外，還要切記綜合考察和研究，不要忽視在某一方面所具備的特殊的重要價值。因此，對文物進行科學的品定，要具體情況具體分析，有時還要參照不同地區的地域特點，才能做到準確而科學地反映客觀實際。

1 竹節紋金手鐲 西晉

直徑 6.2 寬 0.3 釐米 重 23 克（一對）
江西南昌西晉墓出土
現藏江西省博物館

◆手鐲用一根扁金絲彎曲而成。外圈等距離鏨刻竹節紋，造型、製作工藝簡單。粗細均勻，打磨精細。

◆定級要素：在西漢多銅鐲，魏晉多銀鐲的時尚中，金鐲較為稀有。此對手鐲雖無精美之處，然作為墓葬出土之物，為斷代提供了可靠依據。

2 銀櫛 北宋

長 11.2 寬 5.5 釐米 重 19.5 克
江西彭澤北宋元祐五年（1090 年）墓出土
現藏江西省博物館

◆櫛呈半月形，用銀片錘鏨而成。全器由梳齒和四層裝飾紋樣的梳面組成。梳面第一層飾花瓣紋一圈，正中刻有"周小四記"字樣；第二層飾五瓣朵梅一圈；第三層飾鏤空雙獅戲球紋一圈；最後用珠點、四葉紋銀皮包背。

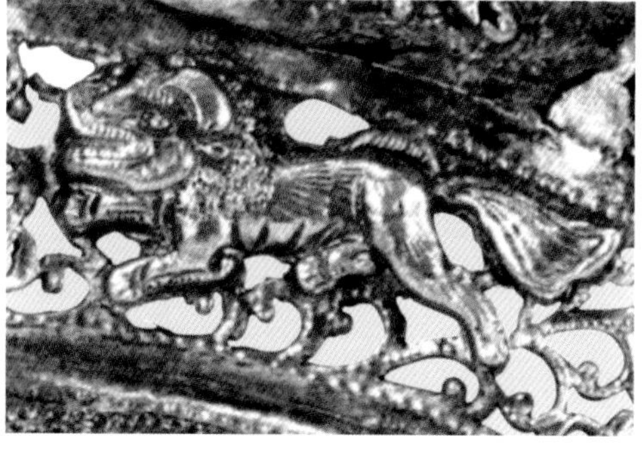

◆定級要素：銀櫛紋飾繁密，製作精細，有唐代遺韻，器較唐代小巧，朵梅及溫順生動的獅子和銘記等又極具濃厚的宋代器物特徵，與唐代器物相比雖華麗博大不足，但雅致精巧有餘。此櫛包背銀皮殘損，梳齒殘斷一根。

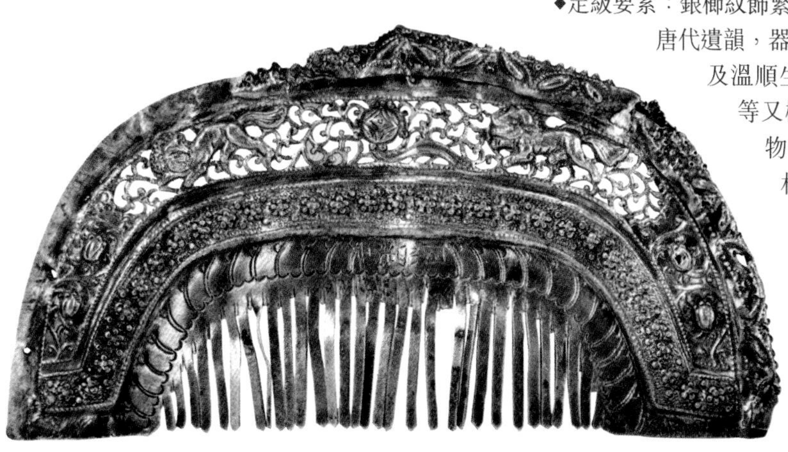

3 鏨花銀手鐲 北宋

直徑 6 厚 0.3 釐米 重 76.4 克（一對）
江西彭澤北宋元祐五年（1090 年）墓出土
現藏江西省博物館

◆手鐲為銀模壓成片後彎曲而成。中間寬兩頭窄，有豁口。兩端飾有四道弦紋，鐲面中間有兩道橫線為界，一半鏨刻纏枝紋，一半為素面，鐲內圈上鏨有一行書“官”字。
◆定級要素：宋元時期金銀鐲大多為模壓成型，此對銀鐲模壓後鏨刻花紋，造型、紋飾素雅、簡潔，鐲面光亮平整，製作精細，是宋代婦女的典型飾物。此對銀鐲同類傳世品較多。

4 銀碗 南宋

通高 5.4 口徑 8 底徑 4.4 釐米
1952 年安徽休寧朱晞顏夫婦墓出土
現藏安徽省博物館

◆斂口，鼓腹，圈足。◆南宋工部侍郎朱晞顏夫婦墓出土。同墓出土的金扡、金盞、金盤，皆以造型美觀新穎、製作工藝精湛，令人稱奇。
◆定級要素：此碗素面無紋飾，且口沿處有剪痕。

6 鵝形銀勺 宋

長 27 釐米 重 55 克
江西南昌青雲譜出土
現藏江西省博物館

◆全器呈鵝形。扁方弧狀長柄似鵝頸，末端為鵝首，其嘴、眼、鼻刻劃俱肖，橢圓形深腹，勺似鵝身，勺沿與柄正對處有一尖角突出，與鵝尾相似。通體素面，仿生造型巧妙、簡練，線條流暢柔美，充分體現了宋代器物以造型、線條美取勝的時代風尚和審美情趣。
◆定級要素：此勺雖完整，然在宋代眾多精美器皿中則算一般文物。

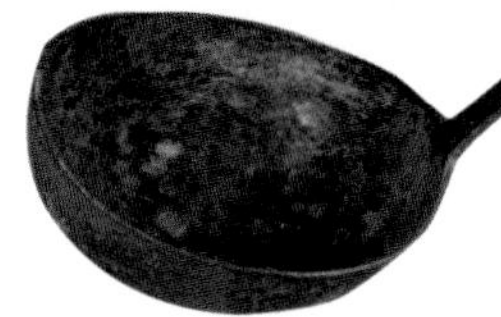

6 刻花銀盤 宋

高2 長19 寬14.5釐米 重110克
現藏江西省博物館

◆盤呈四邊菱花形。盤為寬邊，淺腹，平底，無足。盤沿鏨刻棱形、圓點紋，盤底中心錘打凸起四曲菱花窗，窗內鏨刻《踏莎行》一詞，十行，每行字數不等，共計六十一字。窗外四周錘壓凸起人物圖案，內容與詞意相對應。

◆定級要素：此盤採用浮雕式凸花工藝，集人物、亭閣、詩詞文章為一體，頗具宋代金銀器的特徵風格，但無確切紀年，底部破裂變形、鏽蝕。

7 刻花雙魚銀盤 宋

高 2 直徑 11.8 足徑 5.8 釐米 重 27 克
江西樂安出土
現藏江西省博物館

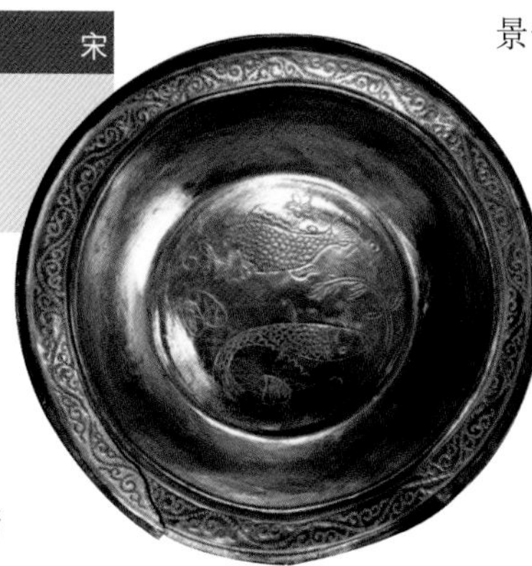

◆盤折沿寬邊，淺腹，矮圈足焊接其上。口沿處滿鏨纏枝紋，盤壁素面光潔，盤底鏨刻兩條魚紋，魚鱗、魚鰭刻劃細緻，形態生動，加之魚邊鏨刻的水草、浮萍及落花一朵，落葉一片，展現了一幅生動的池塘景色。這一寫實性極強並充滿濃郁生活氣息的構圖、紋飾，集中體現了宋代的審美時尚。

◆定級要素：此盤口沿斷裂，且同類傳世品較多。

8 銀錠 宋

長 6.7 最寬 4.6 腰 3 釐米 重 220 克
1973 年安徽肥東高塘出土
現藏安徽省博物館

◆束腰式，面之四邊側有戳印痕。銀錠，即熔鑄成錠的白銀。◆自漢代始，歷代均有鑄造，作貨幣流通，內容多為鑄造地、匠鋪、流通地區及稅種等。

◆定級要素：此銀錠戳印模糊不清，難以辨識。

9 銀執壺 北宋

通高 30 底徑 8.2 腹徑 18 釐米
1986 年浙江義烏柳青遊覽亭村窖藏出土
現藏義烏市博物館

◆壺由蓋、耳兩部分組成。蓋為變形僧帽式，圓錐形鈕，下有三層台，折腰，與器身套合。器身為直口長頸，平折肩，深腹，圈足外撇。肩部對稱用鉚釘鉚接，流端微曲的細長流和扁平耳形環狀柄。全身素面無紋。◆柄底和圈足底部均有陰刻楷書文字，執柄下部內側陰刻“辛卯陳宅”，足外底陰刻“仙都張家工夫”兩行豎排。

這些銘文說明此壺為陳姓之人向浙江仙都張氏工匠定製的酒具。

◆定級要素：此壺造型別致，製作精良，且有記事性文字，實屬珍貴，但肩部出土時損壞。

10 金帽飾　宋

直徑3.4釐米 重9.3克
1972年安徽來安相官出土
現藏安徽省博物館

◆帽飾呈葵瓣形。由鏤空花鳥飾和底托兩部分組成。花飾邊緣有四個卡釦和底托連接。◆為宋墓出土，同類型器共計四件，兩件缺花飾，一件花飾脱落，此件完好。

◆定級要素：因同時出土的金邊瑪瑙碗、金手鐲皆造型別致，工藝精湛，相比之下，此件帽飾稍遜。

11 嵌寶石金手杖頂　明

高1.5 直徑2.6釐米 重22克
江西新建朱權墓出土
現藏江西省博物館

◆手杖頂呈覆碗狀，全器用金片錘壓、焊接、鑲嵌而成。頂上飾八瓣重蓮紋，中心鑲嵌一顆大藍寶石，杖頂圈滿飾纏枝紋，等距離鑲嵌五顆小紅、藍寶石和綠松石。杖頂紋飾精美生動，並鑲嵌各色寶石，色彩斑斕，雍容華貴，富有皇家氣息，與宋元清秀典雅之風迥然不同。

◆定級要素：此件手杖頂雖為皇室之物，但杖缺，寶石殘缺一粒。

12 福壽紋鍍金銀羽觴　明

高3.1 長11.5 寬7.6釐米 重35克
現藏江西省博物館

◆羽觴呈橢圓形，無足，用銀片錘壓、鏨刻而成。內壁飾凸起四條棱紋，其間鏨飾纏枝紋，羽觴底部飾凸起篆文"福壽"兩字，字上部飾凸起三條弧形棱，似蟬頭狀，下部飾凸起一朵五瓣花，羽觴內通體鍍金。

◆定級要素：此件羽觴造型雖仿商周青銅器，然器形輕巧單薄，紋飾簡潔清新，實為典型的明代仿古銀器皿，但無確切紀年，器內鍍金層幾近刮淨。

13 龍頭金耳環 明

直徑3.6釐米 重17克（一對）
江西南昌明墓出土
現藏江西省博物館

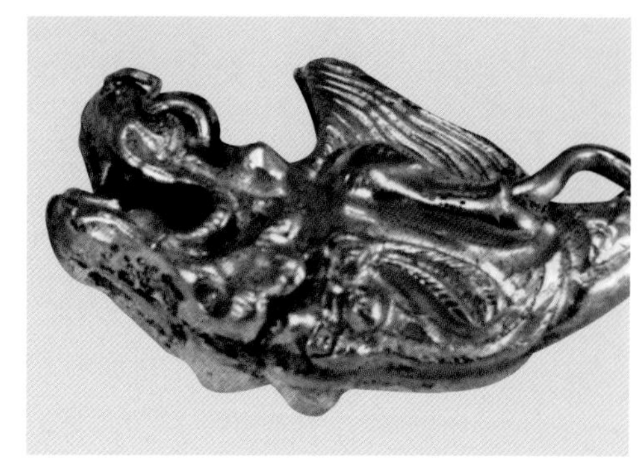

◆耳環由龍頭和一環形金絲組成。龍頭呈上昂狀，用兩塊金片錘壓成型後焊接而成，各部位刻劃細緻，張口露齒，鼻鬚、耳鬚飄動生威，鬃髮聚中前傾，與明中期龍紋形象相似。◆在明代，龍鳳紋飾不為封建統治者獨有，民間使用的瓷器、金銀器上常有出現。

◆定級要素：此件耳環無確切紀年，龍頭因壓變形。

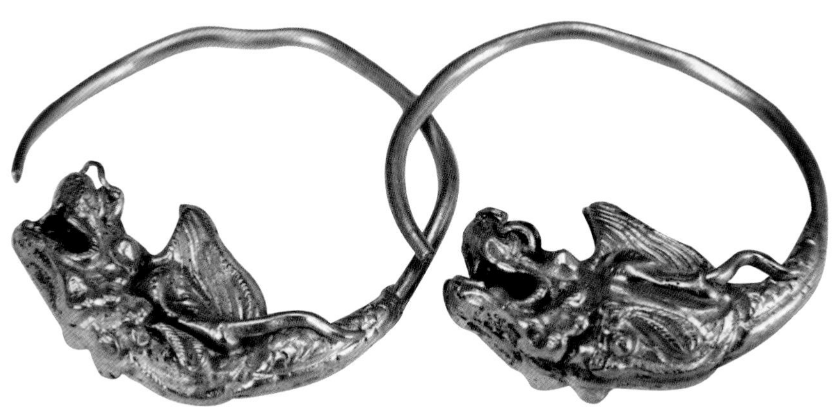

14 金髮插 明

金如意長10.8釐米 重9.3克
關刀形長9.8釐米 重2.3克
安徽屯溪出土
現藏安徽省博物館

◆髮插呈如意形和關刀形，如意寓吉祥，關刀驅邪保平安。如意形髮插常見，關刀形髮插卻不多見，在一定程度上代表了墓主的性格特點。◆金髮插，由古人用來插定髮髻式連冠於髮的長針，發展成為女子專用的首飾。

◆定級要素：此髮插反映了當時人們對吉祥、平安的企盼，但製作工藝不甚精。

15 金鳳簪 明

長 13.1 釐米 重 8.993 克
1969 年安徽嘉山李貞夫婦墓出土
現藏安徽省博物館

◆簪首飾以金鳳，形制精美，小巧玲瓏。◆出土於明代李貞夫婦墓。李貞為明太祖朱元璋的姐夫，身分特殊。同墓出土金鳳簪、雙龍戲珠金簪、金瓜簪等十餘件，皆為研究明代金飾品製作工藝的實物資料。

◆定級要素：此簪首與柄焊痕顯露，且有鏽蝕。

16 金如意髮插 清

通長 5.8 釐米 重 8.973 克
1959 年安徽蕪湖化魚山出土
現藏安徽省博物館

◆髮插由靈芝玉紋如意頭和柄構成，黃金象徵富貴，如意寓意吉祥，係採用錘鍱、鏨刻、焊接技藝製作而成。

◆定級要素：使用金如意形髮插，反映了當時的民間習俗與審美情趣，但製作工藝不精。

17 銀元寶 清

高 5.8 長 10.8 寬 7.9 釐米 重 1910 克
1974 年安徽合肥人民銀行收購，肥西縣出土
現藏安徽省博物館

◆此件元寶面鈐有“永明縣”、“咸豐元年十二月”戳印，同時出土銀元寶計三件，另外兩件中的一件為清道光三年（1823 年），一件為咸豐十二年（1862 年）十二月款。◆銀元寶，即用銀鑄成馬蹄狀的銀錠，亦稱“馬蹄銀”、“寶銀”，作貨幣流通。

◆定級要素：一般說來，銀元寶均鑄有鑄造地、時間、重量、工匠姓名戳記，此件僅有鑄造地與時間。

附錄一

文物藏品定級標準

文化部 1987 年 2 月 3 日

根據《中華人民共和國文物保護法》第二十二條的有關規定，特制定本標準。一級文物為具有特別重要價值的代表性文物；二級文物為具有重要價值的文物；三級文物為具有一定價值的文物。博物館、文物單位、有關文物收藏部門，均可用本標準鑑讚和定級。社會上其他散存的文物，需要定級時，可照此執行。

凡屬一、二級藏品的文物均為珍貴文物，三級藏品中需定為珍貴文物的，應經國家文物鑑定委員會確認。

文物藏品定級標準如下：

一級文物

1. 反映中國各個歷史時期的生產關係及其經濟制度、政治制度，以及有關社會歷史發展的代表性文物。
2. 反映生產力的發展、生產技術的進步和科學發明創造的代表性文物。
3. 反映各民族社會歷史發展和促進民族團結、維護祖國統一的代表性文物。
4. 反映歷代勞動人民反抗經濟剝削、政治壓迫，以及有關著名起義領袖的代表性文物。
5. 反映中外友好往來和在政治、經濟、軍事、教育、科技、文化、體育等方面相互交流的代表性文物。
6. 反映中華民族抵禦外侮、反抗侵略的歷史事件和重要歷史人物的代表性文物。
7. 反映歷代著名的思想家、科學家、發明家、政治家、軍事家、教育家、文學家、藝術家及歷代著名工匠的代表性文物。
8. 反映各民族生活習慣、文化藝術、宗教信仰的具有特別重要歷史、藝術和科學價值的代表性文物。
9. 中國古舊圖書中具有代表性的善本。
10. 反映有關國際共產主義運動中的重大事件和傑出領袖人物的革命實踐活動，以及為中國革命作出重大貢獻的國際主義戰士的代表性文物。
11. 反映中國共產黨成立以來及其有關重大歷史事件、領袖人物、著名烈士的代表性文物。
12. 反映有關中國各黨派、團體的重大事件、重要人物和愛國僑胞及其他社會知名人士的具有代表性文物。
13. 其他具有特別重要歷史、藝術、科學價值的國內外代表性文物。

二級文物

1. 具有重要歷史、科學價值或較高藝術價值，但在全國或本地區存量較多的文物。
2. 具有一定歷史、科學價值或一般藝術價值，但在全國或本地區存量較少的文物。
3. 反映一個地區、一個民族，或某一個時代的具有重要歷史價值或較高藝術價值，但有某種缺陷的文物。
4. 反映某一歷史人物、歷史事件，或對研究某一歷史問題有重要價值的文物。
5. 反映某種文化類型和文化特徵的、能説明某一歷史問題的成組文物。
6. 時代較晚，其歷史、藝術、科學價值一般，但經濟價值較高的文物。
7. 反映各地區、各民族的重要民俗文物。
8. 反映歷代著名藝術家或著名工匠的重要作品，一般藝術家的精品。
9. 中國古舊圖書中具有重要價值的善本。
10. 其他具有重要歷史、藝術、科學價值的國內外文物。

三級文物

1. 具有一定歷史、藝術、科學價值，在全國或本地區存量較多的文物。
2. 反映一個地區、一個民族、或某一時代的具有一定歷史、藝術、科學價值，但有某種缺陷的文物。
3. 反映某一歷史事件或人物，對研究某一歷史問題有一定價值的文物。
4. 反映某種文化類型和文化特徵的某一區域性的非主要文物。
5. 具有一定歷史、藝術、科學價值的民俗文物。
6. 反映某一歷史時期藝術水平和工藝水平的作品、或藝術、工藝水平較高，但損傷較重的作品。
7. 中國古舊圖書中具有一定價值的善本。
8. 其他具有一定歷史、藝術、科學價值的國內外文物。

附錄二

文物藏品定級標準

文化部令第19號
2001年4月5日文化部部務會議通過

根據《中華人民共和國文物保護法》和《中華人民共和國文物保護法實施細則》的有關規定，特制定本標準。

文物藏品分為珍貴文物和一般文物。珍貴文物分為一、二、三級。具有特別重要歷史、藝術、科學價值的代表性文物為一級文物；具有重要歷史、藝術、科學價值的為二級文物；具有比較重要歷史、藝術、科學價值的為三級文物。具有一定歷史、藝術、科學價值的為一般文物。

一、一級文物定級標準

1. 反映中國各個歷史時期的生產關係及其經濟制度、政治制度，以及有關社會歷史發展的特別重要的代表性文物；
2. 反映歷代生產力的發展、生產技術的進步和科學發明創造的特別重要的代表性文物；
3. 反映各民族社會歷史發展和促進民族團結、維護祖國統一的特別重要的代表性文物；
4. 反映歷代勞動人民反抗剝削、壓迫和著名起義領袖的特別重要的代表性文物；
5. 反映歷代中外關係和在政治、經濟、軍事、科技、教育、文化、藝術、宗教、衛生、體育等方面相互交流的特別重要的代表性文物；
6. 反映中華民族抗禦外侮，反抗侵略的歷史事件和重要歷史人物的特別重要的代表性文物；
7. 反映歷代著名的思想家、政治家、軍事家、科學家、發明家、教育家、文學家、藝術家等特別重要的代表性文物，著名工匠的特別重要的代表性作品；
8. 反映各民族生活習俗、文化藝術、工藝美術、宗教信仰的具有特別重要價值的代表性文物；
9. 中國古舊圖書中具有特別重要價值的代表性的善本；
10. 反映有關國際共產主義運動中的重大事件和傑出領袖人物的革命實踐活動，以及為中國革命做出重大貢獻的國際主義戰士的特別重要的代表性文物；
11. 與中國近代（1840－1949）歷史上的重大事件、重要人物、著名烈士、著名英雄模範有關的特別重要的代表性文物；
12. 與中華人民共和國成立以來的重大歷史事件、重大建設成就、重要領袖人物、著名烈士、著名英雄模範有關的特別重要的代表性文物；
13. 與中國共產黨和近代其他各黨派、團體的重大事件，重要人物、愛國僑胞及其他社會知名人士有關的特別重要的代表性文物；
14. 其他具有特別重要歷史、藝術、科學價值的代表性文物。

二、二級文物定級標準

1. 反映中國各個歷史時期的生產力和生產關係及其經濟制度、政治制度，以及有關社會歷史發展的具有重要價值的文物；
2. 反映一個地區、一個民族或某一個時代的具有重要價值的文物；
3. 反映某一歷史人物、歷史事件或對研究某一歷史問題有重要價值的文物；
4. 反映某種考古學文化類型和文化特徵，能說明某一歷史問題的成組文物；
5. 歷史、藝術、科學價值一般，但材質貴重的文物；
6. 反映各地區、各民族的重要民俗文物；
7. 歷代著名藝術家或著名工匠的重要作品；
8. 古舊圖書中有具有重要價值的善本；
9. 反映中國近代（1840－1949）歷史上的重大事件、重要人物、著名烈士、著名英雄模範的具有重要價值的文物；
10. 反映中華人民共和國成立以來的重大歷史事件、重大建設成就、重要領袖人物、著名烈士、著名英雄模範的具有重要價值的文物；
11. 反映中國共產黨和近代其他各黨派、團體的重大事件，重要人物、愛國僑胞及其他社會知名人士的具有重要價值的文物；
12. 其他具有重要歷史、藝術、科學價值的文物。

三、三級文物定級標準

1. 反映中國各個歷史時期的生產力和生產關係及其經濟制度、政治制度，以及有關社會歷史發展的比較重要的文物；
2. 反映一個地區、一個民族或某一時代的具有比較重要價值的文物；
3. 反映某一歷史事件或人物，對研究某一歷史問題有比較重要價值的文物；
4. 反映某種考古學文化類型和文化特徵的具有比較重要價值的文物；
5. 具有比較重要價值的民族、民俗文物；
6. 某一歷史時期藝術水平和工藝水平較高，但有損傷的作品；
7. 古舊圖書中具有比較重要價值的善本；
8. 反映中國近代（1840－1949）歷史上的重大事件、重要人物、著名烈士、著名英雄模範的具有比較重要價值的文物；
9. 反映中華人民共和國成立以來的重大歷史事件、重大建設成就、重要領袖人物、著名烈士、著名英雄模範的具有比較重要價值的文物；
10. 反映中國共產黨和近代其他各黨派、團體的重大事件，重要人物、愛國僑胞及其他社會知名人士的具有比較重要價值的文物；
11. 其他具有比較重要的歷史、藝術、科學價值的文物。

四、一般文物定級標準

1. 反映中國各個歷史時期的生產力和生產關係及其經濟制度、政治制度，以及有關社會歷史發展的具有一定價值的文物；
2. 具有一定價值的民族、民俗文物；
3. 反映某一歷史事件、歷史人物，具有一定價值的文物；
4. 具有一定價值的古舊圖書、資料等；
5. 具有一定價值的歷代生產、生活用具等；
6. 具有一定價值的歷代藝術品、工藝品等；
7. 其他具有一定歷史、藝術、科學價值的文物。

五、博物館、文物單位等有關文物收藏機構，均可用本標準對其文物藏品鑑選和定級。社會上其他散存的文物，需要定級時，可照此執行。

六、本標準由國家文物局負責解釋。